政协文史“亲历、亲见、亲闻”文库

辛亥革命

·第九辑·

《“三亲”文库》编纂工作委员会　编

中国文史出版社

天津革命党人策划起义的活动地点——法租界长发栈旅社。

1911 年 12 月 31 日，滦州新军起义，成立北方革命军政府。图为革命党人在起义主要领导人王金铭烈士遗体前致哀。

1911 年 11 月 13 日，山东烟台“光复”。图为“光复”后部分革命党人合影。

1911 年 10 月中旬，河南革命党人计划在开封起义，因事泄未发动。
图为辛亥革命时期开封城内的街道。

1912 年 3 月 10 日，革命党人黄钺在秦州起义，成立甘肃临时军政府。图为起义时的临时指挥所——秦州泰山庙。

1911 年 11 月 17 日，同盟会会员张榕发起成立奉天各界联合急进会，积极策划起义。后张榕遭东三省总督赵尔巽捕杀，东北三省未能独立。图为辛亥革命时期的奉天。

1912 年 2 月，吉林公主岭曾短暂独立。

1912 年 1 月 7 日，同盟会发动新疆伊犁新军起义，伊犁“光复”。次日，新伊大都督府成立。图为伊犁起义重要人员合影。

目　录

第九辑　各方响应

（直隶、山东、河南、甘肃、台湾、奉天、
吉林、黑龙江、新疆、内蒙古、青海）

辛亥革命前后我在北京的活动与见闻

梁漱溟*

我想谈的这个题目："辛亥革命前后我在北京的活动与见闻"，分3段叙述：一、辛亥革命前夕；二、反清又反袁；三、清廷退位之后。

一　辛亥革命前夕

辛亥革命前，我在北京顺天中学读书，后来顺天中学升为顺天高等学堂。辛亥革命那一年，我正好在这个学校毕业。我在顺天中

* 梁漱溟：时任京津同盟会《民国报》编辑兼记者，后任山东乡村建设研究院院长，民盟秘书长。新中国成立后，任第一至四届全国政协委员，第五、六届全国政协常委，中国文化书院院务委员会主席。

学读书时，有位同班同学，他的名字叫甄元熙，广东人，他是后来插班到我们班上来的。他从广东来北京前，就有中国同盟会的组织关系。在学校里，我们两个人经常在一起秘密地讨论是革命还是立宪的问题。当时，他是革命派，我还算是站在君主立宪派那一边的。不过，由于清廷的顽固，我自己思想上受到革命的影响，也起了变化，后来也就成了革命派。

当时有一本在日本出版，秘密流传到北京的书，名叫《立宪派与革命派之论战》。这是革命派的胡汉民、汪精卫与立宪派梁启超等人，分别发表在《民报》《新民丛报》《国风报》上的两派之间的论战文章，由旁人汇集起来出版。那时候我们都秘密地看这本书。

辛亥革命前一年，在上海有一张《民立报》，是由于右任主持出版的，这是革命派的机关报，我们在北京也能看到。当时，我们虽然还只是中学生，但已在秘密地搞革命工作了。那时候在华北一带奔走革命的，有一位叫胡鄂公的湖北人。他不是我们学校的同学，在哪里工作说不上来，他的任务是在北京、天津、保定等地做革命联络工作。那时在北方的秘密革命组织叫“京津同盟会”，是孙中山先生领导的中国同盟会在北方的一个分支机构。“京津同盟会”的首脑是汪精卫、李石曾、魏宸组他们三位，汪精卫是在清朝末年的宣统年间，同黄复生从广东秘密来到北京的，他们的任务是刺杀摄政王。因为那时宣统皇帝还只是个四五岁的孩子，实际当家的是宣统的父亲——摄政王。革命派想刺杀摄政王，他们在夜里去埋炸弹，炸弹埋在摄政王每天早晨从他自己的府第入朝进皇宫时必经的路上。结果，汪精卫等人虽在夜里去埋炸弹，还是被人发现而遭逮捕，被投入监狱。当时清廷居然没有杀他，一直关在监狱里。到了辛亥革命那一年，袁世凯才下令把他给放出来。当时，袁世凯是清廷的内阁总理大臣，他有他的阴谋和打算。他一方面站在清廷这一边，来对付南方的革命势力；另一方面，他又借革命派的势力，来威胁清廷。清廷这时是隆裕太后，小皇帝就是那个宣统，刚刚几岁。袁世凯就利用南方革命派的声势，来威胁清廷，吓唬孤儿寡母，同时又借着清廷方面，向南方革命派讨价还价。这时候，我和甄元熙等一些京津同盟会的同志，就开展各种秘密活动。我们在北京的秘密机关有两处，一处设在东单二条，外面看起来是个杂货铺，里面是我们的秘密机关。另一处秘密地点，设在后孙公园的广州七邑会馆。现在这种各省会馆没有了，在清朝末年，这种会馆在北京是很多的。

以上这些，都是辛亥革命前夕的事情。

二　反清又反袁

底下就要说到反清又反袁。这里必须把反袁的事情说明一下。辛亥革命本来是为了反清，反清的时候，首先发动起义是在武昌，那天正好是阳历的 10 月 10 日（农历八月十九日）。开头倡议发难的，本来是一些军队中的下级军官，有好几位，如熊秉坤等人。暴动起来以后，他们推黎元洪为首，称都督。这时以大江南北来区分，江南，武昌方面是黎元洪的军队；江北，是袁世凯的军队，由段祺瑞、冯国璋统率。袁世凯的大军压境，有意留在汉口这边不渡江。如果当时渡江进攻，他们是可以打败黎元洪的，因为他们的兵力强大得多。袁世凯这样做的目的，是要想法子培植自己的势力。当时他并不想消灭南方的革命势力，他要借着南方的革命势力，向清廷要价。所以他的军队就留在江北岸，不过江。并且还要段祺瑞、冯国璋领衔，包括其他许多将领，打电报回北京，要清廷让步，实质也就是要清廷退位。

补充说明一下。清廷退位之前，清廷的王公贵族都懦弱不堪，没有勇气与革命派对敌。亲贵中只有一个名叫良弼的主战，他要跟南方打，他是日本陆军士官学校毕业的。在这种情况下，京津同盟会决定要除掉良弼，就派彭家珍去刺杀良弼。当时良弼住在西四红罗厂，彭家珍印了一张名片，假造清廷的官衔，去拜访良弼。到了良弼住宅门口，叩门问询。门房回说："大人还没有回来。"正说话时，良弼坐着马车来到门前。彭家珍即向他投下炸弹，彭家珍本人当场被炸死了，良弼先是受伤，后来也死了。这样一来，清廷方面就没有人再敢主战了。一方面革命派势力起来；另一方面在袁世凯的威胁之下，清廷就只好退位了。

我们看出袁世凯这个人太坏，他借着清廷来威胁南方，又借着南方的势力来压服清廷。我们京津同盟会这个组织，就要想法子除掉袁世凯。袁世凯当时是清廷的内阁总理大臣，他住在现在东四南边外交部街的一座西式洋楼里。那个时候，北京还没有汽车，最高贵的是双马驾辕的马车。袁世凯每次上朝总是坐着马车，前面是卫队队长，骑着马开道，前后都有卫队保护。我们京津同盟会的同志，就在金鱼胡同那条丁字街口的酒馆楼上埋伏着。那里离东安市场很近，袁世凯去皇宫上朝，都要经过这丁字街拐角处。那个地方刚好有个酒馆，酒馆有楼，楼上可以供客人喝酒，楼下是卖熟肉和小吃的。行刺袁世凯是在 1912 年 1 月 16 日，执行刺杀任务的是张先培、杨禹昌、黄之萌等 4 人（其中一人已忘其姓名）。我们称之为"刺袁四烈士”。4个人在酒楼上一边喝酒，一边观察，等到袁世凯的马车正好在楼下经过的时候，他们就从楼上投下炸弹。炸弹爆炸，结果把袁的卫队队长给炸死了，却没有炸着袁世凯本人。袁就以此为借口不入朝，不进宫了。卫队上楼把4个人都抓住了，后来都给枪毙了。这4位烈士与彭家珍后来被合葬一处，并立有五面碑一座，碑的每一面镌刻着一位烈士的姓名。烈士墓和碑的地点，原在今北京动物园内现在熊猫馆的东南面，惜现在墓和碑已不知去向了。

三　清廷退位之后

我们虽然认识到袁世凯这个人坏得很，对于革命事业很不利，有刺杀袁的计划，但是没有成功。

当辛亥革命爆发之后，孙中山先生当时还在美国。他得知革命军已经起来了，就从美国赶回国内。不久，就到南京就任临时大总统。可是他知道革命军的力量在当时还很难打到北方，知道自己兵力抵不过袁世凯的兵力，为了把袁的势力拉过来，以求得全国的统一，孙中山先生决定把大总统的位子让给袁世凯，但有一个条件，就是要袁世凯南下就职，政府设在南京，不设在北京。这个条件很有意思，就是要袁世凯离开他那个老巢，这样就可以在政治上开展一个新的局面。尽管让袁世凯做总统，可是这样一来，政治空气和政局就不相同了。因此，南京方面派了蔡元培、宋教仁等6人为“迎袁特使”，来北京迎袁世凯南下就职。袁世凯很狡猾，他晓得南下于他不利，所以他就趁着迎袁特使到北京的时候，搞了个“兵变”。那是1912年农历正月十一日傍晚，那时候市民都还不知道，各戏园子还在唱戏。那天晚上，我正陪着母亲在大栅栏广德楼看戏。大家正看得热闹，突然间锣鼓停止了，台上出来一个人，他说：“外边兵变了。到处抢东西，戏演不下去了，请大家各自回家去吧！”戏不演了，大家只好从戏园子里出来。我亲眼看见变兵朝天放枪，到铺子里面来抢东西。街上碰见阔人就抢钱、抢表。热闹街道都放火烧，那次，东安市场就给烧着了。我当时住在崇文门外花市南边的缨子胡同，我们家的房子有个楼，上楼顶看到城里各处都起火了。

变兵还有意把6位特使的馆驿包围起来，吓唬他们。欢迎袁世凯的6位特使，这时还没有见过袁世凯。这个变乱来了，袁世凯却先派人去安慰他们，表示北方形势很乱，非他坐镇不可，表示他不能南下就职。6位特使没有办法，只好回南京再开会商议。商议结果，最后只好同意袁世凯留在北京，政府也只好迁就他设在北京，孙先生让位，把大总统的位置让给了袁世凯。

当时南京公布过一个临时约法，约法的起草人就是宋教仁。也有个议会，就叫临时参议院。临时约法由临时参议院通过，最后由临时大总统公布。没有办法，只好承认临时大总统袁世凯在北京就职，临时参议院也只好北迁了。临时参议院的组织内容，前后有变化。开始，由各省都督推派3个人到南京组织临时参议院。后来起了变化，3人改为5人，不由各省都督派遣，而由各省参议会推举。

说到我自己，清廷退位之后，革命暴力是用不着了，我们京津同盟会的一般同志，不少人转入文字宣传工作，都去办报了。我们当时办的报纸名叫《民国报》。《民国报》的社长大家推举甄元熙担任，总编辑是孙炳文。当年我是20岁，孙炳文大我9岁，是一位老大哥。我当时的职务是外勤记者，任务就是对外采访新闻，偶尔也写一点短评之类的文章。我在文章上的署名没有一定，有时是写“寿民”，有时还写成“瘦民”。我们这位孙炳文大哥，有一次在给我写扇面题词时，在称呼上给我写了“漱溟”这两个字。我一看，这两个字比我的“寿民”“瘦民”两个字好，从此我就改名为梁漱溟，这名字一直用到现在。

孙炳文先生号浚明，四川叙州府人士。他是我们办的《民国报》的总编辑。北京青年艺术剧院的孙维世，是我们这位孙大哥的女儿，孙维世的母亲叫任维坤，她是我们《民国报》的一位女编辑。任维坤是任芝铭的女儿。孙、任都是我们报馆的同事，他俩是在报馆工作时相识，而后来结成了伴侣。其后孙炳文到德国留学，和朱老总在一起，加入了共产党。因为他是共产党员，在国民党清党时惨遭杀害。那时他从广州到香港，又从香港坐船到上海，被国民党发现后逮捕，惨遭杀害。他的夫人任维坤后来在延安工作，改名为任锐。我 1946 年在重庆的旧政协会议开会后，第二次去延安时还见到过她。当时她告诉我，她有一女一儿，孙维世是她的女儿，儿子叫孙泱，曾任教于中国人民大学。

《民国报》开始创办是在天津，后来才迁到北京来的。民国元年，中国同盟会吸收其他小党派改组成为“中国国民党”，这时就把《民国报》改为国民党的机关报，我们这些人就退出来了。党本部派来接收报馆的是汤漪，他当时是国会议员。

当时参加临时参议院的小党派很多，都是临时发起组成的，并不是原来就有的。譬如说，一个关系较大的小党派——“统一共和党”，它的头头就是吴景濂。统一共和党当时在临时参议院里，共有十几位参议员。因为吴景濂是东三省人，这十几位参议员也大多数是东三省的，同时也有几位是华北的。原来的临时参议院议长是林森（他后来担任过国民政府主席），副议长是陈陶遗。陈当时在南方没有北上，林森议长辞职。为了选举临时议院的议长，本来这个时候还没有组织国民党，这时在参议员中形成了两大派，一左一右。以同盟会为背景的为左派，以共和建设讨论会为右派。在这个基础上后来形成两个大党，一为国民党，一为进步党。进步党也是几个小党派合起来的，包括共和党。共和党以南通张季直为首，黎元洪也是共和党的。

最后还说这么一段事情。

临时参议院从南京迁到北京。我担任外勤记者，有记者证，凭证哪里都可以进去。临时参议院开会时，我经常去那里采访。

1912 年，袁世凯到临时参议院作为临时大总统宣誓就职之日，我在楼上记者旁听席。袁就誓词宣读，纯用其河南地方音调。誓词不长,旋即由议长林森引导走出议场,将在一广阔场地同全体议员(约百人左右）合影。此时我刚好亦走出议场，站在一穿行路上，面向广场瞻望。出我不意，袁即从我身右侧走过，其身量似若短于我者，而宽阔过于我，头发斑白，既不蓄须，亦不修面，着军人旧服装，殊欠整洁，显然蔑视此一重大典礼。

我看到政府各部总长均着西式大礼服，先候立于照相场中。陆军总长段祺瑞军装整齐，神态严肃，则显然郑重其事者。后来袁贼公然叛国称帝，其左右亲信坚决反对于事先者二人，段其一，另一人则为张一麐。张原为机要局局长，即被调教育总长，由近而疏。段芝贵、雷震春等军人曾宴请张，威胁其勿得反对帝制，张不为所动，坚决反对。段之反对最力，坚辞陆军总长，不得请，即称病离职，去西山闭门休养。及帝制撤销（1916年），西南犹不肯罢兵。袁病重自知不起，乃交政柄于段手，正为段不附和袁之称帝。于是政事堂改回国务院，段为国务总理。同时北洋军人势力又不可侮，西南各省顾全大局，遂同意于黎、段下组成南北统一内阁。其后渐渐发展出“府（总统府）院（国务院）之争”时，黎倚重西南以抗段，亦不得不然之势也。

（选自北京市政协文史和学习委员会编《辛亥革命与北京》，北京出版集团公司、北京出版社2011年8月第1版）

武昌起义后在京党人的活动

韩　锋*

一　武昌起义后的张绍曾和吴禄贞

武昌起义时，近畿各镇皆集中于永平一带，准备秋操。因此，驻在滦州的第二十镇和驻在保阳的第六镇地位皆突显重要，同为敌我双方所注目。当时在京党人曾在李铁拐斜街国光新闻社密室开过好几次会议。大家认为绶卿（第六镇统制吴禄贞字）原属同盟会成员，和四川的彭席儒（家珍）非常交好，席儒这次从日本士官学校辍学回国，亦是秉承绶卿的意旨，投身这次革命运动的。因此绶卿

* 韩锋：时为北京陆军测绘学堂毕业生，在国光新闻社工作，后任国民革命军陕西军令部测量第六队队长。
新中国成立后，任广州市人民政府参事室参事。

方面，只需派席儒前去联络，便可以顺利进展。但敬舆（第二十镇统制张绍曾字）方面，我们只能和他的协统蓝幼豪（天蔚）通通声气，派人前去直接游说似乎尚无把握。于是决定先联络绶卿，次疏通幼豪，由幼豪影响敬舆。

张敬舆是一个有名士派头的军人，长日除占大六壬卦外，好饮酒赋诗，与君宪党首领梁任公至有交情。当政局动荡时，任公曾召集汤济武、林长民等君宪党人会议，载涛（军咨大臣）、善耆（民政大臣）、荫昌（陆军大臣）、良弼（禁卫军都统）等亦派有代表列席。席间多数主张催促清廷即刻颁布宪法。会后，载涛派人与任公磋商说：满人中不少顽固之徒，不容易平平稳稳颁布宪法，能不能够找一握有兵权的人，加入君宪党内，然后仿效“鬻拳兵谏”的故事，以威力强迫清廷刻即颁布宪法，他愿为后盾。于是张敬舆遂由任公介绍，列名君宪党中。任公更假借庚戌俱乐部的名义，草拟《宪法》19条，就中第一条为大清帝国皇统万世不易；第二条为皇帝神圣不可侵犯；第八条为总理大臣由国会公举，皇帝任命；其他国务大臣由总理推举，皇帝任命，皇族不得为总理大臣及其他国务大臣并各省行政长官。这19条《宪法》（草案）曾先经载涛过目，才由任公密付敬舆，嘱其指使少数官兵哗变，扣留南下军实，然后派员将草案赍送北京，促清廷颁布。

后来敬舆遵照任公的计划去做，并派骑兵管带率骑兵20名驰抵北京，赍送这项表章和《宪法》（草案）。表章到京后，清廷因兹事体大，立开御前会议。当良弼将19条宪法按条宣读时，读至第8条，亲贵大哗，载洵、载泽、溥沦等均极力反对，并提议严惩张敬舆，以为军人跋扈、干预朝政者戒。后由载涛与良弼、善耆等转圜，认为宪法仍应依旧颁布，敬舆亦应惩办。于是由载涛假检阅为名，挈同新任镇统潘矩楹赴滦州就职。当他们到达滦州时，我和云振飞正在滦州向蓝幼豪游说。易统的时候，我们还吃了一场虚惊呢。

张敬舆下野后，我们不得不转移目标，注全力于在驻扎保阳的吴绶卿身上。因此彭席儒时时往来京保间。一日，席儒刚从保定回来，面呈不快之色。他告诉我们说，他和绶卿策划一切，正有头绪，不料绶卿又升授山西巡抚，刚和他同车来京，预备明晨陛见，来日下午便能知详细情况。

那几天我没有见着席儒，以下的情况是我同班同学黄芝萌告诉我的。据他说：吴绶卿陛见时，请带同第六镇赴晋，摄政王不答应。陛辞时，摄政王赐给绶卿一个小匣子，嘱其回家始可开看。吴回家打开一看，内中所藏尽是检举吴为革命党的告密书信。吴才醒悟，遂将京中未了手续托席儒代为料理，马上兼程赴晋。他对席儒说：他在日本肄业时，因种族之见与良赉臣（良弼字）是死对头。这次解除兵柄，皆赉臣一人主谋，恐怕小匣子的谤书，也是赉臣弄的鬼；所幸圣眷尚隆，还能巡抚山西，抵太原后当再图良机，得间报国。他盼席儒将这番话向党友转告。芝萌并告我说，这几天席儒正仆仆于京、保之间，替绶卿摒挡一切。

当绶卿率僚属遄赴山西新任时，便在石家庄被刺而死。噩耗传至北京，席儒惘然如有所失，终日咄咄书空，寝食俱废。据席儒分析，绶卿之死，肯定是良赉臣所为，因为清廷并没有杀害绶卿的意图，而且有心买好，小匣子之赐给便是明证。席儒自是立下决心，要替亡友复仇，除去良赉臣这个元凶大憝。

二 彭家珍刺良弼真相

有一天，席儒去西河沿金台旅馆找朋友，见客厅桌上遗下一张名片，印着“奉天陆军讲武堂监督崇恭”字样。席儒顺手取置衣袋中，向茶房询知崇恭刚从奉天来此，已去保阳，两三天后回来。席儒当晚在国光新闻社碰头时，将这一情况向大家报告，并说他已借得协统制服全套，再取一个炸弹，明日借崇恭名刺去大红罗厂找良赉臣这小子算账，拼此微躯，替绶卿报仇。

席儒边说边将金表和金相盒交付天民，托其转寄川中老父，作为留念。我那时才 22 岁，心中十分难过，呆呆地望着席儒，不能作声。散会时，席儒微抚我肩说：“老弟，你想些什么呢？”我不禁噙着眼泪，念出赵伯先送吴樾的“临歧握手莫咨嗟，小别千年一刹那，再见却知何处是，茫茫血海怒翻花”这首诗来，席儒亦为之点头不已。

当席儒乘马车去大红罗厂时，同志们分散在报子胡同、帅府胡同的东头、大拐棒胡同北头、小拐棒胡同西头探听消息和接应一切。候了将近两个钟头，仍无半点动静。大家正焦急间，忽然一声巨响，空际黑烟弥漫。同志们赶到大红罗厂时，东西两头已不准行人通过，西四牌楼北大街和西皇城根亦站有步哨。同志们料席儒已经得手，陆续撤回国光新闻社。

这时社里的电话铃声，没有一刻停止，忙着根据访员的报告，赶印“号外”。“号外”的标题是：“禁卫军协统良弼被炸重伤，凶手为奉天陆军讲武堂监督崇恭，当场炸毙，至行凶原因，真相未明。”内容大意是：“昨天奉天陆军讲武堂监督崇恭从沈阳来京，下榻西河沿金台旅馆，谎言去保定公干，3天才回。谁知崇恭今午乘马车，服军服，至大红罗厂良宅，请见禁卫军协统良弼。阍人辞以良公出未返，嘱崇在客室稍候。过了许久，良的马车刚抵门前石阶，崇急不能待，已迎出门外。良的左足才踏出车门，崇即探怀取炸弹掷去，将良左足炸断，并死伤卫队数人，崇亦炸至面色黧黑，当场死去。至行凶原因，真相未明，容查明续报。”

事后，第一个到良宅慰问的为新任民政部长赵秉钧（当时袁内阁新成立，赵是接肃王善耆的民政大臣）。本来西医已替良弼施手术，经过情形良好，赵又荐一中医来替良弼除火毒。良服药后，伤处剧痛，辗转呼号而死。外人传说袁世凯忌良弼枭雄，故买嘱医生以对攻之药死之。

第三天，崇恭自保定回京，才知道炸死良弼的另有其人，但凶手尸骸，面目模糊，无从辨认。侦缉方面渐渐疑及国光新闻社。某日下午，保安队员兵竟包围国光新闻社搜查，搜出“河北省大都督王”文告数百张。所幸同志们皆外出，未遭毒手，但国光新闻社从此给官厅钉封了。

附带说一说这些被搜出的文告是怎样来的。原来清廷将汪、黄、罗3人释出后，同人们遂推举汪为将来的河北省大都督，并拟将文告预先写好数百张，以免临时张皇。谁知汪再三推让，不肯担任。同人们遂采取变通办法，仍先将文告写好，但将汪字写作王字，临时再加上3点。因此侦缉搜到此项文告后，皆不知此姓王的是谁。有浙江人王熙普，曾在日本法律学堂毕业，后来致力社会事业，化名钟声，偕同木铎居士刘艺舟在京津演出新剧《孽海花》，风靡一时。熙普住天津奥租界江家大院，为人好标奇立异，出入常穿标统制服，又好与军人交接，遂引起侦缉注意。自从国光新闻社搜出文告，更为彼辈注目，王熙普遂以此嫌疑被捕去杀头，还株连了好些人，我的从兄叔香也因此案遇害。

（选自全国政协文史资料研究委员会编《辛亥革命回忆录》第6集，中国文史出版社2012年6月第2版）

北地见闻散记

陈之骥*

引　言

辛亥年，余在广西干部学堂训练新军，广西巡抚认为我是东洋留学出身，有革命党嫌疑，便被解职。余踽踽北旋，愤愤家居。恰值武汉倡义，革命军兴，壮年气盛，亟思乘机踏上世界新潮流，推翻清朝政权，使中国庶政维新。因此，我奔走于京、津各地，出入窥测于权贵显要之门。当时耳闻目睹者，有不少事迹铭于肺腑，感莫能忘。今于50年后来回忆往事，虽然多是一花一叶片面之言片段之事，无关宏旨；可是在我个人，时时觉得一吐为快。

* 陈之骥：曾任中华民国陆军第八师中将师长。
新中国成立后，任北京文史研究馆馆员。

一　清廷的军咨府

清末曾组织军咨府，其职权相当于参谋部，掌握一切军机。当时的两位主持大臣，俱是皇亲。一位是皇叔载涛，一位是皇侄毓朗。载涛曾仿效日本的皇军和宋代的禁军组织禁卫军保护皇室，但徒有虚名。载涛好演京剧又好养马，有“活弼马温”之徽号。武昌起义时，载涛正出京打秋操，大臣毓朗抱定一推二不管的主意，饬令僚属向载涛要办法。迨载涛返京，两人相对，亦徒呼负负。余当时正在军咨府担任微职，睹此情况，私谓革命前途开展有利了。

二　武昌首义后的清军部署

武昌首义后，侧闻陆军大臣荫昌（字午楼）早晚在军咨府向载涛、毓朗咆哮，两大臣默不作声。过了几日，始闻军咨府发布以下命令：

第一道命令，派三营统领应龙骧紧紧守住武胜关险要，阻止革命军北上。

第二道命令，组织3军：第一军荫昌守住京汉线，抵挡武汉革命军；第二军冯国璋守住津浦铁路沿线，南下攻打南京（司令部设在金鱼胡同贤良寺内）；第三军禁卫军留守北京。

从这几道命令来看：荫昌是陆军部的部队，只守而不攻。冯国璋是北洋系调来，却命令他攻而不守。禁卫军是新成立的皇室亲兵，多半是八旗子弟，留守皇城。由此可以看出清政府的军事布置，无能为力矣。

三　荫昌的怯懦

荫昌既奉令守护京汉线，调第六镇协统李纯火速开往湖北前线，令到即行，不许一刻停留。李纯所部本是一个混成协，只有枪而无子弹，所以军队开拔之后，李纯却跑回北京急向当局索要子弹，声述无法作战。似这样事前毫不思索的调动，简直是以军事为儿戏。

荫昌的第一军司令部设置在火车上。队伍开到湖北刘家庙，荫昌留在火车上办公。某日凌晨进来一个卫兵报告："司令不好了，您看那边革命党三四百人，直奔火车而来。"荫昌听了，命令立刻开车北逃。当时有一位第六镇卸任协统名周符麟，原系绿林出身，有些胆量，请荫大臣且慢传令，待他先去看看实在情形，再作定夺。随后回来报告："有百十人都是农民父老下地来摘棉花，并不是什么革命党"，荫昌才安定下来。

四　革命党的活动

革命军兴起，在北京的革命党人纷纷南下。据我所知并能记忆起来的就有黄开元、曾可楼、黄郛、何澄等多人。黄郛、何澄到了上海参与了陈其美革命军务，黄为参谋长，何为二等参谋，事已披露于报章，可是这里的军咨府仍然照旧发给他们的薪水。黄、何二人的图章交给我托为代领，由此可以想见军咨府的昏暗，清政府的腐败。

京津革命党人，咸乘机活动起来。北京方面以李石曾为首，有王法勤、刘汝贤诸人。天津方面的各学校和附近州县也涌现出革命团体达七八个之多，其中有丰润丁作霖、遵化蒋竹元（蒋竹元后来参加共产党，死在上海）。

在天津的知识分子如严范荪、王义荪，还有谘议局的议长阎凤阁都同情革命事业，有的公开宣传，有的组织群众参加革命斗争。志士奋起、民气蓬勃的情形，可以窥见一斑。

李石曾在北京的半公开组织是义兴局，另设立办公处于东城船板胡同，网罗的时贤名流有彭家珍、张良璧等多人。在京的革命党人的活动经费，由李来接济，成为北京核心组织。

五　“理　门”

辛亥革命时在北地响应的民间团体，首先是天津法租界门牌19号（代名词）的“理门”。理门俗称“在理”，表面以戒烟酒为号召，实际上是一个灭清复明的秘密结社。创始人为明末的一个举人，以反清复明为宗旨，有非常接近群众口语的歌诀唱词，流传于世。几百年间，扩充到河北、山西、山东、河南各省地区。

所有在理的人，都在腰间系着灰布褡膊，穿着灰布衣裤，暗示为明代亡国持服戴孝。理门布教“先有国后有家”的道理。所有首领一律用白辫绳或白麻绳结发，以示沉痛纪念清初强迫人民雉发变服的奇耻大辱。清季帝国主义者用鸦片毒害中国，各地理门公所都义务替人民戒烟。

革命军兴，津门许多理门公所，组织群众热烈响应。我在当时曾作了一首诗歌以纪其事，诗曰：

三百余年戴孝麻，扶明反满播根芽。
理门教化传真理，先有国来后有家。
寡欲清心戒烟酒，奇耻大辱复中华。
风吹武汉革命血，激动津河飞浪花。

当时在京的革命党人李石曾等，曾托津地理门招募革命军。在山海关附近铁门一带募得200多名，准备潜入天津密谋起事。理门中人要求发给武器，随即准备了有500支枪供给使用。约好先炸天津，成功后便在天津立下基础。不料这些人里头有个头目外号叫“老操鸡”，原是东北红胡子惯匪，竟对众倡言，这里离京特近，恐怕站不住脚，不如跑到遵化先抢东陵弄些财宝，然后到东北占山为王去当马贼等语。蛊惑得200多人不敢起事，以致计划不能完成，只好将这伙人遣散了。我那时只知道硬干，没有深思远虑，所以才有这次失败。

六　赵南公在曲阳反抗暴政纪实

赵南公是河北曲阳县人。辛亥武昌起义之后，华北各地纷纷响应，向来受尽清朝贪官恶吏压榨的群众乘机反抗。曲阳县县官盖彻惠是佐杂捐班出身，唯利是图，多方剥削该县人民。当地农民多操织布副业，捐税本已奇重，盖彻惠仍要在正税之外加征布匹盖戳捐，迫令经纪人负责征收。经纪人拒绝，县官竟骑着高头大马亲到集市征收。有一次全市集拒绝捐税，县官立将经纪人代表赵洛尚按倒痛殴，以致激成公愤。这时革命党人赵南公挺身而出，领导群众揽住县官马头，要求当场宣布取消这种捐。县官见势不好，急忙逃回衙内，暗令衙役逮捕农民赵洛余，迫令供出揽马人的姓名、住址，并要将经纪人赵洛炯、赵洛映、赵洛丑、张三魁、郭傻货等一律治罪，他们均弃家逃匿避祸。一面要搜捕南公。后经省方查明真相，以县官不洽舆情，恐激成民变，将盖彻惠撤职，改任范景乔接任，才将被捕者赵洛余释放，但因受尽非刑，回家后即行死去。赵南公因避祸弃家，只身逃到东北。后又参加了政学系主办的上海泰东图书局。

七　滦州起义

我曾三次到滦州，得悉滦州起义事件是出于下级士兵向往革命、群情沸腾的自发行动。先是张绍曾统率的第二十镇，部下鼓噪向往革命，他本人却犹疑不决，因而演成了内部分歧。第一次由我前往滦州向张劝导未获结果。第二次又同蒋作宾前往商请张带兵入津，张已允诺，临行之时又反悔。第三次由于他的部下早已倾向革命，暗地参加革命的很多，纷纷活动起来，长官们迫于时势，才不得不以兵威向朝廷进行兵谏。后来王金铭、施从云等在滦州起义，虽然经王怀庆率兵扑灭，但这一次起义的事件是光辉史乘的。

由于清廷责令王怀庆等在各处剿灭起义者和逮捕革命党人，当时遵化、雄县、大城、通州等县，许多起义的人民都被杀害，许多农民在农村立不住脚，纷纷逃到天津。工人方面如开滦煤矿工人和许多企业工厂的雇工，也都投身于革命事业。

八　吴禄贞被刺

吴禄贞原是北京方面革命党的首领，并为清廷第六镇的统制。辛亥起义之后，清廷任他为山西巡抚，命令他去镇压山西的革命军。但当时他的嫡系部队协统李纯等被荫昌调赴京汉沿线前去作战，原有司令部的僚属均被调离分散，随从吴本人的很少。赴任之时仅由张华飞、张厚琬和一个姓周的秘书相随，都不是旧日亲信，而其中却有一些革命党人。他曾约我同赴山西发展革命势力，我因京中有事羁身答应随后赶上。吴至石家庄时，山西民军约他连夜赶进娘子关，以提防清廷反悔，对他不利，并建议更换卫队，以免发生意外。当时吴并未采纳，他只准备第二天堂堂皇皇地进入山西。可是就在当晚（11 月 16 日晚）被袁世凯所派遣的营长马蕙田刺死。外传吴是被周福林（符麟）所杀，是不确实的。周福林原任第六镇协统，吴掌六镇后把周撤职，后来曾充荫昌的护卫。当吴被刺之夜，我在保定途中，正拟赶到石家庄与吴同入山西，不料火车已中断，闻此噩耗，只好踅回北京，旋归天津。

九　袁世凯、段祺瑞、冯国璋

冯国璋继续攻下汉阳，本来再一举手，武昌可下，可将革命军全部击溃。在这千钧一发之际，竟然奉到袁世凯的密令，暂缓前进，冯只得听从命令。但冯的部下初不知袁氏已另有企图，都认为功亏一篑，为什么不直取武昌克奏全功，因而纷纷请命，要求进攻。冯因有上级命令只好服从，按兵不动。部下张敬尧于夜间赤着身子跑到冯的面前，跳起脚来大声质问何以按兵不动、阻挠士气、坐失良机，把冯触恼，而将张逐走。其实冯本人又何尝没有三千里转战之功废于一旦之感。正与亲信部下嗟叹之际，突又接到袁的命令将冯调回，更换段祺瑞为湖广总督统领三军，冯只好愤愤交代北上。殆段接事才四五天，目击军心动摇，惧有不测之变，突然离开军队跑到保定。段这一行动是受了靳云鹏的献策，仿效张绍曾滦州兵谏，迫使当局公布宪法信条19条故伎，突然在保定通电响应了共和，转而助袁威胁清室，一时局势大变。

当时冯国璋回到北京之后，因感于自己打了胜仗反被调回，认为段临阵脱逃反受上赏。愤怒填胸，闭门谢客。段在保定通电响应共和之后，即派靳云鹏代表自己到冯宅要求见面，冯不知袁的翻天覆地手段，反将靳云鹏大骂，指斥他出主意响应共和，其实是当面骂靳暗地骂段。靳不敢则声，下不了台。当时我住在冯宅西院，冯夫人找我出来劝架，才把靳拉到我的住房，了此一场。

十　北京和天津的兵变

1912年2月29日夜间，北京兵变，是袁世凯大奸巨憝狡诈多端凶狠万状的表现。袁世凯不愿离其巢穴投入南京革命势力范围之内，坚持以北京为首都。中山先生特派蔡元培、黄开元等5位代表来到北京，迎袁促驾，住在东城煤渣胡同贵胄学堂（后来改为宪兵学堂）。当晚8时在5位代表住的地方首先鸣枪，随后枪声遍及全城，市内商店9/10遭到掠抢。当时兵变是曹锟率领的第三镇，乃是袁最亲近的队伍，是一种有组织的行动，队伍抢劫之后，乘火车离开北京。

北京兵变之日，冯国璋因事从天津召我来北京，正在冯宅用晚饭时，听到枪声。冯立刻给袁打电话询问情况。回电说：“宫保为兵变之事已经气死了，曹锟正跪在宫保跟前认罪。”看这个样子，袁好像在事前不知道这件事。都说兵变是因为打仗时兵丁都发双饷，经王士珍（陆军大臣）进京之后把双饷待遇裁去，因此兵丁不满，愤而兵变。其实兵变出于袁之主使，其目的有二：一为吓走蔡元培等五代表；二则借口北京地方还不安定，不能离开，难以南下就任。最后硬在北京组成另一内阁，即以北京为首都。

2 月 30 日，天津兵变。天津根本没有驻军，何来兵变？我回到天津是经手未了之事，才下火车，就见车站已经乱成一片，因北京抢过的兵开到了天津。我首先找到严范荪告他北京和火车上凌乱情形，今晚上天津恐怕不免于祸，应速找总督张锡銮赶紧在车站上惩罚几个逃兵镇压一下，或可制止兵变之祸。无奈严等经我两次劝告都不采取措施，天津终于遭乱兵蹂躏。晚间我在下天仙看戏，突闻枪声四起，那时不过夜间 10 点钟左右。出乎意料的是天津兵变首先是张锡銮的卫队，随后加上的是地方警察，先抢造币厂，后抢官银号、估衣街。

第二天，天津警察厅长杨以德，坐看手下放抢，半点办法皆无。奇怪的是他去找张绍曾共商，到日本兵营请求派了二连人出头弹压，当时正中了日本人的下怀，但由于国际法规掣肘，恐受国际指责，表面仍由中国人率领。杨以德博得日本兵撑腰胆子也大了，捕人杀人大逞虎威，把变兵抢来的东西都弄到警察厅内，给自己造成了发财的机会。

十一　怪哉天津革命党人的遣散

辛亥革命胜利后，汪精卫到津资遣革命同志，我曾参与其事。我不知道他与袁世凯秘密互相利用，只知道他是由南方带来款项，帮助在天津的穷困同志。他在天津没有熟人，而且天津社会情形相当复杂，他自己也没有勇气敢来。由我和华世忠二人从北京一路相陪到津，召集当时在津的革命党人，在老水师学堂开会。一些党人，看到革命已经胜利，政府建成，任务终了，可以离开革命队伍；有的则认为南北倒置，违背革命初衷，看到大势如此，也就陆续散去，人数约有2/3。原来求学的继续求学，原来做工务农的，仍然各就所业，余下的人就不多了。在汪召集开会之后，只有少数极贫困的同志每人不过得到三五十元，共总交付的钱不过二三千元，这是当时汪到天津所谓遣散革命同志的实在情形。

当时我认为对于革命同志应当组织起来，为国家储备人才，曷以委弃不顾，资其遣散。事后知道汪已为袁氏所收买，为虎作伥，借以消灭革命势力。

（选自全国政协文史资料研究委员会编《辛亥革命回忆录》第5集，中国文史出版社2012年6月第2版）

华北协和书院师生的革命活动

杨学羔*

通州，距北京40里。清政府在此设有古北口提督、仓房侍郎、通永道和知州等衙门，并驻有武卫左军（即毅军），可说是统治最严密的地方。但是，通州华北协和书院的师生在辛亥年仍然进行了革命活动。兹就回忆之所得，详述于下：

（一）华北协和书院（以下简称“书院”），英文称 North China Union College。为华北美国公理会、长老会和英国伦敦会3个教会联合设立，而为3个教会在直隶、山东、山西各城乡村镇的小学堂毕业生升学深造的处所。分中学、大学两部，中学名曰“中斋”，大学名曰“书院”，中斋附设在书院之内，都是四年制。每年级学

* 杨学羔：时为北京通州华北协和书院学生。
新中国成立后，任天津市文史研究馆馆员。

生 25 至 30 人不等，斋院两部共有学生 270 多人，教职员工 20 多人。书院教授由 3 个教会分别聘请英、美人及华人任之。中斋教师则由英美籍教授兼任，并聘请留本院高才毕业生任之。史地、国文教师聘请中国人任之。院长则由担任经费较多的美国公理会的牧师充任并兼中斋斋长。课程偏重宗教、理化、数学，课本采用烟台美国长老会狄考文牧师译本。语言、伦理、政治、哲学次之，课本采用上海广学会李提摩太牧师译本。中国文史、地理又次之，课本由任课教师自行选定。该院设教的目的只是为教会培养传教士和中小学教师罢了。若说是为中国国家人民培养人才，我敢断定说："不是。"这时帝国主义者已经看到清政府的腐朽统治摇摇欲坠，已不能再长久地把中国作他们的工具，对清廷已不是以往那样的垂青，而是有另找替代者的意图。因此，他们对学生的"排满"思想，听其自然地发展，不奖励，也不禁止。

（二）书院有由北京教会小学升学来的少数旗人学生，如宝广林、惠辉庭等，他们喜爱阅读《饮冰室文集》，受梁启超的影响，对西太后那拉氏颇怀愤恨，对载沣监国的皇族内阁也深感不满。他们只要求实施立宪，不主张革命。因此大家的活动对他们还要守秘密。大多数学生和教师则喜爱阅读《明季野史》《史可法传》《扬州十日记》《明夷待访录》《革命军》《攘书》《訄书》《黄帝魂》《荡虏丛书》《民报》和《民呼》《民吁》《民立》等报（后三报实际只是一个报，因被查封，乃两次改名）。这些书报在当时都是被查禁的。他们托上海友人假广学会书局的名义才能邮寄到院（清朝官吏怕洋人，广学会书局是美国牧师李提摩太开设的，该局邮寄刊物他们不敢检查），书院师生受邹容、章太炎等人的影响，"排满"思想浓厚。

（三）书院有自天津来的一部分学生，如刘明义、魏振东等，曾参加过温世霖所领导的学生请愿团，到督署请总督陈夔龙代奏，请速开国会，实行立宪。清廷谕将温世霖发往新疆充军，将学生交家长严加管束，不许妄干国事。由此他们知道清廷所准备的立宪，不过是个骗人的把戏，是绝对不会实行的。于是主张不要信任清廷，要推倒它，由人民自己组织政府来管理我们的国家。有很多的同学受他们的影响。

（四）书院前班毕业生费起鹤（字云皋，通州人）、孔祥熙（字庸之，山西太谷人）在美国留学时，即参加了同盟会。毕业回国，费曾任天津普通中学校长，继任保定西关直隶高等学校校长。孔任山西太谷铭贤中学教师，旋任校长。辛亥武昌起义，费、孔南下。军政府成立，费任教育司司长，孔任财政司司长。南京临时政府成立，费任外交顾问，孔任财政顾问。费、孔时常与母校同学联系，书院师生的政治思想，自然也受其影响。

（五）书院教师管万恭（字协辰，山东人），因友人介绍，得与同盟会派来北京开设照相馆（馆名“同生”，设在地安门什刹海附近，作为会员活动的掩护机关）的公孙长子（四川人）取得联系，因之更与谢持、黄复生（均四川人）取得联系，管先生受革命思想的影响，一向主张推倒清朝。他担任中斋国文历史讲座，常选些有关革命的历史人物故事或文章，给学生讲说。

（六）书院有四川学生杨学羔，因家长是保路同志会成员，他受家长的影响，始则仅反对铁路归国有，继则主张打倒清廷。四川保路运动、成都“七一五”大惨案，以及四川全省遍地的人民斗争，杨学羔从家信中知道了这些消息，就借在校中练习演讲的机会（书院在每星期三下午，在礼堂召开师生全体大会，院长主持，令学生轮次上台练习演讲，由师长指导，并评论成绩的优劣，也是为练习传教人才而设），在大会上向全院师生作详细的报告，听众大为激动。

（七）书院有一学生蔡德辰（字振民，湖北蕲春人，是武昌起义元勋之一蔡济民先生的胞弟）。他来华北求学，原是奉派来做秘密工作的。先在北京鼓楼西美国长老会豫文中学学习，辛亥年春，升入书院深造。他就向书院师生进行革命宣传工作。因为他的介绍，书院一部分师生就与北京国风报社（同盟会北京机关报，地址西城草厂胡同）社员田桐、白逾恒、杨时杰等（均湖北人，同盟会成员）取得联系，有文字的交往。该社每日赠送书院报一份，最为书院师生所欢迎。书院师生既受到如上所说的诸般影响，对清廷极端的不满，而蔡德辰的为人，一向又为书院师生所敬爱，因此，武昌起义后，他就无形地被拥戴为领导书院师生革命的领袖。

武昌起义后，吴禄贞、张绍曾等曾拟在北方发动革命，但是先后都失败了。书院师生以为张、吴之所以失败，是因驻军地点（滦州、石家庄）离北京较远，不能朝发夕至，张、吴有所顾虑，不能当机立断，以致坐失机宜（时清军南下，北京空虚），遭到失败。如果驻通毅军能起义，直指北京，威逼清廷退位，因得地利之宜，坐言立行，顷刻可至，胜利果实，可以杯酒犹温而得。于是他们就决定积极进行，运动驻通毅军起义。

驻通毅军共有 7 个旧式营（编制和新军不同，人数比新式营较多），为古北口提督兼武卫左军总统姜桂题所统率，驻通州城内南仓营房，距城外南地书院仅 4 里。书院师生一向就与该军军官有来往。姜桂题年逾 70，对于学生的一切活动，尤其是体育技术竞赛，颇感兴趣，书院每年举行春秋两季运动会，或圣诞节等其他典礼（有各项节目）时，都必邀请姜桂题及他部下官兵到场参观。书院准备茶点，师生亲自招待。他们也携带奖品等，亲自发给成绩优良的学生。姜营无论举行任何庆祝典礼，如有节目表演，也必邀请书院师生前往参观。如此，不断地来往，日子久了，便有了相当的交谊，乃至有家乡土产礼物的馈送。记得有一次姜桂题赠送书院师生安庆胡家酱园酱小菜，先生每人两小篓，学生每人一小篓。某营统领特赠著名土产，用红丝线扎成菊花朵式的黄山云雾茶。先生每人四朵，学生每人两朵。由此可见，姜及他的部下军官与书院师生是有相当交谊的。

书院师生利用驻通毅军与书院有交谊这个良好条件，就积极地活动起来，举蔡德辰为总代表，向当地毅军进行工作。不久，就将7个营中实力最强为姜最亲信的统领陈某等的4个营运动成功，连姜的一个亲侄儿和一个外甥也都在其内。他们都赞成起义，推倒清廷。议定由总代表请武昌军政府先发军饷两个月，以资接济，饷到，即行举事。军政府电允于九月底将饷发到。乃决定由统领陈某和姜侄、姜甥等逼迫姜桂题起义，于十月初一日夜，率兵潜行到北京，威逼清廷退位。书院全体师生也分别任临时职务，随军指导或辅助一切。不料正当武汉军事紧急之际，军政府筹饷不易，经派代表张天雨（字耿光，学生，保定人）到府坐催，也未如期发到。改期十月初七日，又未发到。再改期十月十五日，仍未发到。以致有部分赞成的军官，到这时就不赞成了。他们说："事不过三，三次改期，饷都未照发，终是不发了，简直是个骗局。"于是就有人向姜告密。在十月十六日夜间，姜派兵围剿某营统领住宅（赞成起义的军官和书院师生代表临时会议机关），其时，蔡德辰、姜侄、姜甥和4位营的统领正在开秘密会议，就都被逮捕了，名册也被搜去。

十七日清早，姜派员到书院将院长美国人高厚德请到营议事。高见了姜，始知蔡德辰被捕及书院师生运动毅军起义的事情。姜对高一向是很客气的（清朝官吏对洋人都是如此，不只姜一人为然），唯独这次却声色俱厉地把高大骂一顿说："我以为你们洋人来中国传教是劝导中国人民为善，安分守己的；办学是为中国培养维新人才的。因此，我对你们洋人，一向恭敬，殊不知你们不识抬举，反而教人民仗势欺人，为非作歹，教学生闹革命造反，叛逆皇上，这真是我想不到的事情。你们书院的师生运动我的部下造反，要推倒朝廷，闹得我的脑袋都要保不住了，真是可恶。你对这件事应负极大的责任，请你告诉我应该如何办才好。"高吓得发愣，说不出话来。好久才说："回明军门，我实在负不起这个责任。"姜说："那么，我与你分别负之。学生方面的事由你去办理，你负责任。军队方面的事，我自办理，由我负责任。如果你能保证蔡德辰不再领导学生闹事，你可将他领回去，由你自行处理。"不意，高竟要求先看名单（书院师生，除在旗学生外，都签了名）再作决定。姜说："你要看名单吗？看了名单，你的书院还办不办？我的军队还带不带？名单我都不敢看，你还敢看吗？自从他们昨天夜里把名单交到我这里来，直到现在，我未曾看过。现在我们就这样地来看吧。"说着，就从怀里取出名单，打开洋火炉的门，把它丢在火炉里烧掉了。姜重复地说："你如果能负责保证蔡德辰不再领导学生闹革命，你可将他领回去，你们自己去处理一切。"高不敢保证。姜说："既是这样，就将他留在这里，由我来处理；但是由我来处理，就有些不便的地方呀，还是要请你周详地考虑一下吧！"高仍不保证。姜乃说："你先回去吧，等我决定如何处理之后，再通知你。"高回书院，尚守秘密，无人知其事。十八日上午，姜又派员叫高到营去领尸，才知道蔡德辰、姜侄、姜甥及某营统领于昨日夜间同被枪杀了。姜桂题还是要高保证书院师生不再闹革命，否则，3 日解散书院，将学生押解回籍，交家长严加管束，不许妄生事端。高不敢保证，只好暂时停办书院，遣散学生。书院师生的活动，就此暂告结束。

先是，姜桂题看到南方各省都已独立，革命势力异常壮大，眼看革命就要成功，他就不想杀蔡德辰，以免开罪民党。但他又怕清廷责备他擅自释放党人，他的职位就难保住。他又知道清廷怕洋人。若是高院长能负责将蔡德辰具保要回，清廷必是没有什么说的。所以他一再要高厚德负责具保将蔡德辰领回，使他对清廷对民党都可以交代下去。不意，高并不具保。因此就牺牲了一个不必牺牲的蔡德辰。书院暂时停办，学生全被遣散。迄今思之，犹使人愤恨不已。

当高厚德将蔡烈士的尸身由姜营领回书院之后，召集师生报告他与姜谈话的经过。全院师生闻悉都无限悲伤，又群情激奋地将高厚德包围起来，严厉地谴责他送掉了蔡烈士的生命。有的说："姜桂题叫你负责领回活的，你不负责，偏要领回死的，蔡烈士简直是你杀掉的，你要偿命。"有讥讽他的，有骂他的，甚至有人要打他，闹得不可开交。由职教员出面调解，书院备办衣衾棺椁，从厚殓葬烈士，开大会隆重追悼，以慰英灵。将办理情形通知烈士家属并致唁慰。在烈士家属未起灵以前，暂厝于书院校园之内（不安厝在教会公墓系遵依烈士生前的意志。教会公墓，在书院校园之南约二里，是庚子年通州教会向清廷要求划给葬埋因义和团事件死了的教民及华洋教牧人员者。此后，教会教牧人员和书院师生也有葬在此地者。

风景甚好，很多人喜欢到此游览，但烈士生前曾说过，这是个丧权辱国的标志，他不欲到此游览。由此，可以见烈士爱国的意志。因此，书院师生特有暂厝校园的要求）。起灵之后，于原厝处造一衣冠墓，并立碑志，以为纪念。如此，方把一场风波平息下去。次日（十九日）棺殓。二十日，开追悼大会，即暂厝于书院校园的“振民湖”旁的“德辰山”麓。湖原是个大水池，教会特凿蓄水，冬季取冰窖存，以备西洋教牧人员在夏季使用，山即是凿池取土堆成的一个大土丘；原来都无名字，书院师生为纪念蔡烈士特为取名如上。

高厚德遵照姜桂题的命令，于二十一日解散书院，将学生遣送回籍。唯四川学生杨学羔因路途太远，且有战事阻隔，无法遣送；又有耿志清、陈保安两人，既无父母，终鲜兄弟，无家可归，不得不允许他们仍留在院内。但亦须搬出宿舍，迁往体育场管理工人住所之内。于是宽大幽静的“协和校园”仅有他们 3 人在此为蔡德辰烈士守墓。但是，他们决不让这样的生活白白地过去。书院图书馆所订阅的一些报刊，现在仅有他们 3 人来阅读。他们每日将报上所载各省独立、革命胜利的一些好消息，摘抄誊写油印出来，邮寄给那些家居的同学，以慰他们对革命事业殷切的关念，并加强他们对革命必将迅速成功的信心。在乡同学也可借此得些资料好在农村做基层的宣传工作。他们又常撰稿寄投北京《国风报》发表，鼓吹革命，或讽刺清廷。如此者一个多月。至十二月二十六日，他们于京津各报见到头一天清廷所颁的退位诏书，他们就以为革命真正地成功了，真是兴高采烈，欢喜得连觉都睡不着。于是星夜里将诏书誊写油印出来。次日清晨，即邮寄给在乡村的同学。

清帝退位，孙中山乃让位于袁世凯。袁于中华民国元年 3 月 10

日[①]在北京就临时大总统职。书院的英、美国教牧人员都说："袁是中国唯一的贤能军政人才，唯独他才能治理好中国。"（帝国主义者认为袁将是他们唯一最好代理人，所以英美传教士对他就有如此的看法）他们决定召集解散的学生回来，并决定于3月20日照常开课。作者和耿、陈两位同志由那矮小寂静的工人住所回到学生宿舍楼房里来，与270多位同学同过生活。一切情景，依然如旧，唯独每一谈及蔡德辰烈士就义的经过，则无不十分悲伤，并愤恨高厚德送掉烈士的生命。高厚德任书院院长后，学生本来就看不起他，给他一个绰号叫"高二巴"。此次他送掉蔡烈士的生命之后，学生不但更轻视他，而且愤恨他了，改称他为"高缺德"。

开课两星期，4月3日，烈士之兄蔡济民先生即北上来到书院起灵。于4月5日由通州火车站挂一辆专车载灵柩至北京前门西车站，转挂京汉铁路列车南下。起灵时，书院师生先在院内祭奠，然后恭送到车站上车。姜桂题也派代表和各营统领到车站祭奠。到北京前门车站倒车时，北京国风报社田桐、杨时杰、白逾桓等皆来迎送并祭奠，袁世凯也派代表迎送并祭奠。烈士灵柩起走之后，书院师生即在原厝处造了一个衣冠墓，并立碑题曰"蔡德辰烈士衣冠之墓"，又给灵车照了一张12寸的相，悬挂在书院图书阅览室，作为永久纪念。书院几经改组，名称已异。校舍校园的形式，也或有所改变，但照相与衣冠墓，想必依然存在。

（选自全国政协文史资料研究委员会编《辛亥革命回忆录》第5集，中国文史出版社2012年6月第2版）

① 注：民国之年后时间为公历。

辛亥革命时期的天津共和会

刘清扬*

辛亥年间，在日益高涨的革命形势影响下，天津也发展起各种革命的小团体。这些小团体既无严密的组织纪律，也无统一的领导和斗争计划，只是互无联系地进行活动。我所参加的组织是共和会，其中有部分同盟会的会员，可以说与同盟会有关系。共和会的会长是白雅雨先生，副会长是日本留学生胡宪（号伯寅）。会中成员，我所知道的20来人。机关设在旧法租界老西开天主教堂前面广场东边的小平房内，由胡伯寅住在这里和参加工作的人们取得联系。经费是没有来源的，大家参加革命，不但活动费要自己出，而且还要

---

* 刘清扬：时在天津共和会从事筹集革命经费工作，后任南京国民政府中央妇女部妇女训练股股长，民盟执行委员。

新中国成立后，任全国妇联副主席，中国红十字会副会长，第二至四届全国政协委员，民盟中央委员。

帮助机关筹措经费。

白雅雨先生是当时天津北洋直隶第一女子师范的地理教员，我那时是将近毕业的学生。白先生知道我平常是个很守规矩、认真好学的学生，在学校中敢于揭发坏人坏事，并且善于团结同学，所以吸收我参加了革命事业。

我校的音乐教员李运清，是从日本回来的革命分子，他的女儿李韵娴尚留在日本留学。辛亥年冬，她趁寒假回国，负责组织革命妇女准备向北京运送手枪、子弹等武器，因为当时车站不搜查女客身边带的行李，她并约我参加这项任务。

我的朋友崔震华和崔昭华姊妹，也参加了共和会的活动，并在旧法租界创办一所竞存小学校，是为了掩护革命活动的。女师同学汪云、张绍机、陈余馨、陆凤容等，都在该校教书，暗中也在协助革命活动。

共和会当时的主要任务，是策划滦州起义，而后进攻北京，白雅雨先生是在执行这项任务的负责人。这是因为武昌起义的胜利，已动摇了清朝的统治地位；北方的革命军人认为已经到了响应举义、推翻清室的时机。驻军石家庄的第六镇统制吴禄贞，已和滦州驻军第二十镇管带施从云、王金铭有了联系，准备从东西夹攻北京，可以一举取胜。但不幸的是，吴禄贞的革命意图被袁世凯识破，袁便派人刺杀了他。

清廷为了镇压革命，准备从东北运一批军火进京，因此滦州的起义已迫不及待，这样白雅雨先生等即须去滦州协助施从云等准备行动。但因白先生和革命战友都是些穷书生，虽有革命的决心和热情，但行动起来，一切费用却无从筹措，于是决定由我负责设法，因为我的家兄们都是天津报界名流，和戏剧界有联系。我就趁着戏剧界义演筹办冬赈的时机，向家兄提出从冬赈捐款中抽出一部分来支援滦州的革命起义。我家兄原是同情革命的，便完全允许了，这样才解决了白雅雨先生等去滦州的费用问题。

为了支援白先生的活动，我们常偷着到学校宿舍去密商办法，油印宣传品和募捐收据等。当时女师的反动校长是吴鼎昌，他为防止同学的革命活动，白天宿舍严加封锁，不许我们进去。我们偷着进去，被他发现，说我们违犯校规，大发雷霆之怒。崔昭华同学为此和校长吵闹起来，校长一怒之下，当时便挂牌开除她的学籍。我为了掩护文件，免被校长发现，所以并未说话。

此后，我在学校内做了鼓动宣传，对吴校长无理开除将届毕业的学生，提出抗议。结果在毕业考时，我们全校学生都罢考了，校长无法收拾，只好宣布提前放假。因此，许多南方同学都回上海参加了女子北伐队。我们的毕业考试，是民国元年才补考的。

在一个严寒的晚间，白雅雨先生和他的战友们从李运清先生家动身（李家离北车站很近，又是偏僻地区，容易掩护），崔氏姊妹装作他们的家属随行。当晚我也去送行。后来由于革命起义失败了，白雅雨先生和部分战友惨遭屠杀，崔氏姊妹改装从旅店后院越墙脱逃，才得免死于难。

滦州起义失败的原因，一是吴禄贞的被刺，失去呼应，单凭施从云、王金铭的孤军，力量单薄，难以支持。二是白雅雨先生等只是些书生，爱国热情很高，但策划布置行动，并不了解敌情，更无群众后援的力量，特别是滦州驻军内部并无坚定一致的团结。

第二十镇统制张绍曾，原是动摇不定的立宪派，他受了反动军阀王怀庆的欺骗，泄露了驻军行动的消息。因此革命起义行动起来的时候，就受王怀庆层层的包围。仅仅施、王两个营的兵力，当然众寡不敌，又怎能不失败呢?

施从云、王金铭两位革命战士，当场阵亡了。白雅雨先生和其他几位烈士也死得很惨。反动统治者当时以斩首示众处决革命党人。民国元年春间女师学校和其他革命战友去滦州寻找烈士们的遗体时，都是勉强从破烂的衣服上辨认出来究竟是谁。白雅雨先生的遗体，不但没有头，而且还砍掉一条腿。我们全校师生曾在金钢桥旁省长公署门前，举行了群众性的追悼大会，然后把烈士灵柩，顺着海河运回他们的家乡安葬。

天津的共和会后由胡伯寅副会长负责。他为人软弱无力，又加有肺病，会务管得少，因而组织涣散，人事复杂，我便脱离了共和会。后来胡先生也回河南家乡养病去了。

（选自全国政协文史资料研究委员会编《辛亥革命回忆录》第6集，中国文史出版社2012年6月第2版）

记辛亥革命前后的新军第九镇和保定军校

季　方*

一　武昌起义时南洋新军第九镇的动态及几个有影响的人物

南洋新军第九镇是在清光绪三十二年（1906年）成立的。盖我国自1840年至1842年鸦片战争以后，接着1856年至1860年英法联军侵略中国的战争，1894年至1895年的中日战争，以及武装反抗帝国主义的义和团运动，每次战争的结果，都是割地赔款，丧权辱国。清廷迫于举国上下都有革新庶政、富国强兵的急切要求，乃不得不采取废科举、办学校、兴实业、练新军的一些改革措施。于

* 季方：时为保定陆军军官学校学生，后任国民革命军第四军教导团参谋长，苏皖边区政府副主席，中国人民政治协商会议第一届全体会议代表。
新中国成立后，任第一至五届全国人大常委会委员，第五、六届全国政协副主席，农工民主党中央主席、名誉主席。

是在军事上有裁汰绿营，参照东西各国近代的陆军兵种，编练新军三十六镇的计划。一、二、三、四各镇都在北洋，第八镇在湖北，第九镇在江苏。第九镇号称南洋常备军，归两江总督节制，下辖三十三至三十六共 4 个步兵标（分隶于十七、十八两个协，每协两标），骑、炮各一标，工程、辎重各一营，共有 1 万多人。开办时号称征兵，实际上都是用保家卫国的号召，甚至以功名利禄的引诱，劝募而来的。当时科举甫停，一般读书的士子大都没有出路，一时投笔从戎者相当踊跃（工农劳动群众参加者反而不多，有一部分小商小贩）。入伍以后，气象亦颇振作，上自标营首长，下至队排领导，大都是朝气蓬勃、富有新思想的青年将校。他们的出身，除少数是日本士官学生外，大都来自江南将备学堂、陆师学堂或各省武备学堂（清朝晚年各省大都设有武备学堂或讲武堂，唯南京设有“江南将备学堂”及“江南陆师学堂”，所收的大都是青年士子）。同盟会的著名人物赵声，就是第九镇所辖的三十三标统带（团长）。他和士兵很接近，他有一首诗：“百年已过四分一，事业茫茫未可知；差幸头颅犹我戴，聊恃肝胆与君期。欲存天职宁辞苦，梦想人权亦太痴；再以十年事天下，得归当卧大江湄。”有不少的士兵争相传诵。他曾挑选各营中比较年轻而优秀的士兵 20 多人保送到江苏陆军小学去培养。但赵不久被两广总督调到广东去训练新军。后来他参加了 1911 年的广州起义，失败后在香港病死。

武昌起义时以一营之众在镇江首先宣布独立、主动担任镇军都督之林述庆（号松亭，福建闽侯人）先任三十三标第三营管带（营长），后调三十四标二营，驻镇江。

现任第二届全国人民代表大会法制委员会委员的何遂，是当时三十三标最年轻而优秀的排长，年还不足 20 岁，后调充镇司令部三等参谋，又被选送陆大学习。他本是福建武备学堂的高才生，因有反封建言论而被开除，因与徐绍桢有师生关系（徐曾任福建武备学堂总办），故又被召到第九镇为干部。

解放以后曾任华东水利部部长及江苏省副省长之冷遹（御秋），是接替林述庆任三十三标三营管带的。他是一个稳健分子，但亦同情革命，热心援助后进。

十七协的统领（旅长）是孙铭（少江），日本士官学校出身。当时有人怀疑他与同盟会有关系，但辛亥革命后榜上无名。直到抗日战争后，他又在上海以绅士身份露了面，很同情于我们新四军的活动。

有不少队官（连长）、排长每逢在讲堂上课或野外演习时，都热血沸腾、慷慨激昂地痛陈革命反清的道理。因此士兵们耳濡目染，仇满思想，深入人心，但缺乏严密的组织与领导。自赵声调广东后，在高级将校中就看不到有胆有识之骨干。而自端方就任两江总督后，尤其注意革命分子的活动。当时第九镇的统制徐绍桢（号固卿，广东人）对排满革命虽也有一定的同情，但优柔寡断，只是个比较开明的官僚。某次，他亲自在三十三标检查内务时，发现三营某队副目（即副班长）龚士芳在其笔记本内有痛斥清政府的文字，当即对陪同他一起检查的将校说："今天幸而是遇到我，如果被老帅（指端方）发现了，将怎么办？"结果仅将龚士芳开除了事。虽然那时还没有什么特务的监视，但官僚中要拿革命党人的血去染红他们的"顶子"的，也是不少的。当然徐绍桢的顶子是已经够红的了，他原来是个候补道，又是苏松镇的总兵（衙署在崇明，未去上任）。

他热心于编练新军，又弄到了这个南洋常备陆军第九镇的统制。那时这是一个很荣誉的职位（都是二品官衔），曾被西太后召见，以示宠信。本来第九镇的名气和质量都不在第八镇之下，一般下级干部和士兵们大部分都同情革命；但是武昌的新军起义后，各省纷纷响应，宣布独立，而徐绍桢犹豫不决，一般协统、标统亦都畏首畏尾，观望徘徊，终至被迫将全部主力开往南京城外之秣陵关，而以原驻浦口的张勋防营调入城内以代之。至此，第九镇已进退失据，曾一度向雨花台进攻，因子弹不足而失利。唯驻在镇江的三十四标二营管带林述庆宣告独立，并自任镇军都督，以其老师陶骏保（他是一个足智多谋的人，曾任三十四标统带及江苏陆军小学堂总办）任参谋长，准备向南京进攻。于是徐绍桢在沪军都督陈其美的支援策划下，组织了江浙联军，会攻南京。徐过镇江时，曾要求与林一叙，而林竟拒绝，说徐还有什么面目来见他。是役，镇军担任的是紫金山天保城一路的任务。镇军的捷报频传，首先由朝阳、太平两门进了城。张勋的防营向下关、浦口方面溃退。林述庆剑及履及，即以江宁临时都督名义布告安民，维持秩序。徐绍桢指挥之江浙联军亦从神武（后改名光华）、通济、聚宝（后改名中华）等门进了城，乃公推徐为南京卫戍总督。唯事后徐赴上海向沪军都督陈其美以扣压联军子弹并擅称江宁临时都督等罪状控诉林述庆。于是在某次上海召开的军事会议上，陈竟将林的参谋长陶骏保宣布死刑，立即执行枪毙。其时林亦在沪，闻讯即乘火车回宁，率部开赴临淮关，通电北伐。及南北和议告成，孙中山辞总统职，袁世凯在北京就任总统后，林即通电解甲归福建故里。有人向袁世凯推荐，谓林雄才大略，颇堪大用，乃被召赴京，聘为总统府顾问。我赴保定军校时曾在北京见过林。

当时他颇抑郁无聊，曾对我说："还不如当个营团长较有生趣。"某夕，林赴袁的宴会，回寓后忽暴病死。

我自己就是应第九镇的征募而入伍的，曾在三十三标三营前队当了 3 个多月的副兵，后来被保送到江苏陆军小学。入学以后，我仍视三十三标为第二家庭。回首前尘，已经 50 多年了，缅怀故旧，极大多数的朋友大都没有看到人民革命的伟大胜利与社会主义的彻底实现而已与世长辞了。

二　保定入伍生队和保定军校

保定陆军入伍生队是保定军官学校第一期的前身，宣统末年由 3 个陆军中学堂（第一中学在北京清河，第二中学在武昌，第四中学在南京，第三中学在陕西，未成立，故缺）的毕业生 1200 多人组成的，分步、骑、炮、工、辎重 5 科。总队长为萧先胜（原任长江水师统领），教官及队排长大都是陆军速成学堂毕业的，也有一部分是行伍出身的。入伍期限原定 6 个月，期满后即改为培养新型陆军下级干部的军官学校（相当于日本的士官学校）。乃不到 3 个月，就传来了武昌新军起义的消息。全队大部分员生皆非常兴奋，同时又不知如何是好。因为，第一是群龙无首，还没有一个富有能力而为群众所信任的领导者，第二是有枪炮无弹药。以萧先胜为首的高级人员都是害怕革命的。部分的教官及学生虽然跃跃欲试，但又不敢公开表示，也拿不出什么主张和办法来。而驻在当地的文武大员如藩司、协统等则又唯恐这个入伍生队响应起义，经请示清廷陆军部，准予解散回籍。于是全队员生皆大欢喜，特别是南方的同学，因为当时已独立各省的军政府正在纷纷招兵买马，组织革命武装，需要大量干部，而同学们多少都懂得一些初步的军事知识，正好回到各省参加部队。我自己是由陆军第四中学毕业出来的江苏人，就回到了上海。有两个湖北同学刘文岛和张森接受了沪军都督陈其美的委托，组织北伐敢死队，邀我去当排长。我也就欣然接受了。

南北统一后，陆军总长段祺瑞即召集在武昌起义时所解散之入伍生队回保定，正式开办陆军军官学校。

三　辛亥革命后的保定军官学校第一期

袁世凯在北京就任中华民国临时大总统后，他就处心积虑地削弱民党的军事政治力量。他一方面要求南方各省裁兵，一方面在保定开办军官学校，召回武昌起义期间所解散之入伍生。盖入伍生回省后，即成了民党新建武装之骨干，任连排长以至营团旅长者所在都有。自和议告成，南北统一后，青年们求学心切，都愿辞职就学。至 1912 年八月，保定军校正式开学，并放宽尺度，凡各陆军中学第二期毕业而尚未入伍之学生，一律准予入校，共得 1500 余人，仍分步、骑、炮、工、辎 5 科。但教官及科队长大都是陆军速成学堂出身者，教育器材亦很不完备，因此同学们颇不满意，与速成学堂出身之教官科队长有很多矛盾。而速成学生则又恃有以段祺瑞为总长之陆军部为其后盾，因为段祺瑞曾是速成学堂的总办，所以陆军部内有不少速成学生担任了重要职务，如军学司司长魏宗瀚即其一例。彼等对军校同学大有排斥打击之意，曾有一位同学因请假外出，逾限数小时，竟受开除处分。全校为之哗然，不久就酿成了全校罢课、要求撤换全部速成学堂出身之教官科队长的风潮。同学们在罢课期间，一切生活自修活动，都由自己轮番负责管理，秩序井然。陆军部坚持要学生服从命令，复课后再听候处理，先派军学司司长来调解，无结果，又责成当地驻军师长王占元、旅长鲍贵卿一面派部队包围监视，一面到校召集全体学生劝导训诫。经同学们据理力争，仍无法解决。最后陆军部乃派军法司来校查办，召学生分别谈话，进行分化和威胁。谈话的大意是：陆军部接受学生的要求，是决不可能的；只有学生服从陆军部的命令，先行复课，听候酌情处理。这一条办法，如学生不愿接受，则只有开除出校，并通令各省永不录用，回籍旅费暂由学校垫发，仍责成地方政府追还上缴。当时因将已谈判与未谈判的学生分别隔离，所以未被召谈的学生也不知道查办的内容究竟是什么，但结果接受服从陆军部意旨留校者，1500多人中，不过一百数十人而已。军法司感到很尴尬，经请示陆军部，仍令坚决执行，唯可以先发一部分回籍旅费，离校后可在外暂住，如有悔悟，仍准回校；若干日以后仍执迷不悟者，再发全部旅费。同学们领得小部分旅费后，恐中缓兵之计，乃有组织地分住于保定及北京的会馆，并推派代表四出活动。那时各省都有军事代表在京，有些人和同学们在陆军中小学堂即有师生关系的，如广东之姚雨平等，他们很支持同学们的要求。同学们又推刘文岛等回湖北向副总统兼都督的黎元洪陈诉，请其援助。黎即派人携了各报所发表的社会舆论向袁世凯报告。袁即交陆军部处理。至是，一向以刚愎自用著称之陆军部总长段祺瑞，亦不得不加以考虑了。结果，表面上由陆军部发通告，所有已经离开保定军官学校之学生，限于某月某日（忆似在11月间）以前一律回校，否则即开除学籍，永不录用；而内部则由各省军事代表保证于复课后将速成学生陆续撤换，另聘东西留学归国中之有真才实学者充实教官、科队长等职务。罢课风潮总算告了一个段落。

学生回校后，原任校长赵理泰和教育长毛继成都不能再干下去了，于是这个军校的校长人选又成了问题。在过去，一般奔竞钻营的官僚，都认为这个职位是个好差使，逐鹿的人是不少的；至此这班人又认为这批学生不好对付，这个学校不容易办，因而也不再有人问津了。那时蒋百里（方震）先生正在陆军部任高等顾问，同时也是总统府的顾问，他就挺身而出，自告奋勇。他认为学生要求有好老师是正当的，只要能满足青年求学的欲望，应该没有什么解决不了的问题。因此陆军部就任命他接替了校长。他就职以后，学校的气氛为之一变。蒋先生的作风很严肃认真，操场与课堂上经常亲临督导，比之前任校长赵理泰的数月难见一面者，真不可同日而语了。他对学生只有一个条件，就是要学生们专心致志于钻研功课，选换教官、科队长事由他负责物色，不能操之过急，同学们倒也没什么异议。但陆军部却又在掣肘，骑兵科不给马，炮兵科没有炮，蒋校长所多方物色到的东西洋留学归国而愿到军校任职的人才，陆军部又多方挑剔，不予批准。蒋曾屡次亲自入京交涉，都无结果。而袁世凯的帝制野心已日渐暴露，南方各省又在酝酿反袁。同学们请假离校、潜赴南方各省参与反袁活动者日多。那时蒋先生感到一方面陆军部有意为难，不能满足学生们求学的需要；另一方面学生纷纷离校，尝试图说服而无效。蒋常说："中国的事业方才开始，青年们学业未成，何急急为。"又常谓："诸葛亮为什么要三顾茅庐而后出山？主要是因为他对天下大势向来研究成熟耳！"但言者谆谆，听者藐藐，他感到学校前途难以乐观，遂于某日（忆似四五月间）自京交涉返校召集全体员生讲话后，返身入内时突然以手枪自击其胸部，经抢救后逾一星期始脱险。时全校震动，并通电有关方面，已离校之同学亦有不少返校者。但军校的彻底改革整顿终难实现，百里先生从此也就离开了。

我自己是在 1913 年五月间当讨袁军事已经箭在弦上，而军校改革希望亦已有限的情况下，跟陈铭枢、吴艺五、沈铸东、黄曦（四人都是现在民革成员）等十数人陆续到江西去参加了李烈钧领导的长江 7 省讨袁军在湖口的发难，失败后即没有再回保定军校。

（选自全国政协文史资料研究委员会编《辛亥革命回忆录》第 6 集，中国文史出版社 2012 年 6 月第 2 版）

辛亥革命前后保定革命运动回忆录

刘仙洲 *

辛亥革命前后，我正在保定读书，并在前清光绪三十四年（1908年）即加入中国同盟会，所以当时在保定的革命运动多曾亲身参与。现在根据确能记忆的事实追录如下。

一　中国同盟会河北支部[①]的成立到武昌起义

中国同盟会河北支部的创始和发展

前清光绪二十九年（1903年）秋季，蠡县陈幼云（兆雯）先生

* 刘仙洲：时为保定育德中学学生，后任天津北洋大学校长。
新中国成立后，任清华大学副校长，第一至四届全国人大代表，中国科学院技术科学部学部委员。

① 因当时这一支部的范围不限于直隶省，所以叫河北支部，不叫直隶省支部。

去日本留学，后来加入孙中山先生等在日本东京所组织的中国同盟会；光绪三十二年（1906 年）在弘文学院毕业后回国，担负着组织同盟会河北支部的使命。他到保定以后，先被聘为保定北关崇实中学的理化教员。崇实中学是保定高等师范学堂的教务长（那时叫教务提调）李备六（谐瑛）和国文教员步梦周（以庄）等创办的。他们创办这个学校，只是“为教育而教育”，并没有什么远大的目的。陈幼云先生带回来一部分宣传革命的书报，如《民报》《天讨》《支那革命之运动》《革命军》等。不久，他就发展了历史兼国文教员郝仲清（濯）、英文教员郭瑞浦（凤洲）、数学兼地理教员苏少衡（莘）等加入同盟会，并经常向学生宣传革命思想。我那时正是崇实中学的学生。因为他们 4 位先生担任的都是主要课程，教的成绩又都很好，同学们对他们的信仰都很高，所以宣传的效果很大。我有一次到郝仲清先生住室去问功课，他拿出《民报》来让我看。我翻阅了一下，非常喜欢，问他能不能让我拿去细看一两天。他说可以。但是嘱咐我说：“这是犯禁的书，要谨慎一些，先不要让一般的同学看。”我如获至宝，像偷着看父兄不让看的小说那样，一两天就看完一册，又去换别的。他在讲历史和国文的时候，常常借题发挥，提倡民族思想和革命思想。我记得有一年年考，他出的国文题是“汤放桀武王伐纣论”。这在当时是很不平常的，对于不少同学都发生了相当大的影响。

当时我曾问过：所有那些有关革命的书报是怎样得来的？据说：除了陈幼云先生亲身带回来的一部分以外，继续由日本购买是采取下列两种办法：一是经过保定西关耶稣堂长老会一位中国长老周亢宗先生，由日本寄来的书报都寄到他那里，由他转给陈幼云先生（因为周长老是陈先生的同乡，并且也加入了同盟会。现在北京工业学院周康之副院长是他的侄子）。一是经过保定小金线胡同一家日本人开的宫崎洋行，他们由日本买来以后，再卖给我们（后来听说这家私开的洋行是一个日本的特务机关）。总之，这样做都是有点依靠外国人的势力；但当时对此问题，大家都缺乏认识。

崇实中学的校长（那时叫监督）高某思想顽固，对于几位进步先生的思想和行动后来也有些觉察出来，就常常直接或间接地加以干涉。有一次他宣布几十条开除学生的条例，其中有若干条是针对着学生具有革命思想而发的。陈幼云先生认为有些不对头，就在光绪三十三年（1907 年）冬首先离开了崇实中学，并联合十几位同志就着保定西关公立第一小学创办保定育德中学。大家公推陈先生担任校长，光绪三十四年春正式开学。主要的目的，一方面是为了培养多数的革命青年，另一方面也作为中国同盟会在保定秘密集会的场所。就在这一年的春天，我同一位同班同学贺季高（肇城）经郝仲清、苏少衡两位先生的介绍，加入了中国同盟会。加入的仪式是在保定西关张公祠（当时由育德中学租作教职员宿舍）举行的，陈幼云先生是主盟人。他让我们每人亲笔写一张入盟誓词，我记得内容的大意是："入盟人当天发誓，志愿驱除鞑虏，恢复中华，建立民国，平均地权。矢忠矢信，有始有终。倘渝此盟，俾众共弃。"下边是入盟人签字，主盟人签字和介绍人签字。我们写好以后，他把同盟会的目的和情况大概向我们说了一下，并给我们讲了一些勉励的话。

我们一部分具有革命思想的同学对于崇实中学的校长高某一向很不满意。到这年秋季，他以看犯禁书籍为理由给贺肇城记了一大过。

我们就发动了一次风潮，聚集好多同学拥入他的办公室，质问他，叫他收回成命，站在后边的同学甚至有骂他的。结果，我和贺肇城、张海珍、贺启芳、张赞勋、马秉铎等被他开除。因为我是班长，所以开除名单上把我列在第一名。接着有两班同学一齐罢课，并搬到客店去住。后来，由陈幼云先生出面调解，让我们几个人转入育德中学肄业，其他同学仍回校。到宣统元年（1909 年），郝仲清、郭瑞浦两位先生也都到育德中学去任教。

陈幼云先生的领导能力和组织能力是相当强的，我记得他当时发展同盟会会员，首先注意保定东关陆军学堂的学生。他经常用请他们到中学来兼任体操教员的名义和他们联系，并从中进行工作。后来在九江、太原、昆明、北京等地先后参加过辛亥革命、二次革命、倒袁之役和倒曹之役的军人耿鹍生（毅）、刘越西（廷森）、刘竹坡（汝贤）、刘晓岚（云峰）、孙禹行（岳）、张玉衡（璧）、王紫斋（文山）、李晓仓（竟容）、饔巨卿（秉韵）、周敬孚（思诚）、安溯颜（桂馨）、马喻峰、刘耀奎、商启予（震）等，都是当时入盟的人。教育界入盟的如李锡九、郝仲清、苏少衡、郭瑞浦、王则雍（德涵）、王濬明（秉哲）、张纪五（官云）、何德辉（凤华）、靳东阁（梅溪）、王国光（喜曾）、戴维吾（德馨）、张廉甫（清泉）、王虎臣、王钊志、刘古风、钱来苏（拯）、贾聘之（儒珍）等，人数也不少。

1909 年春，陈幼云先生因积劳病故。陈先生气量宏毅，做事开展，对人诚恳和蔼，凡同他接触过的人多容易受他的感化。我记得他最后由家中来人接回家去养病的那一天，他把我叫到他的办公室，嘱咐我说：“将来的革命工作主要是你们青年的责任。我们学校的目的主要也是想培养一些‘可靠的’青年（他对人的品质经常好说‘可靠的’3个字）。现在盟里和学校的事情有我们这几个‘破人’（因为他有病，所以自称为破人）支撑着，你们应该在学问上努力，多做准备……”他这几句话使我极为感动，终生不忘。当他病到很危急的时候，学校曾派郭瑞浦先生去探望。据郭先生回校报告说，他临终时仍谆谆以会务和校务为念。同人听了，多为之坠泪。不久育德中学的发起人公推郝仲清先生为校长，同盟会支部也推他为主盟人。

同盟会的外围组织

在同盟会支部以外，我们在青年学生里边建立了一个外围组织，担任在本校和保定其他学校发展会员的任务，用种种方法向各校学生宣传革命思想，但先不轻易介绍加入同盟会。当时宣传的方法，除了人对人直接联系以外，经常用的是油印革命书报上的好文章，由邮局寄送，但不写明是由谁或由哪个学校寄去的。寄送的对象则多是经过事先调查的各校成绩优良、思想进步的学生。油印的内容采自《民报》的较多，有时也采当时在上海出版的《国粹学报》上具有民族思想的文章。我们把这些油印品寄发以后，更由各校的少数同盟会会员了解他们的反应，以便进行联系。这样，我们便把各校比较进步的学生联系在一起。少数条件成熟的就介绍加入中国同盟会，大多数则暂时不向他们说明，但共同的目标都是反抗清朝，进行革命。至于组织的名称，起初用过“实行会”，到辛亥年前一年的冬天，有保定高等农业学堂的几个学生加入，曾改用过“共和会”，并刻了一个“天赋人权”的图章。

根据我现在仍能记忆的，当时各校加入这一外围组织的，育德中学有杨笠农（育森）、赵宏模（维范）、张兆丰（献瑞）、马秉铎、张赞勋、张海珍、赵濯民（春江）、王蓬秋（云海）、李锡勇、李镜清（澄寰）、常介眉（寿祺）、张晦庵（在田）、张沃田、蒋步墀（蓉阙）、于蝉秋（桂林）、靳宝珍、贾佩珩（怀珍）、王晓舟（秉乾）、李颖孙（骞）、李顾予（言）、曾广倬等。高等师范有南琴轩、刘准秋、张雨岑、张逸云、时得霖、乔嗜冰等。高等农业有胡新三（后改为鄂公）、熊得山、李尧衢、邝摩汉等。法律学堂有许润民（文泉）、刘新如等。盲哑学堂有教员薛成华等。陆军学堂有周季展、张文等。姚村陆军小学有刘斌、刘香久、马葆珩、郄莘田、王荣九、张雅斋、上官悟尘（克华）等。

二　武昌起义到 1912 年 4 月前后

武昌起义以后在保定及石家庄的活动

武昌起义以前一两年内，由保定陆军学堂毕业的同盟会员已有一部分分发到各省的新军，有的担任下级军官，也有少数担任管带（相当后来的营长）职务的。武昌起义后，他们对于所在地的革命运动多有相当的贡献。在保定第二镇和第六镇的下级军官中也有少数同盟会会员在待机而动。郝仲清先生经常与第六镇统制（相当后来的师长）吴禄贞和他的参谋何叙甫（遂）等联系。到 1911 年农历八月十九日（10 月 10 日），武昌起义，各校停课，育德中学就变成保定一带革命的总机关。郝仲清先生居中策划，日以继夜。10 月 30 日（农历九月初九日），山西宣布独立，即派王濬明、张纪五两位先生亲身到太原联络。农历九月十三日（11 月 3 日），清廷命吴禄贞率第六镇的一协（相当后来的一旅）到石家庄，第二天并任命他为山西巡抚，使他由正太路西攻，目的是使革命队伍互相残杀。吴未受这种奸计的欺骗，并亲身与阎锡山在娘子关会面，声明愿共同进行革命，绝不就山西巡抚之职。当时公推吴为燕晋联军大都督，阎锡山副之，并议决由石家庄回军保定即宣布独立，成立燕晋联军都督府。事前，曾有陕西同盟会支部的一位李敬之先生应邀到保定育德中学教会我和赵溜民、王蓬秋、刘准秋等装配炸弹的技术，并装成一批，放在理化仪器室内，以备应用。燕晋联军大都督的关防系同学张海珍所刻。安民布告 3 种也由王则雍先生预先拟就。当时大家都极为兴奋，认为数日之内国事当大有变化。

吴禄贞被刺及其对全局的影响

正当保定同人们殷切期望吴由石家庄回军保定的时候，不幸吴于农历九月十六日（11 月 6 日）被清廷贿买的周符麟和马蕙田等所刺死。周符麟原系第六镇的一个协统，不久以前才被吴禄贞撤职，马也是第六镇的一个军官，常以吴待他刻薄而心怀怨恨，所以他们很容易被人收买（也有人说是受袁世凯收买的）。何叙甫在混乱中逃出，并在某寺换上僧人的服装逃回保定，到育德中学才换了便衣。

这一变化的发生对当时革命的全局影响很大。因为袁世凯于农历九月十一日（11 月 1 日）才被任命为清廷的内阁总理，那时他正在信阳督师。倘吴禄贞回军保定，宣布独立，袁世凯即无法北来。再加以滦州张绍曾等的响应（吴去石家庄之前已与张有联系），则当时清政府必立陷于倾覆，袁世凯无论如何狡诈，也无所施其伎俩，最多在武汉一带多打几仗；那么，后来为了委曲求全，把政权转交给他的局面或不致实现，辛亥革命的全局将是另一种情况。

保定方面力持慎重，只进行阻碍北军南下工作。

当吴禄贞被刺的消息传到保定以后，有一部分同盟会会员认为原计划虽遭失败，但是一定要在保定发起暴动，以振奋北方的人心。郝仲清先生考虑结果，认为不宜轻动，因为保定已没有我们可靠的军队，只由党人发动暴动，恐立被扑灭，对整个大局没有多大实际意义，徒使同志们和地方人民遭受损失。这种情况被当时保定的藩司凌福彭侦悉，他曾托保定某绅士向郝先生暗通款曲，希望不要暴动，并说："必要时可以合作，共同宣布独立。"郝先生一笑置之。吴禄贞被刺后 8 天，即 11 月 14 日，袁世凯就回到北京，组织内阁，并令段祺瑞为湖广总督（与任命吴禄贞为山西巡抚类似）。为了阻碍段祺瑞的军队南下，曾由同盟会会员某（忘其姓名）去河南新乡破坏黄河桥。我和许润民并带着雄县的一位武术家（也忘了他的姓名）去轰炸唐河桥。但是这两次都因炸弹的力量太小，没有炸毁。炸唐河桥，因为是我亲身参加，记得还很清楚。事前先由我同张赞勋和一位陆军学堂的学生周季展去那里作了一次勘查，看看哪里可以安放炸弹；回来又请陆军学堂的一位教官对所用炸弹的力量作了分析和计算，认为力量够大。去以前，把两个炸弹用药捻连在一起，共绑在一根粗香上。先把香的外头燃着一下，然后灭掉，以便临时容易用另一根燃着的香点着它。我们把两枚炸弹一起放在一个大手提包里。去的那一天，我们 3 人坐晚车到清风店车站下车，天已昏黑。然后沿着铁道向桥走去。到达桥头以前约一里来路，我就点着一根香，到桥上第三节的地方，把着道木的一头下到桥墩上。他们两人拿着手枪在桥上保护着我。因为正在冬天，护桥工人当列车过去以后都到房里去取暖，所以一点没有被他们发觉。我把两个大炸弹放到桥墩上几块钢板的中间，然后用燃着的香头把炸弹上的香引着，然后爬上来，再沿着桥板走到南头。离桥以后，就不再沿着铁道线而是向东边的一个抄道走下去。走了约半个钟头，听到轰隆一声巨响，随着看到那里有一两点灯光。我们推断一定是护桥的工人出来察看。我们又走了一个多钟头，并且方向转向西南一些，才到了定县车站，在一家小店里住下。当时我们还不知道轰炸的结果怎样。又过了一个多钟头，听到由南边来了一列车，停在车站。我们就说："看这列车是不是向北开，如果不开，我们就是成功了；如果开，那一定就是无效。"待了不久，这一列车一拉汽笛，向北开了。我们就断定是徒劳了。

我们来的时候，邀着那位武术家同来，本来是希望他为我们壮胆，万一遇到敌人，更希望他帮助我们抵挡。不想他的胆子比我们还小得多。到小店以后，许润民和我都很坦然，并且把皮包里带有炸药味儿的报纸拣出来，同烧炕的秫秸一齐烧掉。那位武术家反有些沉不住气，身上发抖。我们安慰他，并且让他在第二天一早买票先搭车回保定。我们两人决定步行一站，要看看到底炸得怎样。我们经过桥上的时候，故意走得慢一些，看到放炸弹的地方只是轰了一片黑，桥下冰上有一些碎片，桥的结构一点也没有损坏。到了清风店车站，知道南来的车时候还早得很。吃了点东西，我们就又往北走。途中遇到一个小庙，里边塑着神像。看看前后左右都没有人，许润民就拿出那支手枪来，对着神像练习了一下实弹射击。走到望都车站，我们才买票回到保定。

第二次在石家庄的活动

吴禄贞在石家庄被刺后不久，清廷派张锡銮为山西巡抚。他带曹锟第三镇的一部分队伍开到石家庄，一方面想沿着正太铁路向西进攻，一方面当时已开始和谈，准备万一和议不成就继续南调。其中炮兵一营是同盟会会员刘越西担任管带，甕巨卿担任一哨的哨官。那时我同张赞勋也在石家庄，住在一家客店里。有一天，决定由刘越西领导着再在石家庄发动一次暴动。他们在某处开会（因为他们都是些军官，我们两人没有参加），决定由炮兵领先，听到炮响后一齐响应。不料整整一夜也没有炮声！第二天甕巨卿才告诉我们说："昨天散会以后，刘越西马上接到命令，叫他带着大炮 6 尊西开，他措手不及，还没向下级布置好，就接到命令，只得上正太路的火车西行。"后来在太原时，刘越西才说，他到达娘子关东边的雪花山附近，仍令司机接着向西开，司机不肯，把车停下。他不得已，就下车步行着投入晋军。余下的一小部分也没有敢动。

到 1912 年初，阎锡山当了山西省都督时，委刘越西担任晋军第二旅旅长。不久和议告成，孙中山先生把总统的位置让给袁世凯。同人们多不满意，认为袁世凯绝不可靠，一定达不到革命的目的。当时同盟会的会员们谈起来，都说："要准备倒袁！"因为刘越西知道我学会了装配炸弹，所以邀我前往。又因为当时完县的情况很紧张（详后），我就同完县劝学总董高赞唐（登瀛）一同到太原去帮他。他名义上委高担任书记官，委我担任军需，实际上是为倒袁做准备。

我记得刘越西当时曾很诙谐地编过一副对联："参谋谋去头一个，管带带走炮 6 尊！"上一联指的是吴禄贞的参谋何叙甫先生，因为他担任参谋的结果是被敌人把吴的头割去。下一联是指的他自己，因为他担任第三镇的炮兵管带，结果他从石家庄向西带走大炮

6尊，投奔山西。

在蠡县、完县、任丘、雄县等地的活动

武昌起义以后，保定四周各县经党人们的宣传和组织，也有一些活动。由我亲身参加的和记忆比较深刻的，有蠡县、完县及任丘和雄县。

蠡县是由李锐夫、南琴轩等先去的，在北泗、潘营（陈幼云先生的家乡）等村联络了几十位赞成革命的人，准备攻占蠡县县城，宣布独立。他们让我和赵濯民带着8个巨型炸弹的弹壳以及一些必要的原料和炸药等到那里装配。我们从保定南关雇了一辆骡车，先到张登镇，然后步行到蠡县县城北4里的北泗村，去一位首领某人（我忘了他的姓名）的家中把8个巨型炸弹装配好，放在他家的钱柜里，并告诉他怎样用法。当天晚上并把一个看守城门的老头儿邀去，请他到时候给起义的人们开门。他一面抽着烟，一面满口答应。不大的工夫，又有一个人来报告，说县官早知道了消息（当时人们搞革命工作都不够秘密。我记得当我们快到北泗村的时候，村边的小孩子们看到我们，就嚷："革命党！革命党！"可见我们的活动早就全村都知道了），由保定请去淮军一哨（等于后来的一连）保卫县城，并说怕要搜捕我们。我们就不敢住在北泗了。我同赵濯民、李锐夫连夜到潘营村一家烧饼铺里去住。那里倒是很暖和。但是还没有等到睡下，又有一个人送来消息，说最好移到更僻静的地方去，说着就领我们到一个贫农家的磨房里。外间有一台石磨，里间有一个土炕，很冷。我们正在谈论和分析当时的情况，忽然南琴轩由村外派人来叫我们。我们赶快出村同他晤面。一见面，他就急着说："你们好大胆儿！听说淮军就要来包围我们了！"我们4个人就连夜向保定逃回。因为夜间非常黑暗，有时找不到正道，只有依靠着北极星辨别方向，大体上向北偏西走去。经过东流镇附近，遍地都是薄冰，有一次我的左脚忽然陷入冰下，提起以后，鞋袜都湿透了，因为冰下还有浅水。走到南大冉村，天才亮。后来听说，那里为首的人也在那夜躲开，并没有暴动起来。存下的 8 个炸弹，乡下人谁也不敢动，甚至那间房子也无人敢住了。一直等到 1912 年春天，他们才派人到保定育德中学去问我们怎么处理。赵濯民详细告诉他："深深地挖一个坑，轻轻地拿去放在里边埋去就是。只要不摔它，就一定不会炸。"这才结束了那 8 个炸弹的问题。

完县劝学总董（后来改称教育局长）高赞唐，思想一向比较进步，对于保定同盟会的人们也有一定的联系；武昌起义以后，总想设法响应。他借地方不靖为名，劝县知事高铎创办完县保卫社，招募兵勇 60 名，自任社长。他并联络本县警务长郭步青、警董裘季常及保卫社教练员刘宝锷（陆军学堂毕业）等作秘密准备，以便乘机由保卫社社勇联合全县警兵响应独立运动。后来南北和议告成，保定又没有发动，但是当时的革命党人对于袁世凯掌握政权都表示极不满意，所以他们仍旧继续进行，没有解散。因为高赞唐年少气锐，为筹划饷需等事，每与高铎意见不合，甚至发生争辩；又因为他性情有些骄傲自大，常得罪本县的旧绅士。这时适有顽固乡绅臧某、赵某等对于他的秘密计划有所觉察，就和高铎勾结起来，加以破坏。他们一面由高铎亲赴保定向当时的藩司曹锐告密，一面更使各劣绅上公呈，诬陷高赞唐要联合保卫社社勇和全县警兵不日宣布独立。曹锐听了他们的话，就派保定府知府吕调元带兵四五百人，并携带重炮到完县剿捕。幸而我同高赞唐于三四天以前得到晋军第二旅旅长刘越西的邀请前往太原，否则恐将遭毒手。吕调元因为没有捉住高赞唐，也得不到任何图谋独立的证据，仅令保卫社全体缴械。高铎感到他的告密无法交代，就派人唆使新兴村某姓妇控告保卫社曾派社勇诈取她家的衣物（据说她曾在保定城内某公馆当佣工，保定兵变时，她席卷了公馆里一部分衣物逃回家乡，确有人恫吓过她，分去了几件），并令她指实是哪几个人去的。她就随便乱指，说："有他，有他！"高就坚请吕调元按抢犯定罪，结果把社勇刘恒瑞、刘秉铨、蔡得胜3人判处死刑。高铎只想坐实他的诬告，渲染他请兵的声势，是不是社勇抢了她的衣物，是不是确系这3个人，即使是这3个人，是不是应该判以死刑，他都不顾。高、吕把3个人杀了以后，没有旁的方法可想，就把郭步青、裘季常、刘宝锷3人带到保定。后来吕调元知道有些做得不对头了，把他们3人羁押了一个多月就准许觅保释放。但对于高赞唐则仍予以"悬赏通缉"的处分。到1912年三四月间，顺直省议会成立，议员们联名对此事提出弹劾案，才把通缉令取消。高铎则没有受到任何处分（此事在《完县新志》上有记载）。

任丘和雄县，开始时有同蠡县类似的情况。因为我没有亲身参加，所以知道得不够详细。我记得许润民曾亲身去参加过。两县同情革命的志士们联络了七八十位，推靳广隆为首领。没有等到准备好，就被县知事侦知，并实行追捕。他们就冒险发动起来。后来也是由保定调去淮军若干把他们打散，结果牺牲了10多位志士。

少数同志到北京、天津、东北及张家口等地的活动

吴禄贞在石家庄被刺以后，保定党人力持慎重，有少数同志则分别到其他地点进行活动。他们有的被捕入狱，有的牺牲，情

形都颇为壮烈。因为我没有亲身参加，所以仅凭所闻作极简略的追述。

王蓬秋（云海）系育德中学学生，到北京去参加那里的组织活动，住在郃阳会馆。有一次，他从天津运武器回京，刚到会馆门口就被把门的军警扣留，经盘查以后被送入监狱。因为当他去天津的时候，会馆已被查抄，由军警把守，来一个人就捉一个人，但他还不知道，所以被捕。和议告成后，才被递解回籍，一到县城（他是高阳县人），就被绅士们保出。

薛友棠（成华）系保定盲哑学堂教员，到天津去与那里几位同志组织暗杀团。当北洋巡防大臣张怀芝由北京回天津时，他在天津新站向张怀芝连投两个炸弹，都没有炸中。他又拿着手枪追上去向张射击，可惜也没有打中，就被捕牺牲。

钱来苏（拯）系保定军需学堂高才生。因为他父亲在东三省做官多年，他对东北有些熟悉，对一部分军人也有些联系，所以他自告奋勇到东北去。他在那里的活动很多，最后被冯麟阁所扣，几被杀害，共和告成后才得释放。

南琴轩、李锐夫、张雨岑等到张家口和当地的一部分党人密谋起义。因派人由天津运手枪、炸弹等到张家口，被敌人查出，严刑拷问，致全盘计划均被泄密，10 余人被捕，6 人被害，因而没有发动起来。他们 3 个人都事先逃脱。

此外还有王虎臣由保定到包头一带进行活动，结果在那里被害。

其他零星回忆

在这一段革命活动的过程里，还有不少零星的事迹应该追述一下。

1．试验炸弹

有一天（忘了确实的日子），赵濯民、张赞勋、杨笠农和我带着制成的一个炸弹到保定南郊一个柏树坟里，选择了一个前边摆着石供桌的大坟头，由赵濯民担任投掷，试验能否摔响和爆炸力的大小。我们其余 3 个人都躲在六七十步以外。他立在坟头半腰与石供桌正相反的一边，隔着坟顶向供桌投掷，掷出以后，马上蹲下，让坟头上半挡住他的全身。这样他就一点不会受伤。试验的结果，很为成功。

2．转移制造炸弹的地点

在育德中学制造炸弹，搞了一段时间，外间颇有风声。因为怕万一被反动当局派人来查抄，就在保定北街路西平嘉胡同赁了一所房子，由赵濯民、刘淮秋和我去住，并在那里继续装配。记得有一次，我把炸弹壳、火药、炸药原料、碎铁片等装在一个洋油箱中，雇了一辆洋车，由育德中学运进城去。当进西城门的时候，两边军警林立，幸而没有检查我。事后想起倒感到危险万分！

3．胡新三等由天津运来手枪及雷管等

前边曾经提过，大约在辛亥前一年的冬季，保定高等农业学堂的学生有几位加入我们的外围组织，并成立了“共和会”。但因为他们的作风看着总不够踏实,所以始终没有让他们加入中国同盟会。其中有一个叫胡新三的（后来他当了国会议员），当武昌起义以后，他绕道上海到达天津。他在天津买了一些手枪和雷管，也有少数的大型炸弹。有一天，他同郑毓秀等三几位女同志到了保定，给我们放下了几支手枪、两个大型炸弹和几副雷管。我们去炸唐河桥所用的炸弹和许润民、李锐夫等所用的手枪就是这样来的。因为没有电源，雷管始终没有用过。

4. 满城县富户同情革命

在姚村陆军小学肄业的有一位同志叫郄尹耕（莘田），是满城县北陵山村人。他有一位本族长辈叫郄墨池，家业富足，思想很新，曾亲身到保定和我们联系过，并表示必要时可在经济上贡献一定的力量。有一次，郄尹耕陪着我去访他。他不但自己很慷慨，并同我到庞村他的亲戚家去劝说他们。他们都很同情革命，都应允必要时可以捐助一定的数目。后来因为保定不打算发动，没有需要，也就没有要他们捐助。

5. 加入“在理会”

保定一带的各村人民有一种特殊组织，叫“在理会”。凡是“在理会”的人都不许抽烟喝酒。他们在保定西门里箭道地方有一个总机关叫作“公所”，领导人叫作“当家的”。每村都有几人或几十人加入这种组织。以前曾听人传说，他们原来是一个反抗清朝的秘密组织。一个人初加入的时候，“当家的”都教给“五字真言”，并且嘱咐“上不传父母，下不传妻子”。据说这五字真言本来是“同心灭清廷”。我当时想着：如果是这样，似乎很值得联络一下。所以在辛亥前一年，为了联络这一批群众，我曾在满城县段旺村加入“在理会”。哪知道当家的传给我的所谓五字真言竟是“南无弥陀佛”！后来又到保定他们公所里去，同所谓“当家的”谈过话，也毫无所得，他们一点也没有抗清的思想。我为了这一举动，反受了家庭中一些指责和讥笑。

6. 所制炸弹的处理及所有实物的销毁

和议告成以后，袁世凯与革命党人之间的矛盾始终存在着。党人们绝大多数对袁都不信任，时时有“倒袁”的呼声；袁对于党人们也是时怀戒心，一有机会，就加以诬陷和打击。武昌起义以后，各校即行停课，只有负责革命任务的少数人留住校内。所以当和议告成以后，北军由前线北调时，多占用校舍为他们的军营。我们前此装配的那些炸弹，除蠡县的8个前边已经说过以外，其余都是存在育德中学的理化仪器室内；后来怕万一被人检查，又搬到院中土坯堆内。当北军有不日开到保定的消息时，才又在某天夜间慢慢移到校外，沉到西关护城河里。这一工作赵濯民做得最多。第二天北军到校，果然用那些土坯盘锅台煮饭。幸而先一天完全移出，不然恐怕一定会发生事故。所有对革命有关的实物，如燕晋联军大都督印信及何叙甫换下的僧袍等，也都于事前销毁。这些极有意义的纪念品都没有保存下来，真是可惜。

7. 学生参加革命活动

在那时，学生参加革命活动，如向家庭公开，不但对读书有一定的妨碍，万一泄露出去，被反动当局捉住，更会有生命的危险，所以我们都不敢向家里人说明。当我们去蠡县工作以前，因为我弟弟不久就要结婚的缘故，我本来已被叫回家里去了。等决定派我们去的时候，赵濯民亲身去叫我。我向家里说：“学校有要紧的事叫我去一下，等事完马上回来。”到我弟弟结婚的前两天，我仍旧没有回去。我父亲就亲身到保定叫我。我才极诚挚地向他老人家说明：我已经参加革命工作了，现在正当急于用我的时候，请求他谅解并允许我暂且不回去。我父亲沉思了一下，很郑重而慷慨地表示说：“好吧！既是这样，你就做下去吧！暂且不必回家。”从那时起，家里才明白为什么学校早已停课，而我总是不回家。

8. 一部分同盟会会员后来的表现

经陈幼云先生发展的军人会员中，后来对于几次重大历史事件也多有一些表现。如耿鹬生先生在第二次革命时正担任着九江镇守使，同李烈钧等共同讨袁。刘晓岚先生在护国之役，担任蔡锷的第一梯团长，在四川泸州、叙府一带，对张敬尧作过激烈的战斗。孙禹行先生在1924年北京政变时，对于推翻曹锟和赶走宣统，也有重要的表现。这些事迹，想别的方面一定有更详细的材料，我就不多说了。

我个人于1912年春季在太原晋军第二旅司令部住了两个多月以后，保定育德中学重新开学，同学们纷纷给我写信让我回校。我自己因为受到刘越西他们“倒袁”议论的影响，当时还有些犹豫。后来郝仲清先生亲笔给了我一封信，其中有“吾弟正在青年，仍以求学为急”的话，使我很受感动，才决意回校完成学业。1913年春，我考入北京大学预科，1914年暑假又考入香港大学，从此以后就专心致力于研究学问了。

以上所写的，都是辛亥革命前后保定革命运动的实际情形。事后我曾有几次向郝仲清先生建议，请他把所有经过写下一个记录。他总说：“我们没有做出什么成绩来，算了吧！”所以一直没有发表过什么文学的东西。

最近天津历史博物馆让我追述一下那时的经过。谨凭着记忆所及的，尤其是曾经亲身参加过的，忠实而严肃地加以叙述。因为事情已过了将近50年，一定有一些遗漏的地方；但是所有记载出来的，决无丝毫夸张之处。

又因为要写这一个回忆录，最近曾向图书馆借阅了一下柴德赓等编的《辛亥革命》和尚秉和编的《辛壬春秋》等书。见《辛亥革命》一书第六册中所引胡鄂公编的《辛亥革命北方实录》若干节，其中有关保定革命运动的一部分多失之夸大，不够忠实，有些部分甚至是“无中生有”！如叙述怎样教给我和许润民等打枪、投炸弹一段，简直是凭空捏造！由这一段叙述和胡的为人推之，其他的部分恐怕一定也有浮夸捏造之处。又在同书同册上所采入的《辛亥六镇兵变记》，本是李真写的。因为文里边标榜他自己的地方很多，又不是事实，他就故意写为“阙名”。当1912年春天我正在太原的时候，他也在太原。他曾拿着这篇文章让同人们看过，并炫耀他对于古文的造诣。因为他别号“灵蛮”，我记得当时同人们曾对他有“蛮则有之，灵则未也”的讥讽话。不料《辛壬春秋》书中“吴禄贞被刺”一段上也引用了他一段“欺人之谈”，即：“蕙田来自都。月下与协统吴鸿昌密语，涉禄贞事。会军需官李真遗桥下，微闻其语，告禄贞。……闻真语，殊不置意。”当时同人们都不信他这一套。认为他是想把个人的姓名附在吴禄贞被刺这一重大事件上，以“流芳千古”。胡鄂公和李真这等人，和郝仲清先生那样真正做了一定的工作但不肯作任何宣传的作风，恰恰是相反的。希望今后编历史和读历史的人，能够加以鉴别才好。

1959年6月12日于清华园

（选自全国政协文史资料研究委员会编《辛亥革命回忆录》第1集，中国文史出版社2012年6月第2版）

滦州起义及北方革命运动简述

王葆真*

一　广州革命失败后留日学生回国情况

辛亥三月二十九日广州革命失败，消息传到日本东京之后，中国同盟会总部集议，报告广州失败和许多优秀同志壮烈牺牲的情况，莫不悲愤填膺，以至于失声痛哭。并决议召集扩大的留日学生会，继续奋斗。时值帝俄要求外蒙古归其保护。留日学生大会到会者甚众。经过热烈的讨论，决议组织留日国民会，派遣同志回国运动，即以救国的宣传进行革命的运动。并集合同志百余人赴中国驻日使馆，质问驻日公使汪大燮，并要求他代电反对清廷订立丧权辱国的条约。

---

* 王葆真：时在滦州策动起义，后任中华民国众议院议员。
新中国成立后，任第一届全国人大代表，第二至四届全国政协委员，民革中央常委。

到使馆者有李肇甫、马伯援等。汪大燮避而不见，学生占据使馆客厅和办公室两日一夜。时有同志自外送来茶点饮食，声援同志的斗争。

留日国民会的组织，由各省学生同志推举代表 3 至 5 人，筹商派人回国运动。会商 3 次，除了同志自行回国者外，并推出 3 路回国代表。珠江流域为一路，推出黄学成（云南人）等二人（另一人忘记姓名）；长江流域一路为四川李肇甫和浙江义乌人傅亦僧；黄河以北一路为直隶王葆真和吉林金鼎勋。均约定于四月末旬回国。

当时，我国留日学生，各省俱有同乡会。是年我担任直隶省同乡会会长，同乡学生知我将回国，赞否各半。有几位同乡对我说："你留日 7 年，再有一月，即届早大考试毕业日期，候领取毕业文凭，再行回国，未为晚也。"我说："感谢各位的好意，但我早已不想做清朝官吏，要文凭何用。"另一好友李秀夫，沧州人，力促我行，并书《孟子》"天降大任"一节，以为临别赠言。是时我在早稻田大学习政治经济科，住在早稻田青年会宿舍，居正、马伯援诸同志亦住此宿舍，时相往还。章太炎自沪出狱赴日，生活困难，马伯援约二三十人从太炎先生听讲《说文》，每星期一次，每月束脩 2 元，我也是听讲的一人。

早稻田中国学生有自行组织的雄辩会，时与蓝公武、王印川、白坚诸同学自由辩论，有民族革命与君主立宪的争论，但皆谈理论，并不涉意气之争。我在日本留学，系直隶省考选的官费生，到日本而后，听到中山先生的革命理论，思想认识有所提高。常读欧洲各国革命史及美国独立战争史，并研究儒、佛、道、耶诸家修养性命和锻炼志节的理旨。此时树立了坚强的革命奋斗的信念，认为只有能真正牺牲自己的一切，才能是一个真实的革命者。遂决然摆脱官费学生的关系，放弃早大的毕业文凭，按照各同志的约期，于四月二十四日同金鼎勋首途回国。

五月初，经过大连，抵沈阳，会见陈干、祁耿寰、商震、程起陆、田又横、刘艺舟、宋涤尘、赵中鹄、杨大实诸同志，讨论分头联络同志，促进革命运动的力量。陈干奔走于奉天、吉林，组织山东同乡会和创办实业，到处以救国为号召，自称“陈干不死，中国不亡”。祁耿寰运动辽阳一带警察，准备起义。商震在东北陆军测绘学堂联络同志。程起陆在军界接洽。田又横做文字宣传工作。赵中鹄办理海城一带教育。杨大实担任复州警察起义。刘艺舟、宋涤尘演新戏以鼓吹革命。并由金鼎勋介绍旗籍开明人士广铁生、关天生和郎某，以反对帝俄侵略外蒙古、需要变法图强为号召，发刊《国民报》以唤起东北人民救国与改革的思想；因为响应当日国民会的主张，故名《国民报》。

时有长春人开明人士高尔瞻，向我和金鼎勋建言说：“广州二十九日革命运动发生后，清廷通令各省督抚，对回国留日学生严加监视，稍涉嫌疑，即行逮捕。君等如不离开奉天，必须有办法掩护，以免危险。”问他有何办法？他说：“君等既言救国，必有救国意见，应有救国意见致赵尔巽总督。”我们就请他代拟一稿。高君善属文，痛陈时艰，洋洋六七千言，以要求尊重民意、变法图强为旨归。赵尔巽阅书，传见我们，询以在日所学，各举学科要义及欧洲宪法与民主政治的精神以告。从此，我们就在奉天公开活动。

一时各学堂学生，纷纷至国民报馆访问我们，表示热烈的同情和支持。为了扩大运动，并会见省谘议局议长吴景濂、副议长袁金铠和议员，说以“国家兴亡，匹夫有责”之义，他们代表东北人民，更应当为人民请命。吴颇表同意，并说明他们怎样热心向当局建议，但政府未能采纳，颇表怨叹，嗣后仍当努力。武昌起义后，他曾计划响应而未果，即逃沪参加临时参议院。

七月初旬，《国民报》有一段攻击二十镇的军风纪的新闻。二十镇统制张绍曾阅后，令秘书何任之邀请我去谈话。张见面道歉，并表示他同情革命，将来有机会时，一定有所表现。我未知他是真是假，因系初次面谈，只以国家形势非常危迫，得人心者昌，失人心者亡，请他整饬军纪，极力振作士气，以救危亡。他表示完全接受。此为八月下旬赴滦州运动起义的一个因素。

七月中旬，同金鼎勋赴吉林，在省自治学会演讲救国必须实行民主政治。省民政使韩国钧（泰州人，字紫石）到会也说了几句厉行自治的话。其后，吉林独立后，韩国钧回泰州。

八月初旬，游长春、哈尔滨，视察帝俄侵略东北的情况，并至三姓调查边境情况。伊兰道署在三姓，秘书蓝冠五是同盟会同志，道尹王瑚有清誉，对我们的运动颇同情。

八月二十一日，自哈尔滨返长春。《长春日报》载武昌八月十九日夜起义的新闻。在长春的朋友同志，都非常兴奋。我想长江流域以南各省，革命运动已久，此次必能风起云涌，响应独立。唯黄河以北，特别是直隶省革命力量最薄弱最困难，而关系革命成败最重要，我应当返回本省努力奋斗。立即下定决心，当夜即去沈阳。我在车中想起张绍曾对我说过，他是同意革命的，应当去试试看，看他是真是假？下车后，便到国民报馆询问，才知二十镇已调去永平秋操，现住滦州。适闻杨大实掌握复州警察权，同县朋友刘铭勋新任长兴岛知事，乃先往一晤。即于八月底结束在东北的运动而赴滦州。

二 滦州起义

（一）滦州驻军二十镇，原为准备参加永平秋操，自关外开来，因武昌起义，秋操停止举行，暂驻滦州。我于九月初一日到滦州，将行李安顿车站客店，即往二十镇镇部，投名刺要见张绍曾统制，时方下午4时，张与秘书何任之出迎，说："我们正盼你来"，即导至一室密谈。我问他，武昌起义后作何打算？他即嘱何秘书检出致清廷电文拿给我看，内容系要求君主立宪、开国会等政纲12条。因为清廷有令调二十镇开赴武汉作战，他们以为有此"十二条"电报，既可延缓兵车南下，便于维持武汉革命军乘时发展，同时又使清廷无词调遣，而可以待机行动；既支援了南方革命党人，又可联络北方军政界的力量，自以为计出万全，可进可退。张绍曾问我的意见如何。我不客气地对他说："你事恐怕要失败。"他问何故。我说："拥军抗命，不赴急难，反而要求立宪，威胁朝廷。清廷接电，必然惶恐震惊，一面派大员来抚慰，使勿生变；一面引诱部属，分散力量，俟时机成熟，即行下令解职。"他问我怎么办好。我说："事已至此，只有立即动员，直取京、津。京、津既无重兵防守，而且人心思汉，统制义旗一举，清军必致望风披靡，不战而逃。如此南北革命势力，连成一气，革命大局一举可定。现在袁世凯、段祺瑞、冯国璋尚在河南、鄂北、皖北一带，如若我们占领京、津，袁等虽拥有军队，但进退失据，名不正，言不顺，人心不附，唯有向义军请和耳。倘若统制坐失时机，一俟袁军北调，拱卫京津，大局前途，未可逆料。”张、何听罢，颇以为然。张表示要同大家商量商量。即引我至办公室，同他的秘书长吕均相见。

在镇部晚餐时，已有清廷慰劳大员（似是田蕴玉）在座，我不愿他知我姓名，就不和他谈话。晚餐后何秘书向我言，吕均等向张统制建言 3 策：

1. 驻滦军队，决不开拔。外以要求立宪为名，内以兵力相迫，此为上策。

2. 全军赴援，至鄂反正，此为中策。

3. 一面拔队，一面要求，此为下策。

我说：“如果坐失时机，策将何用？滦军既已反抗清廷命令，尚不及时举义，迨清廷布置妥当，将至措手不及。”

次日午后 4 时，张绍曾邀我到镇部面谈。张说：“我们考虑了你的意见，确是解决北方祸乱根源、奠定南北联合大局的关键。但直取京津有两个问题：（1）《辛丑条约》规定，天津 20 里以内不许中国驻兵，如何办法？（2）宣告举义独立之后，每月饷银需要 10 余万，将从何筹措？”我对张说：“这些都不成问题，（1）天津驻有总督陈夔龙、镇守使张怀芝、警察局长杨以德，他们指挥军警，任意杀戮无辜人民，各领事既容许他们镇压人民，就不能阻止革命军驱逐他们“光复”天津，保卫人民。而且武汉起义后 3 日之内，英、日各国领事团俱已承认革命军为交战团体。（2）革命军是为了救国救民而革命，政权公之于人民，实行民主政治，义师所向，定能受到箪食壶浆以迎。区区 10 余万饷银，自不成问题。直隶省谘议局多熟识朋友，如果张统制宣布起义，他们一定会来欢迎的。”张绍曾表示要再仔细研究一下，约我明日再谈。

翌日下午4时，我三至二十镇镇部，张绍曾谓我曰："我们研究之后，作出3项准备：（1）即将本镇所辖步、马、炮、工、辎各标营调齐充实，作为准备。（2）拟与第六镇协商一致行动，以期必胜。（3）请你到天津领事团代为接洽，电告接洽结果，并向省谘议局联络。"我慨然答应去办。张赠我百元旅费，次早即赴天津。这是我第一次至滦州运动起义的经过。

（二）九月四日，我至天津。五日，到顺直谘议局，访问议长阎凤阁、副议长王古愚和议员王法勤、齐树楷、孙洪伊诸先生（阎、齐、王，1904年秋季和我同舟赴日本游学，情感都很好，他们学速成法政，一年即回。王古愚亦到过日本），与谈滦州驻军张绍曾统制对武昌起义颇有同情，但不知我省桑梓父老意见如何？阎议长和各位议员听到这话，表示非常高兴。第二日上午约集在津议员50余人，让我作一个关于国内革命形势的讲话。我首先讲中国几十年来受到外国侵略，不被西欧瓜分，也将受到日本吞并。而清政府今日卖矿，明日卖路，全国人心愤慨，赎矿、赎路的风潮，汹涌不已，似此形势，中国非出于革命的一途，断难救亡。最近武昌起义，英、日各国领事俱已承认为交战团体，各省相继响应，全国革命的形势已经成熟。我省学界、政界、军界都有不少爱国之士，各位议员、乡长代表民意，定能及时奋起，要求各界合作，共成义举。拯救我国免为韩、印亡国之续，远绍汤、武革命之功。

词毕，各议员多表赞同。继由阎议长与几位议员密商，即推王法勤、孙洪伊两人代表谘议局赴滦州访问张绍曾，表示二十镇如宣布起义，经过天津组织政府，顺直谘议局完全担任筹拨军饷，按时供应。

九月初六日，我访日本驻天津总领事小幡，他表示很欢迎。我和他谈中国革命的形势及驻武汉的英、日各国领事团已经承认革命军为交战团体；滦州驻军可能通过天津，因有《辛丑条约》天津 20 里以内不驻中国军队的规定，特来接洽，幸毋误会。小幡毫不犹豫，很爽快地说：他知道张将军的军队纪律很好，他表示同意，但需要与各国领事团商议一下。并约 3 日后再谈。

过了 3 天，我又去看小幡。他说："美国领事不答应，说条约不能变更。"我说："并非变更条约。陈夔龙、张怀芝、杨以德等不是有军队、警察在天津城内吗？中国革命系我们的内政，武汉各国领事既承认我们革命军为交战团体，天津各国领事无权保护仇视中国革命的军警长官在天津而不许革命军把他们赶走，公然与中国人民为敌。日本是同情中国革命的，我希望你再同领事团谈一下。"他一面答应，一面建议我去访美国领事谈一谈。我就去找美以美教会刘骏卿牧师，请他去同美国人谈。

此时，顺直谘议局约集天津各界士绅百数十人，在河北公园法政研究所开会，讨论时局。警察局杨以德闻讯，派警察到会监视。到会者只谈报纸登载各省独立的消息，无人敢倡言要求革命和独立者。我乃大声呼吁我省应当要求宣告独立，许多人热烈鼓掌，警察未敢动手。次日《天津日日新闻》（系日人所办）用头号大字登载我同天津士绅主张宣告独立的消息，并发消息到南方各埠报馆。

越日，我又去看小幡领事，他说：美国领事答应了。领事团的意思是说：不作为变更条约，张将军的军队如到天津，作为从天津通过，并不作为长期驻军。如此，即与《辛丑条约》不相干涉。这已是九月十六日的事了。

我正拟去滦州向张绍曾报告交涉经过。十七日报载清廷已免张绍曾二十镇统制之职及吴禄贞被刺的消息，我即发一电致张，请勿交卸。这个期间，与法政学堂教授白雅雨、张相文及革命同志孙谏声等时有接洽。至十九日下午我至滦州，车站上排列着军队，阻止张绍曾登车西行。朱霁青、龚柏龄等全体军官力阻张绍曾解职赴津，反对潘矩楹接任统制，并要求张绍曾率全镇官兵直趋京津。张不得行，只得折回。

翌日下午5时余，我往晤张绍曾坐谈大局形势，说明："人心向背即为决定胜败的主要关键，张统制如果不肯担负革命的责任，必至丧失人心，贻误北方革命的大局，国家祸乱，将无宁日。"正谈话间，潘矩楹忽入，坐在一旁，我不管他，接着说："统制如果为了拯救国家危亡，为了免除人民的灾祸，正应当顺应全体军心，直趋京津，大局可以迎刃而解。"潘矩楹突然站起，怒目视我，说："现在就要开拔"，即欲拔刀相向。张绍曾即起以身障我，向潘说："说由他说，听不听在我们，何必动气。"潘出，我回店内。适朱霁青、段右军来，愤然曰："此间无希望，我等亦即他去。"何任之、郭凤山亦来相约，明日同张绍曾同车回津。

赴津前龚柏龄、朱霁青等代表全军挽留张统制提出了4项意见，大意为：

1. 北方大局，正在危机，吴禄贞殉难，后死者当继起直追。闻山东第五镇贾宾卿独立，山西阎锡山、孔庚等亦组织独立政府，本镇精锐，久为清廷震慑，乘此整军西进，倾覆北京，可操左券。部属认为时机已至，不可失去者一也。

2. 武昌起义，全国景从，北军最先响应者，厥为本镇，举国同情，世所共誉。部属皆愿在统制领导之下，完成革命之使命，以竟全功者二也。

3. 统制兵柄在握，威望日隆，凡正义主张，建议清廷，故得一一邀允接受。如兵柄一解，实力随之以去，嗣后事功无所依据，部属为国家前途计，一致挽留统制者三也。

4. 统制解职，南籍军官闻将相率以去。现南方革命势力，正欲达到本省，倾覆清廷。已在北者，何可舍近图远。如果尽皆南下，北军损一革命之人才，即坐失革命之机会。与其在南所益无几，何如在北所关至重，因此牵动全局，部属期期以为不可者四也。

我当时认为这 4 项意见很好，可惜张竟不纳。张虽曾与吴禄贞有密约同时行动，但因吴死，而意气沮丧，遂变消极。

到津后，我对张的优柔寡断，坐失北方革命的大好时机，反而要求立宪，常以 19 信条（原提出的立宪政纲为 12 条，后经资政院补充为 19 条）自鸣得意，殊甚痛惜。

这是我第二次到滦州经历的情况。

（三）九月底，袁世凯已到京就职内阁总理。孙洪伊约我介绍到津的滦州军官在一家饭馆谈，王法勤亦到，都希望滦军能有新的办法。何任之、郭凤山、孙谏声、董锡纯、胡伯寅等均表示：张敬舆（绍曾字）虽已离开二十镇，镇中营连长尚有若干人热心革命，仍可联络起义。乃相商同赴滦州接洽。

十月初旬，我和何任之、孙谏声、董锡纯、胡伯寅等同至滦州，分住车站附近旅店。我与何任之住一店，专为运动二十镇中下级军官起义。胡源汇本君主立宪派，同车相遇，自言赴迁安运动军队起义。次早何任之出店去接洽某营部，日午未回。余正踌躇间，董锡纯来告：何任之被清军官撞见，告知潘矩楹，何已被捕，并要逮捕同来者。我当即收拾皮包，正拟出门，忽一军官至，查问从何处来？到何处去？我答说：至城内去看朋友。问：看何人？答：至教会去看白牧师。其人抽出靴内皮夹，看了看；又拔出刀向我看了看，后把刺刀、皮夹装回而去。事后思之，其人可能是善意，示我宜速去。

在此次来滦以前，刘骏卿牧师给我一名刺，写了一两句介绍的话，对我说："如有需要，可去见白牧师（英国人）。"我想要营救何任之，只有找白牧师，才可能有办法。我将皮包放在北关外一个店内，径去访白。我说明了请他设法营救何任之的意见以后，他要我祈祷。为了救同志，我就从祈祷中把营救革命同志、救世救人的话，说了又说。白牧师说："明天我打电报给英国公使朱尔典。他和袁世凯交谊很好，一定能保住何任之的生命。"我说："潘矩楹等可能不容时日，格杀勿论。"白说："我明天先托城内绅士保他，就可无虑。"并问我怎样脱险？我说："还有几位同志同来，不知是否遭到危险，我要去看看。"白又向我说，车站不能去，应过滦河向东去，某处有一草桥云云。我出城已经是晚 7 时，心念孙谏声等不知怎样。北门到车站有五六里，行至半途，有骑兵四五人蹄声得得，迎面而来。我躲入路旁坟坑暂避。骑兵过去，我循河边前进，不料前面堆集着粮囤，有兵看守，突然喊问口令。我答："乡下人进城去来，回来晚了。"守兵放我过去。从滦河铁桥下穿过，挨到孙谏声所住店房附近，侦缉队六七人手拿提灯，自山坡路下来，我一跃至岸下，刚刚可以遮住灯光。侦缉队说着笑着过去了。我到店前叩门，店主系山东老翁，见我颇警惶，说："天爷，你还没走开！侦缉队来搜过5次了。”我问：“他们怎样？”他说：“先钻到柴火堆里，侦缉队向柴火堆扎了几刺刀，走了。他们后来越过墙，逃到山后走了。”我才放心。又沿着河边岸下返回北门外店里，已12时半了。睡到天明，托店主雇了一辆轿车。轿车无门帘，是晨风雪交加，我乃以被单遮雪遮面。欲奔草桥过河。车夫说，草桥已毁。乃径向车站前进，通过铁桥下，即雇一渡船，在风雪霏霏中，渡过滦河，东行十数里，到古冶购车票。售票员竟对我说：“应该不卖给你票。昨夜军警在此守候拿人。”且说且把票递给我。由古冶过滦河时，军警到车上巡视，无识我者，得平安返津。同志相见，咸庆我脱险。这是我第三次赴滦州运动起义的经过。

（四）我回天津后，听到白雅雨说：“汪兆铭被释放后，受袁世凯的利用和欺骗，让许多同志于十月九日夜在北京发难，结果李汉杰等被捕去，白白送死，作了袁世凯的牺牲品。”这一事实，令我平昔敬佩汪兆铭的心情，变得冷淡和不信任。因此，我住津不和汪见面，怕受到他的影响和限制，对于革命进行不利。而且我在东京受到的委托和任务，殊无和汪接洽的必要。同时我也不参加胡鄂公的共和会。我与江浩、赵秀章、凌钺几位同盟会同志，另有秘密的联系，有时孙谏声、白雅雨和凌钺等同来见面。也有时去到生昌酒店和吉祥里去会一会同志。

十一月五日左右，凌钺、孙谏声、白雅雨同来晤谈，主张继续发动滦州起义，并将与王金铭、施从云、冯玉祥、张建功各营接洽的情况相告。我说：“我在滦州时见张建功曾对张绍曾表示很忠诚，他说完全以统制的马首是瞻。后来我问朱霁青、何任之，说他靠不住。现在二十镇多已分散驻扎，与前时不同，兵分则力薄。袁世凯入京后，调来军队，拱卫京畿，对滦军早有戒备。同志们矢志革命，见义勇为，不怕牺牲，是很可敬佩的。但需要谋定后动，决策制胜，如果决定起义，应与丁小川地方民军联合一起，作游击战，广结声援更为必要。”孙谏声同志有鼓励我同去滦州之意。我因接上海同志来函，中山先生到沪，约我去汇报北方情况，乃向孙说明此次不能同行。凌钺同志表示希望我快去快回。如果滦州举义发动，并希望我代表同志们向中山先生报告，速派援军并汇款接济。讨论毕，我就准备绕大连赴沪。白、孙、凌诸同志则准备赴滦州。

十一月十日，凌钺、孙谏声、白雅雨等率领民兵20余人，进入滦州州署，说服州官朱佑保，即在州署设立北军革命军政府。

十一日，在北关师范学堂营部内开军事会议，为防止标统岳兆麟和通永镇总兵反对革命，拟举二人为正、副大都督。十二日晨，岳兆麟潜赴开平向王怀庆报告滦军谋变，怀庆电袁世凯请兵，袁即调曹锟部队赴开平一带防堵，并令王怀庆赴滦抚慰。袁又借滦州兵变，要挟清廷让与政权。

十三日，王怀庆至滦，威胁王金铭、施从云、张建功、知州朱佑保、警察所长张注东、滦绅刘雨棠、吴树臣等，取消独立的计划。王怀庆说：“军人职守，只应服从纪纲，区区兵力，岂能独立，诸君自思，免至后悔。”王金铭起立驳斥说：“清廷误国殃民，罪恶滔天，武昌举义，全国响应，凡有血气之伦，莫不振奋兴起；‘光复’汉族山河，湔雪祖宗耻辱。公为通永总兵，诚宜尊重民意，同举义旗，我等决心独立，词义正大，为国牺牲，万死不辞。”

是夜，凌钺、何任之带领炸弹队，往晤王怀庆，表示愿举怀庆为北方军政府大都督，怀庆伪为应允，而密与第三营管带张建功勾结图逃。

十四日早7时，金铭率队迎怀庆就大都督职，怀庆佯允之。金铭、从云等先率队入城布置，怀庆诡称进城就职，策马前行，张建功带队作护卫。行至城北紫金山，建功示意怀庆西逃，怀庆即拨马疾驰向开平遁去。金铭闻讯追之不及。

怀庆逃归开平，恐金铭、从云发兵攻之，一面令人从秦皇岛假造一电致王金铭，称南京政府派3艘兵舰北来，请俟南军到滦，共取京津云云。金铭、从云兵集车站，正拟提兵西行，适接此电，遂中止，致中缓兵之计。王怀庆又一面电请曹锟部队东至雷庄堵截，一面令淮军马队两营布置于铁路两侧，待机动作。

十五日，王金铭、施从云、白雅雨、凌钺等宣布滦州独立，正式成立北方革命军军政府。推举王金铭为都督，施从云为总司令，冯玉祥为总参谋长，白雅雨为参谋长，周文海为秘书长，郭凤山为军政部长，孙谏声为外交部长，凌钺为军务处长，鹿钟麟为右路司令，张之江为骑兵司令。其他各部长、各路司令，均有负责人选。即日举行就职典礼，通电宣告全国（南京政府、袁世凯、顺直谘议局及北京公使团、天津领事团）。在滦外宾到会称贺者颇众。

十六日，王金铭誓师，准备乘车西进。第三营管带张建功派督队官李得胜向通永镇总兵王怀庆密报军情，被张振甲逮捕败露。张建功至此公然据城叛变，时已下午5时，向一、二营士兵射击，颇有伤亡。是晚8时，金铭、从云等以为自相残杀，徒误时机，命一、二营官兵700余人齐集登车。车抵雷庄东8里许，敌人预将铁轨拆断。王金铭令全军下车，向敌军射击，寡不敌众，遂败。王金铭、施从云等从容就义者30余人。董锡纯、何任之、戴锡九、黄云水、牟惠来、吕一善、刘瀛、王踽臣、张永胜、熊朝霖、常福安、文道溥、王茂林、王相亭、范宝林、王玉海、赵祝军、冯日兴、陈杰三、云振飞、王寰、张勋之、张增德、宋殿奎、穆奎赖、胡铨、萨福锵、黄龙水、叶朝贵等，官兵共战死者百余人。

十七日晨，孙谏声留守军政府。张建功叛变后，大肆搜捕党人，并诱骗孙谏声至城上，突以枪锋刺杀之，割其心肝，踢其尸于城下。敢死队员 4 人同时殉难。凌钺因公去天津得免。

白雅雨先生微服逃至古冶被捕，从容就义，赋诗以见志。死最惨，凶犯令其跪，白雅雨不跪，凶犯举刀将其腿砍断，又将其头割去。数日无人收尸，后由天津红十字会找到在京教育部任佥事的白汝霖，系白雅雨的侄子，始予收殓。白先生时任北洋法政学堂教授兼北洋女子师范学堂教授，讲地理学，与张相文合组地理学会，并发刊《地学杂志》，在决定赴滦举义之前，已令家属回到江苏南通家乡。死时年 44 岁。

何任之，字尚达，安徽人，在二十镇张统制部任秘书职。十月初旬在滦被捕后，余托白牧师营救，得保性命，已述如前。及孙谏声等在滦举义，从监狱将何接出，故死于是役。《辛亥革命北方实录》与《滦州举义纪实》两书中，所列举的烈士名单，俱无何任之的姓名，兹特为补录。

滦州起义详细情况，已有几种著作记载。此文故从简略。但胡鄂公著《辛亥革命北方实录》言王金铭等兵退昌黎，此与事实不符，应为指出。

翌年四月，北洋法政学堂和北洋女子师范两校职教员、学生为白雅雨先生开追悼会于天津河北新开路北洋法政学堂，邀请我去致悼词。我讲："白雅雨先生和滦州殉义诸烈士，为什么在南北议和之际举义殉难呢？他们是坚决主张革命必须彻底，妥协就要失败的。他们是坚决反对与屠杀革命志士的军阀谋妥协的。他们是为了革命大义和四万万同胞的生存而不惜牺牲个人生命的。现在南北议和了，把国家军政大权让给反抗革命的北洋军阀了。烧杀汉口的人，也要到天津来做直隶都督了。说什么革命成功，请看一般的贪官污吏还不是和从前一样吗？白雅雨先生的热血白流了，滦州许多烈士的血白流了，天津、北京、石家庄、张家口、通州、任丘、雄县许多烈士的血白流了，全国各省许多烈士的血都白流了。白先生和许多烈士死不瞑目，我们活着的人们，谁能甘心呢？国家来日的祸难，方兴未艾，燕赵不少慷慨悲歌之士，决不应希图分得一官半职鬼混生活，消沉下去，正应当继承白雅雨先生和许多烈士的遗志，激励奋发，作长期的坚决奋斗，不达到革命的目的，誓不罢休。以此来安慰白雅雨先生和各位烈士的英灵千古不朽。"

参加追悼会的学生、职教员，都愤慨激昂，有的涕泣不止。现今在京的于树德委员，尚能回忆当日情况。那时学校中尚流传白先生一首绝命诗，追悼会上，就这首绝命诗谱成歌词同声歌唱。诗曰：

慷慨赴死易，从容就义难。革命当流血，成功总在天。身同草木朽，魂随日月旋。耿耿此心志，仰望白云间。悠悠我心忧，苍天不见怜。希望后起者，同志气相连。此身虽死了，千古美名传。

七月间，白一震（白雅雨之子）到天津运白先生灵柩回南通故乡。上海都督陈英士请南京留守黄克强致电直隶都督张锡銮照料白雅雨烈士灵柩南运。我以代表同盟会燕支部的名义，张相文以代表江苏同乡的名义，偕同白一震去见张锡銮商运灵柩回南通事。又会同各界在李公祠为白烈士开追悼会，我当时写了一首挽歌。歌词是：

滦河惨淡冰兼雪，义士从容剑和血；拼掷头颅唤国魂，千秋人吊关山月。猛醒来，休悲切。待看荡涤尘氛，崛起万千豪杰。净扫幽燕听凯歌，金瓯重奠慰英烈。

三　北方革命运动补述

辛亥北方革命运动中，不少同志壮烈牺牲。而文字记载较少，或不甚详确。解放后，1951 年，我看到天安门前的革命烈士纪念碑的图案，有辛亥革命的一幅图画。想到辛亥革命，在北方的史事不少，因约集曾经参与辛亥革命运动的几位同志，河北省副主席吕复，河北省人民委员会委员耿毅、刘古风，北京育德中学校长郝濯，河北省人民代表兼省政协委员耿杰临面谈 3 次，拟组织辛亥河北革命运动史料编纂调查委员会，不唯发潜德之幽光，表彰先烈，亦可批判前车之复，作为后车之鉴。及此耆硕尚存，各抒闻见，不难汇成巨帙，供作史家的参考。未久，耿杰临、刘古风、吕复相继逝世。在 1956 年我尚与郝仲青、耿毅两先生相商，各就所知写成一稿，亦因病因事未果。两先生又都逝世。好在刘仙洲校长辛亥年和许润民都参与北方革命活动，他已有较详确的写作，我只是对于其他著作所记载者作一点补充。

辛亥年九月十六日以后，北方连续发生吴禄贞被害、张绍曾免职、袁世凯北来、汪兆铭变节等大变化，使北方革命形势受到严重的打击和挫折。但北方革命同志，并未沮丧消极，反而更坚决、更勇敢地进行斗争，为了挽救这个失败，才不惜付出生命的代价。滦州起义已述如前，兹简述各同志奋斗的事实如下。

（一）吴禄贞被害一事，兹就他著所载不够明确者略述如下：

1. 原因：吴禄贞与张绍曾共同举义之密电，被陈夔龙截获转交军咨府良弼；吴部参谋何叙甫扣留南运军火于石家庄，又招袁世凯的痛恨。

2. 凶犯：已被吴禄贞免职的协统周符麟受袁世凯的指使，自彰德来石家庄；担任清廷交通职务的陈其采受良弼的使命，从北京来。周、陈会合，乃诱买胡匪出身的骑兵营弁兼卫队长马蕙田，并煽诱二连夏文荣、一连吴豫章、排长苗得霖四人动手行凶。

3. 行凶地点：在石家庄车站站长办公室，非票房。

4. 时间：十七日早 1 时。

5. 电报：吴禄贞十六日夜致张绍曾一电，文曰："愿率燕赵八千子弟以从。"吴被害后，电稿尚在桌上。

6. 人心的激愤：京津保的同志们，闻吴被害，异常悲愤，誓为死者复仇。吴的好友何叙甫率领一部分军队入晋作战。李真从石家庄东去，谋举兵起义。

7. 证明：清廷与袁世凯出此卑鄙凶残的手段，可以证明他们的议和都是骗人的诡计。

8. 凶犯的结果：马蕙田行凶后，割了吴统制的头颅，到京向良弼领得赏银 3 万两。此后无人肯用他，也无人理他。讨了一个妓女，得了瘫痪症，受到精神的责罚，不久病死。夏文荣改名田树勋，同傅良佐到长沙，1917年被溃兵击毙。吴豫章和苗得霖，1912年洛阳兵变，都被变兵枪毙。

9. 吴禄贞的哀荣：翌年秋季，中山先生过石家庄开追悼会，致祭吴将军，阎锡山感受吴禄贞维护山西革命，为之撰文立碑于车站西边。

（二）张家口举义，胡鄂公、罗正纬的著作都无记载，邹鲁党史略记之。兹补述一二。主其谋者张雨岑、南琴轩、李锐夫、段炳中皆河北人，保定北关优级师范学生，素有革命志愿。武昌起义后，与保定同志集议，咸认为北方革命运动，对响应南方革命成功，颇关重要。如能"光复"张家口作为根据地，南扼居庸关，可拊北京之背；西连大同，可合晋绥的豪杰，扩大革命力量，胜利可有把握。因需要械弹，由段炳中之介绍，张雨岑到津访余，余适外出，归寓，见雨岑留字即搭车返张垣。余驱车至车站访晤之。但从未见过面，怎能认识他？余乃从候车百数十人中的年貌风度精神，加以分析，一猜而中。雨岑大喜，具道来意，商筹运械弹事。去后，商请女师教授白雅雨带领女师学生黄守璟、汪芸、冯世俊等运送械弹至新保安，再由同志转运张家口。车行五六小时，汪、黄、冯诸女生唯恐火车震动剧烈，炸弹爆发，将炸弹装入皮包，抱之怀中。一路谨慎将持，得以完成任务。有查店人至，白先生告以送学生去上学，得免查行李。

十月初，张雨岑、南琴轩在张家口组织司令部。谋泄，被逮数十人，李飞仙、秦宗周、高志清等7人殉义。张雨岑逃石家庄，南琴轩逃天津。数年后，张、南皆抑郁病死。当时参加举义者，现时唯段炳中尚生存，一生任中学教师。新中国成立后任教师9年。现在家居。

（三）克复学会，由陕西人李季直倡议组织，受到他的舅父于右任的指导，并发行《克复学报》。辛亥冬，为了对付袁世凯，供给革命同志炸弹的需求，请北洋女师学生冯世俊、汪芸等数人至京陕西会馆，日夜赶制炸弹300多枚。王大鹤者，名鸣皋，行唐人，钻进学会，假冒革命，曾到上海见汪兆铭骗得一笔款子。回京知道陕西会馆存有炸弹，密告内务部赵秉钧，派人收去，又得到一笔款子。同志们严厉责问他。他说：和议已成，总统已让袁世凯，保存炸弹，有害无益。问他："你为什么不敢和同志商量？"他无话可辩。自是不敢和同志们见面，逃到绥包经营实业。这也是受和议的影响。

（四）北京崇内同仁医院事务主任王锐铮，辛亥秋冬，掩护革命同志的工作十分热心。秋七月，赵秀章同志自东京回国，倡言革命。即住医院作掩护。江浩同志来往京津，亦由赵的介绍与王主任相识，常住医院。《国风报》的同志及京津南北各地外来的革命同志，时常有十数人借住医院，并在医院开会夜聚明散。同仁医院系教会外人所办，警察不敢进入搜查，故得掩护。据说彭家珍刺良弼的前夕，曾在医院休息。江浩任参议院议员时的通信处就在同仁医院。后来江浩参加共产党以后，到北京仍住在同仁医院，王锐铮仍然尽力掩护他的工作。王大夫现年70岁，住东黄城根35号旁门，有病，尚能略谈往事。

（五）丁开璋，字小川，丰润人。胡著"丁削璋"，错写其名。中国史学会主编的《辛亥革命》转载胡著，亦仍为"丁削璋"。百年而后，人将不知与丁开璋是一人或二人，应指出更正。丁毕业京师大学，蓄志革命，结交京东及朝阳一带绿林豪杰，并联络丰润附近民团，本拟响应滦州起义，谋泄，遭到王怀庆的监视。直督陈夔龙曾电致袁内阁，"丰润微有蠢动消息"。即指丁开璋、丁东第事。

滦军败后，丁小川仍拟待机发动。和议成，师出无名，家徒破产。丁到津与余谈，对和议大骂，对与袁妥协，极端愤慨。又在天津报纸（可能是《民意报》）发表一篇代表地方民众发动革命的文章。

（六）保定育德中学早培育了许多革命的种子，校长郝濯（字仲青）、教员郭瑞圃等，在武昌起义后，积极鼓吹革命。学生刘仙洲、许润民为了阻止清军南征，曾炸唐河铁桥。保定革命同志和学生，分布完县、蠡县、博野、安平、宁晋、任丘、雄县一带，纠合民团、警察、壮士，拟共图大举。因议和将成，各县未及发动。唯任丘、雄县，箭在弦上，不能不发。十月二十八日，聚集 70 余人宣布举义于任丘的娘子营村。袁世凯派淮军两营围剿，靳广隆、靳洛平、王汝曾等 9 人殉义。这一段的事情，郝仲青对我谈过，惜未经访查详细。清华刘仙洲校长当能有明确的记述。余略述之者，为了证明河北人民闻风向义，踊跃革命。如果南北不议和，河北可能发展为广泛的民众起义，罪魁祸首，终将成擒。

（七）通县革命，罗著、胡著均有记载。兹特述者，与王治增同谋通县革命的丁东第，1954 年访余于京寓，持有吴禄贞被害的详细资料，与通县革命及本人在辛亥革命时期的活动资料。吾向他建议献之于河北文史馆，并函介于文史馆的耿毅馆长及河北统战部。文史馆经过领导的同意，聘丁东第为馆员。未几，丁东第逝世，不知其资料是否交出。

（八）彭家珍刺良弼，杨禹良、黄之萌、张先培炸袁世凯，邹鲁党史详记之。但关于薛成华炸击天津镇守张怀芝，予袁党及清廷官吏以惊心丧胆的打击，颇关重要。邹鲁《中国国民党史稿》和罗正纬著作中均未记载。

薛成华，河北无极县人（一说定县人，待查），名友棠，保定育哑学堂教员，在保定参加同盟会。武昌起义后，又参加共和会，到天津活动。壬子年阳历 1 月 24 日，听说和议条件，将让大总统于袁世凯，极表愤懑，乃决心炸死张怀芝，剪除袁逆党羽以便促成天津起义。遂于 1 月 26 日，偕同志尹渔村、樊少轩、周希文、张在田炸击张怀芝于天津新车站。先候于站台上镇署接车者之旁，见张怀芝下车，成华立投一弹，弹中车厢，伤卫兵一人。成华在硝烟中，又向张投一弹，渔村等开枪相助。军警开枪还击，渔村等弃枪而逃，成华独奋战被捕。解赴营务处，当晚遭受凌迟极刑而惨死。

民元夏日，天津举行一次革命展览会，悬有薛成华烈士照相，我写了一副对联是："让盲者见光明，教哑子能语言，舍己为人，一方慈悲善士；炸民贼于下车，痛神奸之窃国，粉身取义，千载革命英雄。"

（九）由胡鄂公、白逾桓主持的进攻天津督署。北方同志，于 1 月 29 日之夜，会于金钢桥，冒险进击督署，事未成，死伤十数人。在地方上，遵化、玉田、丰润、宁远各县，尚有不少民众武装，待机起义。

（十）辛亥九、十月间，我在天津和白雅雨、孙谏声、凌钺诸同志时常往来，并与本省革命同志江浩、徐月卿、赵秀章、石位亭、丁小川、宋兆芙、刘古风等 20 余人，皆有秘密的联系。皆主张彻底革命，反对与袁讲和者。边守靖亦与我接洽，称负责静海县民团乡勇起义，未实现。十月底张榕、张英华自奉天来访，畅谈东北革命，计划在凤凰城一带发动起义，赶走赵尔巽，宣告奉天独立。

十一月初二、三日，北京资政院议员李榘（字访渔，束鹿县人，翰林）来访我，约我至日租界鸿宾楼谈。他说：“杨皙子（杨度，立宪派）自北京来，想找您谈一谈。”我问何事。李说：“袁内阁是很赞成革命的。不久就有大开大合的办法（大开指清帝退位，大合指南北议和），革命不一定到南方，在北方也可以革命。如果帮助袁内阁，要军队有军队，要钱有钱，要官有官。杨皙子就是为此而来。”李访渔向来对我是表示友好的。但是，我不可能以我的意见说服他，也不愿让他当面难为情。我说：“袁内阁肯革命是很好的。你说他不久就有大开大合的办法，我绝对相信是真实的。试问从前清廷免他职，如果革命党失败了，袁内阁功高震主，清廷不会再免他的职吗？所以他的大开大合，我相信是会有这一天的。我最近接到上海友人来信，约我到上海去看一看，等回来我们再谈。”因此，我更相信袁世凯利用汪兆铭是真的了。袁世凯要我帮助他，不要到南方去革命，就是他要准备反对孙、黄的革命，让我更知道南北议和是多么危险的了，必须向中山先生汇报一切。

四　赴宁沪反对与袁妥协及议和后的河北政情

辛亥十一月十日乘车赴大连转上海。道经沈阳，下车去访张榕，答其亲到天津的过访，并询问他的起义计划。他说：“在凤凰城一带已经准备就绪。”正谈话间，有人来访，他仍然侃侃而谈。我提醒其注意消息泄露于事不利。他说：“他们不敢怎么样。”意指赵尔巽不敢逮捕他。是夜在他宅具酒欢宴，并邀田又横同志同饮。次早，我即登车赴大连。到大连的翌日，见报载张榕已被张作霖派人暗杀逝世，同时田又横亦被害，计时当为十一月十二三日左右。

到大连时，杨大实已在复州起义，商震、顾人宜兄弟已在庄河起义多日。烟台亦已“光复”了。商震将到烟台去。戴天仇、何海鸣也到了大连，计划山东的事情。刘艺舟和宋涤尘等正进行“光复”山东黄县，据说业已准备好，马到成功。刘、宋劝我不要到上海，要我同他们到黄县，推举我为山东都督。我说：“不可。第一，我不懂军事，恐贻误戎机。第二，烟台已下，需要联合一气，共成革命大计，不可有权力的观念。第三，我要到上海见中山先生汇报北方情况，反对与袁世凯妥协。如果你们‘光复’黄县后，也需要援助，我对南方同志讲，来援助你们，岂不更好。”

我在大连候船住了三四天，听到滦州举义的消息，尚未听到失败，我就上船了。

在大连会见商震两次，上船之前，商震又到我所住的日本旅馆送别，并赠我旅费。他说：在东京时，中山先生对他说：“直隶杨椒山先生有一对联，‘铁肩担道义，辣手著文章。’现在愿意彼此共勉，作为临别赠言。”我说：“铁肩担道义，我庶几勉之；辣手著文章，就看你的手腕了。”

十九日到沪，听见滦州举义失败，甚惨。袁世凯对革命同志这样的残忍，绝无人道，可见他们仇恨革命的心地如何深刻顽固。如果让袁做总统，一定上大当，因而更加坚信反对和议有充分的理由。在沪停留两三日即到南京。彼时中山先生已就任大总统职，同盟会负责同志多到南京任职，故即赴宁。

一月二十日左右，张继同我去见中山先生。中山先生奖励我们北方同志的奋斗，并问北方革命运动情况。我答：“北方同志和一般人民，绝大多数都同情革命，希望共和。所有同志都反对与袁世凯议和。”中山先生问有什么见解。我答：“袁世凯绝不讲信义。他欺骗汪兆铭，约定十月初九日夜间，让革命同志在京城发难，他令袁克定出兵响应。结果同志们发难后，他不但不响应，反而杀害了不少的同志。戊戌政变时，谁都知道，康有为、谭嗣同保荐袁世凯升了军职，托以心腹。他反而告密，出卖了康有为，杀害了‘六君子’，推翻了新政。两军交战互有杀伤，当然是常事，但冯国璋烧杀汉口无辜的人民，曹锟兵到滦州，挖了孙谏声的心肝，割了白雅雨的头颅。又使人暗杀吴禄贞，破坏革命无所不用其极。这样的人，他会奉行约法、听从国会的决议吗？如把国家军政大权让给他，他必然完全摧毁革命事业。袁世凯所以要议和，是因为：第一，如果他把革命党打垮，他怕清廷再免他的职。第二，他虽然有几万有训练的军队，但攻得一省的城池，即惹起一省人民的反抗；他得地愈多，兵力就越分散，结果必致一败涂地。袁世凯知道兵力不敷分配，所以曹锟攻进了太原，又撤回保卫京畿。第三，他想借着议和，骗取大总统的名位，大权在握，可以为所欲为，比用兵力争城争地，对他更为有利。那么，我们要战胜袁世凯只有坚持革命战争，拒绝与袁议和。现在江南和西北各省已经宣布独立了，征兵训练，人才众多，基础日益巩固，财用不至匮乏。北方未独立的省份，崛起革命的同志日益众多；一日不议和，即一日有陆续奋起革命的运动。所谓君子道长，小人道消。胜利必归于革命同志。如若让总统于袁世凯，南北革命气势将见顿挫分散，日益消磨。而袁世凯一流军阀官僚、政客的势力，反而日益伸张得意，所谓小人道长，君子道消。将来虽欲挽救，恐已无及。这不是我一人的见解，可以说是北方同志共同的见解。请大总统多加指教。”中山先生说很好，可以同克强、遁初再谈一谈。

过了三几天，克强、遁初约我面谈，还有谭人凤在座。我把向中山先生谈的话，大致又谈了一遍。他们说：中山先生和我们都是主张彻底革命的，但推动北方革命需要一批款子，现在正计划借一宗外债，看参议院能否通过，如果通过，我们就可以推动北方革命，以全力贯彻“光复”北京、天津的计划。

过了几天，参议院竟否决了借款案，并且要同袁世凯议和。章太炎也讲“革命军兴、革命党消”之说，给主张和议者以借口。中山先生认为袁世凯不可靠，但汪兆铭逼中山先生赞成和议，否则，天下人将谓中山先生贪恋总统的名位，而破坏南北议和。让中山先生感到亲近的同志，尚不能相谅，只有让袁世凯去干了。

这时，直隶省代表谷钟秀对我说：“直隶省应该再出一个代表，你若同意，我可推荐。”我当时志在进行革命工作，觉得临时参议院的工作不合我意，我就说：“还是另选他人比我更好。”过几天，居正、田桐、张继 3 人都对我说：你来晚了，政府各部长、次长都有人了，只有内务部卫生司司长一职尚虚悬。中山先生说，政府中北方同志很少，希望你来担任。我说：“很感谢中山先生和各位同志的信任。如果不与袁世凯妥协，给我什么位置我都愿做；现在要让位给袁世凯了，我最好不在政府担任职务，好在北方作在野的活动。”

二月十四日，南京临时参议院选出袁世凯为临时大总统。十五日，又议决孙大总统辞职咨文附件 3 条：

1. 政府地点，设于南京，不得更改；

2. 新总统亲到南京就任；

3. 新总统必须遵守约法。

中山先生所以交参议院议决这 3 个附带条件，就是为了防止袁的叛变。但是，袁世凯完全没有照办。

又过几天，张继至我住所，送了中山先生一张委任状来，委任我和吴蓬仙筹备中国同盟会燕支部，并由王芝祥将军送给回北方的旅费。因为同盟会总部并无经费开支，且总部牌子亦未挂出。是时河冻已开，袁世凯已就任大总统之职了。我同吴蓬仙自上海乘轮船一直到天津下了船。

到津后，我对筹备同盟会兴趣不大。吴蓬仙催问我为何不积极？我说："在北洋军阀统治之下，希望以选举的多数来取得政权，是不能设想的。要讲革命，而同盟会从此已变成公开的组织，失去了革命性的作用。"正在考虑期间，张继到津，我对他说："同盟会的筹备，可请王法勤和郝濯负责任。"过两个月筹备就绪，选张继为中国同盟会燕支部部长，王法勤为副部长，郝濯为总务部主任，王葆真为政治部主任。其他各部，兹不具述。

南北议和后，张锡銮任直隶总督。袁世凯为了压服直隶省绅民不平的舆论，示意直隶绅士刘春霖、李榘等，直隶省行政人员可以调动一下。五月下旬有一群人把顺直谘议局占领，革命的同志们曾议及把"直隶"这个名词改名为河北，官方不同意，仅把顺直谘议局改为顺直临时省议会。由各县驻津代表选举临时省议会议员及议长，组成省议会。同盟会当选议员有江浩、耿杰临、武桓诸同志，他们并拟选我为议长，我闻而阻止之。

六月间，立宪派胡源汇当选为顺直临时省议会议长，同盟会边守靖当选为副议长。关于胡源汇、边守靖投靠军阀、拍卖民意的历史资料，此文从略。

七月初，新任直隶都督冯国璋出席顺直临时省议会报告施政方针，不知谁替他写了2000多字的一篇官样文章，由省议会秘书长代他读了一遍（按法理来说，省议会秘书长，不应当替冯国璋读施政方针，这是胡、边两议长事前商量好，向冯国璋献媚的一种手段），冯国璋接着讲话，他说了一段官话之后，便露出原形。他声色俱厉地说："必须要好好地维持直隶省地方上的秩序，要出了乱子，让外国人把中国人作践个王八蛋样儿，那是不行的。"我便站起来质问他："请问冯都督说让外国人把中国人作践个王八蛋样儿，这话怎讲？你对省议会讲这话，是否有心侮辱省议会？是否侮辱中国人民？王八蛋样儿怎么讲？"他目瞪口呆地答不上来，羞得满脸通红，直呆了一刻钟。冯国璋站在台上，既讲不出话，又不能下台，议长宣告休息，才替他解了围。后来天津《民意报》曾登载过这一段。

数日后刘春霖来看我，说冯国璋很后悔那天说话冒失。他对军队讲话惯了，没有经过议会场面。问我有什么要求？是否要见面谈一谈？我说："什么要求也没有，只因他那天讲话，就是说的革命党人要搞乱子，不守秩序。我若不起来质问他，不知他还会讲出什么，也可能更要作威作福。"

由此一事，可知地方行政首脑的腐朽，虽然成立了省议会，绝谈不到什么民主政治，也不能改革地方行政法规。立宪派与同盟会各推荐县知事几人，不过造成一部分新官僚。有人要我推荐县知事，我当即谢绝，因为他们不是要为人民利益选贤举能，而是以交易所的方式，作为分赃的交换条件，来堵议员的口，以便于军阀的统治。

而且这也仅仅是民国元年暂时的现象。民二秋季以后，政治益转黑暗，县缺竟分三等拍卖，一等县缺要5000元，二等县缺3000元，三等县缺一二千元。有县知事资格者须先交这样多保证金，才能发给委任状。即此可知贪污腐化之事，不胜笔述。省议会议员，既不能发挥改革政治的主张，除了少数坚持奋斗的革命同志外，亦皆见猎心喜，勾结军阀官僚，花天酒地，以猎官为能事，政治的腐败比辛亥以前尤甚。是皆因南北议和，把国政大权授之于袁逆所造成者，此不过地方政治腐朽现象之一例耳。

（选自全国政协文史资料研究委员会编《辛亥革命回忆录》第5集，中国文史出版社2012年6月第2版）

滦州起义的前前后后

鹿钟麟*

一

滦州起义，是新军第二十镇由新民府开抵滦州参加永平（今河北昌黎、卢龙附近）秋操的一部分队伍响应武昌首义所采取的革命行动。为便于说明滦州起义的经过，不能不从头叙起。

1907年，清政府邮传部大臣徐世昌调任东三省总督，指定新军第三镇和第一混成协及第二混成协随同开赴东北驻防。第三镇的统制是卢永祥，第二混成协协统原为王汝贤，后为蓝天蔚，第一混成

* 鹿钟麟：时任新军第二十镇第三十九混成协第八十标副官，后任南京国民政府冀察战区总司令兼河北省政府主席。
新中国成立后，任国防委员会委员，民革中央团结委员会委员。

协协统为王化东。第一混成协是由原驻防山东的第五镇及原驻防南苑的第六镇各拨出一标编成。这些队伍开抵东北后，第一混成协驻防新民府，其余则分别驻防北大营等处。当时王化东是倾向维新的人物，就任后很有改造部队的决心，曾从所属各标营队士兵中选调了学兵1500余人，施以严格训练，预备作为日后改造部队的基干。

1910年9月，第一混成协与奉天巡防中路独立第一标及独立第二标合编为第二十镇，由陈宧任统制。第一混成协改为第四十协，由潘矩楹担任协统，原由第五镇所拨出的一标列为第七十九标，原由第六镇所拨来的一标列为第八十标。独立第一标及独立第二标合为第三十九协，由伍祥桢担任协统；原独立第一标列为第七十七标，原独立第二标列为第七十八标。

1911年2月，第二十镇统制陈宧去职，由张绍曾继任。张绍曾字敬舆，直隶（今河北）大城人，日本陆军士官学校毕业，回国后历任北洋督练公所教练处总办及贵胄学堂监督。当张在日留学时，受到革命党人的影响，从而具有一定的革命思想和主张。因此，张继任统制，曾给第二十镇倾向革命的官兵以极大的鼓舞。

当驻防新民府之初，曾有革命党人孙谏声、戴锡九等从日本留学回来，奉革命组织之命，打入队伍里担任下级军官，暗中进行革命宣传和鼓动，促进了官兵的革命觉醒。接着冯玉祥、王金铭、施从云、郑金声、王石清、岳瑞洲六人便在这个基础上发起了武学研究会，公举冯玉祥为会长，以读书为名，传播革命思想，联系革命同志，密图举事。陆续参加的官兵，现在还能记起的有张之江、石敬亭、韩复榘、吕均、鹿钟麟、黄振海、姜竹泉、周文海、张树声、张捷三、魏荣畅、张振扬、何任之、汪人杰、李鸣钟、李冠军、李子峰、李滋懋、张绍棠、夏得祥、郭凤山、高振龙、邓长耀、董锡纯、戴锡九、孙谏声、刘瀛、张振甲、葛盛臣、胡长标、黄宝善等。还有过去王化东所训练的学兵1500余人，平日即和冯玉祥、王金铭、施从云等接近，当时这些人几乎个个都是武学研究会的成员。后来参加的官兵，愈来愈多，风声过大，不免引起外间的猜疑。为了转移人们的视听，另设山东同乡会，以联络官兵感情为名，掩护武学研究会的活动。山东同乡会成立后，武学研究会即转入隐蔽状态。山东同乡会对官兵入会不作严格规定，非山东籍的官兵也可以入会。会员分为两种，凡山东籍官兵入会即作为基本会员，凡外省籍官兵入会即作为名誉会员。如王金铭、郑金声、张振甲、周文海、董锡纯、石敬亭等，都是基本会员；施从云、冯玉祥、张之江、鹿钟麟、韩复榘、李鸣钟等，都是名誉会员。并举协统潘矩楹为会长，因潘既系山东人，地位又高，且一向反对革命，正好利用来做招牌，遮人耳目，以减少外间的注意。会长只有虚名，会务均由干事掌握，而干事则全为武学研究会的骨干分子。干事也分两种，一种称会内干事，一种称会外干事，前者由基本会员充任，后者由名誉会员充任。这种分别，纯为对外，别无意义。武学研究会曾派张树声、李子峰、戴锡九、鹿钟麟等潜赴奉天、北京、天津、唐山等地，假借山东同乡会联络同乡的名义，建立革命的联系，并在唐山设立同乡会，暗作革命机关。滦州起义的前后，唐山的山东同乡会曾秘密组织武装准备参加起义军。武学研究会除以山东同乡会作为掩护外，还先后组织过几个外围团体如同学会、同志会之类，都起了不少作用。

后来，第二十镇的官兵，除少数顽固的上层分子和一部分稳健派外，大都直接间接参加了武学研究会的组织或活动。而稳健派虽貌似超然，实际多同情革命，甚至赞助革命，不少人暗中通过各种不同方式和武学研究会保持联系，像车震就是其中之一。车震的资望高，智谋深，当时很能迷惑反动统治者，而革命也需要这样像是置身事外的人，配合革命的活动。车震在这方面确实起过不少的作用，做过许多有利于革命的工作。

武学研究会的组织活动，为第二十镇积蓄了革命力量，一面使它有了核心的组织，一面使它有了群众的基础，为滦州起义创造了主观条件。

二

1911年，全国革命风暴接踵而起，革命势力日益壮大。清室为挽救垂死的命运，决定在当年秋天，调动大军，举行永平秋操，企图用来向革命示威。这次秋操分为东、西两军，西军为禁卫军，以满人为主；东军为新军，以汉人为主。内定东军败西军胜。清室特任命载涛为这次秋操的大元帅，西军由舒清阿任总统官，东军由冯国璋任总统官。被指定参加秋操的队伍，禁卫军为第一混成协、第二混成协及第三混成协；新军为第一镇、第四镇、第六镇、第二十镇及第二混成协。禁卫军限10月上旬集中开平待命，新军限10月上旬集中滦州待命。

当参加秋操的新军限10月上旬集中滦州待命的消息传出后，革命党人便决定利用这个机会策动新军届时起义。同盟会京津保支部先期即派出白毓昆、凌钺、熊朝霖、陈涛、高德海、邱子久等潜赴滦州一带联络新军，暗中进行准备。

参加这次秋操的新军中，第二十镇及第六镇，第二混成协倾向革命的官兵最多。而第二十镇统制张绍曾和第六镇统制吴禄贞、第二混成协协统蓝天蔚为日本陆军士官学校同学，3 人志趣相投，过从密切，曾有“士官三杰”之称，且一贯都倾向革命，和革命党方面素有联系。

张绍曾接到参加秋操的命令后，便和吴禄贞、蓝天蔚秘密决定，利用参加秋操之便，暗中私带子弹，相机起义。

接着张绍曾便将第二十镇的队伍做了安排。开赴滦州参加秋操的队伍，以第七十八标、第七十九标为主体，另外配属骑兵、炮兵、工兵等营队，其余各标只挑官长、目兵随往；至第七十七标及第八十标仍继续留守新民府驻防，以为后备。

正当张绍曾亲率第二十镇参加秋操的队伍从新民府陆续开到滦州的时候，武昌首义已先爆发，一时全国震动。清政府于惊慌失措之余，忙下谕停止举行秋操。内定将第二镇、第四镇及第六镇的一协编为第一军，将第二十镇和第三镇、第五镇各一协及第二混成协编为第二军，开赴前线作战。因此，令集中滦州待命的新军各返原防，听候调编南下作战。至此，从各地来到滦州的新军相率离去，张绍曾拒绝受命，即在滦州按兵不动，企图举事。

当时清政府应付武昌首义已经十分吃力，而滦州处于近畿，却又潜伏了这样的危机，越发惶惶不安，曾派张绍曾在贵胄学堂的学生载洵至滦州疏解，不意为张绍曾严词拒绝。这时第六镇已返保定驻防，复遣吴禄贞遄赴滦州宣抚，进行劝导，希望能够有所转圜，随吴禄贞同至滦州的还有蒋作宾、陈其采等人。而吴禄贞抵滦州后，并未照办，反给第二十镇留滦州的官兵以很大的革命鼓励，并以情况既发生了变化，又将前此与张绍曾、蓝天蔚的秘密决定重做了安排，届时张绍曾在滦州首先发难，吴禄贞、蓝天蔚则分头出兵响应，以期一举而下北京，推翻反动统治的巢穴。

武昌首义爆发后，清政府急忙抽调新军，临时拼凑两镇，由陆军大臣荫昌率领南下，企图扑灭革命烈火。为了应付前线的军需，特从东北向国外购到大批军火，由东三省总督赵尔巽派彭家珍押运进关，转送前线。彭家珍倾向革命，起运之前，曾与张绍曾秘密约好，当这批军火路经滦州，张绍曾即予以截留，并电清政府吁请停战，向革命让步，同时电武昌黎元洪、黄兴、宋教仁等告以实情，示意及时进攻。清政府以正待这批军火接济作战，焦灼万状，曾命冯国璋、段祺瑞等电张绍曾施加威胁，又命章运采等电张绍曾进行诱惑，软硬兼施，都遭张绍曾严词拒绝，局势立趋紧张。王金铭、施从云等见到时机已经成熟，代表革命官兵要求张绍曾立即率众起义。而张绍曾则认为本镇高级将领多半都是保皇派，若是仓促勉强从事，一定得不到好结果。他坚主先向清室陈述国是意见，如不采纳，再行发动。他以为这样做可以相当满足保皇派的要求而估计清室则绝难接受，将来迫成非起义不可的局面的时候，那些人就无话可说了。10月28日张绍曾便领衔通电，提出12条政纲，要求年内召开国会，制定宪法，组织责任内阁，削除皇族特权，大赦国事犯等，态度非常强硬。这个通电发出的同日，适山西宣布独立，并组织革命军集结娘子关一带待命，准备进攻北京。清室迫于形势，对张绍曾的通电不得不予以敷衍，遂于30日下诏罪己，明令解除党禁，释放革命党人，并命资政院立草宪法19信条，承认“皇帝之权以宪法所规定者为限”，国会有制宪、改宪、选举内阁总理大臣、宣战媾和以及决定财政等大权，削减了皇族特权，同时传令嘉奖张绍曾，并授给侍郎衔。

清室作这样的让步，主要是因被武昌首义拖得不可开交，为了防止及和缓张绍曾采取进一步的行动，不得不出此一时权宜之计；只要还有招架之力，决不会如此。等到清室经过袁世凯的讨价还价，最后被迫不得不起用这个奸枭的时候，情况便不同了。袁世凯一向视北方是自己发家的根据地，数十年惨淡经营的事业基础尽在这里，他当时能够攫得军政大权，也完全是靠的这份资本。袁世凯很明白，对南方的革命势力经过一打，还可以一拉；如果让北方的革命烈火燃烧起来，首先就要殃及自己的切身利益和既得地位，因此他当然不能容忍张绍曾等的举动。所以 11 月 1 日清室刚刚发表袁世凯为内阁总理大臣，6 日，张绍曾即被剥夺兵权；与此同时，吴禄贞被暗杀，蓝天蔚又被逼走，张绍曾更陷入孤掌难鸣之境。清朝统治集团，特别是袁世凯，满以为滦州形势从此即可趋于安定，不料事实的发展适得其反，滦州从此却愈加多事了。

第二十镇留在滦州的官兵，获知张绍曾被解除统制的消息，非常愤慨，群起挽留。王金铭、施从云接受官兵的意见，召集张之江、张树声、石敬亭、张振扬、刘骥、鹿钟麟等 70 余人举行紧急会议，认为张统制的去留，关系北方革命的成败，一致通过要求张统制切勿受命离去，并电请清政府收回成命。王金铭、施从云劝张绍曾说："君主立宪并非我们最后的目的，为解救国家人民于水深火热之中，只有革命一条道路，武昌首义后，全国革命胜利，指日可期，不必再有所顾虑"，力请立即率部起义。而张绍曾却转趋消极，认为我们起义可靠的支援，只有第六镇和第二混成协这两个力量，现在吴禄贞遇害，蓝天蔚出走，过去一切筹划全成泡影，在这种情况下，孤军举事，恐怕徒供牺牲而已。接着他便交卸回天津去了。

张绍曾离开滦州后，王金铭、施从云以全国革命情势正在继续发展，滦州起义的筹谋不容中途停顿，在这个紧急关头，坚决表示将不惜任何牺牲，决奋斗到底，不计一切困难，决贯彻始终，并向全体革命官兵发出号召说："国事非一人所能独任，亦不能以一人之不留，将国事遽行停顿。天下兴亡，匹夫有责，况革命事业，须以牺牲精神与恶劣环境奋斗。我辈军人尤应本此主义，地狱在前，我请先入，拿破仑字典无难字，我亦云然。同志相处，匪伊朝夕，愿共以铁肩担当革命，竟厥全功。"全体革命官兵无不深受感动，纷纷响应号召，并一致要求王金铭、施从云主持革命大计，积极领导谋取起义。王金铭、施从云欣然接受革命官兵的信任，宣称誓为这个光荣的任务贡献出自己的一切力量，以至最宝贵的生命。

三

张绍曾被解除第二十镇统制后，清政府格于当时的情势，不便另外遴员前来接替，只有就所属协统中择一升充。因此，第二十镇统制便由潘矩楹继任，所遗的第四十协协统由萧广传升充。

潘矩楹一贯反对革命，接充统制后，处心积虑，要想从他手里根本扑灭第二十镇的革命火焰。他一面加强戒备，制造恐怖，严禁官兵自由集会，互相来往；一面暗中布满奸细，侦察官兵的动静。但是潘矩楹的这些卑鄙无耻的伎俩，并没有挡住革命的发展。王金铭、施从云一面令武学研究会分子坚持秘密工作，暗中沟通革命官兵的联系；一面和先期潜伏滦州一带的革命党人白毓昆、凌钺、孙谏声、熊朝霖、陈涛、高德海、邱子久等通力合作，共策进行。这时滦州知州朱佑保、警察所长汪注东等也已转向革命，无形之中使革命的阵势更加扩大，谋取起义的活动反而越发积极起来。

与此同时，第二十镇留在新民府的官兵自得到武昌首义的消息，人人兴奋得坐立不安，武学研究会分子以冯玉祥为中心，开始酝酿响应。大家都想在东北方面军事没有动作之前，尽自己力量，做一番工作。于是在队伍里暗中鼓动，有时分头到各营里去串门，乘机向士兵们阐说革命的道理；有时写印传单，向各处散发，一时工作紧张，情形非常活跃。后来冯玉祥回忆当年的情况说："这时我家里弄来一架油印机，从早到晚印刷传单，每天将《大汉报》等刊物上所刊载的民军胜利的消息，各省响应的文电，还有许多鼓吹革命的小文章，都摘录出来，用油印印好，每次三四百份，到晚上派人偷偷到各处去散发，或是由邮局寄到本地各机关去，常常忙得通夜不睡。"

潘矩楹见到留在滦州的官兵既没有停止革命活动，又听到留在新民府的官兵也有不稳的消息。于是便进而采取拆散革命力量的行动，将队伍化整为零，分别驻防各地，使互相隔离起来，无法连成一气。他先将第七十八标开赴关外，分散在从葫芦岛至连山一带驻防。骑兵、炮兵、工兵等营队则开至秦皇岛、海阳镇之间，只将第七十九标由标统岳兆麟率领继续留滦州驻防。此外又将留在新民府的队伍调开，第七十七标移至锦州一带驻防，第八十标则开至临榆，分散在从秦皇岛至海阳镇一带驻防。他以为滦州驻防的队伍已属无几，当不致再出意外。

王金铭、施从云以第二十镇队伍既被拆散，不能不重作起义的部署。当时冯玉祥任第八十标第三营管带，已随队伍开抵海阳镇，于是王金铭遂潜赴海阳镇和冯玉祥相商。适烟台民军正打算由秦皇岛登陆，便约定一俟烟台民军在秦皇岛登陆，第七十九标即在滦州首先发难。第七十七标、第七十八标、第八十标及骑兵、炮兵、工兵等配属营队则分路西进，会师滦州后，攻取唐山，加入先期秘密组织的武装，然后继续西进，联合驻防天津和北京两地附近的新军，围攻天津、北京，同时并约辽阳庄河的商震、朱霁青、王德权、程起陆、李树森、连成基等，率民军前来支援。

经过重新部署，第七十九标便成为第二十镇滦州起义的主力。第七十九标共三营，第一营管带王金铭，第二营管带施从云，第三营管带张建功。第七十九标自排长以至士兵，十九皆倾向革命，只有少数上层分子如岳兆麟、张建功等还成问题，有待解决。

四

袁世凯重被清室起用后，经过和革命势力一再较量，为了达到他的窃国阴谋，12 月 18 日派唐绍仪和革命党方面代表伍廷芳在上海开始举行和平谈判。至 29 日，由于革命党方面坚持民主共和，严词拒绝了对方所提君主立宪的要求，和议一时陷于决裂。袁世凯为进行讹诈，张牙舞爪，造成十分紧张的局面。王金铭、施从云迫于当时的情势，为先发制人，不及再等待烟台民军在秦皇岛登陆，便高举滦州起义的大旗，开始革命行动。首先，由王金铭、施从云领衔发出通电，分致北京内阁总理大臣袁世凯，上海南北和议代表伍廷芳、唐绍仪，各省驻沪代表宋教仁、居正及顺直谘议局等，主张民主，坚持共和，指出不容任何人执一己的私见，破坏共和的实现，并表示誓为共和而奋斗的决心。同时，为免起义事业遭受掣肘，由王金铭、施从云代表革命官兵谏请标统岳兆麟一致行动，担任北方革命军政府大都督，率众宣布独立，并为解除岳兆麟的顾虑，曾将起义的部署尽情告知。而岳兆麟是一个十足的奴才，胆小如鼠，最初还借口“兵力薄弱”，一再支吾，最后说出真话，“实不敢干”，终于拒绝，翌晨便逃离滦州，遄赴开平，向通永镇总兵王怀庆告发，并将滦州起义的部署全盘道出。王怀庆当即电袁世凯请示，袁世凯据电，采纳直隶总督陈夔龙建议的“先事劝解抚慰，一面收束兵队，密筹抵御，察其真相，顺机消弭，倘终无可理喻，亦惟有力制”的对策，一面派王怀庆先到滦州便宜行事，一面调兵遣将，准备镇压。

1 月 1 日，王怀庆即驰往滦州，企图以威迫欺骗的手法，瓦解革命官兵的革命团结，松懈官兵的革命意志，幻想兵不血刃而达到破坏革命的目的。王怀庆和王金铭之兄金镜、施从云之兄从滨原有金兰之谊，抵滦州后，第一句话就同王金铭、施从云说：“你们做得不对，你们不应该乱来。”旋召集第七十九标全体官兵讲话，装出一副伪善的面孔说：“南北正在议和，革命成败还不可知，尽忠效命是军人的天职，犯上作乱向为纲纪所不容，且滦州驻防的军队无几，这点力量何堪一战？还是早日悬崖勒马，否则将后悔不及矣。”又说：“诸君主张共和可静候解决，万勿轻举妄动。我以为中国仍以君主立宪为宜。”王金铭、施从云正颜厉色地责以大义说：“清廷皇室误国殃民到了这个地步，令人忍无可忍，非推翻清廷统治，不能解脱灾难，现在全国各地接踵起义，相继举事，大势所趋，人心所向，已极明白，我公何冒此天下之大不韪耶？”又说：“我等主张共和，坚定不移，赴汤蹈火，万死不辞。”官兵齐声附和，声势汹汹。王怀庆见来头不对，只得唯唯称是。接着王怀庆便被严密监视起来。当夜凌钺、张振甲等奉命率领武装官兵，荷枪实弹，至王怀庆住处，逼他一道起义，并转达王、施要求他任北方革命军政府大都督的意见。王怀庆无可如何，佯示接受。次晨王怀庆装出非常从容的样了，宣称进城就职视事。骑马行至中途，故意把缰绳勒住，马受勒乱跳，王即借口向随行的官兵说：“我这马是头生口，野蛮不驯，最好大家走开，不然就会出乱子。”大家信以为真，当即让开。王怀庆乘机回转马来，狠狠加了一鞭，一溜烟逃脱了，等到随行的官兵掏出枪来追击，已经逃出有效射程之外了。

袁世凯既获知滦州起义的部署，便着手布置镇压驻秦皇岛至海阳镇一带的第八十标及骑兵、炮兵、工兵等配属营队，驻葫芦岛至连山一带的第七十八标，甚至驻锦州一带的第七十七标，同时被严密监视，堵住出路，不准有所行动，他们和滦州第七十九标之间的一切联系也被割断。冯玉祥也在海阳被拘禁起来，失去自由。与此同时，先由王怀庆的淮军，在滦州以西，以雷庄为重点，积极布防，将铁路破坏，铁路两侧埋伏重兵，严阵以待。继由第三镇统制曹锟派出第六协协统陈文运率第十二标前往增援，曹锟也亲自随军出发。当王怀庆从滦州逃脱回到开平，第二十标标统汪学谦便率所属各营及炮队两连抵达雷庄。王怀庆的淮军即从前线撤退，担任后方护卫。雷庄一带的防务，改由第十二标接替。

第七十九标官兵开始革命行动后，滦州即完全被革命势力所控制。张建功处于强大的革命压力下，不得不表示顺从，伪装积极参加起义，暗中却一直与王怀庆勾结，互通消息，俟机破坏革命。后来滦州起义失败，这是主因之一。

五

第七十九标官兵揭出起义的大旗后，因受岳兆麟和王怀庆的牵延，至1月3日始正式成立北方革命军政府，公推王金铭为大都督，张建功为副都督，冯玉祥为总参谋长，周文海为秘书长，白毓昆为参谋部长兼外交部长，孙谏声为军务部长兼财政部长，朱佑保为民政部长，李亿珍为司法部长，刘蓝圃为教育部长，汪注东为警务处长，欧阳藩为交际处长。施从云为滦军总司令，熊朝霖为滦军总司令部参谋长，陈涛为前敌指挥使，石敬亭为中路司令，鹿钟麟为右路司令，韩复榘为左路司令，张之江为骑兵司令，张树声为骑兵副司令，郑金声为后援右翼司令，王石清为后援左翼司令，李子峰为谍报队队长，凌钺为敢死队队长，刘汉柏为滦州城防卫戍司令。当日通电全国，宣布独立，要求袁世凯即日接受共和，促请上海和议代表从速达成协议，表示枕戈以待，誓为实现共和奋斗到底。

北方革命军政府成立后，滦州人民夹道欢呼，锣鼓喧天。滦州的外国侨民，也相率前往祝贺。

1月4日，举行誓师，发布檄文，声讨清室祸国殃民的罪状，号召同胞群起杀敌，“光复”大汉河山，洗去200多年来的奇耻大辱。一时人心振奋，士气激昂，大有灭此朝食之概。

自从王怀庆逃脱后，王金铭、施从云预料滦州必会遭受清方大军前来围攻，为争取主动，决定誓师后当晚即搭车西进，直趋天津、北京。

第七十九标驻防滦州的队伍分在两处，第一营及第二营驻北关城外师范学校，第三营驻车站附近火柴公司。誓师后，张建功借词第三营营舍设备尽行拆除，为求和第一营及第二营接近，第三营暂至城内休息，以便集合。

傍晚，正待集合登车出发的时候，第三营队官李德胜化装乡民企图逃出滦州，在车站被拿获，搜出张建功给王怀庆的军事情报。张建功见阴谋败露，便实行叛变，命第三营分为两路，一路在城内凭堞向第一营及第二营正面射击，一路在城外布防，向第一营及第二营侧面攻击。一、二两营突遭袭击，措手不及，死伤很多，队官葛盛臣奋不顾身，当场阵亡。后经石敬亭率众将城外叛兵击退，自此叛兵便全部盘踞城内负隅顽抗，一时猛攻不下。王金铭、施从云见到继续相持下去，徒给清军以从容准备的机会，带来更大的不利，遂决定先放弃滦州，当晚率全军登车，挥戈西去。

张建功盘踞城内后，将城门紧闭，挨户搜查，不但第一营及第二营被截在城内的官兵均被杀害，即第三营被视为倾向革命的官兵，也全惨遭毒手，革命党人和革命群众无一幸免。滦州城内顿成了人间地狱，血海深仇，令人永世难忘。

王金铭、施从云率军西上，车抵雷庄，即遭遇清军的伏击，所部在敌人优势兵力四面包围下，虽英勇战斗，终因力量悬殊而失败。王金铭、施从云被王怀庆用诡计所俘，旋即在雷庄从容就义。白毓昆、熊朝霖、陈涛、刘瀛、戴锡九、王茂林、何尚达、董锡纯、张增德、叶朝贵、王玉海、宋殿奎、赵祝军、萨福锵、陈杰三、冯日兴、穆奎赖、云振飞、牟惠来、王踽臣、张永胜、常福安、黄云水等，也在雷庄、开平、古冶等处，先后壮烈殉难。

滦州起义虽告失败，然当时对于促成辛亥革命的胜利，实在起了一定的积极作用。而滦州起义的先烈们抛头颅，洒热血，牺牲奋斗，勇往直前，这种革命精神，惊天地，泣鬼神，尤值得人们景仰和学习。

滦州起义失败后，冯玉祥由海阳镇被押解保定，于路过北京时，得到陆建章的营救，始获释放。民国成立后，冯玉祥复经陆建章的保荐，先后担任左路备补军前营营长，左路备补军左翼第二团团长，第十六混成旅旅长，当年参加滦州起义的第二十镇官兵陆续来归。从此，这一部分人便成了冯玉祥部下的骨干，由第十一师直到后来的国民军第一军和国民革命军第二集团军。

1924 年 10 月，北京政变后，参加当年滦州起义的官兵，为追崇革命先烈，由冯玉祥发起，经鹿钟麟主办，于北京中央公园（今中山公园）正门内迎面处，为王金铭、施从云铸立了铜像，基石上并镌有滦州起义的始末及诸先烈殉难的经过。同时参加当年滦州起义的官兵还在北京西山小温泉为二位先烈建筑了衣冠冢，以供后人的凭吊。后来，冯玉祥还在泰山为王金铭、施从云建祠立碑，以资纪念，而垂永久。

1926 年 4 月，国民军退出北京，奉、直军阀重新勾结，进行反革命的联合，王怀庆以王金铭、施从云的铜像巍然屹立，感到非常尴尬，唆使警察当局拆去。可惜当年没有同时给王怀庆铸一铁像跪在下边，否则那岂不是更有意义了吗？当派去的警察执行这个任务的时候，为正义所感，暗将铜像完整地埋于地下。1928 年北伐军打垮奉、直军阀，冯玉祥又将铜像取出，重立起来，直到七七事变后，始被日寇所毁。至今那块基石的遗址还依然存在。

北伐后，第二集团军驻防山东、河南一带，张建功偕他的儿子前来投效，请石敬亭给予工作。石敬亭以张建功当年屠杀革命同志，破坏滦州起义，罪大恶极，不容姑息，一面虚与委蛇，一面命人做好准备。当晚石敬亭对张建功父子佯称工作不成问题，嘱跟所派的随从前去住所。行至野外，张建功见势不对，恍然大悟，连声哀叹道："事过多年，怎么你们还记这个仇啊！"他的儿子一再埋怨张建功不该前来送死。接着二人便同被处决。

滦州起义的许多历史事实，因为时间相去过久，有的已经模糊甚至遗忘，且由于个人当时见闻的局限，有的深觉不够全面，或许还有出入，有待别人的指正和补充，这里只是拉杂追述，提供参考而已。

（选自全国政协文史资料研究委员会编《辛亥革命回忆录》第6集，中国文史出版社2012年6月第2版）

山东独立前后

夏莲居*

前　言

1911年，武昌起义，山东响应，宣告独立。当时我年仅28岁，也是其中主要成员之一。

事隔多年之久，当时共事之人无一存者。昔年所保存有关当日革命的文件，在张宗昌督鲁时，谓我为宣传赤化，完全为他掠夺抄没殆尽。现所仅存的断简残篇，是我的儿孙辈于旧书堆中搜拣所得的一小部分，前后缺略，头绪纷繁，正不知从何说起。只有就个人所能记忆的及亲身所经历的边想边写，力求真实、不夸大、不歪曲、

* 夏莲居：时任山东省各界联合会会长，后任山东督都府最高顾问兼秘书长、参谋长。

不涉个人爱憎、不顾一切恩怨，以公正真实的态度，作比较确切的记述，作为我暮年对于党和国家的些微贡献。

山东省自宣告独立，不久又复取消，虽是短短的时期，而事体却很紧张复杂。事后，各处也有不同的记载。据我所看到的，都与实际情况相去很远。张国淦所写的《辛亥革命》一文说："山东巡抚孙宝琦授意给谘议局局长夏某，令其传达独立"等语，则与事实大不相符：

（一）谘议局是清末成立的，议员全由民选，仅有议长，并无局长。山东谘议局，系于清光绪三十四年十月十九日在本省设立筹办处，在宣统元年九月初一日，召开第一次大会，宣告成立。局里的要职，皆为一班官僚绅士所垄断。议长是杨毓泗（济宁人），副议长是王景禧（费县人）和于普源（潍县人）。

（二）我是当时全省各界联合会的正会长。

（三）联合会是主张推翻谘议局的，并且是后来发动独立的策源地，孙宝琦哪能授意我去传达独立呢？

这也就是我今日需要动笔去写的另一原因。为的是把真实情况写作史料，以免各家记载多歧，真伪混淆，令人无所适从。

一　我与山东的关系

我生长于旧家庭，我父在清季曾任云南提督，参加甲午之战、庚子之役的事迹，在清史及山东通志都有记载（《清史列传》六十三）。我幼年随军，所读的是经史辞章。我的出身，是由附贡考取鸿胪寺序班及一品荫生。我参加革命的原因有下列数端：

（一）我自幼即喜欢研究问题，看到康有为、梁启超等所办的《时务报》《新民丛报》《中国魂》等书报，思想上渐倾向于革新。

（二）我经过甲午之战、戊戌政变、庚子之乱，并看见割台湾与日本，租青岛与德国，租威海卫与英国。眼见国事日非，危亡在即，如想救亡图存，不得不从政治上改良入手。

（三）甲午之战，我父在登州督师抗日，打沉日寇两只船，保卫了国土（详见于山东巡抚李秉衡的奏议及上海《申报》）；八国联军攻进北京时，在后方作防御，拦阻洋兵前进（详见于李鸿章的电文，原件惜为张宗昌所抄没）。殁后，清廷予谥“壮武”，在清廷御赐的碑文上，对于抵御外侮，守土卫国，中外皆知的事迹竟不敢提及一字，唯恐开罪于外国，由此一点，我感觉这真不成其为国家，是我生平最愤恨的事。

（四）我在天津警谳局当审判官时，专办理租界交涉违警案件，因之与外人接触甚多。他们那种专横无理，实在令人难以忍受，我据理力争，而上级长官反以我为多事，不予支持。例如，天津女子师范教员吕碧城之姊吕眉荪在天津东北城角官银号旁被电车轧伤，当时电车公司是彼国经营，我因与之交涉，要求赔偿及惩办肇事司机，前后任海关道的唐绍仪、梁敦彦等，均谓我“少年气盛”，竟不采纳我的主张。我感觉到弱国无外交，人命不值钱，这是非常愤懑苦痛的。

（五）我在光绪三十四年，曾乘坐过德国的“提督号”轮船，由天津经过烟台到青岛，在船上看见对于中国人种种歧视，下船后的检验身体，更是对人任意凌侮，尤其令人受到极大的刺激。

（六）我在清末是即用知府，归吏部铨选，赶上两次知府出缺，应该由我补授。皆因该部司官书吏把持索贿，我不能满其欲望，未能补上。我目睹当时政治的腐败，除了付之一叹外，别无办法。

以上6端，使我对于政治前途和国家地位，均感绝望，以为这种现象要不改良，恐怕绝难存在。所以时思发愤图强，另辟途径，这都是促成我参加革命事业的原因。

光绪三十三年，我任静海县知县。三十四年丁父忧，由静海回故乡（郓城）守制两年。宣统二年，除服到京。当时陆军部尚书铁良、民政部尚书肃亲王善耆对我情谊殷殷，极力罗致。我当时对于权贵不愿趋附，而素常往来的人可以分为两类：一类是旧人物，如陈宗妫、徐坊、王宝田等。一类是归国留学生，如程家柽、徐佛苏、侯延爽、陈干等。此外还有当时的文学家、政论家，如陈澹然、王正言、丁汝彪、庄陔兰等。平日所谈的，不外乎朝政时局。大家全认为清政不纲，列强环伺，岌岌可危，舍革命而外，别无救国良策。

那时我正在通州毅军充当营务处，以此名义住京，在吏部候选。武汉事起，山东省正当南北之冲，情势紧张，人心浮动，一班齐鲁人士就互相联络，以山东省绅商各界及教育会的名义给我连来了两次电报，促我回籍。电文大意为："风云日急，鲁境尤危，咸盼贤能即速南归，共谋大计，以保桑梓。"我遂于接到电文的第二天即辛亥九月十一日出京，十二日晨到济南。

十三日，山东各界代表在师范学堂开会欢迎，到会数十人，我却无一相识。当时大家希望我将北京各方面的情况和对革命的措施，以及中外大事作一报告。我即详述当时的朝野见闻。他们又将山东各方面的形势，对我详细地介绍一番。

散会后的一两日内，他们又纷纷对我访问，先后个别详谈，我才约略知道了他们的派别和行动。兹先简单分述如下：

当时在济人士可以分成两派：一派是同盟会员，一派非同盟会员，但他们对谘议局均是极端不满的，对3议长尤甚，认为均是腐旧官僚，暮气已深，而谘议局又为“六二党”（系议员62人，平均分配局中职权，原非政党组织，不过专为垄断把持，为一时权力结合的集团，一般称他们为“六二党”）所把持，如不将它推翻，在政治上绝无办法，一切事业均难进行。这两派中，包含有不少的革命人士，如谢鸿焘（栖霞人）、徐镜心（黄县人）、丁惟汾（日照人）、丁世峄（黄县人）、周树标（安丘人）等。

另外还有一派则是“六二党”。其中的主动者则为张汉章，他又是谘议局的秘书长，副议长王景禧专听他的话，而正议长杨毓泗及另一副议长于普源又懦弱无能，随人摆布。

在这两天中，经过了种种酝酿，遂于农历九月十五日又开各界座谈会。当时提出请愿8条，由我领着好几十位各界代表到巡抚衙门，门口卫队拦着不叫进去，后来经过交涉，孙宝琦让推几个代表。这样临时推出我和丁世峄、周树标、赵正印（泰安人）、王志勋（莱州人）、朱承恩（泰安人）6人。我们6人代表大家去见巡抚孙宝琦提出要求8项，内容如下：

（一）政府不得借外债充军饷，以杀戮我同胞；

（二）政府须即速宣布罢战书，无论南军要求何条不得不允许；

（三）现驻山东境内新军，不得调遣出境；

（四）现在山东应解协款节省项下暂停协解，概留为本省练兵赈济之用；

（五）宪法须注明中国为联邦国体；

（六）外官制及地方税皆由本省自定，政府不得干涉；

（七）谘议局章程应即修订，修订后即为本省宪法，得自由改定之；

（八）本省有练兵保卫地方之自由。

孙起初听到感觉很诧异，对于所要求的各项格格不入，表面上虽没有拒绝，而意思甚难接受，经我和丁世峄两人反复陈说，丁并与孙苦口辩论，孙意思才稍活动，答应可以向清廷代奏。

又过了几天，清内阁来电，分条答复如下：第一条：外债已交资政院公决缓议，确无以山东土地作抵之说，绝不作为军饷之用。第二条：朝廷已宣布罢战。至所称南军要求一节，俟将来提有条件，再行征集各省意见，如意见相同，即可照准。第四条：协饷准其暂停。第五条、第六条、第七条应在《宪法》中规定。资政院已经提出协商修改谘议局章程，确认谘议局为各省长官对待机关，将来编纂《宪法》及局章官制税法各省事同一律，自应征集各省意见共同议决。第八条：系为保卫地方治安起见，应即照准。

十七日，又在济南大明湖南岸谘议局开各界代表大会，到的人很多，都争取发言，情况逐渐激烈。发言的大概是：先说山东当时所处的境况非常险恶，必须急谋应付之策，这是谘议局的责任，而现在的谘议局，非但不能造福地方，而且勾结官府，是最大的障碍。遂宣布该局种种的腐败恶劣罪状。说到这里，群情更加激昂。齐声高呼："非根本推翻不可！"于是全场一致通过。此时完全变成了革命性质的行动。因为谘议局是清政府的立法机关，推翻该局，即无异推翻清廷的一切法令，虽无独立之名，已经形成独立之实了。因此，立即轰动全城，有惊奇的，有骇怪的，有反对的，有认为是绝对不可的，有以为是儿戏的，有咨嗟叹息闭目摇头，认为是祸将立至的。

唯具有同盟会精神者，认为时机已到，欢呼相庆，如谢鸿焘、徐镜心、丁惟汾、陈干等所结合的一派。另一派不满于“六二党”，受“六二党”排斥者，如丁世峄、周树标、王志勋、曲卓新（荣成人）等，认为敌党的巢穴既经推翻，从此不致再受他们的压迫，可以吐一口气，也可以再做打算，另有别的作为。在这两派之外，大都是随大流看热闹，也有的想乘机活动。

推翻了谘议局，必须另有组织，作为代替的机构，于是多数人认为既有各界代表在场，就应该正式成立山东全省各界联合总会，以为全省立法和监督行政的最高机关。山东全省各界联合总会遂于此时正式成立，随即着手选举正、副会长。先选正会长，大众高呼正会长非夏某不可，这真是我想不到的事。这些人是我未回山东以前全不认识，毫无往来的，他们为什么要推举我？事后我才想到他们推举我的原因有：

（一）在我初到济南，于两次欢迎会上，他们听到我的议论和见到我的举动态度，都认为满意而印象很好。

（二）被推翻的谘议局人数众多，不容易与之对抗。

（三）被取消的 3 位议长都是翰林、道员，皆有相当的势力，在全省的人事中，声望、能力能与之抗衡对垒者，实难其选。

（四）我虽在本省没做过事，但在京津任职时，于同乡中亦颇负廉能之望。

（五）山东军界将领还有许多是我父在日的下级军官，举出我来，既可以与旧势力对抗，又可以对各方应付号召。

当选举副会长的时候，我提出了于普源。我的用意是因为于普源人尚老实，没有恶劣的官僚习气；又因为他是旧谘议局副议长，提出他来，可以减少旧派与“六二党”的反对力量。我提出于来之后，也无人反对，当即通过。但是于不敢承认，竟销声匿迹地回他的原籍潍县去了。于不敢就职，我又提出来范之杰，因范也是一个翰林，在北京的御史中也相当地敢言，头脑亦颇清楚，行为也很谨慎。大家因我介绍了范的简历，也就赞成通过。没有想到范虽勉强就职，数日后也悄悄地离去了。

以后继任的副会长又选出来庄陔兰和王讷。庄是莒县人，光绪甲辰科翰林，王是安丘人，举人。他们两个都是日本留学生。我与庄在北京的时候就认识，我认为他能读书，有谋略，外表极朴素，而抱负权奇，遇事举重若轻，不动声色，于黄老之学颇有研究。他也有他的弱点，往往对事以儿戏出之。他也是我由北京邀来的，因为我的性格与他颇有相反处，遇事举轻若重，对人又不圆融，硁硁介介，过于亢直，他能对我不顾情面，随时匡正我的短处，所以我首先把他由北京邀到济南。后来我离开了济南，就把联合会的事体完全托付给他了。至于王讷的为人，亦颇勇于任事，但有时不择手段，有时太看重了个人的利害。不过在那个局面之中，到处奔走，联络宣传，不辞劳瘁，后来吴炳湘逮捕革命志士，他也曾多方营救，其长处也是不可掩没的。联合会的副会长，由庄、王二人担任，后来我在北京时，他们有重要事项还向我报告，一直未断联系。至于联合会正会长一职，始终就是我自己，并未选过第二人，直到民国元年联合会结束。

大会成立后，每日分组办事，最重要的是秘书长。我在所接触的诸人中，觉得丁世峄最为出色，所以我就委他为本会秘书长。会中多数人认为适当，唯有“六二党”的主干心怀不满。

在联合会成立的第二天，孙宝琦因城内秩序不佳，恐难维持，就请我到抚署晤谈并征求意见。他说：“警道潘延祖（云南人）年老力衰，近来又复多病，对于管理全省警权，决难胜任。阁下是参加创办京津警政的熟手，现当全城危急之秋，无论如何，警政一席，务请屈就。”我当时很踌躇，不能立即答应。当即对他说：“此事须提交大会来决定，我不能擅自主张。”在这时候，城内外的警察分署对于集会结社已时时有干涉监视的举动。

我当天就回到联合会，将此事说明，征求大会的意见，赞成者居9/10，不赞成者居1/10。一小部分人认为联合会是立法的机构，会长是要监督巡抚的，兼了巡警道，就要一方面受巡抚的节制，遇事恐有掣肘之处。大多数人又以为巡警道一职，掌管全省的警权，地位至为重要，在进行革命上，关系很大，如果这个职务落在旁人的手里，必然是革命道路上的一种障碍。只要会里的事抚台不干涉，警权还要由我们自己掌握才好。因为这个缘故，一致赞成由我担任。我于是就在大家同意之下，以联合会会长而兼巡警道之职。

巡警道一职固然很重要，但我对于警政尚不十分外行，以我的精力颇能应付有余。不过联合会的事体比较繁重，每日必须到会；且各界人士纷纷来见，络绎不绝，以致毫无片刻之暇。除特别事故及重要文件而外，于警署例行公牍势难兼顾。乃与孙宝琦说明，增设提调一员，委派汪涵充任。汪原来是山东中路巡防营统领，他是江苏宝应人，是我父门生。光绪甲午之战，他即在我父幕中，历时达10余年之久。他原来与赵秉钧（河南嵩县人，清季曾任民政部侍郎）是盟兄弟。我父去世之后，他由赵秉钧推荐给山东巡抚袁树勋，孙宝琦到山东后，他才因病辞职。我自到济南时，一直就住在他家里，所以警署例行的公事，由他代阅最为妥当，也最为放心。

我与孙宝琦的关系，也有说明的必要。光绪中叶，曾任山东巡抚的张曜，就是孙的岳父。张和我父在西征新疆时，是20年的老朋友。我与孙宝琦初不认识，在他做了山东巡抚的时候，因我弟赴北京投考，须由巡抚出具保结，我为此事，才与他初次见面。彼此交谈之后，才知道以前的这种世谊。经此一面之缘，就没有再通过音问，这次回到山东，才与他共事。

不意我接了巡警道以后，北京的传谕又到，清廷派柯劭忞（胶县人，翰林）为办理山东省团练大臣，派我为副大臣。我后来听说这是由于在京的山东京官联名保举的。早就保举上去，清廷未即发表。后来见山东形势已变，又想借我收拾残局，这才发表了柯为正我为副的谕旨。我既任联合会的会长，当然不能再兼此事，柯也没敢来上任，因此团练一职就没有实现。及至山东独立取消后，清内阁又改任柯为山东宣慰使，曾匆匆到济南来过一次，那时候我已离开山东了。

二　各派系人物

自从联合会成立以后，一直到宣告独立，这个过程中，我留心观察各方面的情况，各派别的人物，关于他们的思想、行动、才干等逐渐了解得很多，大约可分为如下数项。

当时的人物派别，可以分为同盟会与非同盟会。山东省留日学生参加同盟会的亦颇不少，如徐镜心、丁惟汾、谢鸿焘等为首，尚有蒋洗凡（博山人）、于洪起（栖霞人）、宋绍唐（菏泽人）、张树德（临清人）、陈干、姜致中（昌邑人）、周庆恩（历城人）等。此外不隶属于同盟会的，如丁世峄、曲卓新、周树标、赵正印、肖永弼（长清人）、金志汉（济南人）、于明信（临朐人）、丛琯珠（文登人）、韩履祥（郓城人）、安举祥（日照人）等，都是当时各方面的活动人物。

还有些学生代表，如王者塾（后名王乐平，诸城人，法政学堂学生代表）、邓树贞（菏泽人，济南高等学堂学生代表）、孙斌（蓬莱人，师范学堂学生代表）、马素贞（女，栖霞人，妇女代表）、秦瓒（女，河南人）等，他们差不多每天都到联合会中来商洽事体，在社会上做种种的活动。如马素贞、秦瓒等人并曾成立女生劝助军饷会，领导女学生劝助军饷。而一般留学生中，先后返回祖国参加革命的大都以振兴教育为号召，有谢鸿焘主办的东牟公学、刘东侯（潍县人）主办的山左公学、邱丕振（掖县人）主办的掖西中学，均散布了革命种子。

从清末到民初，本省有东、西两派（指的是东府、西府与国民、共和二党），张公制（安丘人）代表东府，王鸿一（郓城人）代表西府，他们在独立时都没有参加。张因与“六二党”冲突，愤而辞议员职，返回安丘原籍。王是回到曹州办教育。两人那时都没有在济南。

客籍人士中，则以张志（四川富顺人）为首。还有雷光宇（湖南浏阳人）、楼兆梓（浙江绍兴人）、萧方骏（四川三台人）、姚鹏图（江苏太仓人）、朱是（浙江人）、龚积柄（安徽合肥人）、孙松龄（河北蠡县人）、李崧（云南人）、李肇甫（四川人）等。其中有些人如张、雷、萧、姚等皆为孙宝琦网罗于他的幕府之中。

此外，则以在教育界的居其多数，如楼、孙、二李等；尤其是张、雷二人更为教育界中的重要人物，张最为杰出，后来任山东高等审判厅长，因抗拒张宗昌遇害。

当时山东巡抚孙宝琦，曾经出使法、日、葡、德等国，人物比较开明，也能延揽人才。但是他的父亲孙诒经，在清季做过侍郎等要职；孙又与庆亲王奕劻及袁世凯均为儿女姻亲，所以他绝不可能走上革命的道路。此外布政使胡建枢（安徽凤阳人）是前清进士，历任州县府道等缺，洊升按察使、布政使直到巡抚。胡年事已高，可以说是廉谨一路的人物。按察使吴煜（安徽合肥人）军功出身，由淮军起家，为人谨慎，当时也颇有能名。提学使陈荣昌（云南昆明人），清季翰林，曾任御史，耿直敢言，颇有气节。他于山东省独立后去职，从此即未出仕。巡警道潘延祖，就是我的前任。劝业道先是萧应椿（云南昆明人），后是何承焘（江苏人），萧是经济特科出身，何原来在上海经商。

武官中在本省有三镇，五路统领。三镇总兵是：登州镇总兵叶长胜（安徽人），兼五镇第十协协统；兖州镇总兵田中玉（河北人）；曹州镇总兵张善义（蓬莱人）。五路巡防营统领是：中路聂宪藩（安徽人，聂士成之子），后路方致祥（安徽人），还有靳呈云（河南人），其他两路由兖、曹两镇总兵各兼一路。

三　宣告独立的经过

农历九月十九日晚上，我正在孙宝琦的办公室会谈，联合会来人报告说：“会中来了五位军官，要见会长。”我令人由电话中告诉他们说："现在已晚，有事明天再说。"他们说："有事相商，明天不成！"我说："如明天不成，可以令人转达。"答复说："转达也不成，必须亲见会长！"我没有法子，只好回到会里（当时会址系在大明湖边谘议局旧址）。

我到会后，见有五位军人正在总务组办公室和张汉章谈话。见我进来，一齐起立，态度很恭顺安静的样子，不像有什么紧张的情状。当由张一一介绍，方才知道他们是黄治坤（第五镇参谋）、张弼臣（第五镇教练官）、潘小泉（第五镇军佐）、上官建勋（第五镇十九标第三营营长），还有一个人姓胡，名字似乎是胡季芳，记不清了。当时看他们的神气，仿佛已有成算在胸，又觉得张汉章微有得意之色。又见桌子上有杯盘未撤，好像他们在一块儿一同刚吃完饭的光景。我心中稍微有一点怀疑，随即问他们要见我的用意。首先由黄发言说："现在成立联合会，甚为一般人所期待，会长的声望我们很久仰……"以下都是恭维的话，毋用细述。我又问他们的来意究竟为何？当由黄、潘、张3人先后发言，所说不外乎："现在武汉事起，清廷已派荫昌督师南下，我们山东不能出兵支援进攻武汉。"我说："这倒不必顾虑，已与孙抚台商定山东保境安民，绝决不出兵了。"他们又说："要是仅仅的不出兵，恐怕不能算完事，山东既在清政府统制之下，仍得听他们调度，若想真不出兵，非与清廷断绝关系不可。只有赶紧先发制人，宣布独立的法子最为妥当。"我说："此种办法，并非毫无理由，但不能如此简单轻率。山东成立联合会，在规定8条之内，既不出兵，又不许抵押借款，已与宣布独立差不多了。第二步尚须相机缓图，若操之过急，怕无利有害，我们万不可务虚名受实祸。至于说到革命救国，我们所抱的目的是相同的。不过我是山东人，尤其得格外慎重，以免对不起桑梓。因为全省的秩序与人民安危，须要十分慎重，请你们诸位要多加考虑。”黄、张二人又陈说种种利害，我说：“现在军政大权，仍归孙抚台执掌，必须先与他商量，再做计划。他的意见如何，我不能代表，即便他能应允了，独立以后，又将如何？”当他们听到这话的时候，彼此相觑，又一齐看着张汉章。张遂代他们发言说：“独立以后，必须举知兵大员总揽一切，否则恐难维持。现有代理第五镇统制贾宾卿（河北大城人，原第十协协统）甚得军心，可以举他为首领。”我接着说道：“山东还有登州、兖州、曹州三镇总兵，还有五路巡防营，并不是仅仅的一个第五镇统制所能管辖，贾协统即便能代表陆军第五镇，也未必能代表登、兖、曹三镇及五路巡防。”我说到这里的时候，黄治坤等5人面色也有点改变，张汉章就露出踧踖不安的样子。原来张汉章因我任用丁世峄为秘书长，他就有些不高兴，这在前面已经谈过。此次5军官之来，他颇以为奇货可居，就利用这个机会加以拉拢，大约于我未回到会之先，已经应允他们5人包办　切了。再者这5人不过是参谋、营长等职，地位并不甚高，那时的军政体制甚严，如何能气势汹汹地坚持立即亲见会长，而且片刻不能待？后来我了解到这都是张汉章从中玩弄的手法，传的假话。当黄治坤等尚未见我之前，已与张汉章有了联系，觉得此事很容易办，及至同我交谈之后，见我态度很果断坚定，不易动摇，又听见我的议论很不像他们所理想的那样容易对付，当即觉得失望。尤其是张汉章连日在会中见我对于诸事应付的明快，颇为各方所尊重，知道我不能为这5个人所屈服，恐怕我与黄治坤等言语不合，弄成僵局，以致难于收拾，当即竭力周旋，以便缓和当时的情况。

此刻黄治坤等也便借此下台，向我告辞。不过在临走的时候，微露威胁之意说：“此事我们军界已经一致，请会长务须详加考虑，与孙抚台商定办法，我们一两天内要听回信。”至于他们5个人虽然全主张不出兵，但是其中也分为两种心理，如黄治坤、张弼臣两人是日本留学生，确有政治革命思想，认为这是一个革命的机会，潘是附和他们两人的，而上官建勋则不然了，他主张不出兵是怕死，怕当炮灰。此外那一个则是个看风使舵的人。他们几个人思想虽然不同，而不出兵的主张则确是一致的。

他们走后，我当夜又去孙宝琦处，将与黄治坤等谈话的经过对他说了。孙听完，即对我说：“孙宝琦在山东有守土之责，土既不能守，惟有以身相殉！纵令不死，也不能领着大家宣告独立。”当时的语气非常坚决，神情也非常紧张，相对默然良久。我说：“此事只有定期开大会再行决定。现在我们惟有出以镇静，只要于大局有益，似不便过于坚持。”随即退出。

在第二天晚八九点钟的时候，代理第五镇统制第十协协统贾宾卿忽来拜会，他骑着一匹白马，带着两个步兵，便衣小帽，悄然来到大明湖东南岸汇波寺阁子汪宅（即我的寓所）。虽系初次见面，态度异常谦谨，首先向我表示谢意。说我对他很好，非常感激，听说大家要举他担任都督，我很维持他，特来向我道谢。我当时听着很诧异，因为他说的话与事实全不相符，我想一定是黄治坤等捏造的，我看贾是中等身材、面貌黄白、微瘦、声音低弱，不似一个武将的风度。

这时候，我对于他所说的话，也不便当面揭穿，只有将不着边际的话来答复他。我说："山东现在所处的环境，确是危急，况当全国风云紧急之时，绝不能就这样的现状支持下去；不过山东是山东人的山东，我是山东人，确不能不就大处着眼，如果立即独立有利于山东，当然可行，否则还要相机酌量，再作道理。"我将他敷衍走后，遂和丁世峄商议应付的方法。丁认为这时候对贾说话不可有过于具体的表示，刚才答复他的话甚为得法，看此情况，非开大会不可。我和丁世峄刚谈到这里，这时候，谢鸿焘和丁惟汾两人相继而至。他们对于昨天五镇五军官见我谈话及贾来见我的情形都已知道，都觉得异常高兴。唯我以为不能过于乐观，遂说："独立时机成熟固是好事，不过是由五镇发动，而且他们要举贾为首领，恐怕将来弄成一个尾大不掉的局面，则颇可虑。"丁世峄也深以我的话为然，丁惟汾亦点头称是。唯谢鸿焘说："只要能独立就好，别的暂都不必去管它！"在我们议论的时候，我们还不知道五镇的内部已有了矛盾及内讧的问题将要发生。于是我们遂定于二十三日开全省各界联合大会，来讨论这个问题。

到了开会那天，山东巡抚孙宝琦、联合会会长、会员以及全省各界代表、各方人士及第五镇的部分军官如黄治坤等均行出席。

大会由上午 8 点开始，一直开到晚间将近 9 点，当时发言的人甚为踊跃，情绪非常激烈，会场空气空前紧张，而发言最为兴奋的同盟会、留学生及教育界的占绝大多数。所说不外乎："以世界潮流及全国当前的种种需要，非彻底革命不可；以山东所处的环境而论，正在危急存亡、一发千钧之际，非即时宣告独立，绝不能挽救当前的局势。"议论滔滔，风发泉涌，慷慨激昂，秩序渐行凌乱。当由同盟会党人将全场各门完全把住，不准任何人出入，并将大门上锁，杀气腾腾，如临大敌。孙宝琦在大会台上被逼得无法下台，但始终坚持，不肯宣告独立。台上台下彼此相持，不得解决。

这时候，五镇的黄治坤把我由台上叫下来，一把拉住我，大声说："夏会长，今天如果孙巡抚不答应山东独立的话，恐怕这会就要永远开下去！我告诉你，我们在会场里有 200 支手枪，他要坚持不答应的话，说不定马上就会闹出什么事来，也许立即就出人命，全城就要陷于不可想象的糜烂状态！"他说到这里，从腰中掏出手枪，故意大声叫喊，而全场高声附和，声震屋瓦，也听不清楚说的是什么，俨同鼎沸一般。

这时孙宝琦在台上对黄治坤说的话都听见了，对于全场的纷乱、庞杂、叫嚣种种情况看得也非常清楚。我于是又上台对孙说："看当前这样情形，似乎是到了时候，箭已离弦，势难中止，无法再拖延了，既然水到渠成，就应该当机立断。不能再有丝毫的犹豫，以免发生不测的祸端。"孙对我说："此次请你出来，原为是共同应付各方发生的问题，没想到今天出了这样的事，我的责任无可避免。纵以身殉职，是分所当然，也不足惜。若因此竟致决裂，连累了你，害及地方，我实在于心有愧。"我看他意思已在犹豫的状态，我就转回头来，面向大众，高声宣布："孙抚台已经承认全省宣告独立了！"台上台下当时欢声雷动，孙即将自己头上的官帽摘下来放在桌上，说："大家既都认为独立相宜，于山东有利，我也不坚持己见。"这时丁世峄就将预先写好的一张《独立宣言》拿出来张贴在台上，全场高声狂呼："山东独立万岁！中国革命万岁！"当此时，会已整整地开了一天，人们也都疲倦异常，既经宣告独立，又推举了孙宝琦为都督，同时又宣布贾宾卿为副都督，大家也就不加可否，纷纷地散去。

四 宣告独立后的措施

宣告独立后所举办的各项措施，择要列举如下：

（一）通电各省宣告独立，同时各省也先后来电通知宣布独立。如滇军都督府、黔省军政府、广州军政府、沪军都督陈其美、湖南都督焦达峰等处陆续有电报前来。

（二）通电各府州县维持地方秩序，不得惊扰。

（三）通电各府州县钱粮饷项各项公款，不得随便动用。

（四）布告防止谣言，严行查禁。

（五）征集各方意见，严防奸宄，派主管员司四出查办不法情事。

（六）因独立后，当时排满之风甚盛，谣言颇多，人心惶惶，经出布告，安定人心，并电告德州、青州两处驻防旗兵，不要听信谣言。

（七）通告德州机器局慎重保管，以防损坏。

（八）堵截张勋溃兵。张勋所部官兵由南京溃退，抵达台庄，势极凶猛，当地地方官绅连电告急。我当即致电郓城县，征调前随我父西征老将于月清、许清文二人前往，相机抚御。因为张勋原系广东提督苏元春军中武弁，也曾在我父部下充当过工兵队长。光绪辛丑年，慈禧太后回銮以后，向袁世凯要保卫宫禁的将弁，袁当即保举了两人：一是赵国贤，一是张勋。后因赵国贤过于老实，没有应付贵倖及权监的能力，就把带领保卫的职务全归了张勋。张大得慈禧之宠，虽一、二品大员对他都得另眼看待，惟有姜桂题仍当面直呼其名，这是我在毅军当营务处时亲眼看到的。光绪丁未秋，我父奉命督办长江五省防务，戊申正月在巨野去世，后任就是姜桂题。

这年秋天，毅军统帅马玉昆在通州去世，清廷又从南京将姜桂题调回来，派往通州，接统马的毅军。这时候，又派张勋到南京接统姜桂题的部队，所以张勋所统的军队，大半都是当年我父的部下，于、许两人，都是他们的前辈，派他们两人去做抚御的工作，容易着手。

以上数项，不过举其荦荦大者而言。此外独立后各方来访问接洽者日见其多，而建议条陈事项者更不计其数。其中也颇有可取的，如请分定联合会与临时政府的权限的，请规定暂行约法的，请安抚土匪溃军的，请维持金融及平抑粮价的，请创办山东国民公报的，请提倡绅商国民捐的，请办民团及扩充警队的，请筹办储蓄银行及监督地方财政的，请组织军政府的，建议临时政府财政计划的，建议关于警政风俗的，请设法安定军心的，条陈扶助进行办法的，还有建议临时政府临时政策的。实在是五光十色，美不胜收。至于推荐人才及请录用的尚不在此数，而当时可笑可叹的事也不一而足。我一天中接见来访的人，往往从清晨六七点钟到深夜两三点钟，还不得休息。自独立后，甫及半月，孙宝琦的须发皆白，我亦眠食俱废，形神交瘁，竟积劳成病，不能支持了。

独立后，北京旅京山东同乡对此非常震惊怨恨，一方面纷纷责难，以为山东绝没有独立的资格；另一方面还要请清廷速派重兵到山东戡定大乱。这个时候，庄陔兰自北京来，他在京时，也不知道山东是怎么一回事，到山东后，才明了各方种种复杂的情况，感觉到济南能办事的人甚少，愿意王治馨和丁汝彪来，所以由汪涵、庄陔兰两人向北京与侯延爽去电报，历陈山东危急情况，一方面转给王、丁两人，请彼等速即来鲁；另一方面嘱转陈赵秉钧，请赵向清廷陈说万勿派兵。有此一电，关系很大，所以清廷就没派兵来。今为介绍当时事实内幕之真相，故将电报全文引在下面：

北京东城本司胡同西花厅山左侯雪舫（侯延爽）鉴：抵济始知独立系万不得已之举，慕帅（孙宝琦）能从权，功德不仅及于山东，否则此时糜裂不可收拾矣，慕帅与溥斋冒死维持，忧劳成病，现均未愈。种种苦衷，天人共鉴。

惟陆军内部因争权，乱象已成，将来大乱即基于此。政府此时如电致陆军令其悉秉慕帅命令，一面令静候宣慰，最为上策。若遽遣将出师，则铤而走险，倒行逆施，内讧旁窜，外人干涉，从此发端，吾东祸患，将不忍言。

刻下激烈派鉴于军界争权，进行益促，倘闻北兵东来，抗拒力固不足，而破坏力则有余，将西结土匪，东毁胶济，为最后之计划，断非一两人所能维持者。况慕无亲将之兵，溥仅司警权，又皆在病中，而对待者复环伺耶。

此事公可与孔璋、琴斋（丁汝彪、王治馨）、向坪林（赵秉钧字）痛哭密陈，不仅吾东存亡所系也。公与孔琴可速来！来时可向坪林要密电本也。

柯宣慰（柯劭忞）大不宜，如东来恐无效，可请改派。余另电。星、兰（汪涵字星南，兰系庄陔兰）电。

此电去后，北兵未东来，局势暂可相安。但本省的暗潮却正在酝酿鼓动着，一是“六二党”失势的主干人物，从各方面伺机复起；二是陆军第五镇的军官相持不下。不久就起了轩然大波。

五　取消独立的过程

山东宣告独立后，取消独立的逆流即在暗中酝酿着。若论其中的因素，可归纳为下列数项。

（一）第五镇的内讧。贾宾卿的统制，本是以第十协协统来代理的，原统制为张永成。贾宾卿的威望既不能服众，而张永成又有仍回五镇的消息，五镇的士兵竟有欲杀害贾宾卿的说法，贾惧怕，不敢回营。

（二）传说天津镇张怀芝有潜行来鲁的消息。张曾任第五镇统制，为袁世凯小站练兵时之旧人。当时风闻张曾亲来五镇，秘密布置，欲袭取山东。且一时谣传五镇于城外私运火炮，一旦城里有举动，即轰城响应，里应外合。

（三）五镇中有反对独立的一系。五镇中的军官标统、管带，如吴鼎元（安徽人，二十标标统，后来因取消独立，获升协统，代理贾宾卿的职务）、张树元（炮标标统，后升为第九协协统，署登莱道）等人均是反对独立者，决心要取消宣告独立的誓书。其余尚有不少人与彼等附和，自成一系。

（四）张汉章的种种活动。在我患病时，原来的两位副会长，于普源根本没有就职，范之杰虽然就职，没有几天又走了，补选的庄陔兰也还没就职。这时候就发生了张汉章盗用关防、私发护照、转运军火等事。及经人举发，张恐慌万状，乃以正、副会长皆不在会为名，竟自召集会议，擅自提出了彭占元为副会长。彼时因为听说五镇内讧甚烈，风声鹤唳，大家无暇及此的时候，竟尔马马虎虎就匆忙地通过了。事后大家以他不孚众望，又都啧有烦言，所以彭占元又提出辞职。他的副会长根本没有就职，也无所用其辞职；而张的这种用意是要掩护他的偷用关防、私发护照的行为。所以在他自己的辩护信中解释擅用关防这些事，谓为副会长允准照办。所谓副会长，就指的是昙花一现的彭占元。张此时更声称有病吐血，请准辞职。一方面又利用其族弟某（在第五镇供职，名字不详）及其同党朱某往来五镇，潜相勾结，暗中鼓动，一方倡言解散联合会，全会人员暂且回籍，会中只留四五人看守等语，造成解体的空气。

（五）联合会中的内部矛盾。联合会中旧“六二党”人一系以张汉章为首，如彭占元、朱承恩等均是。彭占元虽也是同盟会，其为人好说粗野激烈的话，用以哗众取宠。在当时的社会中，有时也能动人。但他文化较低，虽是秀才，而笔下往往出错字。他是在学台尹铭绶手里进的学，以后到日本去留学。有人说他是举人，那是不确的。因为“六二党”的关系，故虽列名同盟会，也不为丁惟汾、谢鸿焘等一般会员所重视。又因韩履祥专反对张汉章一系，时时揭露其短，遂疑韩给他们说坏话，故对韩怀恨日深。曾记得有一天晚上韩为“六二党”人所痛殴，经我严厉制止。由此一端，足见“六二党”人之专横。他们又为扩充势力，异想天开，竟要保彭占元做曹州镇。此时山东独立，军心正在动摇不稳，如何能骤换统兵人员。况彭社会声望、军事知识，一无所是，独立时又不在省，独立后才自京来的，而竟想攫取军镇要职，不但说不到不合格，根本是无格可合。他们一系的人提出这个要求时，全会没有不认为是荒唐离奇的，都以为并无提交大会的价值，就哄然一笑作罢了。他们于扫兴失望之中，更以为我不从中为力，胸怀怨恨。又因在联合会成立之初，我与刘金第虽系初次相识，看他尚属谨慎，也是同盟会人，任为书记，令他住在会中，张系认为是对于彼等之监视，群起攻击，刘愤而辞职。且我自任联合会会长后事事公开，嗣因他们屡次泄露机密，遂不得不加以防范；而彭占元、朱承恩等竟以为我办事秘密，颇不谓然。金志汉报告曾云："彭、朱等因会长办事秘密，大不谓然。"由于上述种种原因，会中各派系的不和，以及谘议局解散后，旧"六二党"人的失势，因之颇有人想取消联合会，以为但能取消独立，则联合会势必随同消灭，所以在酝酿取消独立之中，此亦为一重要因素。

（六）聂宪藩的活动。有人举发中路巡防营统领聂宪藩有营私舞弊的情形，原文如下：

查聂统领怯弱无能，不能任事，且位置私人，私减兵额。兹据切实调查：第一营为其自带，二营管带薛漪园，五营管带孔少轩，七营管带潘少泉皆其私人（皆安徽人）。一营缺额近百名，二、五、七各营皆不足，大约五六十至七八十名不等（聂令潘少泉为其秘密侦探，曾经到会）。此数营皆可请孙抚派人按额点名查明，即行撤差，其下级官长以现有北洋中学生酌选派充。

按：即在清末军政极腐败时，也从未听见有过吃名额至如此之多者，实属骇人听闻。在联合会中有人主张彻查严办，聂闻风知惧，亦乘机思图抵制。

以上所举出的各项，均为山东省酝酿取消独立之内部原因，而其最重要的关键，则以袁世凯的出山，为其决定的因素。聂宪藩、张广建、吴炳湘等人及五镇的全体军官，全是袁的旧部，加以一般失意觖望、不满现状、投机反复取巧之流，又完全结成一系，他们便共同致力于取消独立的运动。

山东省的宣告独立，原就是由第五镇的黄治坤等5个军官所迫胁，没想到这回取消独立，又还是由第五镇中另外的军官来出面。固然取消独立的原因非止一端，然而要没有武力的威胁，虽有其他原因，亦难以迅速实现。所以破坏独立的一举，就又由五镇担当起来了。

这一回出面的军官是吴鼎元、张树元、方玉普（第一营营长，后来获升为二十标标统，接吴鼎元之职）、施从滨（第十九标标统，后升为四十七旅旅长）、刘景沾（第二十标第二营营长，后升为莱州府知府）、张培荣、郑士琦、王学彦等，他们首先给联合会来信，请取消独立。经丁世峄、王讷、张怀斌（东阿人，张怀芝之弟，第五镇标统）等两方面疏通调解无效，此见于丁世峄的便函。丁柬中说：

顷寻某公不遇，今晚事不谐矣。至张怀斌公馆，其门役云往聂伟臣处，此中大有文章。……

按：“某公”指的是贾宾卿，“聂伟臣”就是聂宪藩，丁访贾不遇，找张本人既见不着，不想居于调人地位的张怀斌又往聂处奔走，趋向于反对派一方，其中的情形，也就不言而喻了。

在取消独立的前夕，贾宾卿以五镇内部不和，分赃不均，对于权力分配竞争甚烈，有人欲对彼加害，贾既不敢回营，亦不敢就职，是以亦请辞统制。而五镇之内讧无已，于治安方面亦颇岌岌可危，此可见于庄陔兰与我的函中。彼时我在病中，庄往孙宝琦处联络，他和孙谈话后，给我写了下面这封信：

帅意：贾辞统制，以吴代理，张补协统。其标统一缺查张怀斌资格相宜，亦可照补。再暗调黄、胡两人外出南下，五镇事或暂安。特此布闻，即候早安。两浑。

“张”指的是张树元，“黄、胡”即黄治坤、胡某两人，以前是赞成独立的，将此两人调出，以反对独立的一系予以升补，则五镇即可相安无事，这也是孙宝琦的策略。

调停既无效，于是又在山西会馆开会。这次开会我就没有出席。因为出尔反尔的事，为我素来所深恶，哪能又去参加呢？参加的只有谘议局的旧人“六二党”等和济南商会正副会长汪懋坤、谭奎翰、石丕绪、绅士孟洛川等。此次他们竟将第五镇的大炮架起来示威，一对对着巡抚衙门，一对对着联合会。以前赞成独立的军官上官建勋又反过来附和他们。开会时，逼着孙宝琦取消独立。他们的理由是：袁世凯复起，我们山东抗不了。如果袁派兵来，我们无法抵御。现在必须取消独立。如果还要独立的话，恐怕造成全城糜烂。谁要不赞成，就以军法从事。孙宝琦这时于是又答应了取消独立。他就将巡抚印信交给布政使胡建枢护理，另一方面迭电清廷请罢黜治罪，同时取消独立，撤销临时政府；一方面称病，避入法国医院。他又发表了一篇《罪言》，声称：当时宣告独立，系出于不得已的情形，是由夏某及丁世峄等强迫所演成的，并非他的本意。孙既避入医院，学台陈荣昌、臬司吴煜也走了。其余诸人或隐匿，或逃避，情况颇混乱。紧接着于十月初清廷来电报给孙宝琦。电文是：

奉旨：内阁代奏孙宝琦三次电奏请罢黜治罪，并取消独立，撤销临时政府各等语。现在朝廷颁布宪法信条，实行改革政治，与民更新，该抚未能仰体此意，熟权利害，徒事张皇，于理殊为非是，本应加以严谴，惟念该抚世受国恩，不应荒谬至此，自系被人迫胁，并非出自本心。近日以来，该省已取消独立名目，地方各事亦渐就绪，是该抚尚知愧奋，亟图补救，姑予宽容，仍着留任效力，务须守定宗旨，毋再为浮言所惑。此次该省首先反对独立，统制吴鼎元等及该省绅商，均属深明大义，忠毅可嘉，均着先行传旨嘉奖，并迅即督饬地方官绅悉心布置，保卫治安。该抚自当激发忠诚，力图报称，以维大局，而赎前愆。钦此。阁佳。

这旨一发表，山东局势为之立变。张广建、吴炳湘原与聂宪藩有关系。聂本人与孙宝琦早就有交谊，而和袁世凯也有世交。张、吴两人又全在聂父（聂士成）的部下做过巡捕，所以在先就由他们两人暗中串通五镇和聂宪藩及其他土劣破坏独立，因此就得了不次的超迁。张以同知任布政使，吴以县丞任巡警道，不久且以署巡抚胡建枢年老力衰，不胜繁剧为词，由张广建升任了巡抚。

张、吴两人既得把持山东省的政权，对革命人士即不住的进行压迫，吴炳湘接了巡警道以后，且大加逮捕党人，专制政体于是一时复活。

六　取消独立以后

山东取消独立后，我们主张革命的人士连夜开会。当时分为两派：一派主张赴南方参加军政府，推出两代表，一为谢鸿焘，二为雷光宇。另一派主张赴北方，联合京津一带革命志士，相机进行，并设法向北方当道疏解，请清内阁注意，因在胶澳有德国人的关系，不要派兵到山东来，逼急了，会铤而走险，引出国际纠纷，而德国人可以用保护路矿权为名派兵到济南。这一派也推出两个代表，为我及丁世峄。

我和丁世峄两人即于冬月初动身赴北京。在火车上，我看见丁佛言皮包里有一本书，是唐译《大乘起信论》，我很诧异地问他："你这个人，怎么喜欢看这样的书？"他很郑重地答复我说："你觉得很奇怪吗？你将来或者比我今天还愿意看这一样的书，也说不定。"这是我头一次看见佛书，也是我几十年来学佛的头一步开始的印象。

我们的目的，想先去见袁世凯，把山东的民情告诉他，并使他知道张广建、吴炳湘两人的作风，只有使山东人愤恨，益发不可收拾，请袁改变办法，不再出兵山东。

我们初到北京，先去见赵秉钧。当时赵为袁世凯与各方联络接洽，声势颇大。因他先是张曜的戈什哈（满语亲兵的意思），庚子年我父带兵入卫京师时，他在部下任差遣委员，庚子以后，天津地面巡警是他创办的。乙巳，北京前门车站发现吴樾炸五大臣一案后，北京赶紧创办巡警，才把他调到北京。他由候补道升任三品京堂，补太常寺卿，署巡警部右侍郎。慈禧太后死后，袁世凯被隆裕太后免职回籍，赵也因袁的关系，同时罢免，在天津闲住。武昌起义之后，清廷首先把他调回北京起用，总揽警权，因我与他从前相熟，所以到北京先去找他。

见面后，我由他那里听说，我自济南赴北京后，紧跟着张、吴两人也有电报告说：“山东事皆夏某所为，现在偕丁世峄北上，恐其有图谋，须严防。”赵和我说：“项城对你本来是非常器重的。你在山东闹起革命来，使他很痛心，他未必愿见你；也许他知道你来，还会于你不利的。”我对赵说：“我到山东去，和在山东一切全是为了正义，于心无愧。今日之来，也是为了山东，至于死生，早已置之度外了。”赵说：“我对于此事，是无能为力，不如你去见姜桂题，因为姜是袁的盟兄，什么话都可以向他说。”我见赵既不能办，就去找姜桂题，他原和我家也有世谊，见面之后，满口应允，但结果也没有消息。

我既见不了袁，就住在京中，和黎杰（安徽人）、李杜芳（安丘人）、李朴（北京人）、谭奎昌（历城人，那时任陆军部军事司司长）、丁汝彪等终日在一起商议。大家认为既和袁世凯说不上话，南北局势一时又不容易解决，不如去联络蒙族人士，在蒙古另辟一条途径。

因为当时灭清排满的谣言很盛，北京人心惶惶，都觉得朝不保夕。由于满蒙是一体的，蒙古王公亦极感不安。李杜芳和李朴两人都是贵胄学堂的学生，和一些蒙古王公有同学的关系；还有崇铠（内阁学士，肃亲王善耆的内弟，很喜欢与新人物来往）认识蒙古王公也不少。经过他们几个人的介绍，我们于是就进行联络。如喀喇沁亲王贡桑诺尔布、科尔沁亲王阿穆尔灵圭、李杜（这也是位蒙古王公，当时住在北京东城本司胡同，至于是哪一旗，现在我已记不清了）等人。当时我搜罗了许多关于蒙古的书籍、地图天天去研究；预备取蒙古草原作为革命的根据地，以徐图向中原进展。

后来在京津一带连续发生暗杀案件多起，如彭家珍炸良弼，丁字街有人炸袁世凯，天津车站有人炸张怀芝等，一时空气极为紧张。

所有当时在京津一带潜行活动的革命志士顿然完全断了联络，事情简直无法进行了。那时侯我一举一动，都有便衣侦探跟着。袁派唐绍仪南下议和，我们商量由丁世峄和侯延爽两人相机南下，侯是以山东旅京同乡推举出来参加上海和谈的身份前去的，留下我和李杜芳、丁汝彪在北京。

侯南去后，还有信来，谈到当时情况，今引在下面：

寿哥（谭奎昌）台鉴：明日金陵选举大统领，孙中山已到申，必得之矣。和议迄难就绪，昨唐大臣电奏："请即国会解决。"是一下台法耳。北来代表团多畏祸，遁归者十之七八，亦太无丈夫气矣。弟到申后，两臂痛楚又发，因进法人所开广慈医院医治，今十日矣，臂痛已痊，但仍须多服补血剂。且此医院距市辽远，景致幽雅，不啻桃源，正好多住几日，到时而归；不到应归时，无论如何，不能学遁。遇此时代，读书人只好闭门，若多见人，多发言论，适足取祸耳。同来员中，唐宝锷、顾鳌均被拘至军政府。唐留置一日即出，顾则尚无出期，皆好发言之过也。杨度风声尤紧，到申后次夕即遁。然弟则无所虑，无所畏，盍自问无愧，而又不到稠人广众中发言论事，惟一狼狈病夫休养于医院耳，谁其与我为难哉。当初到时，招待员多危词恫吓。对之曰："若诸公必欲与代表图为难者，我今已病，请先遗我一炸弹可耳。"一笑而罢。要之世间声言杀人者未必能杀人，其被杀者，亦必有所自取，安用畏哉！要知此一来，可谓又经老君炉一炼，然不炼又安能发越膂力哉！弟自处甚稳甚健，兄幸勿为遁归者之词所惑而有所惧。六七日内即可北旋已。草草即候升安！弟爽顿首。

这时候汪星南也到了北京，我在汪的寓所中，还无意遇到了陆建章。陆是新从广东高州镇总兵被南军打败，来京想见袁世凯的。一连去了5次，袁拒而不见，陆没有办法，怀恨在心。他遇见我后，就约我和汪在前门外正阳楼吃饭，饭后又在瑞蚨祥西栈小楼上谈话。我问他近来作何举动，他说他苦闷异常，每日在四郊活动。我问他是何用意，他说："中国是没有办法了。只要有势力在手，一切都不怕，近来四郊旗兵已久不发饷，又因谣言四起，他们又怕又恨。乘这机会，和他们联络团结，也是一种力量。现在我已经无用武之地，天下事只要有金钱有武力，一切都有办法。此刻北京的金钱都集中在东交民巷的各国银行，我打算号召旗兵，乘机进入城内，将外国银行储存的财物尽量劫掠，运载出京，即做流寇，在所不惜！"我说："你这种办法真是不妥，势必引出国际交涉，现在全国的大问题正在相持，尚未解决；倘再火上加油，其结果恐将不堪想象。况你抢劫银行之后，第二步又该如何呢？"他说："我就到曹州去，联络当地防营和绿林。况我从前做过曹州镇，现在那里的防营，还可以听我的号召，你在曹州也有相当势力，我们可以合为一气，占据山东。"这时我心里一动，因我正在和张勋部溃兵接头，而且由王鸿一联络曹属绿林。我看陆心存叵测，纯为自己的势力打算，毫无国家观念，所以我对他丝毫没有说曹州的事，遂敷衍而散。过了两天，袁传见了他，委他为军政执法处长，他即欣然就职。我这时觉得未将曹州的计划真相叫他知道，真是万幸。

我在北京居住时，连接到庄陔兰、王讷等来信，知道张、吴在山东大捕党人，东省的局势很乱，我临走前和他们商量，俟我走后与我联络时，可以用责备我的口气，以免张、吴等之注意，否则恐其有阻碍之处。以后他们就照此办法，与我始终未断联系，今仅存他们与我的一封电报，兹录其原文如次：

会长鉴：自我公去后，时势益迫，五镇纯以武力相干涉，加以吴巡警道为虎作伥，派兵监守抚院，鹊华桥设立陆军学界会，又复恫吓学生，在学堂外均驻大股队伍，如临大敌。而吴道于谘议局外亦加派巡警，至局中调取会中名簿，将在会各员分别首要、次要列单，声言有罗织党人兴大狱之说，因之人心激愤，自由行动，有主张结连兖曹匪徒起事者，有主张借德人军队抵制五镇者，又有持极端破坏主义，拟撤毁铁路，仇杀外人惹起交涉，倡言："山东土地，如其断送于酷吏暴军之手，不如我东人自断送之。"现在曹匪已起，结连泰、沂一带帮匪同时暴发，势成燎原。公等为山东请命，从速解决，尚可挽救于万一，否则大局糜烂，不可收拾，是吾省三千万人性命牺牲于公等之手，将何面目归见吾东父老乎！不胜啼泣号呼迫切待命之至！联合会全体公启。

这时山东省局势混乱已极，而各地类如黄县、文登、诸城等处革命相继发生。在北京听到上海的和议忽和忽离，毫无把握，袁内阁态度日见强硬。同时又得到曹州的信说，张勋的溃兵自韩庄沿着山东边境西进，不久将到曹南，志在折回郓城，与我取得联络，而王鸿一也在曹属各县联络当地绿林豪杰，以便与南来溃兵互相呼应，再图大举。所以我有立即返回鲁西的必要。这时我的盘费早已用完，于是就向姜桂题借了 200 元作为路费，谭奎昌送给我们几支新式手枪，丁汝彪又给我买了马匹，就于农历腊月初旬出京，没敢从津浦路南下，是由京汉路取道邯郸，再由邯郸东行，回到我的原籍郓城。

我到郓城以后，才知道王鸿一对于联络曹属一带绿林运动将近成熟。最奇怪的是我与王虽然都是郓城人，仅在十几岁应考的时候见过一面，并未交一语。他的名字叫王朝俊。这时王鸿一听说我已经到郓，连夜赶进城来，彼此交换了情况和意见，预备在农历除夕夜间攻城，并派人在城内响应。我记得此时已在农历二十四五左右，张勋的溃兵已经越过曹南，听说我已回郓，更并力北上，预备与我会面。行至郓城南境皇姑庵、陈家坡一带，曹州镇张善义率兵拦阻，因而交锋，激战两昼夜，把张善义的军队完全打败，张被围在陈家坡，再迟几十分钟，张即有被俘之可能。方玉普于前两天接到张告急的电报星夜带着炮队赶上接应，才将张善义救出。张勋溃兵前头部队已到离郓城 12 里路之双桥集，领头者为彭治坤、夏占瀛。他们的力量如占据郓城确有可能。我连夜派人告诉他们千万不可进城，尤不可扰乱地方。因陈干正在鲁南一带征集人马，我就介绍他们投奔陈干去了。后来陈干成立了第三十九混成旅，就是以彭治坤、夏占瀛所领率的这一队人马为其基础的。同时接到清廷北京电报宣布共和，而王鸿一所联系的这班人也就停止活动了。

我回到郓城后，正是腊月中旬，听说张广建、吴炳湘大肆捕人。联合会中的人员无论是同盟会员与非同盟会员均纷纷地各处奔走起义，如烟台、登州、黄县、文登、高密、诸城、即墨等县的起义，我不在那里，知道的不详，就不谈了。

我在家住时，陈干新成立的第三十九混成旅驻扎徐州，因为其中是以我送去的彭治坤、夏占瀛所带的人为班底，所以他一日数次电请我到徐州。这时袁世凯新派的山东都督周自齐也到了山东。周虽是曹州人，他生于广东，留学外洋，对本省的地方情形茫无所知，所以连电请我出山。我因独立一事的经过使我灰了心，明知道此时正在混乱中，也不会办好，我那时只想出洋留学，决心不再出去了。陈干专派他的宪兵队长蔡某到郓敦请，我实在推辞不过，乃于元年四月到徐州，住在云龙山。到徐不久，周自齐又派施从滨、庄陔兰、谭奎昌 3 人来约我去济南，他们且派有专车到韩庄来接我。第二次又派宋绍唐来催我前往。我在他们屡次敦促之下，终于动身赶济。以后就是民初的事，更为复杂，千头万绪，在这里我也就不往下写了。

七　独立时的各派人物

山东宣布独立时的人物，不论老少新旧、本地和客籍，择其有关系者，加以概括的评判。但其人在社会上虽有名望，而山东独立时却未参加，则姑且从略。

孙宝琦对山东独立的关系，已经谈过了。他之不可能走上革命道路的原因既如前述，至于他的基本观点，在对清廷请罪的 3 个电报及他给山东学台陈荣昌的一封亲笔信中，就暴露得很清楚。孙致陈信向未公开，今引在下边：

公与弟为救君父于危难之计而始出此，此原非臣子所忍言。次山忠义之慨，令人敬佩。然于今日时势以及古今公理，似均未明，不足与言。同寅中亦未必均看得透。鄙见拟将敝处一稿先行电达。大稿请以个人名义函达监国，冀可动听，如需电奏，请将前后闲文删减交下，再行代发，专此敬颂筱圃（陈荣昌字）仁兄大人台安！弟宝琦顿首。二十一日。

由此一函，孙宝琦的立场还不明白吗？

山东独立前后的主要人物，前文中已大致提到过了。兹将在同盟会中有代表性的人物，略举二三：他们之中的中坚分子，是以徐镜心、谢鸿焘为首。他们两个人却意见不合，时常发生冲突。徐富于冒险性，谢则顾虑颇多。丁惟汾与徐、谢的性格皆不同。徐、谢有时候都有轻躁的毛病，而丁惟汾比较沉着，不过他犯的毛病，表面看来虽没有什么，实际上是能误大事。

（一）文化水平不高。

（二）胸襟狭隘，对于当时的同盟会信念很坚固，而排斥异己的心理也很强。

这3个人中，徐镜心在二次革命时，为陆建章所逮捕遇害了。谢鸿焘不甘淡泊，在民国8、9年后变了节，倚靠了军阀。丁惟汾后来跟着蒋介石在一起，仇视异己的心理始终不变，即对同党中的人如王鸿一等，也在他的排斥之列。这3个人都是日本留学生，而陈干虽也是同盟会会员，却未曾留过学。他的特点：有才气，能冒险，曾在关内外到处奔走运动，传播下了革命种子。他在北伐时，为李宗仁枪杀了。

王者塾，诸城人，号乐平。在酝酿独立时，他是法政学校的学生代表。他在教员与学生之间能取得信任，即非同盟会会员如丁世峄等对他也很好。他曾经到俄国伊尔库次克去过两次，后来在上海被人暗杀了。

还有张树德，是陆军小学的教员，临清人。优贡出身。与本县吴桂华同有才子之称。他和姜致中、李崧3个人以陆军小学作为根据地，传播了革命种子。

王朝俊即王鸿一，是一个秀才，平易近人，到哪里都同人合得来，颇有号召力。时时不满现状，总想改革。但是并没有改革的目的，也没有革新的计划。

在当时对于联合会最为关心而奔走最力的，还有两个人：一个是金志汉，另一个是丛琯珠。金志汉后来叫金天会，是济南的回教人。我与他从前并不认识，在联合会成立的这一天，散会后，他就来到我的寓所，曾作详谈，并毛遂自荐地不要名义，不收报酬，愿在暗中做各方面的调查，随时报告，并再三嘱咐不要露出他的名字。在这个期间，我得到他的协助很多。他几乎每天都有报告，现在残存的文件中，不到半数，尚有他的条陈报告等项至16件之多。丛琯珠在取消独立之后，即回到他的本县文登酝酿革命，不幸遇害。

在同盟会以外的人，如丁世峄、庄陔兰的情况在前边已经略为介绍过了。在客籍中，最为突出的是张志。他是日本留学生，袁树勋慕其名，函聘到山东，内为巡抚的顾问，外为法政、高等师范各学堂的教习，并非官吏，而地位颇见优礼，一直到孙宝琦，他的声望始终如一。入民国后，他做山东高等审判厅厅长，以原职调往安徽，又以原职再回山东。后来因不屈于张宗昌，被害。

后　记

我所写的种种，虽然竭力往详尽真确的方面去写，不过事隔

50年之久，当年所存的文件，只剩下匪军抄没的残余。仅就这残存的6类总共142号的文件为基础，更参以孙宝琦的各项电报以及当时的《帝国日报》《齐鲁公报》所登载的新闻等类，以与我在几十年前所见闻的所经历的相印证，不敢不竭尽力量慎重从事，而疏漏之处仍所难免。

此外尚有应该补叙声明的一点，我原对于山东各方素无恩怨，而独于“六二党”的主干则颇有些不客气的地方。这是因为山东向没有新旧东西的界限，自从有了“六二党”以后，因着曲诗文一案，形成了新旧东西两派的对立。因丁世峄、张公制等6议员的辞职，划成了东西两派的鸿沟。一直到民国告成，经过几次选举的竞争，仍是这一种力量在其中鼓动，甚至不择手段。竞争选举时不惜开匭换票营私舞弊，腾笑全国。甚至于后来张宗昌的祸害山东，有不少的人甘心助纣为虐。细寻其间，蛛丝马迹，也还是有这一种因素在内。这样一直闹到解放以后，才把这种病根余毒拔除净尽。若非有了伟大的共产党，这些旧社会若干年来积累所造成的种种恶劣腐败的事体，谁也拿它没办法，由此更可见到社会主义的无比优越性。

尚有一节，虽是关系个人，但也有叙述的必要。我原名继泉，字溥斋，号渠园，继字是我家的排行。我在辛亥山东独立时，用的是夏溥斋，后来到日本讲学时，用的是夏泉，号渠园。当这时候，日本东西京学术界都知道有个中国人夏泉先生，或称渠园先生。我自日本回国后，目击时局之混乱，较前更甚，感觉到无一片干净土能住。我的诗中有句云：“除却莲邦未可居。”这句诗代表我当时的烦闷，也是对那时社会的一种讽刺。且我自幼小时即喜欢莲花，又喜读周濂溪的《爱莲说》。我既姓夏，莲为夏季的好花，所以就用诗中的“莲居”两个字作为名字。在新中国成立后，觉到在政治上，只有这一条路，一心拥护社会主义。我当时的诗中曾有两句是：“徘徊瞻顾总无聊，只有当前路一条”，可以证明我的心理，所以我就号“一翁”。至今京津的朋友，皆知我叫夏莲居，夏一翁；而山东故乡中，仍叫我为夏溥斋；在日本或者还叫我夏泉，夏渠园；去年我看见日本人新出版的一本书，其中还是写的夏渠园。今天的78岁的夏莲居，夏一翁，即是50年前参加山东独立运动的青年夏溥斋，也就是36年前被张宗昌认为宣传赤化下令通缉的夏溥斋，也是逃往日本讲学的夏渠园。

以上种种，拉杂写来，暂作结束。至于各方对山东独立种种不同的记载，如果我的精神能来得及的话，或再另作考证，也未可定。

（选自全国政协文史资料研究委员会编《辛亥革命回忆录》第5集，中国文史出版社2012年6月第2版）

山东辛亥革命之经过

孙丹林 *

1904年秋冬之交，我考入山东大学。翌年暑假，开登州同乡会于济南泺源书院旧址师范学堂丁佛言宿舍小楼上。徐镜心（字子）适自日本留学归来，亦预斯会。值丁佛言为他人书联，浼徐撰语为："事到万难须放胆，理当两可且平心。"临行，徐问我寓所，我告以西门外杆石桥大学堂邹字一号，徐执手寒暄，云于翌日访晤。三五日后，徐惠然临存。我留午餐，渠濒行之际，留书3册。一为白浪滔天（宫崎寅藏）所撰之《三十三年落花梦》，一为章士钊所编之《黄帝魂》，一为巴县邹容所著之《革命军》。

---

* 孙丹林：时任山东都督府秘书长兼军事参谋，后任北洋政府内务部总长，上海市中国兴业银行总经理。
新中国成立后，任中央文史研究馆馆员。

1907年六月，徐又自东京归国，访我于杆石桥学堂。当时，适值清廷派学部侍郎清锐到山东查学，新提学使者为连甲，卸任学台为载昌（3人均为满洲籍）同到学堂会齐。徐闻之不禁发指，厉声指余曰：“君不能溅血于五步之内，以祛此满奴异种耶！”我惊闻，急掩其口曰：“何孟浪如是！岂不知事机不密则害成？吾赤手空拳，曷堪任此？轻举偾事，谈何容易！”徐曰：“君以为我看事太易，我以君身家观念太重，遇事畏难苟安。史坚如以一粒炸弹炸粤督德寿于广州省辕；吴樾炸五大臣于正阳门车站。彼丈夫也，我丈夫也，有为者亦若是！君手无缚鸡之力，果能于立谈之顷，致此三‘满奴’之死命于山东大学堂，亦已足矣。君果有斯胆略，我立即赠君以六轮手枪以蒇此事。”吾曰：“堂上尚有七旬老母，室中有周岁小女，怀中有弥月婴儿，家无隔宿之粮，即专诸、聂政亦不免顾虑身后。即去此三人，在‘满奴’中不过沧海一粟、九牛一毛，于国事亦何补耶？吾固一身是胆，其奈力不从心何？”徐曰：“青山不老，绿水长存。君果有志，后会有期。”一言未毕，而3人自宿舍前甬道经过大客厅，联步前进。载昌脑后之花翎，忽而坠地。徐旁观笑曰：“此不祥之兆，满洲王气黯然销矣！君努力前途，好自为之！吾辈分工合作，有志竟成。”徐兴辞后，仍返东京。

不久，孙中山先生特派徐镜心、丁鼎巨（字惟汾）为山东同盟会支部主盟。徐衔命回国拜访山东莱州沙河富绅邱丕振，求其资助巨款。徐与邱同留学日本，为旧相识。邱丕振世居莱州沙河珍珠疃，其父兄以商业起家，发起山东麦草帽辫出口巴拿马赛会，得有特奖，作为海外贸易，以此致富。徐镜心谒其尊人，晓以大义曰：“清室权贵，招权纳贿，国已不国，必致外人瓜分之祸。国若不存，家产何有？尊府拥有厚资，曷不毁家纾难，组织革命基础。此乃不世之功，于公于私两有裨益。”其乃翁曰：“吾有十子，两人务农，四人业商，余四子交君领导提携。”并立即捐赀两万元。徐欣然允诺，介绍邱丕振与其八弟殿武、九弟子厚、十弟绍尹，加入同盟会为会员。徐并联络高密刘冠三，组织相州中学。走访栖霞大地主谢鸿焘，集资募捐，在山东烟台西郊通绅冈创办一东牟公学，延聘同盟会分子分担教员，提倡青年革命。当时湘人胡瑛担任汉文；登州孙暇臣教授英文；牟平邹秉绶教授科学；湖北唐鼐臣担任武术、体操；高密邱抡章、李廷璧担任其他学科。功课整齐，颇为一时称颂。是年适值安庆徐锡麟刺杀皖抚恩铭，浙江秋瑾狱兴，风声鹤唳，草木皆兵，该公学颇受影响。暑假胡瑛还乡，为鄂督逮捕下狱。邹秉绶畏祸辞职，赴德留学。谢鸿焘因夫人马素真女士慕秋瑾之为人，改名秋仪，亦畏祸敛迹稍避。其他教员亦多避嫌，裹足不前。此时我在山东大学毕业。正值清室停办科举，学堂十八班班长以要求奖励功名不遂，全堂罢班。我事先闻悉，先期请假，归籍省亲，未受处分。十八班班长被开除后，学堂亦入停顿状态。徐镜心闻此消息，极力向谢鸿焘揄扬，延聘我继胡瑛为汉文教员，并兼授代数、几何。两月辞归。

1908年，清末礼部左侍郎王锡蕃编修，因康党革职还乡，开办烟台渔业公司，附设水产学堂。王籍隶黄县，与徐为同乡，托徐聘我为该校汉文教员，兼授科学。斯时，各省革命潮流风起云涌，东牟公学校长谢鸿焘，以经费支绌，爰组织一图书仪器公司。复因账目纠葛，不理众口辞出，交孙暇臣接办。该公学早已无形停顿矣。

武昌起义后，响应几遍全国，唯山东消息寂然。幸而徐子鉴由日本东京联络丁佛言、侯雪舫、曲卓新等归国，在济南联络夏溥斋、杨毓泗、庄心如、王丕煦、于晋源、刘冠三等士绅多人，运动谘议局迫令巡抚孙宝琦山东独立，与各省取一致步骤，与清廷断绝关系。乃袁世凯以山东密迩京畿，关系綦重，设有异动，则畿辅摇动，多方恐吓压迫孙宝琦取消独立。自九月二十一日山东独立后，至十月七日即取消独立，屈指不及20天。始而派余则达代理山东巡抚，继而发表张广建继任山东巡抚，吴炳湘为山东巡警道，聂宪藩为山东盐运使。镇压逮捕民党几无虚日，威吓刑讯无所不用其极。若刘蒲塘、丛琯珠、刘鉴澄、李宪棠、孙宗廉等相继牺牲者，不知凡几。民党人士皆畏避不敢露面，独徐镜心再接再厉冒险奔走，四出运动。

袁世凯深知登州地方重要，特派叶长盛为登莱青镇守使，并派新军协统张树元以一旅驻扎莱州；又派皖军孙熙泽为登州府知府；徐世昌之弟徐世光为烟台兵备道；舞凤兵舰舰长王传炯率舞凤舰游弋逡巡渤海湾。此时徐镜心已密示孙暇臣在烟台相机起事矣。

孙自接办谢鸿焘之图书仪器公司，已亏累不堪，正在无法交代股东之际，接徐密函，绝处逢生，乃组织革命工作。当时烟台西山炮台有防营旧军一营，东山有新军警卫军一营。孙乃联络警卫军管带虞克昌（际唐），复串通防营统领董保泰之内弟宫树德劫持董保泰，并结合英领事署秘书倪显庭、天主教徒王耀东、《渤海日报》主笔丁训初、尚志学校校长杨哲甫、太古船行之吴仲芬、杨德盛、张子龄等人，密谋起事。事先我毫无所闻。

于济南取消独立之翌日拂晓，突闻烟台大街鼓角齐鸣，警卫军排队游行，步武整齐。商会通知各商店皆插白旗，并约到道尹公署开群众大会。我偕水产学校校长丁凯亭到公署，已济济多人，到其后楼上，目睹一榻横陈，皆言午夜枪声一响，徐道尹已携妻而逃，尽室以行。而董保泰统领被其妻弟宫树德以手枪劫持，迫令全营缴械矣。到会者除绅、商、学而外，有警卫军管带虞克昌、舞凤舰长王传炯。传炯辞锋甚利，先以国语演说，继以英语演说。大致谓推翻君主专制，促成民主共和，颇合当时潮流。群众鼓掌，公推王传炯为革命军烟台总司令，虞克昌为副司令，孙蝦臣为外交处长。并约同倪显庭等通知烟台山各国领事。当时法国领事署文案刘俊成、德国领事署吕耀章均参与赞助革命。王耀东、宫树德、杨德威、张子龄、丁训初等，皆一一分担任务。

开会甫毕，我行至南鸿街、兴隆街之际，突有4人在路旁向我举手行军礼，脱帽立正。我细视乃我之学生，皆腕缠白徽章，盖有烟台军政府朱印。此4生一名相进明，一名吴廷章，皆十四五岁，为水产学堂初中学生；一名姜德茂，一名杨人振，不过十二三岁，为水产高小学生。我深为诧异。翌日凌晨，渠等到学堂上课，我问其经过情形。渠曰："前二日王老师嘱我等于该日晚10时后到西圩外会齐，有要事嘱托。我等按时而至，王、孙皆先到，在板棚下等候。即派我两人到街里商店抬两桶煤油放于板棚下，彼将洋油桶用铁锥锥两小孔，将煤油遍洒于板棚及小货摊之草屋上。另派姜、杨两生挈鞭炮多种，并放置洋铁桶内（鞭炮及铁桶皆王、孙预先备好），约于将近11时后一律燃着，烟焰冲天，四周火起。爆竹声中，西山炮台统领董保泰已被其内戚宫树德以手枪挟持下令缴械投降矣。"彼所谓王老师者即王耀东（水产学堂小学教员）。少顷王耀东亦来学堂上课，我问其事前经过，渠云："事前并无组织，亦无同谋机关，仅临时孙秃子（因孙蝦臣早剪发辫，烟埠昔呼之为孙秃子）招集三五人到图书仪器公司密谈分派工作；起事时亦赤手空拳，只姜德茂有勃勒宁手枪一支，宫树德有旧式手枪一支，王耀东有猎枪一支，余人皆无枪械，不过徒手呐喊而已。”

当晚10时后，孙嘏臣一人到水产学堂约我与丁校长参加军政府工作。丁以孙嘏臣于图书仪器公司亏款，信用扫地，口碑不佳，婉辞谢绝。孙对我言曰：“君为同盟会同志，革命急先锋，与徐子鉴为多年老友，此次革命侥幸成功，前途正远，在在需人，君曷不参加军政府工作，再接再厉，以底于成。”吾曰：“君等既先我着鞭，我亦图异军突起，分工合作，亦步亦趋。若必于此时参加军政府，斯乃如史记毛遂传所谓因人成事者也。不亦羞当世之士耶。陈胜、吴广垄上辍耕，而刘邦崛起泗上，项羽发难江东，燕雀安知鸿鹄志哉！时机不远，请君拭目俟之。”

农历十月初十日，乃萱堂七旬晋五祝嘏良辰，吾亟谋归省膝下，承菽水之欢，乃于先一日买舟返里。适值日轮21号共同丸开往登州，我即束装登舟。当晚8时，抵登州。10时上岸进城，时已戒严。及吾抵家，吾妻告吾曰：“昨日西街华提士药房，派其店员送信云：有一姓徐者，新自辽东来登，约汝明早到该药房晤面。”我知此乃因烟台革命成功，我函告大连一切，徐接我函，即乘船来登。徐住华提士药房，亦经我事先关照该药房经理柳仲乘（柳名延辂，字仲乘）。

凌晨，我到华提士药房后屋，徐尚未起床，拥衾向我拉手，首先问我：“汝介绍柳加入同盟会，此人革命思想可靠否？”吾曰：“彼剪发辫为官府所忌；而且自治会、冬防队彼皆可左右，凡登州头脑稍新者，皆与彼有来往；借药房为秘密机关以掩人耳目，亦最合条件。不过此人利禄熏心，吾等未举事之前决无意外泄露。迨成功之后，予以利益，以偿其欲足矣。至于建设大局，又当别论也。”徐起床后对我曰："君今早来此甚好，请君先介绍柳加入同盟会，履行入会手续。"徐即开其皮匣，取出同盟会入会盟书，命柳亲自填写。我介绍拉手申誓。

事毕，我与徐即辞柳出门，至北门城楼。徐曰："君约吾来此，将何以教我？"我曰："海内滔滔，全国廿省已非清廷所有，'满奴'命运告终即在目前。独我山东独立不及两旬，即取消独立。袁世凯别有异志，变本加厉，包藏祸心，负隅作困兽之斗。'满奴'余孽若荫昌、铁良、良弼、锡良等，兵权在握，摧残民党，祸乱无已。革命前途，尚未可乐观。君为山东主盟，而此时无所建白，无以对圣贤桑梓父母之邦。鄙意孙中山先生厚望于君者，即此时也。区区不才，愿尽缚鸡之力，以仔肩此万钧之重任，为袁贼当头一棒。因袁昔为山东巡抚多年，且对登州尤熟悉，彼以为烟台乌合儿戏，且有王传炯、虞克昌虚与委蛇，无关轻重。山东有叶长盛、张树元、张广建、吴炳湘、孙熙泽等爪牙，皆强健分子，民党皆畏之如虎，莫敢撄其锋。山东无事，直隶即不敢动，北都小朝廷可以高枕无忧。倘吾等于东海一隅异军独起，不啻晴天霹雳，手足无措。非推倒君主，宣布共和不可也。"徐曰："当从何下手。"吾曰："登州险要，自明季即为重镇，故袁崇焕经营辽东，特与毛文龙扼守登州，以为犄角之势。戚继光创修水城，建筑炮台于丹崖山侧天桥口外。甲午之战，日寇取威海，先以海军袭登州。均有所见而出此。我意取登州，必先据水城。取水城，必先袭水师营。取水师营必先劫水师统领王步青（王字正堂，东昌府人）。区区不敏，愿以利刃揕其胸，或以手枪指其首，迅令全体缴械，则大事定矣。城内首富宋庆，为清末军务大臣，家中藏有枪支。君家黄县，富绅巨室，商店林立，不难筹款。先下登州，则黄县、莱州传檄而定。辽东为食粮仓库天府，以作后盾，旅顺、大连、貔口、海城仅一衣带水，号召关外健儿，振臂一呼，咄嗟立至，何忧于募兵筹饷耶！鄙意如斯。君若同意，吾当执鞭附骥，死生以之。”徐曰：“君胸中有甲兵，仍需君为我运筹部署。今日回药房与柳仲乘密谈方略，进行举事，事不宜迟。”谈毕，时已晚七八时矣。

回华提士药房，徐满斟两盏辽阳白酒，对我与柳曰：“预祝两君为我部署革命成功也！”我曰：“此事有最要紧之先决问题数则，若不先解决，则全盘将无法着手进行。一、水域码头尖探于海内，有铜炮一尊，必须有胆略者，夜间先占炮台。否则，船上虽有千军万马，不敢冒险登陆。二、海边滩浅，轮船不能靠岸，非预备舢板小驳船接济，不能登陆。三、教场演武厅后边海滩上搭有席棚窝铺，内有兵士一排，昼夜持枪看守，若不先将窝棚兵士缴械，则一夫当关，万夫难过。以上 3 者办妥，则枪劫水师营统领，一切问题迎刃而解矣。”登州濒海沙城下，向来有舢板窝铺准备，夜间有轮船来往，立时接应登陆。所有舢板及驳船，向为基督教徒及天主教徒所霸占，两教争持械斗，酿出人命亦所不惜。后为耶稣教徒孙景春弟兄 3 人所独占。此 3 人住丹崖山下，义气深重。我托柳仲乘立派店员将孙家三雄召至药房，介绍于徐后，吾即耳语密告 3 人以原委。3 人皆血性男儿，深明大义，立即了解，并申誓入盟。我与柳介绍其加入同盟会，徐并勉以坚守秘密，不避艰险。吾家附近有一基督徒辛少伯者，年方强壮，颇有胆略，视官府如草芥，吾立即介绍其加入同盟会，彼誓言推翻君主，改建民国，慷慨担任深夜占据炮台之任。因彼有至亲住水城，夜间抢占炮台甚就近也。吾曰：“孙氏昆仲及辛君少伯如负责任，则窝铺缴械及劫持水师营统领我自当之。”徐曰：“君一人如何能当此重任？”吾曰：“吾自有强有力之助手，临时君自知之。”徐曰：“请柳君询问何日有开赴大连之轮船？吾立即赴连筹备饷械，及号召关外绿林健儿。汝等多介绍革命人士，加入同盟，俟吾有电到登，孙君必须严密布置妥当，立赴大连分头行事。”时 1912 年 1 月 5 日，适有日轮龙平丸开赴大连，徐即搭乘启行。当时徐以孙熙泽机警伪诈，终为后患，由大连先以函警告恫吓，劝其赞助革命。渠畏惧，不安于位，乃潜逃赴济南，一去不复返。

徐离登赴连后，我每日到华提士药房与柳仲乘力谋发展。介绍冬防队长陈渤侠，前水师营教练陈子超，大学学生陈命简、王如曾、宋寅宾、陈命扬、孙尹平、姜伯铭、刘国璋等，中学学生张宗乔、沙树椿等，电报生高子宾及商人辛甄甫、宫立轩、刘鸿宾（刘为烟台商人，担任外柜职务）等人入会，以为后来之用。诸同志每日常在华提士药房聚会，密谋举事。我于 1 月 10 日接徐镜心自大连来电，嘱我迅速赴连，我乃召集诸同志会议，布置起义。与众约定我到大连后，部署妥当即拍电至登，诸人得电立照计划行事。电报用隐语：何日由连出发，以韵目为记，何时登陆，以赵钱孙李为记；军队，以眷属为记，少数曰眷，过千人曰全眷。举事计划：在我登陆前，先由陈命简、陈命扬兄弟夜间到南城上割断电报线；由高子宾及陈奇标之子两电生监视电报局长刘祥荪；辛少伯当夜带人占据天桥口码头尖炮台；由陈伯夏偕同陈子超、辛甄甫等率冬防队直赴县公署，看管清知县王荩臣、柳仲乘则接管自治会。至于大连起义军队到达如何登陆，如何进攻水师营，则由我担任临时分派。并已嘱柳仲乘预先购买白细布，以为作白旗及臂章徽号之用。我并预备四言布告，遍贴城里关外，以张声势。11 日下午 3 时刘雁宾匆促跑到我家，告我有日轮龙平丸由龙口开来，一小时内即开往大连。我急奔赴海岸上船。

船到大连，徐镜心早在码头迎接。下船坐马车到浪速町日本御下宿，徐即介绍我与邱丕振握手。并电召关外绿林头目，来者六七人，皆彪形大汉。立即每人发亮壳手枪一支。徐告我入夜再谈进行步骤，旋匆匆出门去，深夜方归。徐偕一少年壮士，进门与我介绍，此人名郑天楚，号林双，乃广东十字军北伐队队长。徐言渠自广东带一队来，皆自带新式快枪，甘愿充我卫队，参加北伐，皆青年学生，有志之士。徐云："我此次到此不及旬日，做事不少。关于饷械皆有眉目，营口连承基、山东邱丕振及湖北刘艺舟皆帮助款项。通过日友仓谷桑铭由旅顺购来快枪 700 余支。起义队伍也发展很多。刘艺舟即演唱新戏之艺员刘木铎，亦同盟会员，慨然捐助巨款，自武汉来此，并能号召绿林豪客数千人。此辈平日皆受过官吏压制，所以皆有反抗政府、倾向革命的精神。并且不计名利，咸守纪律，实堪钦佩。现在饷械两者均有办法，俟旅顺之枪一二日即可运到，君等即可率关东健儿遄返登州进攻水师营。革命成功，赖此一举。"我与徐议进攻步骤，为避人耳目，预防泄露机密，决定伪装分批赴登。托郑天楚将我的发辫剪去，出门买一便帽。乃遇见我二甥陶子方，随我到浪速町御下宿。少顷，徐归，我乃向徐介绍我甥陶子方，并言明与我同庚同学，曾营商失败，欲改图参加革命。此人有勇无谋，但人尚可靠。徐即命其申誓写盟书加入同盟，并发给手枪，命其随我身旁行事。

我于 13 日拍电柳仲乘。电文为："登州华提士药房柳仲乘。全眷到，孙。”电文之“孙”即暗示夜3时起义军即可到登。时旅顺枪械已运到。徐镜心托日友仓谷桑铭贿买日本在大连之宪兵警察官吏，对乔扮客商之起义军暗中放行。

14日午后，我与邱丕振、刘雁宾、陶子方、宫立轩5人即搭龙平丸先行。龙平丸乃日本之定期邮船。徐镜心率队伍，乘包租日轮19号永田丸后行。在租用19号永田丸时，伪言开赴烟台，途中徐镜心与郑天楚执手枪登舵楼威逼船长，勒令开赴登州。此轮因事先贿买，揭关时并未留难队伍。行李中皆藏有武器，至是众人皆取出武器，少数日人只有俯首听命。我与邱丕振等5人乘龙平丸，海程迅速超过永田丸，蓬莱阁灯塔已遥遥在望，时夜4时也。远望永田丸已从后追随赶到。天甫破晓，码头尖炮台山白旗飘扬，知已归我掌握，登州城垣垛口隐约可见。船已靠岸，距陆地尚有一二里，水浅不能再进，舢板已应时而紧靠大船。孙氏兄弟3人皆腕缠白徽章，扶登舢板。我告以共5人先登，嘱渠分扶下舢板，跳水背负上岸，不再容一人登陆。

我等5人登岸后，直趋海边窝铺。我首先进窝铺内，见有兵士6人，各枕快枪一支酣睡，鼻息如雷。我以足触醒靠窝铺口一人，厉声云：“吾等乃革命前驱先行，尚有大队3000人在后面，第二只船即蝉联登陆，汝等若敢抗拒，先以手枪制汝死命。如赞成革命，即速举手缴械。”彼一人即令余5人齐举手缴枪。我即命孙景春兄弟3人，将6支快枪捆送彼之窝铺内，并在窝铺口持枪看管6人，不放外出，以免泄露。

枪甫收毕，徐镜心已率大队千余人蜂拥而前。我告徐君，请先派一队人随我登水城劫水师营。徐即派张队长带五六十人随我出发。

登州水城东北隅靠海最近，码头尖炮台下有木梯（约两丈高，可两人并肩而上），原备运进水城食粮及煤炭之用。吾等5人即率队循梯而上。跑进水师营，并未见有站岗兵士。我进其北厢客厅，即见王统领自内室战栗而出。彼俯首听命，当即下令，全部缴械投降。抢占炮台之辛少伯君此时亦到水师营，我因彼对水域情形熟悉，请其偕同张队长驻守水城看管王步青。我5人出水师营自北门进大城，城里已遍插白旗。行至北街，突见有3兵士，持快枪进路东小饭馆内，我5人直进小饭馆逼令缴械。斯时徐镜心率大队齐至，我等将3兵士及3快枪交彼收执。徐曰："我等均至府衙门会齐可也。"时15日上午9时。

当时柳仲乘等咸已内应起事，府衙门及电报局、自治会均为我军接收。大街小巷间有零星防营兵士，皆随时自动缴械。街衢墙壁皆贴我所撰之四言布告。至此全城收复。

徐镜心等皆至西门内府衙，旋召集大家议事。徐向我介绍某人为连都督成基，某人为刘外交部长艺舟。我闻此称谓，大为诧异。稍得暇，向徐询颠末。徐曰："在大连临行开会时，吾侦知刘艺舟有领袖欲，与吾意见相左。吾恐妨害革命前进，乃以都督一职推让连承基。连为营口巨绅，捐助公益最多，累世办慈善事业，乡望夙孚，且东北绿林豪杰亦皆钦仰。吾任总务部长，刘任外交部长，此吾不得已之苦衷，君不必多疑。吾等革命虽然成功，然饷械两缺；大敌当前，余孽未净，鲁难未已；君为起义首功，应尽力筹集饷械，以竟全功，贯彻始终，勿萌退志。吾闻宋庆家藏枪械、金银，闻君与宋家有葭莩之谊，应向其家取饷械，事不宜迟。"我乃率民军一排径到宋家，其账房总管为石子珍，与吾亦有戚谊。石子珍初尚迟疑，有袒护宋家意。吾言革命党大义灭亲，决不瞻徇情面，汝若阻碍，于汝不利。彼乃跑进上房三五次，始允开窖起枪。乃自地窖抬出10余木箱，取出快枪六七十支，50两元宝20锭，皆送交府衙收存。时15日午前12时也。

午后2时，在府衙开会议定：登州军政府设考院内，其组织如下：山东都督连承基，兼总司令；总务部长徐镜心；外交部长刘艺舟，副部长崔景山；财政部长宋赓廷，副部长刘雨屏（登州义丰和银号财东）；民政部长王荩臣（清蓬莱知县），副部长蒋洁章（王之幕友）；司法部长柳仲乘。大众推我为总秘书长，兼军事参谋。

当晚开大会，议定先决问题：一、由财政部负责筹饷，主要来源先由宋庆家及被俘之王统领步青负担。二、第二日，16日即农历十一月二十八日黎明，连承基、徐镜心率领全体民军，开赴黄县前线北陌（北马），与清军作战。三、后方善后事宜，由刘艺舟、邱丕振等留守。连督濒行之际，当众扬言："吾此行以东北健儿与清兵一决雌雄，定然打他个落花流水，诸君静听好音可也。"邱闻此书，当即对连曰："清兵叶长盛镇台，行伍出身，固不足道。其手下有一标统名玉振，乃青州驻防之旗人，与吾同学，士官学校毕业，擅长炮科，请都督注意此人，不可轻敌。"连曰："邱君何以长他人志气，灭自己威风？岂君之同学皆为了不起之人物耶？设玉振常驻黄县，能阻止吾之革命前进耶？"邱曰："闻玉振为陆军部铁良及良弼所赏识，而且种族之见甚深，必出死力抗拒，都督务必审慎从事，万不可大意轻敌。"连曰："不必多言，静候捷音。"

农历十一月二十八日黎明，连承基、徐镜心率领民军开赴黄县，当日"光复"。清方知县闻风早逃，地方士绅推举王治芗为民政长，韩寅卿为秘书，刘漱芳为军需，张彦忱担任为民军筹集粮饷，与清军对峙于北陌（北马）前线，距黄县城30里。二三日后，青州府镇台叶长盛派其标统玉振率兵一旅与民军接触。清兵配有大炮、机关枪，民军仅有步枪七八百支，暨手枪百余支与自制之炸弹等，相形见绌。加以连、徐两人不谙军事，玉振士官毕业，连、徐非其敌手，旋即败退。

清军陷黄县，杀戮甚惨，将民政长王治芗杀害，斩首悬挂城楼示众。玉振将俘虏民军一律斩于壕沟。连、徐一面急电登州出援，连夜退回登州。刘艺舟不知去向。我与邱丕振计议：登州无兵增援，且无人主持后方防守事宜，登、黄距离咫尺，清兵朝发夕至，危险万分，何以应付。邱不得已，亟招集残余及临时募兵一营，以辛少伯为统领，驻扎南门里镇署，自称鲁军北伐队总司令，严守岗位。我对邱言：敌兵压境，非有援兵不能挽救危局，应急电南京大总统孙中山先生。邱以为然，遂拍电。得复，允派海陆军来登救援，先派海琛军舰来登，以张声势。翌日，南琛军舰亦到，停泊海上，但无海陆军登陆。此时连承基与徐镜心亦自前方狼狈回登，立即在军政府开会，讨论防守计划。连承基以邱自立番号，与邱言语龃龉，不能合作，徐亦无法调停。于开会之际，连承基与其部属韩盖唐言辞愤激，颇有侵及邱丕振按兵不动、坐视不援之语。邱闻此，与其八弟殿武、九弟子厚各执手枪，怒目直视，环行会场一周，直趋无语而出。连知事不可为，当众宣告辞职，约同徐镜心连夜赴烟台。徐濒行时告我："以后局面凡无渠委派命令，一概不能承认有效。"言毕与连匆匆同去。

黄县北陌（北马）前线玉振与连承基战斗激烈之时，清帝已下诏退位。玉振击破连承基，炮轰黄县城垣，残杀黄县民党，扬言克日进取登州，以恢复清朝之势力，此中蛛丝马迹不难寻觅。盖袁世凯以登州形胜之地，不甘落于民军之手，仍欲一举夺回，以便议和时讨价，避免南方民党要价太苛，故而嗾使玉振演成黄县之惨剧。幸而陈其美奉临时大总统命令，派海陆应援登州。先派海筹、海容、海琛、南琛陆续开赴登州，停泊海上，一面又派招商局四大海轮新铭、新昌、新济、泰顺四轮装运陆军，命刘基炎统率，开赴登州应援。

连、徐自黄县北陌（北马）败退回登，关外绿林军队皆无衣无褐，仅发一月之饷，败军涣散，恐有哗变之虑。登州人街五步一岗，十步一警察。败军退驻府衙，连、徐派我前往宣慰。走进府衙，我乃命站队，宣布军政府及地方之德意，并立命以炭火取暖，炊饭果腹，军队全体感戴安慰。宣慰毕，并去到西大寺及城隍庙宣慰，而全城秩序安静，匕鬯不惊，并无强买强卖及骚扰抢案发生。东北绿林，义气深重，纪律森严，令人可佩。

连、徐赴烟台后，沪军源源而至。我乃拄杖偕姜伯铭上船，先上海琛军舰，见过海军司令杜锡珪，请其开赴黄县龙口，鸣炮示威，牵掣北陌（北马）清兵后路。并登上新铭、新昌，催促沪军登陆，迅速开赴黄县前线，以救登州危急，彼一一应允。当时沪军有3个和尚下船，问我城内有何寺院可以驻锡。我告以大佛寺或稽古寺均可。后侦知乃沪军之侦探员。刘基炎司令登陆设司令部于登州中学堂。当晚夜三鼓，柳仲乘、葛式瀚、陈伯夏、辛甄甫等，代表地方绅商，请求沪军星夜开赴前敌，以救眉急。

翌日凌晨，我与柳、葛等士绅前往司令部送行。沪军三四千人，全体出发，齐唱军歌，由西大街出西门，步武整齐，并肩荷辎重、机关枪及木梯子，以备登城之用。斯时，北京已宣布共和。黄县玉振乃不战而退，并通知沪军云："因有关东土匪扰乱黄县，并非革命军，因而进兵剿除，现已潜逃无踪，市民不惊，我已收兵而退，让贵军进驻城内，我等毋须因此失和气。”这时 4 军舰（南琛、海琛、海容、海筹）驶抵登州，沪军源源开到，清兵自黄县撤退莱州，胡瑛始到烟台，并派其代表杜潜到登州宣慰，邱丕振不与接洽，不得要领而去。

邱与沪军司令刘基炎，曾在日本士官军校同学。因刘在东京开过旅馆，邱亦不屑为伍，虽刘解登州之围，而同床异梦，貌合神离。胡瑛虽莅烟就职，并无基本军队可靠，不但邱不承认其为都督，即刘基炎亦不称其为山东首领。幸连承基、徐镜心自黄县同往依胡，乃改派连承基为山东北伐军总司令，收拾其东北余烬，赖以自存。然连承基之司令，与邱丕振之鲁军司令番号雷同，亦不免冲突，故邱不称胡瑛都督，而呼之曰“胡涂都督”；胡莅任甫旬日，即派其总务部长徐镜心，偕其民政部长王丕煦，乘舞凤兵舰赴登州宣慰。徐、王甫抵登州下船，而沪军即在北城门加岗，并出布告云：闻有少数土匪潜至城内，因恐影响治安，故派军队守城门。邱丕振以沪军喧宾夺主，亦以公函通知沪军云：“贵军布告所称之土匪，吾亦早已侦知，不足为虑。贵军乃客军，不劳越俎代庖。北门之岗仍应由鲁军掌握。”以此，邱、刘两人意见甚深。

清兵不敢进攻登州，保住城池安然无恙，沪军以此居功，予取予求，需索无厌。邱丕振不能扩充实力，亦不敢以东道主人自居。有一次军政府召集地方士绅，于晚间开一大会提倡剪发。是日我与民政长葛式瀚、司法长柳仲乘均到会，群众均注视财政长宋赓廷、刘雨屏、葛式瀚 3 人，既任要职，均不应仍留发辫。有一少年孙震北，乃海军子弟，血气方刚，持剪正在强迫。争执之下，突然枪响。

孙震北肋下已中一枪，门外岗兵亦自窗外鸣枪响应。我登讲台桌上大呼停止鸣枪。沪军持枪进内，询问何人敢于开会时鸣枪，并问门岗："谁令汝开枪？"门岗答以辛大人命我开枪。于是沪军乃将鲁军统领辛少伯传去看管一夜。翌日邱丕振要求释放，辛亦愤而辞职。邱本驻镇署，至是乃解散全部鲁军，迁居学宫，不时到吾家访吾闲谈，亦为沪军注意。忽有一日，沪军请邱丕振至北门里司令部晚餐，刘基炎云："我愿与老同学抵足作竟夜之谈。"是夜邱未获出，司令部已作长期优待软禁矣。邱之诸弟均亦无法可施，潜踪赴烟台，求徐代为设法。元宵节过后，沪军需索诛求，募兵购枪，扩充势力，添招警卫军一团，又添派副司令为方日中，统领为唐之道。当时军界要人如徐树铮、张文通、王金钰等，均曾来过登州与刘基炎往还。袁世凯并拟畀刘以二十一师团长之职。

我因徐镜心之召，民国元年 3 月 29 日到烟台。孙震北告我，徐镜心以山东都督周自齐电召，匆匆赴济南，濒行留下路费 20 元，嘱我即赴济南。我即由烟转青岛搭胶济火车到济南八旗会馆晤徐。徐云："斯时袁世凯已将烟台都督府取消，新命周自齐为山东都督，所有登、黄革命有功人员，均到济南在都督府稽勋局登记，论功行赏，从优议叙。此乃袁牢笼革命党之手段。汝观八旗会馆，陈设富丽堂皇，乃洋务局总办刘宠惠奉命铺张，为沪军司令刘基炎下榻之处。刘在此住过三五日，已晋京见袁听候改编。"我问刘何以离登州到此？徐言："闻沪军不久发生一次兵变，开枪将刘基炎额角击伤，幸未致命。原因则不详悉，或恐因搜刮太过，分配不均，以致人心愤激所致。其详情方日中与唐之道二人当然知晓。刘此次晋京亦必结束解散，因经此次打击，其威信已扫地，恐不堪再任师团长矣。"

后闻曲同丰、王金钰均为解散沪军而到登州，曲并常驻烟台，已发表为烟台地方长官。所有革命军队均为其解散。周已发表徐镜心为济东泰武临首道，徐坚辞决不就职，嘱我偕邱丕振兄弟3人暂住八旗会馆，以待后命。登州耆老士绅在山东省议会召集同乡会开会，公举我与徐、邱为山东省议会议员。邱欲筹工商业，对议会不感兴趣。我以蓬莱只有一个议员缺，应推让我族兄孙丹黻担任。因我兄充任登州同乡会长及济南中学校长，乡望夙孚，我不应先兄而据斯席，后不知徐对周如何推举，竟发表我为曹县县知事。前任知事，以办理不善，激起民变，死于非命，悬缺已久，我则置若罔闻。

未及匝月，济南又发生兵变。平定之后，又经过一月之久，周忽传见，我即往谒周，以我久不谢委，大摆官僚作风，问我何以久不莅任。我答以素无政治经验，不敢遽膺大任。渠言："君为革命倡议有功，不应畏难退后，若以大县恐不胜任，则可以改委小县，毋再固辞。"我则唯唯。斯时各省复辟之谣甚炽，徐镜心乃约回教之领袖第五师长马龙标、军政执法处长满洲籍赓勋，公同组织一大同会。会员以创办实业、发展工商业、筹划五族生产为前提，即在八旗会馆开大会，公推马龙标为会长，徐镜心、赓勋、邱丕振、王丕煦为副会长。邱对此颇热心，与其八弟殿武、九弟子厚拟开办织袜及棉毛衣衫工厂，并先倡办济宁州电灯公司。阳历6月，周命藩台王丕煦委我为高苑县知事，我仍不拟就职。徐乃浼我族兄再三劝就，我迟至7月始到任就职。

民国2年二次革命失败，徐镜心、邱丕振为袁世凯最注目之人。当时徐以省议会副议长被举为北京参议员。宋教仁被刺后，徐曾在参议院首倡弹劾袁世凯、查办赵秉钧甚力。及至二次革命发生，主张讨袁尤为激烈。对广东胡汉民、江西李烈钧、安徽柏文蔚三督，暗通声气，益招袁之忌。袁乃密令其爪牙陆建章，逮捕于日人所办之《顺天时报》馆，搜出手枪后，严刑讯问，三木裹头，五刑备至，体无完肤。而徐大骂袁世凯，慷慨就义。

邱丕振以山东吴大洲潍县起义嫌疑，袁授意山东督军靳云鹏，以莫须有冤狱，枪决于济南西门外。邱步行至刑场，从容不迫，与其兄诀别，再三告以吾国陆军之枪械决不足以对外，应迅速向政府献策改良，否则不久日人侵略入关，吾国势必一败涂地。复向其九弟、十弟再三叮咛而后就义。斯时其八弟殿武已闻其兄噩耗而病殁矣。我与徐、邱两烈士，首倡山东革命，屡共患难。于两人就义时，毫无所知，不能营救，于两人临难时，未及执手诀别，至今言之，有余恸焉。

（选自全国政协文史资料研究委员会编《辛亥革命回忆录》第5集，中国文史出版社2012年6月第2版）

辛亥山东独立记

王墨仙*

清宣统三年（1911 年）八月，武昌义军起，山东党人密谋响应。九月二十二日，在济南省城谘议局大会场开成立山东独立大会，举孙宝琦为山东都督，贾宾卿副之，通电中外，宣告独立。十月，袁世凯入京当国，即派山东布政使胡连轩（建枢）代理巡抚，以武力取消独立，改派张广建为山东巡抚，吴炳湘为巡警道，逮捕党人，封闭报馆，解散学校，党人星散，独立取消。袁世凯入京后，刻刻以弄权窃国为主义，陈兵江上，忽战忽和，无非利用机会，恫吓清廷，迫之出于退位的一途。又极不愿民党势力在江北发展，

* 王墨仙：时任山东教育会长兼优级师范学堂监督，后任北洋政府陕西教育厅厅长，山东省教育厅、实业厅厅长。
新中国成立后，任山东省文史研究馆馆员。

遂视山东独立为眼中钉。笔者身亲其事，见闻较切，泚笔书之。

当阳历1906年，正清德宗三十二年之顷。尔时尽力废除科举制度，改会试全国进士，而为举贡会考；又前遣派留学生，亦于是年毕业回国，同时考试。直隶孙洪伊、四川邓熔辈，联合南北人士，公开讨论，上书政府，请求开国会，立宪法，推代表晋谒当局，陈说利害，至再至三，当局迫不得已，乃有九年预备宪政之谕旨，一般人士以为清廷毫无诚意，仅是掩耳盗铃之计耳。

自九年预备之令下，各省纷纷请愿缩短年限。请愿代表属山东者，为黄县丁佛言名世峄、泰安赵新儒名正印、曹州宋尧臣、韩石沄、济南方慰农名作霖，安丘周剑龙名树标、王墨仙名讷，请愿立宪的潮流和济南各学堂的一部分革命运动，汇而为昙花一现的辛亥的山东独立。清末省垣有专校四，一法政学校，一师范学校，一农林学校，一高等学校，此时不曰学校，曰学堂。法政学堂监督河北孙念希，举人，留日学生，同盟会员，其教员则丁佛言、丁鼎忱、李伯申、王志勋、周剑龙，皆留学法政专门毕业；学生则王者塾字乐平，杨明漪、邓松平、孙水平等，此校师生参加革命者居多。

师范学堂监督为王讷，字墨仙，安丘人，清举人，为民政部主事，孙宝琦奏调回籍办学，遂任是职。其教员除少数日本教师外，其他皆留学东西洋毕业回籍者，如綦衍麟、丛禾生、谢一尘、姜制中，皆为同盟会员。山东独立一幕，师生全体参加。农林学堂和高等学堂学生亦多有参加者。其余还有私立公学，革命性更为热烈。

山左公学在省城北杨家庄，尔时私立学堂都称为公学，实为党人联络通信处，高密刘冠三、潍县刘金第等创办，安丘刘子丰捐银1000两以为创始，学生至四五千人，刘冠三为校长，此校师生致力革命事者甚多。其他如酆洗元主办胶莱公学；谢一尘主办烟台东牟公学；王谢陈主办武定棣州公学；王鸿一主办曹州普通公学；皆为革命秘密机关，收效甚大，学生被牺牲者亦甚多。上述各公学大都成立于清光绪末年，是时清政府奖励私校，地方人赞助私校，党人利用机会，借私校为藏身之地。青岛有震旦公学亦私立，实为民党来往机关。于是各地私校云涌风起，一时称盛。私立选科师范亦于是时成立，校长为王景禧，临沂人，清翰林。

辛亥革命的口号是“打倒清廷帝制”，较之君主立宪又进了一步，同盟会中人提倡最力，其实非同盟会中人参加的也甚多。山东辛亥独立情形便是如此。1908 年，法政学堂监督易为莒县庄心如陔兰，清翰林，与师范监督王墨仙合作。庄、王二人暗中已加入同盟会，秘密组织革命活动，而以丁佛言、周剑龙、赵新儒等为中坚分子。清末登州总兵夏辛酉之子夏溥斋继泉在济，亦联为一气。师范学堂内有监督院，四围有垣，外不通风，常为党人秘密会议之地。师范学堂是时特设一体育专修科，黄县姜制中为专任教员，此科学生参加活动者极伙。

山东陆军除新军第五镇外，尚有巡防营，其营长称为统领，聂宪藩、孔庆塘等任之，其驻扎地方为济南、登州、沂州、曹州。济南省垣有机关曰巡防营稽查处，侦探长名张自新。有党人刘溥霖等 10 余人在商埠设有机关，在莱阳人于连三家中，为巡防营侦悉，夜间以兵围其宅，声言捕盗，革命同志蓝玉昌当时中弹死，刘溥霖、孙绍周、王鸣双、萧香坡等皆捆绑入防营。此 10 余人大半皆师范学生，学校监督王墨仙往索不得，高等审判厅、检查厅合组法庭审理。刘溥霖等供状，洋洋洒洒至数万言。开审时，地方人士旁听者至数千人，亦可见当时之民气矣。

山东抚院，原系明德王封藩之所，明亡后，乾隆年间又将青州衡王故宫花石运济，官廨屋宇，备极美丽，院内有名泉 10 余处，西南至东北角水池甚大，可以行船，水边有极幽雅精室一所，名为“杨烟芦雪之榭”。当江南各省风声鹤唳之时，法政、师范两校均受暗中军警之监视。法政教员丁佛言说孙抚院，文案楼辛木兆梓介见，谈话于精室，佛言备陈利害，娓娓千言，孙抚院颇为动容，但尚未有所表示。山东提学使为云南陈荣昌，是时王墨仙以山东教育会长兼优级师范学堂监督，与陈甚相得；总务科长为泰安赵新儒，为学使所倚重。一日雨夕，王以校事见学使，谈久，雨适大至，遂作长谈，心如亦在座，王因详陈中国大事及江南党人消息，陈亦未予反对，但云：“将与抚帅言之，我固不能赞成革命，亦不敢反对也。”说者谓后来山东独立之易，此两次之谈话颇有关系。

武昌已宣告独立，党军急攻南京之时，在济同人认为时机已到，秘密集会多次，于九月二十日公推代表丁佛言、周剑龙、杨明漪、王墨仙等 5 人，赴辛庄谒见第五镇协统贾宾卿，接见后，首由丁佛言等陈说利害及现下局势，贾绝未反对，只云：“已见抚帅否？”代表等答以“尚未见。”王曰：“抚帅无直接兵权，易与耳，今日之事，一言而决在明公矣！”贾乃慨然承诺，并许以亲往代劝抚帅，请其赞成，欢然而散。代表等辞出回城报告，无不大快。当即开会分头筹备，佥谓不宜太缓，缓则生变，决定于二十二日在谘议局大会场开会，宣告独立，并以电话告知五镇，其他乃无所通知，恐生枝节也（谘议局即今日人民代表会议议场，宣统元年，中央设谘政院，外省全设谘议局，议长 3 人，一为济南杨毓泗，一为潍县于普源，一为沂州王景禧）。

二十二日午后，党人分别筹备，电话通知五镇及抚帅，是日午后3时开独立大会，党人陆续集合，到会者约万余人，贾宾卿偕孙抚帅如时而到，即在大会场宣布开会宗旨，丁佛言首先大呼："举孙宝琦为山东都督，贾宾卿为副都督。"全场掌声雷动，并议定通电全国。又决定组织山东独立会，以夏溥斋为会长，即在会场后北楼下为办公室，党人欢呼"山东独立万岁"而散。散会后，师范学堂全体学生整队游行，山东独立大旗前导，集合于公园，演说独立之意义，欢声雷动。党人中坚分子又集合于溥斋宅中，议定次日开会，全体即刻剪发，星夜各校学生大半剪发，闻风兴起，极为顺利。并决定组织机关报，名曰《齐鲁公报》，即晚出版，以王墨仙为总经理，赵新儒为总编辑，李子元为编辑，蔡春潭为外勤记者，李冼陈为庶务会计，二十三日即日出版，地址设在司家码头望远楼。

独立后，当晚孙抚召开司道会议于珍珠泉上珠泉精舍，旗籍大员都相对无言，枯坐数刻，相率散去，至有大哭者。只学使陈荣昌未去，孙抚曰："情形如此，今日之事将何如？"陈朗言曰："今日革命局面已成，我意只有电奏中枢，劝即退位，或可保全皇室。此为最后之一言，亦为最后之忠谏，公以为何如？"孙曰："我们意见相同。"即于袖中出一电稿，陈曰："我亦备有电稿呈阅。"遂共同酌定一稿，即夕发出，相揖而散。次日孙即出署，将印交于布政使胡建枢，后由余道则达暂时护理抚印，孙移住德国医院。陈于次日留函一封于办公室内，乘车去青岛，并外有一函致赵新儒、王墨仙。略云："我来济数年，与二公最相得，临别无所嘱托，我有铁公祠联一副，请将来为我悬挂祠内留为纪念，即烦墨仙代书何如？文曰'风景佳美哉！明社虽亡，明湖尚在。'下云'河山犹是也！

铁公已去，铁人又来。’盖余自号铁人也。”云云。

十一月，袁世凯派张广建为山东巡抚，吴炳湘为巡警道。抵任后，即派警布机关枪于独立会门首，一面搜捕党人，党人一时星散。《齐鲁公报》对张、吴二人大肆抨击，并宣传党军势力，已触张、吴之忌。一日，王墨仙撰一联曰：“吴添一口只知哭，袁去上头便是哀。”登于公报，张、吴大怒，乃以捏造军情摇惑人心请革职法办等语电民政部，一面将报馆查封，将记者蔡春潭捕去。吴炳湘亲带武装警察数十人直到师范学堂办公室，谓王墨仙曰：“尔知大帅手谕乎？”王曰：“不知也。”即自靴筒中抽出一纸条，朱书曰：“《齐鲁公报》捏造军情，勾通土匪，摇惑人心，不法已极，着即查封，禁止发行，并将记者逮捕法办。”吴高声诵毕，又曰：“我已将该报查封矣，并将记者捕获，但编辑人在逃，尔为总经理，应负责任交出。”王曰：“我负全责，听候处分可也。”吴即立起曰：“然则尔须到警厅一谈，能即刻去乎？”王曰：“少停即到，请先回。”吴即趋出，愤愤而去。王乃至法政学堂告于庄心如、丁佛言，佛言曰：“看情形必已电民政部请示，似尚未奉到部文，故未敢逮捕，速速避匿为是。”庄心如亦大赞成。王乃送信于赵新儒，令其即刻离济。是时学堂内聘有日籍教员曰丰田孤寒（字松岩），有住宅在商埠，往投之，叩门，丰田出，握手寒暄毕，曰：“早知有今日矣！赵新儒已赴天津，教员范明枢昨夕即来报告，一切情形我尽悉，已为留一住处，即在对门。”此时友辈星散，只范明枢偕老仆陈福调查消息，夜深秘密报告而已。

当《齐鲁公报》未封之前，张广建、吴炳湘大备筵宴，约请地方人士宴于公园，党人乃于坤顺门途中抛炸弹一枚，炸吴炳湘未命中。

1912年1月1日，孙文在南京就任临时大总统，布告中外，称为中华民国元年。山东党人成立山东同盟会支部，组成临时省议会，以高密刘冠三、莒县庄心如、安丘王墨仙为议长。袁世凯派周自齐为山东都督，周字子廙，本曹州籍，宦居广东数年，袁之老友也，以其原为山东籍，乃以为山东都督。子先派人专函来山东征求议会意见，议会复函承认，周自齐于是以旧抚院为都督府，夏溥斋以乡谊关系表示协助，广东杨晟以外交老手任外交司，日照丁孔璋为巡警道，秘书则楼辛木、姚鹏图等，监司大员则由地方公推。此时同盟会在议会几乎全体一致，但只注重教育权，只要一个提学使，以王鸿一任之。布政使则莱阳王丕煦，劝业道则博山石金声，提法司则历城范之杰，一般翰林、进士、旧官僚、地主结成了团体，后来组成了共和党，后又改为进步党，以张公制、丁佛言、侯延爽等为首。同盟会则改组为国民党，以徐镜心、丁惟汾、庄心如、王墨仙、刘冠三、谢一尘等为首，称为国民党鲁支部理事。

烟台都督府与济南都督府的合并，省议会和政府双方议以王墨仙为代表，赴烟台商榷一切，烟台民党亦赞成让步取消都督府，山东政治始归统一。当时烟台党人全部来济，一致安插，于是省议会又改选，加入民党多人，以曹州张映竹为议长。庄心如辞职，任都督府秘书长。袁世凯就任临时总统，议会法颁布，山东省议会又改选，以共和党张公制为正议长。

（选自山东省政协文史资料研究委员会编《山东文史资料选辑》第12辑，山东人民出版社1981年9月第1版）

胶东地区起义经过

崔士杰*

我在日本留学时期，孙中山先生曾数次到日本鼓吹革命，作过多次公开的演讲。我听了演讲后，深深感到只是求学不能救国，必须推翻清廷政府的腐朽统治，才能使国家富强起来。因此，经人介绍参加了同盟会。

当时，中国青年在日本留学的不下两万人。其中山东留学生为数不少，最多时曾达千余人。中国留日学生如此之多，同盟会的会员亦逐日增加。中国的留日学生仍得半公开的进行反清的革命活动。武昌起义时，我正在九州熊本县日本国立第五高等学校（帝大预科）读书，在校的中国学生共有七八人。革命爆发的消息传来后，我们

* 崔士杰：时在山东都督府从事军事和外交工作兼书记，后任南京国民政府山东省政府委员，济南仁丰纱厂董事长。

大家就共同商议回国参军，我是山东人，所以就搭轮船直奔青岛了。

到青岛后，适值山东同盟会员徐镜心（号子鉴）等人筹备起义。于是我就参加了他们的组织。这时，长江以南先后响应，长江以北人心虽亦动摇，但因袁世凯态度不明，所以仍维持原状。我们就决定先在烟台起义，再由烟台沿海西进，直捣济南。我未到青岛以前，徐先生等人原决定以青岛为根据地一直西进。我到了以后，便得到青岛德国占领者与清廷勾结的消息，而清廷大臣恭亲王已来青岛，袁世凯的亲信徐世昌也随之而来。我们分析了这种情况，认为如果在青岛起义，恐怕清廷王朝与德帝勾结进行破坏，所以大家都赞成另找根据地。经过再三研究，才决定在烟台起义。

两支手枪“光复”烟台

我们虽然决定在烟台起义，但困难很多。当时，在青岛参加组织的不足 10 人，经济都有困难，幸徐镜心先生人地较熟，便由徐先生设法捐借了少数的款子，准备了一点行装，就打算动身去烟台。正在这时，忽得到派往烟台的侦察人员报告，说清廷驻烟台的东海道尹已经逃跑，只有一只小炮艇的艇长王传炯还在烟台维持秩序，他躲在烟台海关内不敢出来。我们得到这个消息，自然很高兴，就立即动身。当时我们 10 来个同志只有两支手枪，清廷官吏军警听说革命党来了，都吓得逃避一空，我们毫不费力地占领了烟台。占领之后，立即成立了革命军临时政府。一方面布告安民，一方面拍电报告武汉政府，要求派人来领导革命。而后得到武汉革命军政府的复电，祝贺我们的胜利，并给予了我们很大的鼓励。从此武汉、烟台两地便有了联系。一直到我们“光复”了登州、黄县后，武汉革命政府才派胡瑛来烟台做都督。接着蓝天蔚也由东北来烟，商启予由河北省来烟。他们来到烟台，成立了革命指挥机关，大家分头活动，预备在华北各地发动起义。烟台俨然成了华北的革命基地了。

大连搬兵

我们初到烟台时，还不知道烟台道尹衙门已经空无一人，因此没有直接进驻，就在道尹衙门南面的一个商业学校设立临时机关。接着，接收了当地警察的20余支枪，充实了我们的武装力量。不几天，许多向往革命的人，听到烟台起义的消息，便从山东各地陆续来烟。我们的组织一天天扩大。但是实际上武力却异常空虚，除了一些热血沸腾的革命青年和知识分子外，既缺乏武装部队，又无基本群众。正在这时候，去大连联络的连承基、刘艺舟、李惺斋等来信说，已与南满的一部分关东“胡子”联系好了。这些关东“胡子”愿意回山东来参加革命，有500余人，每人持有匣子枪两支，能攻能打，长于射击，只是无法运输，因此切盼能派一精通日语者去大连设法解决运输问题。徐镜心先生阅信后，即派我去大连。我接到这个命令，又喜又惊，因为这是我所接受的第一个命令，而且任务艰巨，事关革命的成败。我能为革命做这件工作感到自豪，但同时又感到为难，因为我到大连是人地两生。当时我犹豫不决的神情，被徐镜心先生看出来了，他首先鼓励我一番，并且指出这是军事命令，令出必行。徐镜心先生的态度很严肃。因此我立即表示接受任务，即刻动身去大连。徐先生这时才露出了笑容。我遂即向他建议说，若一旦运输成功，可先不必将兵运烟台，以直取登、黄为宜。他考虑以后，即表示同意我的看法，这个问题便这样决定了。

我虽然接受了命令，但究应如何办理，尚心中无数。我一个人在屋内走来走去考虑这个难题。忽然想起日人在烟台设有《芝罘日报》，该报社的社长桑贞治郎同我相识，何不去找他想法介绍几个在大连开船行的人呢？于是我就跑到《芝罘日报》社去看桑贞治郎先生并请他帮忙。他果然为我介绍了几个日本船行的负责人。我取得他的介绍信后，于第二天便搭船去大连了。

去大连的当晚，刚上了船，在海中就看见烟台市内一片红光，我估计是在我们机关附近出事了。后来才知道这是那个炮艇艇长王传炯奉袁世凯的密令来解决我们。但是因为我们的机关正在日本人所办的《芝罘日报》对面，日本人怕他们的财产受到损失，便出面干涉。王传炯是最怕日本人的，因此便停了火。我们的机关因而未遭到多大损失，只不过死伤了几个人而已。

我到了大连后，即见到了连承基（字绍先）、刘艺舟（湖北人，以唱戏为掩护）和李惺斋（山东胶县人）等。他们住在大连的一个戏院内已经好多天了。见面后，我即问他们所接洽的队伍的情形，也汇报了“光复”烟台的经过。接着就谈到了队伍过海南运的问题。他们说队伍已接洽好了，共500余人，多半是山东人。其中有散兵游勇，也有原到东北来谋生的流民，都是迫于生计才铤而走险的。他们枪支俱全，勇猛善战，本来盘踞在东北金、复、海、盖一带，现在都愿意回老家干革命。所难的就是运输问题，并问我怎样把兵运走。当时我虽然还没有办法，但怕他们失望，就装出胸有成竹的样子告诉他们说，“只要队伍接洽好了，我便有法把兵运回去。”我说是这样说了，却是一点把握也没有，脸上也不敢露出难办的样子。看他们的样子好像很是放心。因为我和他们是初交，尚不了解他们办事如何，便问他们可否把带队的人介绍给我。他们也答应了，我这才放心。我又告诉他们，因为我这几天需要去联系船只，不能常来，请他们把队伍人数切实弄清，以便有船就走。

同他们分手后，我便拿了桑贞治郎先生的介绍信到大连商船株式会社接洽。该社的负责人一看到桑贞治郎先生的介绍信，就对我说，"大连、烟台间来往的船只只有两条，一是 18 号'共同丸'，一是 20 号'共同丸'。前者载货不载人，后者人货俱载，且吨数较大，若人多时，最好乘 20 号'共同丸'。"他给我介绍了 20 号"共同丸"的船长，又告诉我该船长的住所。

我离开大连商船株式会社，便立即到该船长家中拜望。因为我持有该公司的介绍信，他对我招待得很殷勤。我当时还不便将来意向他说明，只得谎称我是跟人跑生意的，我的东家有一批大豆要运往烟台，请他们多多帮忙。他回答我说，这事很容易，几时要走，事先通知他便可。我告辞时，他同他夫人都一再约我来他家玩。我看这个船长和他夫人对我态度很好，我就常到他家去，有时也送他们一点礼物，他们有时也留我在他家吃饭，渐渐地熟悉起来了。在交往中，我就有意识把当时中国革命的情形讲给他们听，他们对中国革命颇表同情，我就乘机把运兵赴山东登州的真实情形告诉他们。船长表示愿意帮忙。只是因为 20 号"共同丸"的航地是烟台而不是登州，如转地航行，则非经大连日本海关批准不可。经过两三天的研究，我提出一个办法：我们买去烟台的船票上船，开船以后，即以兵变的方式，在船行途中强迫该船转赴登州。这样做，使他能推卸责任。他考虑多时，同意了这个做法，并约定上船日期。我向他保证，若因此事而对他的工作发生影响，可辞去船长职务到中国来做官。他欣然同意，并嘱我千万要保守秘密。事情就这样决定了。

船找好了，运输问题解决了，我即回到戏院与连、刘、李等人接头。当即确定了上船日期，按时买票带队上船。当时原定上船的人数约 500 人，但实际上船的只有 300 多人。

20 号“共同丸”开出大连后，船行至中途，时已深夜，我们带队的大队长问一个船员船往哪里开？此人说是开往烟台。大队长便率领众兵闹了起来，质问船员为什么我们上登州而船却开往烟台？当时人多口杂，你一言我一语，吵闹不休，一定要这只船开往登州。同时把枪都掏了出来，表示如不把船开往登州，便打死这个船员。船长听说以后，假装要打电报向日本政府报告，并表示不能开往登州。这时大队长便说，如打电报报告，就先把船弄沉，大家同归于尽。事情至此，看来已成僵局。于是我便以第三者的身份出来调解，并劝船长识些时务，以免遭受重大损失。船长装出非常委屈的样子，召集船员开了个会，无可奈何地答应了我们，因此这只日本商船便载着这一批革命的队伍开往登州。次日清晨在登州蓬莱阁下抛锚，我们 300 多人一拥下船。由连、刘二人留在船上看管文件，我带着队伍向登州镇进攻。就这样，我总算完成了任务，把兵搬回山东来了。

“光复”登黄

我们偷偷登陆以后，立即直扑登州镇营盘，以谋解决登州镇的武装军队。留在 20 号“共同丸”上的连承基、刘艺舟二人却因日船要开往烟台，船长催他们立即下船。恰巧这时海面上停有一艘美国小艇，我与这艘美艇的负责人交涉，讲妥以 100 银圆的代价，留用两个小时，连、刘等即刻携带文件移到这只美国小艇上，等待我军的胜利消息。

在登陆前，我们几个人曾研究了登陆后的计划。当时李惺斋已留在大连办理一切未了事宜，大家便齐推连承基临时主持一切，我仍负责办理一切对外联络和指挥作战事宜。因此，就由我带领着这 300 多壮士登陆了。

我们 300 多人排成行军纵队，浩浩荡荡直扑登州镇衙门。赶到时，先头部队已经占领了镇台衙门。原来当我军到达镇台衙门时，只有两个卫兵站岗，其中一个卫兵看到我军到来，要向我军举枪射击，却被我们的一个士兵一枪击掉了下颏。另一个卫兵一看大势不好，举起手来乖乖地投降了。这时，那个镇台张某还在上房内尚未起来，自然成了我们的俘虏。接着，他的海军也都缴械投降了。说来也好笑，只放了一枪，便占领了有名的胶东重镇登州。

镇台张某被俘之后，表示愿跟我们一起革命，我们当然也欢迎他参加。可是第二天一早，他便带着老婆孩子溜之乎也，但他没跑多远，又被我们追了回来，不得不死心塌地同我们一起革命。后来，他为革命也做了些工作，主要是向济南军方面作宣传。

我们占领登州后，就把留在美艇上的连、刘二人接了下来，并打电报告诉在烟台等待的徐镜心先生等人，请他们急速来登。同时，我们一面整顿队伍，布置防务；一面布告安民。不久，当地进步士绅柳仲乘等发动居民劳军，士气大振，斗志昂扬。

我们的武装力量，因收了登州镇一批枪械，较前扩大，但仍未超过500人，以之自卫尚感不足，更遑论进攻。况且，那时山东一省，除登、烟两地已经起义外，其他各地仍归清廷统治，如果清廷发山东之兵向我们进攻，将无法抵御。因此，大家皆认为应扩充武力，招募新兵。但新兵招募虽不难，没有枪炮也是无用。这时，我忽然想到曾参加甲午之战的毅军将领宋庆的家就在这里，宋庆虽已去世，其家中必然存有枪支。我便立即找人同到宋家与宋庆的夫人见了面，我先安慰她，不要惊慌，后即徐徐谈到借枪之事。她很谦和地说："我家大人死后，库中尚有马枪若干，系他生前卫队使用之物，愿拿出以供使用。"她领我们到库中去观看，态度很是大方。后即由我们的大队长带人去点收，计共得马枪80余支，宋夫人还询问我们军费如何？我即答复她经费虽不多，还能够用。又向她讲明了我们革命的目的，决不扰民，请她放心。

我把枪借妥后，即到当地士绅柳仲乘先生处，先谢他劳军厚意，又同他商量一些军事上的问题。早在辛亥革命前两三年，我曾来登州调查过沿海地势及军事部署，以备他日之参考。那时就曾在柳先生处住过一个夏天。当我在登州活动时期，曾几次被清军发觉，将对我有所行动，皆由柳先生将我掩护过去。有此一段渊源，这次来登州后，有些事便去与他商量。当我同他谈到今后的军事动向时，他就告诉我宜先取黄县，便于西进。因为这时驻在山东的清军第五师已向胶东开来，若黄县被第五师占领，登州必然大受威胁。经柳先生这一说，我也认为事关重大，便立即回到司令部与大家商议，讨论柳先生提出的这一问题。我连夜派人去烟台，将王传炯炮艇上的钢炮取来加强火力，同时又在登州募集了些军马供用。这时由连承基、刘艺舟等在登州加强了后勤工作，我就带领着自大连来登州的300多名壮士再加上在登州新募的一批志愿军，共500多人，携带钢炮一尊，向西进发，一夜之间即“光复”了黄县。

占领黄县之后的第三天，山东的第五师也开到了黄县境内。他们开到之后，并未立即向我们进攻，只是在他们防地之内向我们不时放几枪，偶尔也打几炮。当时他们驻扎在黄县城西不足20里的白马镇。后来才知道，第五师来登州的目的，并不是来消灭我们，只是阻挡我们西进，这当然是袁世凯的命令。因为袁世凯自武昌起义以后，企图挟革命以自重，向清廷王朝讨价罢了。

第五师既不进攻，我们自也不愿出去，因此便形成了相持局面。起初，他们打几炮，我们也还两炮，他们打几枪，我们也还两枪，后来我们连应付也不干了，因为弹药少，不敢乱用。

这样相持了几天，我们倒怀疑了起来，恐怕他们要从两侧进兵来包抄我们。于是我就催促山东革命军政府转请武昌革命军政府，火速派兵来胶东支援。经过多次函电催促，最后，武昌革命军政府才派了一个连左右的机枪队由刘基炎带领来到胶东。武昌派来的人虽不多，却使我们人心为之一振。我们与第五师相持的局面，一直延续了数月之久，直到南北议和成功，战事也就自然停止了。

在南北议和之前，中华民国临时大总统孙中山先生委派的山东都督胡瑛也来到烟台。于1912年春成立了山东革命军都督府。从此，山东起义的人心才算稳定。可是在这个时期，革命军中无形中产生了一种新旧之间的矛盾。在军事方面，刘基炎一到黄县很受大家欢迎，都希望他处处开诚以支援我们西进。我们曾数次催请他同我们进攻，他并不表示意见，有人认为他别有用心。于是一般人的情绪就逐渐低落了。同时，烟台都督府业已成立，遂有一些文人渐渐由战场转回烟台，战事就由刘基炎指挥了。在政治方面，胡瑛的态度与刘基炎的态度也是大同小异。胡瑛的言论和措施，却与清廷政府的旧官僚如出一辙。关于革命应如何进展，既没有提出任何新的意见，也未曾与大家公开研究，只是躺在大烟床上与一些新参加革命的投机分子胡扯罢了。胡瑛组织都督府时，除少数同盟会员参加外，其余多是一些革命的投机分子和企图浑水摸鱼发财致富的人。因此，有些血气方刚的青年对他有意见。可是大家尚知大体，因为清帝尚未退位，革命尚未成功，一切都能容忍下去。后来有一个黄县人丁佛言见此非常愤慨，乃提出控告，因而有不少人如张岩南等，都被送交法院治罪了。

山东革命军都督府的撤销及革命军队的改编

山东革命军都督府成立以前是徐镜心先生在烟台主持革命军政府。胡瑛自武昌来烟台后，就正式成立山东革命军都督府，徐镜心先生只担任有名无实的顾问一职，我则仍与前一样，担任军事和外交工作。这时，南北议和的空气非常浓厚，人心已有点涣散。到了1912年夏末，袁世凯已就任第一任大总统，夺去了一切权力，山东的革命政权自不能例外，于是他就派了陆军少将曲同丰和上校参谋长王金钰来烟台改编军队，接收队伍。王金钰是我舅舅，他又知道这部分队伍是我由大连带过来的，同我的关系就更加密切，因此，他找我参加改编，曾劝我仍旧带领。我当即借口仍欲回日本留学，坚辞未就。以后，他们就把这批队伍改编成了一个旅，派连承基为旅长。但在连承基就职以后，即奉召赴京晋见袁世凯。不料，连承基在天津一登陆，即被活阎王陆建章派人在码头上把他暗杀了。我当时认为革命已革完了，就又回日本去重当学生。

袁世凯既已掌握了山东的军权，在政治方面也进行了改组，首先撤销了山东革命军都督府。都督胡瑛也准备离去，可是胡瑛走前又闹了一出笑话。他在都督府被撤销后召集大家开了一个会讨论遣散的问题，在会上主要是讨论遣散费的问题。他的亲信安某在会上阿谀逢迎地说，“遣散时，所有款项应先尽都督取用，其余人员有款则给，否则各请自便。”这个消息一传出，许多人都怒火冲天。这时，原济南陆军小学毕业的10多名青年军官，由贺丹墀领头来向胡瑛提出抗议，正好遇见安某，大家一腔怒火便泄在他身上，当时把这个胡瑛的亲信痛打了一顿。胡瑛见此情形，知道众怒难犯，便无可奈何地拨出一笔款子，平均发给被遣人员，事情才未闹大。

我在烟台时，也曾经手了一些钱财账目，因此当我去济南转日本以前，便把经手的一切钱财账目都在《芝罘日报》上登出，然后才走。

1962年7月

（选自全国政协文史资料研究委员会编《辛亥革命回忆录》第8集，中国文史出版社2012年6月第2版）

辛亥革命“光复”烟台、荣成的回忆

张济人 *

辛亥八月十九日（1911 年 10 月 10 日），武昌义旗一举，全国响应。此时，我正在山东省登州蓬莱中学读书。监督（即校长）刘鉴清（荣成县人），系山东第一期高等师范学堂毕业生，“中国同盟会”会员。乃约集师生中同盟会员 20 余人，记得有我，荣成县的同学肖兰舟、张松生、梁丕勋、王向五，蓬莱县的同学杨振声、曲培礼以及曲心斋、梁鹤泉等在蓬莱阁上，召开秘密会议，计划起义。因登州府知府文祺（满族）控制的水师营是保皇顽固派，我们没有武装，故暂不惊动。先组织“革命先锋队”，加入烟台革命团体，待机起义。

---

* 张济人：时为山东省登州蓬莱中学学生，后任南京国民政府黑龙江省高等法院检察官，山东省高等法院分院首席检察官。

新中国成立后，任山东省文史研究馆馆员，荣成县政协委员。

农历十月底的一个夜晚，烟台革命团体，联合驻烟台新军，举行起义。枪战两个小时，东海关道台徐世光（徐世昌之弟），即乘预租的小火轮仓皇逃走。胶东半岛的重要海港烟台宣告“光复”了。革命军一面在各要区派兵镇守（多数是我们学生军担任）；一面组织“烟台军政府”，张贴布告，安抚民心。新政开始，市民安堵，商店照常营业。布告署名的是海军管带（营长）王传炯。

山东巡抚孙宝琦，在济南被迫宣布独立，但旋被撤销。革命党人暂以烟台为山东省会。由南京临时政府，派胡瑛来为山东都督，成立都督府。为了发展革命形势，乃派员分东西两路，去“光复”各县。西路领导人中有邱绍尹；我参加了东路，领导人为刘鉴清、丛荷生等，十数日间，我们东路分队依次“光复”了宁海州（牟平）、文登县。势如破竹，未遭激烈反抗。

一天下午，刘鉴清领导的革命军直奔荣成。黄昏时齐射一排毛瑟枪，打进县城，占领县衙门。清朝的县官，早已闻风潜逃。我军也未搜索，略加部署，就开会决定成立“荣成县军政府”。其组织如下：民政长刘鉴清；司法科长曲伟仑（荣成县人，清廪生，小学教员）；军务科长姜星五（名炳奎，荣成县双榜泊人，清监生，六区绅董，小学监督）；教育科长张瑞三（名俊来，荣成县崖头人，清拔贡，中学教员）；教育科员兼书记张济人（名寿溱，荣成县大泊村人，清县立宾兴学堂毕业，赠廪生，中学生）。

城乡各地工作人员如下：鞠思敏，名承颖，荣成县城里人，清附生，山东高等师范毕业，中学教员。陈莀臣，名德增，荣成县沽泊村人，清增生，县立宾兴学堂监督。李宜亭，名鸿炳，荣成县人，清附生。李子原，荣成县人，山东高等学堂毕业，县宾兴学堂教员。

李慕斋，荣成县人，山东高等学堂毕业。李仁山，荣成县人，小学教员。梁丕员，荣成县人，登州师范学堂肄业。梁延年，荣成县人，清附生，小学教员。王畹香，荣成县人，名祖荫，小学教员。张健安，荣成县人，小学教员。刘沅甫，荣成县人，中学生，刘鉴清的侄子。姚筱珊，荣成县人，清附生，小学教员。肖兰舟，名锡淦，荣成县人，中学生。张松生，荣成县人，中学生。王向五，荣成县人，中学生。

全县形势表面安静，未及一月，清军向胶东各县反攻，消息传来，形势突变。“捉秃子”的喊声沸腾乡里（“秃子”包括在新式学堂剪去发辫的老师、学生，和其他剪发辫的男子）。于是以荣成县衙门，旧书吏袁子经为首，纠合地痞流氓，以及被裹胁的农民1000余人（内有清退伍军人）拿起土枪、长矛和短刀等武器，扬言“捉秃子”“打革命党”。农历辛亥腊月二十二日（1912年2月9日）午夜，刘鉴清民政长的胞兄刘大先生（忘记名字），跑到县城军政府报告说，有匪徒袁子经等，纠集了1000多人，盘踞在城西南30里的荫子奋村，一个曾任知县的姚某家里，强令姚家捐款。听说明天（二十三日）就要攻打县城。刘鉴清立即召集有关人员，开会商讨防御办法。刘大先生也参加会议，竭力主张弃城暂避，并再三敦劝乃弟刘鉴清暂时回家（城南马山寨村，距城八九里），指挥防御。刘鉴清坚决不肯。毅然决然地说：“我不能走！我不能牺牲革命，而保自身。我走，其他同志能坚持吗？都走，城里秩序，不就马上乱了吗？”最后决议，即刻备函，去石岛请援兵；部署坚守县城，派员分赴各区，调集“联庄会”壮丁。

我因家住六区大泊村，距石岛最近，那里驻有我方一营部队。遂派我持军政府公函，立即奔赴石岛，请调援兵守城或在城外截剿匪众。我于腊月二十三日起程，行走140里，二十四日清晨赶到。傍午，石岛驻军已接到确报：土匪1000余人，于腊月二十三日晚，攻陷荣成县城，留守同志，全部被俘。

两天以后，陆续探知被俘的刘鉴清、曲伟仑、李子原、张健安、李慕斋等，连同在乡村的共20余人，都被匪徒用铁丝穿透手掌，绑到县城西门外枪杀。只有李慕斋当时应枪声昏倒未死，半夜苏醒后，向西爬山越岭，奔赴英租界威海卫。

我们这些幸脱虎口的人员，暗地联系，分头去威海卫集合。我和李宜亭先到威海，旬日间，越来越多。英国驻威海卫总督庄士敦（英国著名汉学家），对我们的停留，表示默许。总督府管事通译夏俊卿，照顾我们的生活。

李云亭之子李献廷，原在威海卫经商，介绍我们在歌妓孙爱荣家，秘密商议收复失城计划。最后决定，由李云亭（海军退伍军人）等潜往烟台，向驻烟台山东都督胡瑛，请求火速派兵剿匪，以挽危局。1912年2月，奉命派杜紫庭（山东潍县人，清附生，同盟会员），为荣成县知事，于从周为秘书。偕同营长左雨农，率队驰赴荣成县，一举而克复县城。我也被召回，仍任教育科员兼书记。

李曜亭排长，留守荣成县城。左营长亲自指挥部队，由北而南，陆续清剿各区残匪。每区择重点分驻一排兵力镇守。最后，以第六区峨石山一役，最为激烈。当时我军一个排，驻双泊村，临时又召来“联庄会”壮丁10余人补充，我随军掌管文书，也扛上一支毛瑟枪。

农历二月初，自拂晓开始，匪众约2000人，占据峨石山西北面，高踞山头，排列四五座土炮，轮流向东面二里许的双榜泊村轰击。我军与敌军众寡悬殊，乃扎稻草人数十个，穿军衣戴军帽，作为疑兵，我们队伍隐藏在浅沟里、草丘上，严密监视敌人。必要时也还击数枪，阻敌下山。我写请援书三封，由大长兄寿洪，次兄寿渭及姜某，骑着驴骡，分送石岛（在南面 20 里）、滕家集（北面 30 里）、黄山集（西面 40 多里）各驻军，请求火速派兵，来围攻峨石山悍匪。

我军的草人疑兵，起了作用，匪众始终未敢下山东进。相持至下午 4 时许，南、北、西三路援军相继赶到，四面围攻匪众。约战斗一小时，匪众不支，纷纷向山北麓小港滩逃窜。黄昏，匪众全部被击溃，遗下尸体近百具，俘 3 人。我军只轻伤 2 人。我堂舅于连基父子二人，被掳去杀害于寨前村西树林中。这时，西邻文登县革命行动，也一度失败，领导人丛荷生牺牲。

峨石山一役胜利后，荣成县全境已无匪踪。匪首袁子经逃往大连日本租界匿藏。经荣成县政府侦知后，3 次派员交涉，根据国际法惯例向日本租界要人，日方终于不得不承认土匪不是政治犯，依法引渡。1912 年秋，匪首袁子经，和他的二头目绰号“四愣”的，经荣成县政府审讯，判决死刑，立即执行，枭首示众。

“光复”荣成的辛亥革命，已经过去 70 年了，我现在 92 岁，还能为纪念辛亥革命 70 周年写回忆文章，甚为兴奋，作诗四首，以志纪念。

一

千年帝制永除根，助虐残魔亦断魂。
多少头颅多少血，铸成锐剑转乾坤。

二

披荆斩棘著先鞭，开辟新途引向前。
民主高潮正汹涌，亚洲觉醒誉高贤。

三

秋高马壮好行军，历史车轮改轨新。
革命先锋血迹在，永恒价值壮乾坤。

四

口衔天宪帝王摧，民主新章代旧规。
当道豺狼已猎获，后贤飞步向前追。

（选自山东省政协文史资料研究委员会编《山东文史资料选辑》第12辑，山东人民出版社1981年9月第1版）

同盟会登州起义纪略

孙丹林 *

先父孙丹林，名汉臣（1886—1971 年），同盟会会员，1912 年 1 月参加登州起义。全国解放后，任北京中央文史研究馆馆员。本文系根据先父手稿整理。

1911 年 10 月 10 日，武昌起义的一声炮响，轰开了清王朝统治中华民族长达 276 年之久的封建枷锁。孙中山先生领导的民族民主革命，首先在长江流域树立义旗，短短 31 天中有 14 个省纷纷独立，影响所至遍及全国。山东省也处于民主革命的高潮之中，但革命浪

* 孙丹林：时任山东都督府秘书长兼军事参谋，后任北洋政府内务部总长，上海市中国兴业银行总经理。
新中国成立后，任中央文史研究馆馆员。

潮时高时低，革命力量多次被反动势力挫败。登州、荣成虽然先后爆发起义，但为时不久即告失败，革命志士刘蒲塘、孙宗濂、丛琯珠、刘鉴清、李宪棠等人惨遭杀害。这时清王朝拟重新起用袁世凯的消息传出来，山东巡抚孙宝琦深知他的老上司袁世凯惯于耍弄两面派的伎俩，便在当年的 11 月 13 日至 24 日，以为时 12 天的伪装独立欺骗革命党人；同时又密示当局“相度机宜便宜行事”，扑杀革命党人如故。袁世凯终于出任清王朝的内阁大臣，改派张广建为山东巡抚，吴炳湘为山东巡警道（相当于省警察厅长），聂宪藩为山东盐运使（握有稽查缉捕的武装力量），逮捕民党，株连屠杀，一时反动气焰十分嚣张。

孙中山先生于当年 12 月 25 日由美抵沪，迅速组织了民国政府，并于 29 日当选为临时大总统。山东地处南北之间，举足轻重，关系革命大局。孙先生指示同盟会山东支部负责人徐子鉴（镜心），建立组织，扩大影响。

于是徐镜心遄往登州府城（今蓬莱县西关村）探访孙丹林。徐、孙是同科秀才，1905 年徐介绍孙加入同盟会。1907 年 6 月徐自东京归国，鼓动孙乘机在山东大学堂刺杀清政府派赴济南“视查学政”的学部侍郎清锐与新旧交卸的提学使连甲和载昌 3 人。孙坚信中山先生“唤起民众”的教诲，认为“即去三人，在满奴中不过沧海一粟、九牛一毛，于国事何补”，遂罢此议。徐即以筹募饷械巨款自任，孙则广泛联络革命志士发展同盟会员，为起义做准备。此次孙邀徐潜往北门的涵碧楼（北门的城楼）密谈。徐以“首先起义地区究以何处为宜”相询。孙分析了当时的形势：

（一）刻下全国 10 余省已非清廷所有，其覆灭命运即在目前；

唯我省“独立”不到两旬即告取消。根本原因在于袁世凯别有意图，为求窃取革命果实，不惜负隅顽抗。至于清廷中最凶残的顽固分子，仅剩有荫昌、铁良、良弼、锡良等掌握皇家兵权的几人；他们极端仇视革命，以残杀民党为首要任务。因此看来，革命前途尚未容乐观。你是我省同盟会主盟人，不在此时有所行动，实在对不起东省父老。中山先生此时所厚望于你的就是这个问题。

（二）袁世凯曾任山东巡抚多年，对登州情况十分熟悉。虽说烟台甫于11月12日和平“独立”，但所谓革命军烟台总司令王传炯实际并未参加民军起义（王为清舞凤舰舰长，该舰仅是排水量400吨的豪华兵舰），此刻与袁尚有勾结。而且袁深知登州重要，特派自己督练的新军协统（即旅长）张树元一旅驻防莱州（掖县），又派顽军孙熙泽为登州知府，叶长盛为登、莱、青三府的镇守使（相当于专区保安司令）。袁以为死守山东即保直隶，小朝廷便可高枕无忧。

（三）如果我们能立即在东海一带突举义旗，可以说是晴天霹雳，定使清廷措手不及。

（四）登州地形险要，位于山东半岛最北端，与辽东半岛一衣带水，为屏障京畿与东北的要地。明代袁崇焕经营辽东时，特与水师总兵毛文龙扼守登州为犄角。抗倭名将戚继光为防守登州免遭海上攻击，特建水城，并建立特大炮台于水城天桥口的沙城。甲午战争，日寇想侵占威海，也曾用海军袭击登州。最后，孙力主民军通过袭击登州水师营，占领水城，然后迅速突入登州府城。如此可以减少伤亡，震动全省，促使全省的起义连锁反应，迫使东北三省和清廷肘腋——直隶加速易帜。徐十分赞成孙的这一战略主张。当场决定徐返大连筹备军械，联络关东绿林豪杰以为民军主力，由孙负责组织发展登州府城的同盟会员、爱国人士以为内应。并约定一俟准备停当，孙即去大连引导起义军民袭占登州。

孙在登州已发展同盟会员20余人，如有革命思想率先剪掉辫子的“华提士”西药房经理柳延辂，府城滩头操舢板驳船业的孙景春兄妹3人，富有胆略仇视官府之辛少白，县城冬防队（治安防盗的民间组织）队长陈伯侠，清前防营之教练官陈奇标，大学生陈命简、陈命扬、孙尹平、姜金和（致中），中学生张宗乔、沙树春、刘国璋，登州府电报局电报生高子宾，商人辛甄甫、宫立轩、刘雁宾及孙的外甥陶国柱（子方）等。此时秘密聚会于“华提士”药房，研究如何起义之事。

孙组织好城里接应力量之后，即接到徐子鉴发来“速来”的电报。孙对起义骨干做了如下部署：孙用隐语回电——“到”，先由陈命简兄弟二人乘夜攀登府县南城割断电报线，由高子宾及陈奇标之子严密监视电报局长刘祥荪；由辛少白当夜带人迅速占据“码头尖”的清军炮台；由辛甄甫等率领冬防队直赴县政府，看管知县王荩臣；占领府县衙门之后，由柳延辂接管御用的“自治会”。约定电报隐语是：当月日期用“韵目”，大连来的民军，少数用“眷到”，过千人用“全眷到”，登陆时间用《百家姓》顺序为钟点。

至于袁世凯之亲信爪牙登州府孙熙泽其人，早已遁往济南。原来徐镜心照孙丹林的建议，先期多次自大连向其发出警告信，使之恐惧万分。这一招既使独力难支的清知县惶恐不可终日，又使登州府所辖牟平、福山、黄县、招远、栖霞、莱阳、海阳、威海、文登等县、州、卫反动当局不敢轻举妄动，大大减轻起义时的牵掣力量。

1912 年 1 月 13 日午后，孙丹林自大连发密电与柳延铬等：“翰，全眷到，孙”。意即 15 日凌晨三四时大批起义军到达登州。14 日孙丹林会同志愿参加登州起义敢死队的邱丕振（莱州人，老同盟会员）、刘雁宾、陶国柱、宫立轩 5 人，乘定期航行登烟线的日轮“龙平丸”先行。徐率领民军化装成商人，包乘日商轮“永田丸—19 号”，伪称直航烟台，分批零散登轮。枪支弹药则由徐另托日本秘密会社黑龙会中同情中国革命之仓谷桑铭买通宪兵、警察暗中放行。民军中有来自广东十字军北伐军一个队，队长郑天楚，成员均为青年学生有志之士，携带新式快枪。船至中途，徐与郑天楚各执手枪胁迫船主改道开赴登州，全体民军纷纷取出枪支等待登陆。

15 日凌晨 4 时，天上正在下清雪，十分寒冷，徐所乘的“永田丸”已改航跟上“龙平丸”。黎明初放晴，即见“码头尖”炮台已白旗挥扬，得知作为内应的辛少白等已夺取了炮台。城东垛口已然在望，船即依例在浅滩前二里停航。此时，腕缠白布之孙景春兄妹所摇舢板，发来了只能 5 人上岸的信号。

孙丹林等 5 人上岸后，见有二名巡防营士兵背枪盘查，出其不意，各出手枪抵住士兵胸口，缴了他俩的枪。然后，直奔水师营哨兵窝棚，被惊醒的 6 名士兵亦被缴械，交由孙景春兄弟看押。

收缴哨所武装刚完，“永田丸”已停泊，徐率大队陆续登陆。徐令张队带五六十人随孙等 5 人突袭水城。敢死队 5 人小组取炮台口的木梯搭靠城墙垛口，并肩攀上城头，开启城门，全队旋即进入水城。民军欲鸣枪示威，孙坚嘱不可，以免打草惊蛇。待及近水师营门时，孙鸣枪一响，众枪齐发，进入水师营未遇哨兵抵抗。此时辛少白亦迅速赶到。只见水师营的统领王步青衣裳颠倒，战栗而出。

孙抢步首先攫住王的手臂，用手枪抵住他的胸口，喝令王下令全营缴械。恰值王的外甥仓皇而过，民军队长一枪击中他的面颊。王在此一吓之下，急下令全营投降。孙即请民军张队长与辛少白等人看管王统领并警戒水城。孙等 5 人迅由北门进大城。只见城楼高挂白旗，知民军已大部登陆，柳延辂的内应已告成功。及行至北街，又收缴了 3 名散兵的快枪。上午 9 时，登州府衙、蓬莱县衙、“自治会”、电报局已由徐子鉴率领民军接管，街上贴满起义军的四言告示，登州府城遂告“光复”。

徐镜心召集起义首领人物共商善后。其实是拿出事先在大连内部推定的都督、部长名单，让众人认可。徐对孙悄声解释说：“刘艺舟（木铎）自武汉携回大批款项，并在东北号召起绿林数千人众而居功，有领袖欲。连承基和邱丕振为营口与掖县商人，出资在旅顺口购得快枪 700 余支。连且累世举办慈善事业，捐助公益，为东北绿林所敬佩。出资便要计名利，亦属商人本色。这些不得已的苦衷，只有你我二人知晓。”孙即表示：“我是你最早介绍加入同盟会的一员，1907 年又曾以刺杀清学差之豪举相委，我曾主张：仅去此 3 人与国事无益，应唤起民众组织武装起义，以推翻清政府统治。这一主张颇蒙嘉纳，并以见告于中山先生。我志在革命，不为做官，对此安排毫无芥蒂。眼前我所焦急的首先是筹措饷械。我前与君在涵碧楼曾谈及：城内首富当推宋庆，家中地窖藏有枪支。我与宋家虽有戚谊，但为革命大义灭亲亦在所愿为。”徐动容赞许。孙即于 10 时许率民军一排径去府城钟楼北宋家，找其账房总管石子泉晓谕此意。石某初是迟疑为难。经谕以利害，跑进上房三五次，乃获同意开窖起枪。从地窖内抬出木箱 10 余口，取出快枪六七十支，50

两的元宝 20 锭。当日中午解送府衙门收存。

是日晚（15 日）召开大会议定：

连承基任山东都督兼总司令；

徐子鉴（镜心）任总务部长；

刘艺舟任外交部长；

崔景山任副外交部长；

宋赓延（宋庆之孙）任财政部长；

刘雨屏（登州义丰和银号财东）任财政部副部长；

王荩臣（原知县）任民政部长；

蒋洁章（知县之幕宾）任民政副部长；

柳延辂任司法部长；

孙丹林任总秘书长兼军事参谋。

次晨（1 月 16 日），总司令连承基偕总务部长徐子鉴率全体民军进攻黄县。连非常骄怠，扬言：“我以东北健儿攻打清兵易如反掌，留守者静听好音可也。”邱丕振好意告诫说：“叶长盛镇台旧行伍出身固不在话下，但其手下标统（相当营长）玉振（旗人），其人在日本士官学校与我同学，擅长炮术，素为陆军部铁良、良弼所倚重。而我民军最多亦只有 700 余支枪，务请都督不可轻敌！”连毫不采纳，竟自扬长而去。

黄县知县早已弃城遁去，民军兵不血刃收复县城。建立地方军政组织后，即开赴城西 30 里之北马。殊不知叶长盛已派玉振带兵一个混成协（相当旅），并配有大炮、机枪进行阻击。而我民军仅有步枪、手枪及自制的炸弹。火力配备相去甚远。民军同清军激战多日，各有胜负，最后终因失于大意，被清军攻破县城。连承基、徐镜心连夜返登。刘艺舟遂就此离登出走。清军复陷黄县后，杀戮甚惨。玉振除将黄县民政长斩首悬挂城楼外，并将所俘民军悉数斩杀于壕沟。当从黄县败退时，徐曾急迫呼吁登州出援。孙与邱连夜商量，因无兵无械，更缺机枪大炮，无力出援。且清军俄顷即可回袭登州，形势万分危急。邱不得已迅即招集残余募兵一营，派辛少白统领，驻扎在南门里原镇台衙门内，以作应急。

清兵压境，非请外援不足以解危困。孙提议急电南京临时总统中山先生请援，邱甚赞同。电发后即得复："已饬沪军陈其美都督即派海、陆军驰援"。

北伐海军正、副司令汤芗铭、杜锡珪接孙中山电令，首派巡洋舰海琛号（德国船厂建造，排水量2900余吨，装有射程远火力猛的"克虏伯"大炮11尊，是海军主力舰之一）驶登以张声势。次日"海容"南琛巡洋舰在杜锡珪率领下亦随之而至。但3舰均无陆战队登陆。1912年1月25日，陈其美派来的沪军司令刘基炎率陆军一旅，团长唐之道、方日中率炮兵一团分乘招商局之新铭、新昌、泰顺、爱仁4轮源源而至。孙偕邱丕振、姜伯铭代表登州军政府登上运兵船欢迎沪军登陆，并进行犒军。孙等登上海琛军舰会晤杜锡珪，请其即行开赴黄县、龙口海域游弋，鸣炮示威，牵掣掖县清军后路。

沪军刘基炎设司令部于登州中学堂。当日深夜登州绅商柳延辂、葛式瀚、陈伯侠、辛甄甫等谒请沪军星夜开赴前敌。次晨，沪军三四千人，步伐整齐，高唱战歌，肩负辎重、机枪、登城木梯，步出西门驰赴黄县。清军玉振慑于沪军威力，又因此时袁世凯摇身一变"拥护共和"，遂不战而退，据守掖县。沪军正拟乘胜西进，因清帝于2月12日宣布退位，南北进行议和，军事行动方始结束。

刘基炎盘踞登州勒索地方，暗中讨好袁世凯，被授以二十一师师长之职，软禁在日本的同学邱丕振，监视孙丹林均达月余。终因与沪军副司令方日中、团长唐之道发生权力之争，沪军内部发生兵变。袁世凯遂解散沪军及山东军政府，改委周自齐为山东都督。鉴于袁世凯篡夺革命成果，阴谋复辟，孙、徐、邱相约进行联络革命同志，继续进行反袁活动。

（孙桂梧　整理）

（选自山东省政协文史资料委员会编《山东文史资料选辑》第31辑，山东人民出版社1991年10月第1版）

即墨、高密、诸城独立之回忆

王麟阁 *

我于光绪三十二年丙午（1906 年）由邹因陈秉授介绍入同盟会。1908 年，青岛震旦公学成立，即以公学作为机关部，进行革命活动，经常为公学募捐。诸城富绅臧汉臣，常常以金银相接济，因而他虽不是同盟会员，也成了革命同志。1911 年，武昌起义后（震旦公学虽然已被德国解散，但仍常设秘密机关），同志们分头研究，陈明侯、吕子人等去上海和南军接洽；刘溥霖、孙绍舟等准备在济南起义（参阅《吕子人访问记》。有的书本记载，把刘溥霖等人的活动，与孙宝琦的假独立混为一谈，是不符合事实的，因为我们从来不相信济南的官僚们能真革命）。即墨县周敦恂、宋兆麟、陈献堂、隋子福

---

* 王麟阁：曾任北洋政府山东陆军混成协第三混成旅步兵第一营营长、第二团团长。新中国成立后，任山东省文史研究馆副馆长，民盟山东省委员会副主委，山东省政协副主席。

等，担任独立即墨县城。那时班麟书启瑞在青岛特别高等学堂上学，我们一起和邓天乙、赵象阙等计划，以为诸城多山近海，可战可守，作为革命根据地较为相宜，委托我去诸城与王景檀凤翥商议，因景檀在地方上颇有威望。我到诸城约同县立农林学堂学生臧文山，到太古园（臧姓堂号）臧姓家见景檀，我说明意旨后，他不同意。我回青岛后，大家计议，赵象阙、邓天乙、王长庆等，担任独立青州；班麟书、吴鸣岐、邵麟勋、张节堂等和我独立高密；并约同驻胶济铁路丈岭车站的陆军哨官刘懋德率队起义；但仍不放弃以诸城为根据地的原计划。农历十月间，刘懋德因事机不密，被标统张树元在丈岭杀害。青州方面举义计划失败，赵象阙牺牲。邓天乙、王长庆、王箫九、贾次瑶等数十人，行经安丘到了诸城的五里堡。在安丘参加的有周蜀江、王明槐等。农历十二月初九日夜，高密也宣布独立，因丈岭张树元部队进攻，亦于次日至诸城与青州同人会合。即墨独立者为敌人所阻，没能如期会齐。高密的独立情况，略述于下。

因我是高密县人，我先期回高密布置。高密南关驻陆军一连，我进行运动成熟，允许发一个月饷，我们在城内举义时，他们按兵不动，因我从青岛带来的钱不够，向富绅张伯铭募捐银400两。张伯铭系本县开明地主，他能赞助革命，主要是受到开明士绅张缦卿先生的教育。我从青岛带来两个同志，安置在高密劝学所，因劝学所离高密城东门很近，准备由青岛开来的夜车班麟书、吴鸣岐等闯进城时，为其开城门。至期，果然是这样做的。进城共只10余人，直扑县署，手枪炸弹，一齐施放，逐走县官王鉴清，推班麟书为临时司令，张贴布告。这时丈岭的驻军张树元派兵至高密，我们为保存实力，即到诸城与青州同志会合。

我们屯驻五里堡时，诸城绅士臧汉臣、臧少梅、王凤翥等从中运动，使清兵退走，并有臧文山、刘伯泉、刘仲永、王心葵、钟孝先、台正斋等密谋响应。那时诸城县立农林学堂、高等小学和东武公学的学生，都是热心革命，农林学堂组织了学生团，其中又组织歃血团10余人。县官吴勋匿居天主教堂。我们进城后，组织了山东军政分府，因王长庆系关东绿林出身，擅长射击，大家推他为司令，以臧汉臣常资助革命，推他为民政长。臧文山、裴曾绰等组织学生军；臧少梅往青岛购械；以备大举。清县官吴勋藏匿在天主教堂，与神父顾恩得密谋反动，是我们意中事。有一个早晨，王长庆吹号站队，要到天主教堂擒捉吴勋，张鲁泉（时在诸城农林学堂当教员，独立后参加者）气势汹汹，揪住王长庆的衣领说："你这办法要引起国际交涉，万万不行！"于是王长庆收了兵。吴勋和顾恩得侦知革命军力量不充实，遂会电驻沂州的巡防营报告情况，并请出兵。当清兵进至离城数十里时，城内劣绅王少舲等勾结清兵，装扮乡民，运送柴草入城，暗藏军器。农历十二月二十三日夜，清兵迫近城下，伏敌在城内纵火，革命军受到内外夹攻，二十四日拂晓城陷，焚杀掳掠，全城糜烂，戕杀臧汉臣、贾振琨、邵麟勋、朱学海等有枪的和无枪的可查出者百余人（据传说共有300余人），除臧汉臣等少数人的尸体运回家外，其余96人尸体，丛葬在诸城北山子村一带。

臧汉臣与劣绅王少舲比邻而居，当清兵搜查臧汉臣家时，汉臣越墙至王少舲家躲避，王竟忍心将臧献于清兵，臧受到割头剖腹之惨，所以民国元年诸城全县曾控诉王少舲等这一罪行。清兵还从耶稣教堂内捕杀海阳县人王箫九和一田姓传教士。当清兵进城攻入县署时，邓天乙等数人在一个屋子里，眼看清兵托枪而至，当清兵将进门时，他们抛一炸弹，虽然将清兵炸死，而天乙腹部亦受一枪弹，因伤不甚重，得与王长庆等 10 余人突围出。我因未剪去发辫，得于是日晚杂群众中混出城来。我的工业学堂同学王鸣韶，因无发辫，未能幸免。

黄县和诸城同系腊月二十四日（阳历 1912 年 2 月 11 日）被清兵攻破，惨状略同。腊月二十五日（阳历 1912 年 2 月 12 日）清帝退位、南北共和，仅一日耳！

诸城死难烈士，兹仅调查得 23 人的姓名如下：

臧汉臣诸城，开明士绅。

贾振琨次瑶，日本留学生。临淄县志有传。

邵麟勋文骐，山左公学毕业。高密县志有传。

朱学海星垣，高密，登州文会馆毕业。

王箫九海阳，日本留学生。

王明槐安丘，工业学堂学生。

张文卿寿光，工业学堂毕业。

王竹刨诸城。

葛芳圃高密。

王泽涵海民，安丘，工业学堂学生。

赵蓉初诸城，相州中学学生。

王契轩诸城，相州中学学生。

李凤官鸣岐，寿光人，县志有传。

赵玉璋瓒亭，寿光人，县志有传。

刘小山诸城人。

丘翰西诸城，相州中学学生。

丘建西诸城。

李克敏又名李老八。

朱小山

丁学舜述尧，潍县有传。

王鸣韶诸城，工业学堂学生。

田 ××，耶稣教传教士。

徐大石子诸城人。

此外我还应当指出纠正的：邹鲁所写的《中国国民党史稿》中，高密独立有张鲁泉、蔡自声、刘星台 3 人，失实。张鲁泉是诸城独立后参加的。蔡自声名允元，那时在济南与刘溥霖等一案被捕入狱。刘星台（名鸿钧），即尚秉和“辛壬春秋刘懋德传”中之刘洪钧，他没参加高密独立。《高密县志》载：“高庶蕃也曾参加高密独立。”亦失实。

关于刘溥霖等在济南被捕一案，各本记载姓名不同，亦应纠正：

宜春轩，系刘溥霖之兄湛霖（字心源）者设的一个修理钟表店。（在现济南市经一路纬三路）案中人有于连三及其妻雪岑。蓝玉昌当时被击死，刘溥霖字季瞻、孙钟濂字绍舟、萧兰池字香坡、赵显琦字鼎铭、臧庚文字耀西、王玉珂字鸣双、蔡允元字自声，7 人被捕入狱。被鞫讯时，刘、孙二人慷慨陈革命大义，立书万言，其余亦无一屈服者。

（选自山东省政协文史资料研究委员会编《山东文史资料选辑》第 12 辑，山东人民出版社 1981 年 9 月第 1 版）

辛亥安丘革命纪略

张公制*

1911年，武昌起义，山东也宣布了独立，可是，在袁世凯的授意及其忠实走狗张广建、吴炳湘的阴谋破坏下，不久又取消了独立。山东的革命党人，在全国各地纷纷响应起义的浪潮鼓舞下，继烟台、登州、黄县起义之胜利，积极地在各处开展活动。山东东部地区的青州、高密、诸城邻近的安丘县，也有过一些革命活动，这些活动是革命党人在青州、诸城等地起义活动的一个重要部分。

起初，革命党人邓天乙、赵象阙、王长庆等在青岛集议，拟先夺取青州，控制重要城隘，插入敌人腹地，从那里缴获旗营的军械物资，以便扩充革命力量，进取各县，统一山东全境。计议既定，

---

* 张公制：时任山东安丘团练团总，后任北洋政府山东省议会议长。
新中国成立后，任第一至三届全国人大代表，青岛市政协副主席，山东省人民政府委员。

赵象阙、邓天乙、王长庆、贾次瑶、周蜀江等即潜往青州，准备起事。不料这个举动为山东巡抚张广建侦知，并通知青州旗营，预为严防，所以赵象阙刚抵青州，便被旗人跟踪杀害。由于赵象阙的牺牲与青州旗营的戒备加严，党人起事计划大受影响。这时候，有部分革命党人，由王长庆带领，尚潜住于青州城旅店中。益都知县张昌燕深恐党人暴动滋事，欲将党人送出县境，以求平安无事，因此，便亲自到旅店中找到王长庆说："你们在这里，旗营已有些知晓，现时青州各处戒备很严，住在这里也很不稳当，要是你们再出去，我更难保险，最好你们离开这里，如果这样，我还可以想办法着人将你们送出益都境去。"王长庆等人考虑了一番，也感到此时在青州活动实甚困难，不如转往安丘，进图诸城。于是，即由张昌燕派人抄小路送抵安丘境之高崖村。记得到安丘时，主要的人员有王长庆、周蜀江、马倬章，还有秦明堂和一个姓王的、一个姓丁的（王系王长庆之侄，丁系王长庆之外甥，秦明堂系安丘高崖村人），共10余人。

在这以前，革命党人很早便在安丘县进行过一些宣传与组织活动。如在安丘的县立高等小学及地方团练中，均已有人参加了同盟会等革命组织。由于革命宣传和组织工作的开展，对地方人的思想很有影响。王长庆等在攻取青州之举失败后，所以转至安丘落脚，主要是依恃了这一条件。

我平日就和一些革命活动者有来往，对同盟会表示同情。我的内弟李法元在济南高等学堂肄业，同窗王漱芳在济南客籍学堂肄业，二人均参加同盟会，时常带些革命书籍到安丘来。当时济南高等学堂中有7名同盟会员，称7人小组。他们是：诸城的臧耀西、隋辑五，潍县的李虎臣，即墨的班麟书，安丘的周蜀江、李光弟、李法元。

我到济南时，李法元曾介绍我同 7 人见面数次。其中，王漱芳曾约我入会。他说，自己可以作介绍人，但是最好请山东省同盟会负责人徐莘安作介绍人，这样，可以提高在会中的地位。并因此介绍我同徐见过一次面。当时，我在思想上不愿参加同盟会，愿在外帮助他们。他们亦未强求我入会。此外，并常与其他革命党人有来往，尤以与周蜀江接触较多。所以当他们到达安丘后，便去找我。那时我担任安丘团练的团总。这个团练共有 60 来个团丁，有林明顿枪 60 支，每枪带子弹百发，有 3 个教练，一为刘剑秋，一为王英三，一为李复亭，都系保定陆军军官学堂学生，因逢辛亥革命而停学回乡留于团练任事。其中刘剑秋系同盟会会员，王英三为人极细心谨慎。革命党人到安丘时，适逢王英三因事回家未在团内，李复亭带 10 多个团丁去安丘东北乡驻扎未回，团里只有刘剑秋及 40 来名团丁。

在王长庆等来安丘之前，赵省三先一日便由济南来安丘联系。他首先找到我，约我晚间到团练局和刘剑秋一起商量事情。见面后，赵省三即言及青州失利，计划攻取诸城，拟先在安丘落落脚。又说，现在邓天乙、贾次瑶等已先去诸城预备起事去了。当前因为在青岛购了一批枪械，短缺款项，打算在安丘与景芝两地筹集点款子，以应急需。同时也谈到安丘应如何准备起义的事情。我和刘剑秋说："这样是不是得将王英三和李复亭招呼回来？"赵省三说："安丘独立系以后的事，此时可不必急于召他们回来。"当时便着重地研究了筹款问题。次日，我就把赵省三的来意先行透露给县参事会里的李宣三、田燕臣、张寿卿、王周臣等几位主要人物，又介绍赵省三和他们见面进行宣传酝酿，初步磋商拟筹集 500 两银子送给他们，及至李宣三等又与县议事会地方上素有声望的马梅生、张象文两位老先生商谈时，他们以为县内款项为数不多，而且筹集不易，可以少给一点，于是又改定为400两。这时，赵省三已先去景芝，便于王长庆等临行前着刘剑秋去送，因为刘剑秋系同盟会中人，与王长庆较接近，王长庆等均住于南关店内，在那里等候由寿光招募的一批人（10余人）到来，同时，并在南关招募人员，佣金是每人每天一吊钱，招了10多个人。事为安丘知县程长庆闻知，着人将我请去，问我知否此事。我和他说了，并说："他们这些人是路过这里，想筹点款子，你只作不知道便过去了。"

关于安丘计议筹送500两银子的事，原先以为王长庆知道了，及至刘剑秋持银400两往送时，王长庆不收，刘剑秋回来说"顶了"。我见事情弄僵了，很感不甚好办，当时如再送他们500两银子，也极不像回事，于是就找到周蜀江说："这事主要是一时不措手，弄得很不好看，你们不是明天还要到景芝去筹集款子吗？好不好在这一半天内尽早的筹好，随后就派人送到景芝或诸城去。"周蜀江当下答应和王长庆说一说，并告诉我明天便要去景芝，得给他们准备两辆车子，我即时通知县参事会那边给准备了。

当日晚，我以为诸事均已料理妥当，不会有什么问题了，便早早睡下。不料在夜里9点多钟时，县里忽差人来，要我马上就去，说是革命党人进了衙门，我急忙穿好衣服向县里走去。

这里先要说一说王长庆等是怎样进入县衙的？王长庆因见只送了400两银子给他，就很不高兴，在南关店里喝了些酒，大发牢骚，对周蜀江说："蜀江你领我们到安丘来，想不到安丘拿我们不当人，争多争少，即如此，现在我们不要了，安丘就想法独立了吧！"就在那天晚上，适有刘剑秋及兄刘梅皋携了一盒点心去与王长庆送行

（刘梅皋亦系同盟会人，时在安丘县立小学任教员），刘原有七星子手枪一支，缺少子弹，因此携枪前来，想和王长庆要些子弹。刘去时恰逢王长庆醉了，躺在炕上吸烟。刘梅皋将枪与王长庆看了之后，王将枪子安上，顺手将枪掖在枕下，遂决心要于当夜起事，便说："今晚咱们要独立，明天就挂白旗，梅皋，你现在就写个信把你弟弟请来。"这当儿就将所带的军装取出来穿上，也给刘梅皋戴上白布箍。刘剑秋来店一看，也没法表示什么。王长庆等遂协同刘剑秋将城门叫开，直入衙内。

我来到县里时，果见大堂及宅门均有身着军装、臂带白布箍的人在站岗。我进了衙门来到三堂签押房，见王长庆、周蜀江、马倬章、刘剑秋、刘梅皋和安丘县知县程长庆等都已在那里了，我就说："长庆，今天这么大的事，怎么不先通知我一声。"王长庆说："你不赞成！你不赞成！"伸手就要拿桌子上的盒子枪，我当时沉住气，坐着不动。刘梅皋赶忙向我说："县里老父台已经答应为民政长了。"我说："既然老父台答应了，我也没有什么话说。"接着刘梅皋又说："你没来时，我们已议定举王长庆为司令，周蜀江为副司令，马倬章为参谋长，程长庆为民政长，刘梅皋为秘书。"我当即表示同意。这时王长庆说："明天安丘独立悬挂白旗，我们即赴诸城举事，然后进攻青州，为赵象阙复仇。"随后又命人将县库的账调来，并详查库存。那时库里有现银子2600余两，另有铜圆几万吊，均经查验。又说民团今晚也要点验。我说："何必如此急促，明天从从容容地点验不好吗？"他们说："不。"刘剑秋附耳小声对我说："他们不放心！"当下议定要我与刘剑秋去点验，并另派一个姓丁的同志（丁系王长庆之外甥）。团练局设在安丘县城隍庙内。这时关于革命党人进城的事，团练内的人已经知道了，一时颇为紧张。我加以安抚后，便平静下来，随即将枪取出。团里此时尚有 40 余支枪，刘剑秋想留下几支，遂说：“现下局里只有 20 来支枪了。”又拿了一些子弹，用一个钱搭装着，叫了四五个团丁把枪送到县内三堂前，叉了起来，请王长庆出来看了看。这时，已有人去南关将王长庆等人的行李取来，王长庆便到三堂西头的房里吸大烟去了。大家忙过一阵之后，程长庆说他老太太有病，要回去看看，我向周蜀江说了，周说可以，程便回上房去了，刘剑秋也说要回团练里去看看，随后也走了，只剩下我与周蜀江、刘梅皋 3 人在三堂东头的签押房里。此时天已早过夜半，大家都很疲乏，我在床上随便躺了躺，休息了一会，起来和周蜀江说：“明天你们走不得，尤其是你更走不得，要是你们一走，地方上没有武装，这里一挂白旗，明天又逢潍县集，这边的事潍县当天就会知道，后天清兵便可能来，这样能站得住吗？”周蜀江说：“诸城那边是非去不可的。”他也感到这事不很好办。我又说：“既然诸城那边你们非去不可，那么，这里的事也总该有个解决的办法，我看不如仍照原来计划，你们先将县库银子拿去，赴青岛购办枪械，待诸城“光复”后，安丘再正式独立响应，你看这样如何？”周蜀江很为赞同。我要他立时去和王长庆商量。他说：“我从昨天就和长庆闹的不很顺利，还是请马倬章和他说为妥。”我又将这意思与马倬章谈了，他也很同意。他便找周蜀江一同去与王长庆商量，提出须共同订立条件签字盖印。遂又将程长庆请来，恰好刘剑秋也由团练局回来，当下说明原委。程听说要盖县印，颇有难色。我说：“现在事已如此，你不必格外另生枝节。”最后他也同意了。大家推刘梅皋拟稿，一式两纸，各执一份，我们几人都签了名或盖了章，因为刘剑秋系团练中的主要人员，也在文件上签了字，最后又盖了县印。这个文件的内容很简单，主要是说：安丘已决定独立，由于目前条件的限制，暂不挂白旗，待诸城独立后即行响应，并由诸城派人来帮助独立。

这样决定之后，为了避人耳目，王长庆等便由县内迁回南关旅店去住。当向南关旅店中搬的时候，拟把县库所存现银2600余两及由团练拿来点验的20多支枪和所带子弹一并带去。刘剑秋说："既然诸城与安丘独立同为一事，诸城起事又拟赴青岛购办枪械，这些枪可留作安丘独立之用。"王长庆以为目前安丘不留枪也行，待办到枪械诸城独立后，可派一部分人携带枪械来帮助安丘独立。天明后，他便去景芝了。

他们从安丘走了不几天，诸城就独立了，同时曾来信要安丘也宣布独立响应。但第二天赶安丘集时（腊月十八日）便见由潍县过来了二三百穿得破烂的防营士兵（此系驻潍县防营，后闻由沂州亦调去一支防营）向诸城进发。不几日，诸城即为清兵攻破，王长庆、邓天一、周蜀江、秦明堂等突围脱险，贾次瑶遇难，闻马倬章也牺牲于此役（马倬章系诸城人，法政学堂毕业，其被害事，王凌阁回忆录中未见记载，姑暂记于此，待后查）。防营在诸城大肆劫杀，当回兵潍县经安丘南关打尖时，有些兵拿着抢来的皮袄在街上卖，成车成车的财物经安丘运往潍县，其杀人之惨，亦可想见一般了。诸城风波之后，隔二日，清帝即宣布退位，南北议和，安丘当此情况下，便不能有所举动了。

安丘在当时虽然没有公开正式地宣布独立，但是，革命党人在安丘的活动，已传闻到省城。不久，张广建曾致电潍县驻军及安丘县，说安丘县地方有动势，不安之源，疑有暴徒潜伏，视机扰乱治安。旋由邑绅马梅生等以书面答复张广建，言称地面平安无事，并无暴徒潜伏事案。由于这件事情当时未公开，后来也未记载传述下来，一般人对辛亥时期安丘的革命情况又知道得很少，所以，我特地将这段事的经过情形记叙下来，也许还有可供参考之处吧！

（选自山东省政协文史资料委员会编《山东文史资料选辑》第31辑，山东人民出版社1991年10月第1版）

曹州辛亥革命回忆

刘汉晨*

辛亥革命时期，曹州（菏泽）人民从事革命活动的中心地点是普通中学。这个中学是本地留日学生王鸿一、宋尧臣、彭青岑、韩德凝、张子安、张汉章，以及当地曹州中学、菏泽小学教职员及各县进步学生等所组成。普通中学特别注意向学生灌输革命思想，该校由日本聘请的教师丰田孤寒，自称属于日本社会党幸德秋水派，不分国际界限，传播革命思想。他在曹州五年之久，直到辛亥革命成功后，才离开曹州地区。

---

* 刘汉辰：时为山东曹州中学教师，后任校长。
新中国成立后，任菏泽县政协委员，县人大代表。

龙厅会议

辛亥武昌起义，是农历八月中旬的事。当时交通不便，报纸不敢登载，而官方尤讳莫如深。故事变发生数日后，本地知之者很少。时余方在曹州中学执鞭，农历八月二十日上午，课余之暇，余往火神庙庙会观剧。在剧场中，遇见私塾老师李汝亮。他在镇署任教谕，轻易不外出。这次相遇，颇为欢谈。最后，在无人之处，他私告余曰："武昌已经起义，你们知道否？"我答："尚无所闻。"他又说，镇署有电，但不愿外边知道。我得此信后，急回校中，向同人报告此消息。大家听说后，精神异常振奋。都以情形不明，尤恐革命实力薄弱，昙花一现，仍蹈以前历次失败之覆辙。数日以后，情形渐明，报章中亦有登载。综合各方情报，知革命力量虽弱，已经支持得住，愈久愈有利。全国各方响应，孙中山已在海外募捐支援，爱国志士，云涌般协助武昌。清廷军咨处发往前方的大炮弹，多系空壳不炸；第二镇统制吴禄贞奉命出征，迟迟其行；看来事机已熟，吾辈蓄志已久，岂能坐视，如何响应武昌，应当机立断。经众议决，在曹州宣布起义，但此事不可孟浪，实力如何，亦须顾及。数年以来，王鸿一在刘楼所办的自新学校，收集匪首刘言、杨占先、冯金銮、郑金贵等 30 余人，各有实力。郓、菏、巨、濮四县地方民团、红枪会等皆有快枪利械，人数比之官方，有盈无绌，万一弄成僵局，亦不致一败涂地。为先声夺人计，决计先联合曹属 11 县士绅，开一代表大会，宣布起义。必须考虑到对官方如何打通一气，方不致临时摩擦。第一曹镇张善义，行伍出身，顽固异常，只有威挟，非可理喻；知府丁镗，比较开明，可资臂助。决计冒险一试，向各县发出通函，定期于农历九月十五日，各县代表同来龙厅开会，官绅学界一体。届期，各县代表来者 200 余人，学界士绅千余人，声势很壮。张镇闻讯，颇为恐慌，派遣便衣士兵百余人，散布暗处，为保护自己之用。早 8 点，菏泽县知事李光华先到，出言不合，被青年学生打出门外，张镇知之益恐，迟至 12 时，仍不敢径行到会。他先往知府丁镗处详细商榷，言下颇为愤怒，声称若相逼过甚，甘愿誓死一拼。会众等候过久，亦议论沸腾，声势激烈。终因丁镗胆子过小，不愿亲见演成惨剧，因想出一法，置酒款待张镇，不令到会，并派代表宣明意见，随后再议。此时会议暂行解散，官方安排邮电局，不得发送文件，会议既无结果，各代表只得回家，再作打算，一场风波无形中消弭下去。

尚志社之组成

革命战役，自巨奸袁世凯上台后，陡然发生变化，吴禄贞在石家庄被戕，谁人主使，业已明了。至行刺之人，名叫马周，小人得利行为，无足深论。自此以后，战场之事，均为袁氏一人所包办，双方虽有和议，但使不满所欲，难保不重演戊戌卖友求荣之旧剧。因此，终久不能不走流血之途径。时值寒假，学校皆已停课。爰集合热心之职教员学生，共同组织一社，取名尚志，意为真正革命而牺牲。领袖为王鸿一、彭青岑、张子安、宋尧臣等，连同学生 50 余人，以普通中学为最多。经分派任务，一部分赴省、沪参加运动，如李桐轩、孙松斋、陈玉五、郭世英等；一部分往涡阳王金妮处，帮同活动，时王金妮已占据涡阳与张勋部队作战；一部分轰炸镇署，手枪、炸弹，均已预备。选拔之人，如王荫三、王斐卿、朱馨斋、龚守性等30余人，计划由镇署后面抛掷炸弹。因镇署后楼，正临街衢，为张镇卧室，昏夜之间，猛然一击，枪弹齐发，纵不命中致死。也可以叫他魂飞天外。时间确定于除夕举行。值他们欢喜庆岁之时，出其不备，只要城内秩序一乱，我与鸿一所领之自新队、红枪会等乘机一拥而入，不难学古人元夜张灯夺取昆仑关故事。部署已定，咸具决心，此次定然弄出结果，不惜重大牺牲，以挥发数年来热心救国之和衷。孰料天不随愿，五色旗已等不到除夕，竟尔飘扬空际。无的安能放矢，亦好偃旗息鼓，各自回家，随同千家万户一同度岁，一切等候明年再议而已。

参加淮泗讨虏军

王金妮原系土匪部队，经王鸿一争取改造为反清队伍，为了保存这支武装力量，派遣学生陈志倬等前往王金妮驻地河南涡阳，当时王金妮队伍正被清军围困，斯时围攻军队达20营之多，王军定然不支，仅仅数十人驰援，何济于事？上海同人，知此情形，急求解围之法，令濮县留日学生，以红十字会名义，前往援救。药箱中暗藏子弹，火速来涡阳，会同陈志倬等冲入重围，将子弹给予王军，令其诈降突围而出。王军照法去做，居然脱险，而向徐州进发，参加陈干淮泗讨虏军右翼，共编一团，王金妮为团长，吕秀文为副团长，时永胜、李循南、吕鹏翥等为营长。不久解散令下，军队给资遣散，军官赴济南听候派差。

革命成功后之封官酬劳

民国肇建，万象更新。孙中山任南京总统。曹州革命人物，王鸿一升为提学使，张子安任省会议长，宋尧臣任东昌知府；不愿做官而愿留日的有孙松斋、陈玉五、孟宪铭等；愿办学的郭世英任私立中学校长；不毕业的中学生，升入省高等学堂的有李恭用、王荫三、刘文晋、刘文范、田伯平等。我虽未能做官，也以教员兼任曹州中学校长。丰田孤寒离却曹州在济南办理东文学校，曹州辛亥革命事业，于此暂告结束。

辛亥革命之余波

辛亥成功，不愿做官而矢志留学的几个人，功成不居，情愿以学报国，品节较为光明磊落。从中尤有翘然持正者，不惮再为详述。第一孙松斋，菏泽南乡牛庄人，普通中学学生，性旷达，不拘小节，言语直爽，行事坚决，辛亥革命一役，致力特多。袁氏希图复辟，彼不胜愤恨。抛弃学业，潜往烟台，从事二次革命，为镇守使聂宪藩所杀害，身后仅余二女，事迹已详见本省烈士传中，兹不赘述。第二是陈玉五，菏泽东北陈楼人，曹州中学学生，民国5年，周村独立一役，身充财政司长，不惮繁剧，二次献身革命事业。惜晚年荒于鸦片，以致殒躯，未免美中不足。

关于王鸿一

在曹州辛亥革命中，第一个角色是王鸿一，他的事迹很多。举其大者，如创办六中学校，西北垦荒，创立山东乡村学院。晚年，促成冯阎合作。殁后，由友人举行公葬，送殡者达数千人，这都是不平凡之点。从民国5年周村独立时，他赴沪与国民党要人会面后，对国民党深为不满，言不愿与国民党合作，接着与国民党断绝关系。冯阎合作，是为反蒋，尤为有力凭证。要说他有共产思想吧？也无根据。我与他相交最久，未尝听他说到共产党长短。他们做政客的，要知道天下事，不比我们耳目闭塞，放着救国光明大道，硬说不知不见，这就不应该。记得梁漱溟对他有一篇文章，梁与他相知最深，自己又是作家，当然有真切的见解。但我自愧愚昧，简直读不懂梁的文章，再读也是如此。所以，至今对于王鸿一的看法，仍是模糊一片。因为叙述曹州辛亥革命，不能不连类而及，迄今所能说的，只有王鸿一之为人，颇有无产阶级作风，对升官发财之事，似与他联系不上。这一点也许是他的特长，但是除此以外也就毫无所知了。

1961年6月28日

（选自山东省政协文史资料研究委员会编《山东文史资料选辑》第21辑，山东人民出版社1986年11月第1版）

河南辛亥革命的回忆

张　钫*

一　革命酝酿时期

辛亥前，同盟会河南支部成立于日本，推曾绍文为支部长（字可楼，光山县人，后为南京留守府军需长）。加入同盟会的留日河南学生有杜潜、朱奋吾、车钺、刘积学、潘印佛、杨曾蔚、刘醒吾、陈伯昂等，共同创办《河南》杂志，传播革命思想。随后，派杜潜回国，在开封组织分部，设立秘密机关于中州公学。中州公学校长杨源懋（字勉斋，偃师县人），教职员暴式彬、杨汉光（淮滨县人，

* 张钫：时任陕西新军混成协炮营右队队官（连长），后任陕西军政府东路征讨大都督，国民党第二十路军总指挥兼河南省代理主席，南京国民政府军事参议院院长。
新中国成立后，任第二届全国政协委员，中央文史研究馆副馆长，民革中央团结委员会委员。

前清举人)、韩立纶、刘芬佛、刘纯仁、李心梅、王庚先、张希圣(字宗周，浚县人)、刘镇华(字雪亚，巩县人)等均参加了组织，借公学掩护，吸收会员。时间不久，入会会员已有200余人。杨校长源懋19岁便中了进士，系中州物望。那时官府对他颇为敬重，但是他却富于革命思想，号召力甚强，约有半年时间，在全省各学校中由于他的号召都有人参加，散布下广泛的革命种子。

河南盟友认为革命必须有军事力量，遂由河南分部派遣刘镇华去到保定与陆军速成学堂王伯功、张钫等河南同乡联系，为将来的起义准备。不久，张钫便趁暑假回乡之便，在巩县黑石关高等小学的窑洞里与河南同盟会盟友开秘密会议。张钫虽是河南人，却因为住在陕西，由陕西官府保送参加陆军学堂，那时他以两省的关系，建立了秦、豫合作的基础。过了一年又秘密召开会议于洛阳中学，正是杨源懋兼任该校的监督。当时会商的要点：

(一)传播革命主义。

(二)联络民间武力。

(三)运动新旧陆军(包括新军及巡防营等)。

(四)建设武力基地于伏牛山区。

(五)中原为交通孔道，大军云集不易举事，当以洛阳、南阳为假定起义地点，可以西联陕甘，南联川汉。

会后别时张钫与杨源懋、刘粹轩相约，将来西北起义必有他在，望诸公能闻风而来。杨、刘答言一定如约。

陕西起义后，因清室大军集中在汴、郑，压力重重，使河南的革命仍在酝酿，还不能发动。杨源懋、刘粹轩指示各区如何进行后，他们便化装，混过清军，到阌乡西源路上与由陕西出发的革命东征军张钫相见，说是前来赴约，并说明河南革命的进展。由于各同志的努力，已将民间武力集结，预计四五日内宜、永、嵩、卢等地有枪的部队两万人即可西来会师，其他各县将继续发动前来。将要来的人是由刘镇华运动成熟的王天纵、张治公、丁同声、憨玉琨、柴云升、张屏、赵忠等。那时刘积学、张钟端还隐藏在开封学校中秘密地作起义的准备。当时河南省的谘议局也站在同盟会一方，掩护着盟友活动，担任对官府的应付。同时，刘荣棠（字萼青）、李锐五、谢鹏翰等担任发动豫东太康一带的仁义会参加革命。归德王金妮等，向豫东进扰，摇动清军的军事据点。刘积学、海廷壁、孙豪、赵伯阶、段厚甫、魏士骥等到叶县发动汝、鲁、郏、宝、密、襄一带的民间武力，借以控制豫省西南地区，期与襄、樊联合。暴式彬、韩警亚、张希圣到豫北活动。阎子固、任芝铭、刘芬佛到新蔡一带发动与皖北取得联系。留学日本的河南同志也多在这时回国，从上海回到河南，积极酝酿发动革命。

二　开封革命失败的经过

武昌起义，陕西相继发动，这时河南的同志认为时机已到，在十月里虽然南北停战，但是河南仍为清廷所有，同志们认为必须将河南的清室官府推倒。张钟端这时衔黎元洪之命由湖北回到开封，携有黎致河南新军协统应云从（湖北省人，日本士官学生）的密函，让他协助革命。哪知应因谋起义，已被河南巡抚宝棻诱至抚署禁闭后，下令撤职，现已离去。正当群龙无首的时候，便由盟友推举张钟端为司令，以河南优级师范为大本营，以开封南关的陆军学校学生为基本队伍。王天杰（巩县人）、李干公联络各界人士组织敢死队，担任纵火扰乱刺杀清室官吏之责。李占民、王印川（字月波）担任组织教育界，王庚先、张兆发担任联合军警，掌握城关内外发动革命的配合工作。张照发被巡防营张光顺诱卖，泄露秘密与巡防营统领柴得贵。先是，柴得贵与张钟端、王庚先稍有默契，当宝棻在武昌起义后河南亦在风声鹤唳之时，将要逃走。柴为自己寻找出路，也有倾向革命的意思。不久，河南巡抚改任齐耀琳，布政使改任倪嗣冲，仿佛加强了官府的阵容。袁世凯出任总理，大军驻在京汉沿线，柴得贵又想向齐献媚，便把张钟端将要起义的事告密于齐。齐令柴明察暗访，企图把革命党人一网打尽。柴令总稽查张光顺和江玉山、张建周等混进组织，指天誓日说要为民族立功，盟友遂信任不疑。

十一月初三日，张钟端召集会议于开封优级师范学堂，决定在初四夜间 2 点钟起义，印有布告檄文和通告书等各数千份。在分配任务、分发枪弹款项时，张光顺、江玉山也在里面帮同计划，借以麻痹革命同志。在夜间 11 点钟时，柴得贵带领巡防营闯入师范学堂，将张钟端等 11 人逮捕，刘荣棠、李锐五等越墙逃走，所有文件及武器全部被柴搜获。随后又到中州公学、法政学堂捕获多人，共计 50 余名。当时谘议局出面保释了一部分同志。为首的张钟端、王天杰、李干公、张照发、刘凤楼、张海成、冯广才、徐洪禄、王盘铭、徐振源、单明晏等 11 名同志，于十一月初五日那天就义于开封南关。沈竹白仗义收殓了这十几位烈士的尸体，埋葬在附近的义地里。

三　河南省谘议局被解散的经过

谘议局本是预备立宪前的“代表民意”机关，谘议员多半是清朝的翰林、进士、举人、拔贡，只有少数是学堂出身，他们原以要求立宪为当务之急，不敢进行革命，但是因要求立宪被清廷拒绝，推延在九年之后，在京请愿的全国代表说是期限太迟，又被清廷申斥，不许在京逗留，激起了他们的愤怒，不知不觉从和缓的立宪里扭转而走向激烈的革命途径。谘议局的一些文人开始致电上海赞助革命，派人赴陕、鄂联系，更有人去到豫西发动民间武力参加陕西的东征军。在张钟端被捕后曾致电北京同乡呼吁营救，纠举河南营务处商作霖擅杀多人的罪行。又攻击资政院议员为钦选议员无代表人民的资格。清内阁给河南巡抚齐耀琳的电报曾说："顷据汴省京官赵大臣秉钧等 38 人联名函称，汴议局自议长杜岩、副议长杨凌阁辞职后，议员多人举止离奇，多方煽惑，致酿成本月三日之变，其行事尤骇人听闻者：（一）大军汉阳之捷，该局暗助南军，飞电指责内阁，且密电黎元洪泄露消息。（二）陕匪（指东征的民军）残杀，惨无人道，大军进驻潼关保全豫境，该局电诘内阁，指为不应防剿，即如土匪王天纵等 30 余起，该局竟一一认作民军，不知何故？（三）谘议局密电上海已占领全省，容候北伐。又电内阁誓与朝廷断绝关系，宁死不纳租税等语。按谘议局章程第四十八条："议员所决事件有轻蔑朝廷情形、妨害国家治安者，督抚得奏请解散等语。今该局竟有如许违法情事，不得不据实上陈，恳饬汴抚将该局立即照章解散等因，希即查照办理。内阁效印。"齐耀琳接到内阁效电之后，便将河南谘议局解散。

（选自全国政协文史资料研究委员会编《辛亥革命回忆录》第 8 集，中国文史出版社 2012 年 6 月第 2 版）

河南的两次军事行动

吴沧洲*

1911年10月10日，武昌起义。当时，河南省派陆军第二十九混成协（旅）第五十八标（团）标统张锡元率所部附骑炮兵各一队（连）开赴刘家庙，抵抗武汉的革命军。迨陕西起义的消息传来，又派五十七标标统王钰锡率所部附骑炮兵各一队、工兵一排开赴潼关，抵抗陕西东出的革命军。在此期间，河南的民党曾经发动过两次响应革命的小规模军事行动。这两次行动，笔者都亲身参加，唯时隔50年，仅能就亲身经历之事，提供片断的史料，供治辛亥革命史者之参考。

---

* 吴沧洲：时任河南新军第二十九混成协炮兵营排长，后任第五战区司令长官行营办公厅主任。新中国成立后，任南京市政协委员，江苏省文史研究馆馆员。

第一次革命军事行动——攻打洛阳

当10月13日（农历八月二十二日）武昌起义的消息传来之后，同盟会河南支部负责人刘纯仁，在开封禹王台法政学院秘密召集会议。参加会议的有：省视学刘镇华，优级师范学生董少堂，高等学堂学生梁文渊、刘荣棠，法政学堂学生张淮滨、冉性甫，陆军第二十九混成协宪兵分队（排）队长金尊华，协司令部差遣吴沧洲（原系炮兵营排长，武昌起义后新调），开封巡警东区区长刘炳阁等，俱系同盟会会员。此外尚有十几个人，忘其姓名了。会议分析了当时的局势，议定发动混成协留守开封的宪兵、骑兵、炮兵（只有一队），作为军事行动的主体，并与巡警联合，在省会发难。同时选派同志到豫西联络绿林（嵩县羊山王天纵一股）和洛阳县、乡的民团武装力量，"光复"洛阳，以扰乱清军后路，巩固武汉首义的胜利，迎接陕西的革命军东出，扩大革命的军事力量。根据上述的意图，内定第二十九混成协协统应龙翔为河南都督，参谋姚任支为副都督，河南谘议局议长方贞为民政长，其他一切人事安排，俟革命发动以后再说。并推定刘纯仁担任政学界联络员，刘炳阁担任巡警方面联络员，吴沧洲担任陆军及陆军小学联络员，并面见协统应龙翔、参谋姚任支，试探他们的意向。

此次会议，约在下午5点钟开始，会毕时天已黑了。我回到协司令部（开封南关外演武厅），先见参谋官姚任支，我在保定军校上学时，姚在陆大肄业，两校同在一处，我们素有往来，交情颇厚。见面时，我就把会上的决议，直率地向他说了。他听了很惊讶地说："你太胆大啦，武昌起义后，你的营长岳宪玉密报协统，说你是革命党，请撤你的排长职任。协统同我商量，把你调协司令部做差遣，将来叫你当三等参谋。协统对你的印象很好，你不要胡闹吧。此次革命，未必能成功。至于清政府腐化太过，也不能长久。”又说，“应协统是湖北黄陂人，与黎元洪有关系，也是日本士官毕业生。这几天他坐卧不安，每天都到巡抚衙门上班，不来协部。”我说：“此次革命，是中国存亡、汉满种族你死我活的关头，为国家为种族，不能不干，应有‘置之死地而后生，陷之亡地而后存’的决心。应协统既系汉族，又是军人，听说他也是同盟会会员，一定要见见他，动以大义，看他如何？”姚参谋认为一定要见协统，明早就要去，并表示愿意立刻先到协统公馆，作一试探。又劝诫说：“不过你同他说话，不能像同我说话这样鲁莽，你今夜好好考虑一下，要留余地。”

当晚 9 点钟我同宪兵队查夜的同学又到法政学堂见刘纯仁同志（他是该堂教习），将姚参谋所说的话向他汇报。刘说：“行啦，你明天一早就去见应协统，你就说想请短假回乡里省亲，看他说些什么，再临机应变。”

翌晨早 6 点钟左右，我就到了应协统公馆，不多时他便传见。我把请假的事先说一番。他说：“现在武昌、长安都闹了乱子啦，怎能请假呢？”我假意地说：“知道不清。”他便叫我和他到书房里一谈。我就跟他进了书房。坐定之后，他说：“你的来意我大体知道，是不是要叫我革命呢？”我说是的，便把昨天会议准备推他为河南都督一事告诉了他。他显得很惊慌，随即用严肃的语气对协内的情况作了一些分析说：“河南比不得湖北，开封比不得武昌。我到任不久，两位步兵标统都反对我。你们保定军校毕业的同学，虽然在本协有 30 多位，但职位不高，多半是排长或掌旗官，连长只有 3 人；学识虽比行伍出身的强，带兵却毫无经验。宪兵营长徐积阶是留日士官同学，同我一道来的，而目兵只不过 200 余人，枪弹不足无法补领。此外骑兵营长王丕焕也是留日士官同学，去蒙古买马未回。五十八标业已开到武胜关，五十七标正在向豫西开拔。开封城内外驻有刘鸿顺、柴得贵两路巡防，不断同本协留守部队发生冲突。自从武昌的消息传来后，抚台对我不免怀疑，我只得天天到巡抚衙门伴他们吃酒打牌，他们军事上对我守秘密。在如此处境下，我已经电请军咨府把我调回北京。”他并对我说：“老弟，你太幼稚啦！我准你一个月的假，前途远大，遇事小心。”他站起来向我说：“你去吧，时候不早啦，倘有人来遇见了，不是耍的。”我那时虽然是 25 岁的人了，但还幼稚得很，一时摸不到他的意思，不知道说什么话好，遂敬礼而出，他送我到二门。

辞出后，我赶紧跑到刘纯仁住所，把经过情形向他说了一遍。他说：“应协统胆子太小，是做官的，不是革命党。我们自己想法子干吧！我派人请雪亚（刘镇华的别号）来商量一下，行动越快越好。”

午前 9 点多钟，刘镇华和一位教习（忘其姓名）同来。我们 4 个人商量结果如下：

（一）到洛阳、嵩县一带，联络民团、绿林、巡防营以及其他可能利用的武装力量，攻取洛阳，以震动开封，威胁南下西进的清军后路；

（二）派人赴陕西联络，夹攻河南派出的五十七标，逼他们反正；

（三）派人赴武昌、汉阳，向黄兴、黎元洪报告；

（四）派开封大河书社（原来河南同盟会支部创办的宣传机关）两位同志绕道秦皇岛赴上海同报馆联络，宣传河南的革命行动，以影响全国。

会后根据决定，分别行动。我参加豫西方面的活动，刘纯仁、刘镇华、冉性甫、梁文渊和我一行5人分搭汴洛火车，于次日（约在农历八月二十五日左右）会齐洛阳。刘镇华是省视学，我们都寓城内中学堂内。夜间密谈有该堂堂长和两位绅士参加，一位姓刘名果的学生进出照顾。

翌晨，梁文渊移住洛阳南关“白家染房”，往来通信；刘镇华以调查教育为名，秘密联络洛阳城乡开明士绅和武装民众；我同刘纯仁、冉性甫3人，雇骡车一辆，向嵩县进发。我们自称省城派出的调查员，调查羊山土匪情形。当地流传一首关于羊山的歌谣这样说：“大仁大义关老九，仁义老张平，白面书生张治公，好好先生柴云升，多诈多疑王天纵，乱蹦乱跳憨玉昆，杀人妖精陶福荣。”由于刘镇华的函介，我们到嵩县西北约20华里一个乡镇上，拜访一位小学堂堂长石又謇，石又謇是世代耕读家庭出身，信仰孙中山先生，在豫西负有盛名，并得到绿林中人的信仰。他不求仕进，在乡教书，经常宣传革命，与刘镇华为友。后来我们攻洛阳失败后，刘镇华利用石的关系把张治公、憨玉昆、柴云升等三股带到潼关，投陕西东路都督张钫。又利用张钫，把他们三部带回河南，投降袁世凯，改编为镇嵩军，终于达到他升官发财的目的。但他对石又謇始终待之如师保，奉之若神明。

石又謇留我们住了一天一夜，畅谈革命事业。我们把关于羊山绿林的歌谣，念给他听，他说：“很恰当的，你们要劝他们革命，一说就成。不过他们内部最近出了内乱，你们必须先为他们说和，先把力量统一起来。攻取洛阳，一定能达到目的。”然后他把详细情形告诉我们：原来关老九在绿林中声望很大，讲义气，代人报仇后，奉母投身羊山，同王天纵结义为兄弟。前一年王天纵到上海私购枪弹，骗了一个女学生带回羊山，关老九对这种行为不满，叫王派人送她回上海。因此他俩闹了意见。豫西几股绿林，都捧关老九，也引起王天纵疑忌。这年夏天，王用手枪把关老九打死，内部的矛盾尖锐化了。但不久以前，王天纵跪在关老九母亲面前，痛悔认罪，呼关母为亲娘，生死听她处置。经张治公、老张平出来调停，卒获关母谅解。但憨玉昆依然不服，非把王天纵赶出羊山不可。所以石又謇对我们说："你们要宣传革命大义，先要把憨玉昆说服，事便可成。"又特别向我说："你是读书人，又是陆军学生，但无学生习气，同他们容易接近。不过绿林中有许多'黑语'，许多'忌讳'，你要特别注意，最好你同张治公、憨玉昆两人多谈心，私下请教。"

我们同石又謇商量之后，便决定冉性甫在嵩县、宜阳之间，负责联络士绅，以便将来部队过境时预备茶水饭食；并联络当地民团，共同行动，以免与羊山绿林发生冲突（因为以往有过冲突）。冉是宜阳县人，而宜阳是将来进攻洛阳必经之路，所以有这样的布置。

我同刘纯仁由石又謇派人带路，持石的介绍信直赴羊山。沿途盘查甚严，都是王天纵所派的暗哨，但一说是石又謇派来的人就受到欢迎。到羊山的当天，先见王天纵，把石又謇的信念给王天纵听后，王非常高兴地说："石先生是我们弟兄们最钦敬的人，屡次请他到山上来玩，他都不肯。现在要革命了，想请来领导我们，大概可以吧！"刘纯仁说："一定可以，我们也是来帮你们忙的。"又指着我说："这位兄弟，是陆军学生，排长都不干啦，想来和你们一起革命。我们还想请你当河南副都督哩！”王天纵听罢，更为高兴，立刻传唤大头目9个人（他们十大弟兄，王天纵是老六）同我们见面，都是头裹黑巾，腰束绸带，身穿短棉袄，手持快枪，腰挂短刀。他们都恭敬肃立，一言不发，静听刘纯仁说话。刘纯仁从清军入关后残杀汉族，政治黑暗及贪官污吏土豪劣绅欺压善良，一直说到孙文革命、武昌起义和我们到羊山的来意。最后言明我们计划攻取洛阳，“光复”河南，使人民都可以安居乐业，等等。听了刘的讲话，他们都欢天喜地谈开了，有人说：“先杀洛阳知府，再杀河南巡抚，赶走北京皇帝，孙文坐了天下，我们都要当官，没有人敢说我们是土匪啦！”有人说：“六哥（指王天纵）当了都督，我们就可以出头啦！”其中有一人说：“关九哥要在世，恐怕摊不到六哥吧？”旁有一人瞪他一眼说：“憨子！你又在胡说，我要告诉老娘（指关老九母亲），又要叫你罚跪啦。”王天纵这才又说：“我们请两位先生休息一下，就该吃酒喝汤（喝汤即吃饭，河南方言）啦。”

我听到上面几位说话后，猜想有一位必是憨玉昆，他显然同王天纵有意见，我说：“四五年前，常听说羊山有十大弟兄，都是英雄好汉，个个都是神枪手，官军不敢接近，今天见面，真是三生有幸。可惜关九哥不在了，我很愿意补上一名，但没有真正本领。”王天纵笑着说：“梁山寨上有军师吴用，你来的很凑巧，就给我们当军师罢。”刘纯仁接着说：“他是秀才当兵的。”大家一齐发笑。

夜间，摆出两桌酒席。每桌10双银筷子。猪肉、羊肉、鸡、鸭、海参，都用洋瓷脸盆盛着，吃完再添，酒是大瓶的，都用茶杯喝，尽情吃喝，毫无客套。第一桌是刘纯仁首座，第二桌是我的首座，都是 9 人作陪，年纪比较小的都在我这桌。席间，有一位跳在椅子上蹲着吃，并将大块肉向我碗里送，酒也向我杯子里添。我看他年纪比我小，问他："你是憨玉昆老弟吗？"他说："是的，我看你是红脸汉，想起了关九哥，今晚上你同我到老娘那里去歇息吧。"席罢，我向大家告辞后，憨玉昆扶着我到不远的小瓦房里，躺在一张架子床上。这时候我迷迷糊糊的，关老太太叫冲一碗白糖水给我喝了，我要见见她，憨玉昆就扶了她出来，我跪下叩头。她年 60 岁上下，慈眉善目，有大家风范。她把我拉扶起来说："你是书香人家的孩子，跑山上来干什么呢？"我说是来访友的。她又说："他们这些孩子，都是在家惹了祸，跑到这里避难的，玉昆因为恶霸杀了他的大哥，他报了杀兄之仇到山上来的。我的儿子，是因为替朋友报杀父之仇，杀了两个恶霸，连累得我也不能在家住了，跟他到这里来的。他 26 岁就死掉了。我看你不要学他们，好好读书，倒是正路。"我听关母说这段话，又跪下叩了一个头说："我 13 岁丧母，14 岁丧父，17 岁离开家乡，流浪江湖，听说羊山一般朋友，侠义结交，特来拜访，约他们参加革命，打倒贪官污吏，土豪劣绅，替天行道。"

第二天，王天纵在操场上集合了 800 多人，请刘纯仁同我向他们讲话，然后请我检查械弹，点验人数。他们的枪械是多式多样的，有俄国的曼里夏、日本的村田式，此外有来复枪、洋抬杆、土炮、马枪，甚至还有长矛、春秋刀、连枷棍等。所有快枪，都擦得利利亮亮，比正式军队上还好；但子弹都不多，因为来之不易，多半是沟通巡防营用高价买来的。他们有驳壳枪 50 多支，子弹充足，每支四五百粒不等，多半是贿通天主教、福音教堂代买代运的。他们射击准确，大小头目，有的能百发百中，一般也比军队目兵好得多。检查点验毕，就在操场旁边五六间大草棚内摆开吃喝，请全山弟兄大吃一天，名曰吃喜酒。我同刘纯仁仍与大头目10余人在一起会宴，宴毕，憨玉昆、张治公又带我到关老太太住的上房，见供桌上神龛里有木雕的关帝坐像，关平、周仓立在两旁。关老太太说："这是我家的祖宗。他们结拜弟兄，都在圣帝面前发誓，同死共生，有福同享，有罪同受。"说到她的儿子时就顿住了。我指着憨、张二人接着说道："他俩就如同您的儿子一样，我也要给老娘做儿子，请老娘受我一拜。"关老太微微一笑说："你弟兄3个再烧一炉香吧。"憨、张二人立刻燃烛烧香，烧黄表，并拿一碗酒，用鸡冠血滴于碗内，我们先拜关圣，三跪九叩，又向关母叩3个头，结拜为兄弟，并如法发誓，我喝了一大口酒，他俩把酒喝完。张治公29岁居长，我25岁次之，憨玉昆24岁列为老三。关老太取出一支白郎令手枪送给我说："这是我儿子最爱的手枪，送给你吧。"我拜受了。

在羊山住了5天，王天纵挑选了1000人，分作5个支队，每支队200人，只带干粮，不带行李，预备打进洛阳城内。从宜阳过境时，老百姓都供给茶水烙馍，这是冉性甫联络好的，沿途虽未抢劫淫掠，但不免骚扰。到达龙门附近（距洛阳城20余华里）天已黑了，梁文渊、刘镇华已在此等候。据报，清廷所派第六镇协统周符麟率步、骑、炮、工、辎五六千人，已在洛阳城东车站下车，正在布防。原来我们在洛阳的秘密决定，已经走漏风声，清廷已及时加强洛阳的防务，终使原定计划不能实现。事后听说此次泄密与当时进出照应的学生刘果有关。他将我们的密议告知其父，乃父又密报洛阳知府，知府遂密电巡抚加派重兵。

大家商议，不攻洛阳，从洛阳南面，绕道向东到黑石关一带，破坏铁路，并派一部分人到京汉路以西，发动民团，破坏铁路，扰乱敌军后方，以支援武汉。拂晓前正开始新的行动，突遭到敌军攻击。我们且战且退，约 3 小时，终于不支，纷纷溃散。王天纵传令到宜阳集合，我同憨玉昆、张治公指挥几十个人利用地形抵抗，掩护撤退。每发一枪，就打倒一个敌人，敌人因此不敢接近，只顾乱放排子枪，我们没有伤亡一人。这时，刘纯仁、刘镇华、梁文渊等都随着王天纵先走了。

敌人停火以后，我同憨、张率领剩下的 19 个人，从容地向宜阳退却。到达指定集合的村镇，在一个大绅士家中，主人是冉性甫的族人，与刘纯仁、刘镇华、王天纵重行会集。石又謇也到了这里。大家便开会决定，改变行动计划：

（一）石又謇、刘镇华带同张治公、憨玉昆、柴云升各率所部绕道赴潼关，投奔张钫，图谋再出河南。

（二）刘纯仁自告奋勇，去说服周符麟反正（过后到观音堂面见周符麟时被害）。

（三）我同冉性甫仍留豫西，联络各县民众武力（包括民团、警察和小股绿林），扩充羊山势力，相机行动。羊山事务仍由王天纵负责。

（四）内定张钫为河南都督，王天纵为副都督。

我们分头进行，倒也顺利。王天纵回到羊山整顿部属，随时有人往来与我们通信，到 10 月下旬联络不下万人，但无法集合，只得权驻原地候命。我此时经过小禹州、密县到了新郑县，住在岳父母家中（岳父傅云，时任新郑县教谕），探听南北消息。有一天同盟会会员董少堂自开封送来密信一封，告知以下情况和决定：

（一）袁世凯出山做了总司令进攻武汉，冯国璋部已下汉阳，焚掠汉口，黎元洪迟到武昌，革命形势危殆。

（二）河南混成协协统应龙翔、谘议局议长方贞都被巡抚宝棻扣押。参谋姚任支弃职南逃。宪兵解散。又据说巡抚宝棻调北京，袁世凯保齐耀琳代理。开封城内人心惶惶，非常混乱。

（三）同盟会开封支部张钟端、王天杰、周维屏等认为武汉失败，河南应负责任。袁世凯是河南人，河南人不革命，无面见全国父老。如再行发动，可以挽回战局。

（四）上海、南京两方面，对河南同盟会同志迭有责言。如再不发动，有剥夺选举权与被选举权的可能。故不论成败，必须硬干。

（五）决议公推张钟端为河南都督，周维屏为副都督，何伯龙为总参谋长，岳屹为豫东民军指挥，吴沧洲为豫西民军指挥，并限定于十一月初三以前，各带一部分民众武力，到开封城东南、西南近郊，以图里应外合，夺取开封。

第二次革命军事行动——攻打开封

辛亥年河南第二次革命军事行动亦以失败告终。殉难烈士有张钟端、王天杰等 11 人，无名英雄就更多了，其中有不少是劳动群众。参加此役而现今健在者仅我与周维屏二人。兹述经过如下：

我在新郑县得到开封送来的情报和决定后，为了立刻执行命令，仓促之间，在新郑、中牟两县就近挑选集合民众武力约百人。在中牟县县绅吴宣卿的协助下，由该县民团队长韩子文率领，于十一月初三午后到达韩庄行宫待命（距开封西城门 25 里，是光绪回銮经过的建筑）。我到城内，往西门内优级师范学校会见张钟端、董少堂，他们通知各同志前来会议，会议决定于是夜 12 时后以放火为号，里应外合，发动起义，派定单鹏彦执行放火任务。司令部移设于山东会馆，指定了城关内外的负责人，并规定临时口令，起义军左臂缠白布一条，以资识别。会后，我即派一人到韩庄告知韩子文，务于晚 10 时转移到开封城西北角，接近城根（因为该处积沙与城墙平），一见城中火起，即发动进攻。我自己到炮兵营活动，该营右队系我任排长时的本队，队官赵宏阁是旧同学，亦同情革命。也约定城内火起，即将该营之 4 尊炮推到禹王台小高地上，用间接射击法，向巡抚衙署开炮。

但候至深夜 1 点，尚未见城内起火，我料恐有变故，赶紧跑到城西北角，寻觅我带来的武装。此时已到 2 点钟左右，忽见抚衙附近，烟火上升，并微闻有步枪声音。西北角城垛上似有散兵，我即令对人影发射几枪，霎时城上弹如雨下。我又令停止射击，以观察动静。此时发现敌人，有三四百人。见势不佳，我即指挥武装民众向西南方面疏散移动，靠近与我们有联系的骑兵营。此时天尚未明。我离开本队向骑兵营哨兵前进。进了骑兵营会见值夜排长张自雄（湖南人，保校同学，他也是准备响应革命的一部），他告诉我说：“昨夜 10 点多钟，第二路巡防统领柴得贵派兵把师范学堂包围了，打伤几个人，逮捕了 20 余人。”南区警察所长刘炳阁也派人来通知说：“河南干不成了。我预备绕道天津或秦皇岛逃到上海。一两天就要走了，你最好与我同行。”我说：“我在豫西联络了许多武装民众，不能放弃，必须再跑一趟。尤其对绿林中人，不可失了信用。带来的中牟县的民团尚有一队，必须把他们整个交还。”这时天快亮了，我乃带领民团由南转西向中牟前进。

午后到达距中牟县城约10里的一个大村镇驻扎，时已下午4点。我和韩子文又进到城内，住吴宣卿先生家中，并派人到开封打听消息。得回报说：巡抚宝棻调回北京，派齐耀琳代理。初三夜里，在师范学堂逮捕张钟端等数十人，押在监狱。现时出入城门，都有巡防营搜查。此外，听说有南北议和的消息。

第四天，吴宣卿先生给我换上便衣，赠给路费50元，风帽一顶，安上假辫子，我经密县、禹县、嵩县、羊山、洛阳，转乘火车，投奔新郑县岳父家中。沿途把所得情况告知各处所联系的同志，请继续做革命准备，我负责到南方联络，以图再举。到此，第二次军事行动亦告失败。不久南北议和实现，清帝退位，河南也就算“光复”了。

武昌首义前，同盟会、日知会等革命团体在河南已经做了一些工作。当时在河南，“反满”复汉的言论，甚至可以公开发表。但是在武昌首义之后，革命气氛反而转趋消沉，这与袁世凯之再起有很大的关系。首先，一些人，特别是新军中的一些带兵官，看到袁世凯重揽军政大权，错误地认为汉人也能当道，举义思想因以削弱。同时袁世凯又是河南人，在军政界中不免沾亲带故，封建观念也就从中作祟，这种情况，即在同盟会会员中亦复存在。辛亥前，同盟会在新军中本已建立了一些联系，唯情况经此变化，倾向革命的带兵官多踌躇不前，以致不得不转而依靠绿林力量和地方武装，但这些人又缺乏革命的思想准备，组织纪律也都不够严密。其次，袁世凯上台后，对部队加强了控制，并将新军外调，造成革命活动的困难。再次，两次军事行动，均系仓促发动，计划不够周密，尤其是第二次攻打开封的谋划，事前并不曾作成功的打算。两次行动，两度失密，因此遭受突然的严重打击而终于失败。不过，两次军事行动虽都失利，但在舒张民气、扩大影响方面是起了积极作用的。

（选自全国政协文史资料研究委员会编《辛亥革命回忆录》第5集，中国文史出版社2012年6月第2版）

筹备开封起事及失败经过

徐其愉*

辛亥武昌起义时，我正在河南法政学堂肄业。消息传来，全校震动，学生们不待听课完毕，即一窝蜂似地跑到院中，议论喧腾。忽然在南楼明柱阴处，见到一条标语，用铅笔写在白纸上。有一同学很滑稽，拿住标语，振臂高呼："不甘为'满奴'的人们起来了。"尾声拉得很长，众皆大笑鼓掌，经久不息。适闻摇下课铃，这位同学又高呼："向前开步走！"众又哄然鼓掌，鱼贯而出，一直走出大门，掌声犹未停息。

自武昌起义以后，中州爱国志士即密谋响应，奔走联系，未尝稍息。有一天我们班代表李南华约我及文子绶、叶树同、耿靓文、

* 徐其愉：时为河南法政学堂肄业生。新中国成立后，任河南省文史研究馆馆员。

刘芳春等5人到对堵庙街袁公祠开会，到会的以法政、师范、中州公学3校学生居多，教职员中只有中州公学五六人。首先由法校正科班代表王从周报告起义计划，大意是：我们汉族在全国四万万人中居绝大多数，200年来受少数异族的统治压迫，俯首为奴，腾笑列邦，真是我们汉族的奇耻大辱。近来清廷更行腐败，卖官鬻爵，贪污成风，内政不修，外侮日甚，若不速谋挽救，难免瓜分之祸。武昌起义是我们伟大民族革命的先驱，最令我们兴奋。邻省若苏、若皖、若鲁、若秦、若晋，或已闻风兴起，或正在暗中酝酿，吾豫地居要冲，举足更关轻重，救国义举，不能落在人后，但是起来革命，第一必须有一部分实力，第二必须有经济的来源，开封现驻有陆军一协，受过新式训练。城防军两营，军风纪比较差。陆军协统应云从是湖北人，日本士官学校毕业，脑筋很新。我们都认为是最有希望的一个支柱。不料宝棻已侦知他与黎元洪有关系，把他软禁起来了，另派张锡元代领其众。张很顽固，非口舌所能动，他已带队赴前线，不必再提，只有转过来思其次者，向城防军司令柴得贵去联系。柴系山东人，行伍出身，谈吐很豪爽。初次接触，晓以大义，颇以为然，但还有顾虑，仍须耐心去说。只要主张的是正义，怀抱的是真诚，总可达到目的。至于各方面如何策应，已有各同志分头负责活动，听说情形也还顺利，经济方面，曾与商界各行帮诚恳接洽，都深明大义，踊跃输捐。我们同志中慨解义囊的也不乏人。据目前约略计算，已达20余万元，预料还有继续输捐的，为数当不止于此。事如成功，当然更易想法。最后他劝勉大家携起手来，同心协力，为革命而共同奋斗，愿参加活动的固不胜欢迎，有顾虑不能参加的亦不相强云云。

继由中州公学校长杨勉斋讲话。他以诙谐的口吻说：我的行动宝大帅是很知道的。前几天陆军小学举行毕业典礼，我曾代表学校参加。宝棻后至，坐甫定，他就问哪一位是杨主政，我应声起立。他说：你老哥很有大志。说罢，微微含笑，伸左手作势，让我仍坐下。我无言可答，坦然不以为意。我想宝棻的脑筋很昏庸，他看见革命声势浩大，已经吓破了胆，他这时只求快快交卸，离开河南，孑身无事而已，决不肯胡乱捕人。他一直装着和平的样子，对我们同志并没有施加过摧残。我们对他的排斥，是民族的积恨，不是个人的私仇。我们为的是救国，主张的是正义，所以是理直气壮的。少数同志到这里来开会，或不无顾虑。我劝大家安心。警察方面人员，都是我们河南人，我们的行动早已得到他们的谅解，只要不在大街上莽说莽讲，他们是不多过问的。但我们也不能不时加警惕。我们汉人呻吟于清廷专制淫威之下，已 200 余年，也应当想法解脱这个枷锁。现在时机已到了，武昌的自由钟已撞起来了，希望大家团结起来，各尽所能，各随所愿，贡献出一部分力量来，以完成这个革命的伟大事业云云。

最后由李心梅报告赴豫东各县联络仁义会的经过情形。他说：仁义会内部情形很复杂，有红枪、黄枪、白枪的区别，各派系的界限很严，敬奉的神灵也不同。我们初到那里，得不到要领，空跑了许多路。

后来，我们分头洽请地方有名望的人士转为介绍，这才入了门径。东边各县红枪会势力发展最普遍，我们就先去联络他们，经过几次接谈，都表示得很好。但他们总不大愿意受别人领导，想要独当一面，我们还须耐心说服他们。我一半天就要再去一趟，看看最近接洽的情况如何。

农历十一月某日，又在袁公祠开会，专召集一部分代表人员，我们班是李华南出席。会后听他传达说，这次开会情形比以前紧张，因宝棻已卸任离去，齐耀琳来接。齐比宝强悍，恐怕有不利于我们的行动，拟乘其到任未久，安排未定时，提前发动。

当时，城防司令柴得贵已经接洽妥当，加入盟约。我们公推杨勉斋为革命军总司令，杨以文弱，不肯担任，乃改推有胆有识的张钟端，并以柴得贵为副司令。

在推定总司令以前，内部酝酿时，柴得贵很垂涎于这一职务，张钟端坚决反对。所持理由是：商界支持我们，捐了许多款项，一则是仗义支援，一则是为保全他们的资财。一旦事起，若军队趁火抢劫起来，我们无权制止，何以对深明大义的各商家呢？众都服其有识。

某日晚，我到鼓楼街路北客栈，访问同乡金书堂，适遇新野罗飞声在座，他也是革命运动的健将。我问他事情进行如何，他说已就绪，快发作了。金书堂说：如此，我明早就要回去，底友涵在旧考城一带联络的几杆绿林朋友，还待安置一下，他与红枪会是水火不能相容的，双方时常发生冲突。这次红枪会接受编制，很排斥他们，表示不与为伍，这就不能强令合作，只好送去点款项，把他们暂时安置下去，以后看情形如何再计议。

次日早，我去上课，遇丙班同学王之杰。他问我参加活动没有，我说，我老父在这里，有些顾虑。前曾参加一次会议，后来就没再去。他说：情势已紧，你何不先送老伯回里，免得他老人家受惊。又进一步向我低声说：就在这一两天内要看热闹。斯时，我父亲任开封府教授，学署紧靠文庙东面。我立即转回去，觅车送我父亲回里。不料那天夜里就发生了事变。早起出大门，见一掌鞋老人，摆手向我说：夜里军队抓了好些革命党，现正在各学堂搜查。我听了大吃一惊，回寓同杜元甫商就，各携书包仍装作去上课，到学堂探视情形。甫到门前，传达挥手不令前进，说今天停课。我们立即转身回来。刚把书包放下，忽见齐性一、吴伯平二人满头大汗，仓皇走来。询知情由，便把通文庙的角门打开，引他们到圣殿后院两间西屋里暂行隐蔽。这个地方极僻静，平时人迹罕至。住了3天，探听外面也没有什么风声，就分路把他们送出城外，各自回里。

当他们潜居在这里时，没暇深谈，后来见面，他们才说自己是敢死队的大队长。队员由收编的兰考一带的红枪会组成，共有500余人。分第一、第二两大队，大队下又分为前、后、左、右、中5个小队。齐性一是第一大队队长，吴伯平是第二大队队长。两大队的副队长及各小队的正副队长都是由会中推选出来的。举事日期约定后，他们就在东大堤以外潜伏，候城中火起，即冲过来攻打城门。候了一夜，了无声息。天明进城探视，也不见有什么迹象，而直奔师范学堂，因司令部就设在这学堂第一排房。行至新街口，没有遇见一个同学，心中怀疑，适见路北有一卖花生的，趋前借买花生探问消息。卖花生的人很灵敏，没待问便低声说：事坏啦，先生快走吧。这才醒悟过来，赶紧转回头来跑到北兴街14号马逊卿那里，只两间临街房，不太严谨，所以又转到这里来。

谈到事败的原因，他说："柴得贵想当总司令，张钟端不赞成，没达到他的欲望，心中怀恨，因此背约告密。"又有人说："柴得贵根本就没有诚意，革命志士受了他的欺骗，他完全学的是戊戌政变的袁世凯。”这一看法很有道理。

1962 年 8 月 20 日

（选自全国政协文史资料研究委员会编《辛亥革命回忆录》第 8 集，中国文史出版社 2012 年 6 月第 2 版）

“光复”南阳纪闻

孙文青*

壬子元旦湖北民军“光复”南阳时，余方在赊镇小学读一年级，适值寒假归里，而南北军队之调动，左近乡民之逃难者，兼旬之内，日有所闻。现根据追忆，勉成此篇。

一 “光复”前夕——白莲教起事

白莲教乃农民的秘密结社。南阳白莲教自嘉庆年间，齐寡妇鄂西起义失败被清廷大肆屠杀以后，其余党经过太平天国、捻军、义和团诸役，一直是在保持着秘密组织的流传。尤其在义和团失败后，

* 孙文青：时为河南南阳赊镇小学学生，后任南京国民政府河南省南阳县教育局局长。新中国成立后，任河南省文管会副主任兼省博物馆馆长，河南省政协委员。

更加积极酝酿反清、灭洋。辛亥武昌起义时，即暗中加紧起事的活动。其宣传要点大致是自立皇帝，预许皇后妃嫔及将相大臣，骑凳作马以赴战阵，顶土入地以避灾难等。教徒均为农民，为稍具文化知识者所鄙，亦不为革命党所联系。

农历十二月下旬，襄樊革命军适有将大举“光复”南阳之宣传。时清室南阳镇总兵谢宝胜集兵豫鄂边境，将与民军较胜境外，而后防空虚。白莲教乃乘机集合，在南阳起事。

十二月二十三日初更，忽传有成群男女自东南向西北方向走去。后数日又传乃是白莲教徒去攻打南面。新正之初，又传白莲教民皆纷纷狼狈逃回。南姚庄有云四掌柜者，乃农村殷实小地主，亦教民小首领之一。传言教者试法时，以镜照人，确见有王者冕服，后者宫服，将相戎服朝服之像，以瓦片盖顶，人不能见；人骑板凳，即见其腾空而起，并自降落如故。是夜黎明走至将近南召县城约20里，不见有他处教众来会。未及喘息，忽有武装军队四面围至。仓促之间，人各依法撮土压顶，或骑凳待升，法皆不灵，军士皆环视而笑，遂相率就缚，被驱至宛。至则他处教众或已先在，或稍后至，狱为之满。尚未及遍审，元旦之晨，而谢老道①已逃，革命党进城打开狱门，教众仓皇逃归。原因是教民攻夺南召之谋，已先被谢宝胜侦知，于其集合地点，已先派兵埋伏，而四方来者所经要道，亦皆派队阻截；因此，在途教民全被俘获。未及处理，襄樊民军已进抵新野，谢氏忙于布防抵御，从而延缓了屠杀教民。未几，革命

① 谢宝胜，安徽人，甲午中日之战，因与主将意见不合，致遭惨败。遂愤而弃职，剃发为道士，后因宋庆保举，起用为南阳镇总兵。故人皆呼为“谢老道”。

民军“光复”南阳，被俘教民始各被放星散回里。

二 “光复”南阳始末

武昌起义不久，河南绅学各界，具有民族革命意识及受过爱国主义教育者，日盼河南“光复”，并有人准备“光复”南阳，协助革命。这时，清廷则命南阳镇总兵谢宝胜分兵扼守豫鄂西南边境淅（川）、邓（县）、新（野）、唐（河）等要点以防郧（县）、光（山）、襄（阳）、枣（阳）民军北进。

将近岁暮，襄、樊民军以刘凤梧为招讨使，声称将“光复”南阳，招谕谢宝胜纳降。而南阳中学革命青年，亦与民军联系，约为内应。谢闻震怒，急调精锐集中新、邓边境，准备与民军决胜于防区之外，并严密查防境内革命力量，以防内变。但是，人心痛恨之清室腐朽已极，莫不盼望民军早临，“光复”地方。即谢之左右，亦多有见大势所趋，同情革命，不肯作无益的牺牲者。因此，其军无斗志，众皆离心，莫肯为之通情效力者。适有白莲教聚集南召，乘机从后袭击南阳之报，乃急调兵掩捕拘系颇众。谢虽平息了白莲教起事，然已感到民心已不属己。时近年关，襄樊民军以对谢之招抚无望，乃决计进讨，因与南阳绅学约以元旦为期，内外会师。即命师长阙龙为前锋，率部向新野谢军阵地进攻。而新野革命民军马云卿亦于是时起义。南北夹攻，谢军不战而溃，民军进占新野县城。谢闻报大为震惊，乃命收集败兵，并调唐、邓守军集中南阳近郊，准备凭城顽抗，以死殉清。而南阳绅学各界，素知谢性倔强，深恐战端突启，城关居民不免涂炭；乃一面约会民军，宁可智取避免硬战；一面散布流言，盛称革命民军势重，绝非螳臂能挡。并依府县文官为媒，相机说以徒殉无益。因此，和、战、弃、守、在谢脑中久悬不决。

除夕夜半，和战的约期将届，民军阙师长已命新野民军马云卿星夜急行，期前直迫南阳城外，虚张声势，与城内绅学取得联系，相机入城，自已将率精兵后至。

夜将半，城南 10 里已有民军骤至，不知多少，防军守以待命。谢因决定凭白水为阵，坚守城池待援。即命城防亲军出城布防，仅留哨官（如今连长）包炳耀在城内加紧巡查。然包早受南阳绅学联系，已与城外民军约为内应。因违谢命，集占据点，准备劫谢，谢率卫队巡查，见东门岗位无兵把守，始知有变。乃仓促携幕僚及府县文官，轻装急出东门向方城官道逃去。

谢既出逃，城内绅学各界会议公举杨鹤汀为临时知府，朱霞为临时知县，包炳耀为城防司令，维持秩序，欢迎马云卿军元旦上午进城，宣布南阳“光复”。

元旦，马军进城，人民夹道欢迎。下午阙龙师长赶至，询得南阳革命的最大障碍，乃玄妙观道士姚霭云，即命收斩于郊，以顺民望，人心称快！

南阳玄妙观，乃晚清道教最大洞天之一，直属北京白云观。白云观道士依慈禧威势，交结内侍权贵，权倾内外，为保皇守旧派方外洞府。此时慈禧虽殁，声势稍减，但其余威仍为京内外所惮。因此，南阳玄妙观道士姚霭云在辛亥革命前夕，即为阻碍破坏革命主要成员之一。南阳总兵谢宝胜与姚道士相互勾结，摧残镇压人民，如剿灭打富济贫的屈五妮、诱杀王八老虎、掩捕起义的白莲教等，莫不与姚道士之密谋献策有关。南阳反清民族革命的不能积极发展，亦多受姚道士之阻。这次谢之匆逃，姚在北关未及同窜，故民军入城，必首诛之，以绝后患。

元旦之夕，阙师长召集军政首长集议，宣布留马云卿旅暂守南阳，并以包炳耀为城守营，协助府县维持地方秩序，派员分向所属宣抚，扩大武装力量，而亲率所部尾追谢军，歼其余众并备其反攻。

二日清晨，阙师长选载玄妙观主要文物随军北发，追歼谢众。谢于元旦下午，逃至方城东关，据报南阳已迎民军入城，民军马云卿部并不甚众，且服装不整，器械不精。即欲折回反攻，而部队已散，收集整训需时；欲回省请援，而不战先逃，所部瓦解，不但前此声誉扫地，且有弃职贪生之嫌，因此，进退失据左右维艰，夜定自戕。

阙师长追谢未至中途，闻谢已自杀于方城，反攻主力已失，是“光复”南阳的任务已达，且南北和议已成，遂停止进攻，亦不再过宛，便道回襄。传者不知所去（余有族叔孙建之，时在谢军中为副班长，驻防淅川李官桥，除夕之前，即奉调赴南阳城外布防。元旦到宛，而谢已逃。军无主帅，遂各自溃散。初二到家，亲言谢逃众散之状）。

三　“光复”赊镇始末（附“光复”桥头）

民军“光复”南阳之讯，很快传遍了宛属各县。人心大为振奋。马云卿所派宣抚使者所至，多派员欢迎宣布响应民军起义。独所派往宛东赊镇使者，则闭门不纳，且组织商民武装及驻防巴图鲁藩兵，日夜守寨，准备顽抗。而地方巨绅王显英已久通民军，借以夺取赊镇寨权。此时则依民军号召，组织寨内外力量及乡民，定于新正初四夜半攻取赊镇。

赊旗镇（今属社旗县）位在唐河上游，地管南、唐、方、泌 4 县之交，较近方城，为宛东巨镇。清季自太平天国定都南京，漕运停滞。而南阳遂为清室统治西南各省的唯一交通要道。由于唐河水运可以直达方城，较之南阳可节陆运 120 里，从而赊镇遂成当时中国南北之经济转运集散枢纽。南船北马，盛极一时，商业资本骤兴，已代朱仙、周口，跃居全国四大镇之列。自设寨费局为其政治统治，且有省商团镖局为其武装力量。而其操纵之权，历年皆掌在山西巨商之手，与当地绅商积不相容。河南藩司则于此设关抽收厘金，缺肥道府，布政司亦设有南裕分司以理民事（时方城称裕州）；南镇亦派有巴总驻藩，以维治安。而实皆听命于寨费局。咸丰七年（1857 年）秋，捻军破镇，商民受灾虽惨，但是 1858 年二月即复。自京汉铁路通车后，赊镇的重要经济地位遂衰，然寨费局当权者，犹幸冀赊镇商业资本的复兴，而反对革命势力的伸展。

“光复”前夕，赊镇寨费局长为姚广运，武昌革命军起，彼即大为不安。南阳“光复”之后，彼虽恐惴，但亦知南北和议已成，入宛民军力量不大，必难久驻，乃决为固守待变之计；故严饬官庶军民，日夜守寨，以防民军攻击。而寨内商民亦多知大势所趋，莫肯为用，或暗通民军。

地方士绅王显英与姚广运积不相容，南阳“光复”后，即邀请民军“光复”赊镇。马云卿所派招抚使者既不见纳，王即与使约，纠集邻族乡民定期攻寨。

四日傍晚，八方之众，环集寨外，约定夜半齐发围攻，以“济成”为口号，并有寨内派兵商民为内应，势在必克。初不料寨上守备甚严，姚之督察尤紧。乡民骤合，亦无攻战经验，寨内应者亦无举火迎进机会，攻至黎明，持久不能近寨，而攻势已疲，且多相率退息安排掩蔽。寨内应者更为焦急，外势若挫，内线将有被逮丧生之患。于是，乃有藩勇某者（忘其姓名），急挺身出，登西门左侧望楼高呼“济成”者三，并鸣枪示威。于是外内闻者皆愕，顿时震荡了寨上守者，莫知所措，多纷纷下寨而逃。攻众退者亦以为应者已经获胜，气力骤增；因各迅即反攻，合围近寨，及巡者探明寨上为藩勇招敌，姚方判明情况，即命处理时；而各门守者已有启门纳攻众进寨搜捕姚氏者。姚见大势已去，只身脱逃，不知去向。

王显英进寨，日已东升。乃先禁止劫掠，安定人心，合镇文武官吏绅商，纷往道贺。王则命其各安本职，照常工作，并命搜捕姚寨主，终不可得。姚之次子二少及姚之文案吕惠亭见形势甚急，不能久匿，亦以同情革命姿态参迎王氏，王则即命毙之；其余人员概不追问。自是赊镇遂宣告丁初五“光复”，而该镇统治实权则转入王显英之手。

宛、赊之间有小镇曰桥头，地当桐河之源，因称桐源寨，为赊镇通南阳要道所经。经济不甚发达，在政治上为宛、赊间驿站重点。因此在“光复”宛、赊前后，桥头亦为新旧两种势力必争之地。时掌桥头政权者为镇南望族张德魁。革命军来，张被暗杀。镇东望族郭玉章迎接革命军顺利完成了“光复”赊镇之役，从而取得了桥头政权。张、郭两族的水火，亦因此加深。所以这次“光复”南阳的政治问题，实质上在地方上则充分反映了封建地主的争夺绅权。

四　“光复”之后　北军夺取南阳

在南阳、赊镇相继“光复”之时，清室袁系河南当局镇压摧残了，开封革命势力，剩有余力对付南阳民军，在“光复”赊镇之后，河南袁系当局即派毅军董怀镇率精锐部队驰援南阳。董衔命星夜南下，于正月十一日凌晨到达赊镇北门外约 10 里之遥，布置阵地，准备进攻赊镇。赊镇民军本没多人，而初五攻寨之众，皆乡民骤集，当日事成即散。数日以来，官军商民相安如故，只是政权已由姚广运转入王显英，秩序业经恢复，骤闻北军大来，莫知所措。马云卿民军使者，因急退回南阳通讯。地方官商军民，共商出寨欢迎。董军见状并不严重，据悉民军使者已回南阳，乃一面派队进攻南阳，一面入寨安定秩序。进寨次日决定裁撤清室文武官职，人员遣散。命诛王显英兄弟二人，以偿吕、姚之命。另举王咸庆为寨费局长，维持地方秩序。布置已定，即赴南阳。道经桥头，郭玉章已闻讯，带其武装 10 余人先逃，逃至西北周庄朱华卿家，入夜被暗杀。董至桥头，另以郭献臣为桥头里正，以维持秩序，当即四去会阻。自董去后，赊南王族参与显英之谋，桥东郭族参与玉章之谋者，皆不自安，纷纷逃避以免株连。余村东头朱梦九家曾有其戚王姓合家来避，前院七叔家亦有婶母郭姓合家来避，皆灯节前后旬日间事。又有表兄王鹤汀即于是时逃避郑州开茶叶店，次年之夏，二次革命之役，亦被捕，死于开封军警督察处。

董怀镇军既至白河东岸盆窑，南阳城内已先有讯，马云卿民军自知兵力单弱，不能抵抗，乃率部退回新野。南阳官绅军民欢迎董军入城。董既入城，乃裁府为县，另派县官，并以包炳耀为城防营务处，共维地方治安，派张道士为玄妙观监院。旋即派队南追马云卿部于新野，指向襄、樊。自是之后，南阳地方之军政统治大权，又入袁系河南当局。

综计南阳“光复”之役，民军从清王朝手中夺得地方政权，不过半月，而在赊镇则不足 10 日，又转入北洋军阀之手。中经蒋政权的统治，日寇的蹂躏，直至 1948 年 11 月南阳解放后，凡 37 年始真正重入人民之手，历时既久，斗争艰苦，亦可想见。

（选自全国政协文史资料研究委员会编《辛亥革命回忆录》第 8 集，中国文史出版社 2012 年 6 月第 2 版）

回忆辛亥革命前后豫西点滴情况

张修斋*

一　豫西革命的策源地——洛阳小学校

在辛亥革命以前，豫西革命策源地，一般人说起来往往说是肇基于洛阳中学。究其实际，无宁说是胚胎于洛阳小学。我住在洛阳乡间，17 岁才上洛阳小学，当时是清朝宣统二年。在洛阳小学充当校长的前后有蒋峨（字我山）、石言（字又謇）、邢德荣（字润斋）等，教员有张仲琴、段玉如、王法岐诸人。除王法岐是河南高等学堂毕业以外，其余在河南优级师范毕业，接受了时代的新知识，思想意识中孕育了民族主义的种子，所以他们在辛亥前后，对革命

* 张修斋：时为洛阳小学学生。

都作出了不少的成绩。因此有人说河南优级师范是辛亥革命的根据地之一，这话是不错的。

但是回忆当时洛阳中学，并没有对革命有表现的人物，就是辛亥革命以后，该校参加军政界有所树立的人也不多。辛亥前洛阳中学的校长申杰万（字卓峰），伊川县人，前清举人，思想保守，不主张传播革命。教员刘庆谕、庶务冯树模在当时虽然也参加了同盟会，但其人皆谨愿一流，表现甚少。

蒋峨及石言均嵩县人，邢德荣伊川人，他们在洛阳小学虽然是前后任，可是他们几个人的交情极融洽，联系从来没有间断过。他们往来于嵩洛之间，秘密与嵩县王天纵取得联系，勖以民族大义，灌输革命思想，纠合当地豪客，厚集实力，预备待时而动。

再说洛阳小学的教育方针，一贯是提高民族观念，灌输反清思想。当时在校教师，真是一时风云际会，名流荟萃，我在那里读书，也算躬与其盛。全校师生，组织的有自治会、周末晚会、时事评议会等。自治会注重学习生活及日常生活。周末晚会，由各教师轮流讲述清朝入关以来残酷迫害汉族人民的事迹，如扬州十日、嘉定屠城、江阴守城等血泪史迹，以及吕留良、陆生楠、戴南山等陆续不断的文字狱，还有道光庚子（1840 年）以后清朝政府政治的腐朽，军事的失败，外交上的丧权辱国，割地赔款等经过情形。说到惨痛地方，往往一堂师生相对痛哭流涕，革命思想灌入最深。时事评议会对当时报章记载，不论人物或政治措施，随意选择主题，自由发表意见，互相辩论，对于启发新的知识的理解，裨益甚大。我曾记得，有一次出的作文题，是“列强瓜分中国，已有成议，如果实行，吾人将何以御之？”我的文内有这样几句：“国之不存，家于何有。

无家可归，徒生何为。合四万万众为一心，奋背一击，纵遭失败，亦无惭田横岛下之雄鬼。”张仲琴老师为我批的眉批是“语有血性”云。我还见过张仲琴老师尝私蓄一小手枪，于无人时辄往学校后边练习瞄准射击，当时即知其志不小。

二 辛亥革命时期的实际行动

洛阳小学校长邢德荣先生，系伊川县人。伊川与嵩县、洛宁等处接壤。当时靠伏牛山一带，豪侠蜂起，其中魁杰，有张树林（后改名张治公）、柴云升、憨玉昆等。邢先生平日就与他们秘密联系。自武昌起义消息传来，他即联结蒋峨、石言，分头前往，策动张、柴、憨等在豫西响应。一面与嵩县王天纵连同一气，武力渐觉雄厚，各拥众千余人或数千不等，相约定期大举，先攻取洛阳，组织临时地方政府。时在辛亥农历九十月之间，当时有一白姓同学（忘其名，后来在陕西充陕军某部哨官时牺牲），傍晚时到我家，住了一宿，他说听到消息，今天夜里革命军要攻打洛阳，我今晚不进城了，恐怕遇到变乱。果然次日早起，我们村的人往关帝冢赶集，回来都说昨夜不知哪里来了许多人马，在关帝冢（在洛阳城南 15 里）盘旋了一夜，地下踩了许多马蹄子印。后来又听到龙门街（在洛阳城南 20 里）的人说，那天夜里到拂晓时候，王天从（后改名王天纵）从我们街过，带了许多人马，有些长官在饭铺吃饭，街里人说，想看看神炮王天从。王从饭铺出来，举枪一声，将电杆上的电线打断，众人喝彩。

以后打听这都是实在的事情。原因是他们所定计划，洛阳城内联系某军警教练所作内应，届时在城内放火，两面同时动手。因所约时间有误，未能如期同时动手，以致攻城计划未能实现。各个部分的部属联系，完全是蒋峨、石言、邢德荣、张仲琴几个人的主谋。当时还有刘纯仁（字粹轩）也在内参加策划，我对此人的经过情形不熟悉，未能详述。其时清廷的地方官吏，河南府知府启绥、洛阳县知县陶炯照，听到这种情况，万分惊慌，调集各处队伍，在洛阳加紧防守。清廷也知道洛阳毗连陕西，且豫西一带，民情强悍，陕西起义在先，声势甚大，陕豫革命军如能取得联系，则洛阳为豫西重镇，势必首当其冲。洛阳一失，则全省定必瓦解。所以也就调兵遣将增强数倍兵力，严加防守。革命军方面审度当时情形，以洛阳一时不易得手，不如变更方略再谋进取。

其时刘镇华（字雪亚，巩县人）亦到豫西与蒋峨、石言、邢德荣、张仲琴、刘纯仁、王法岐等在八里堂村王法岐家秘密开会，计划决定设法与陕西革命军取得联络，组成豫陕联军，协同一致，再向豫西方面发展。乃分头往柴云升、张治公、憨玉昆各部疏通，勖以大义，次第向陕西移动。这计划很快就完全实现，陕西革命势力因而愈加雄厚，分兵东下，已成破竹之势。清帝退位，共和实现，各方遂停止军事活动。其后蒋峨、石言相继功成身退，飘然高蹈。刘纯仁在军事进行中，策动某部官军反正遇害。洛阳小学学生在当时随同赴陕参加革命活动者亦有多人，共和以后，颇有在陕、豫两省军政各界占重要地位者。

三　嵩县山区的草泽英雄

嵩县靠近山区，辛亥以前有王天从者弃家入山，号召各地豪俊，打富济贫，与官府对抗；对悭吝地主、刻薄财主不留情面，而于孤苦贫民则时予照顾，以故豪侠之名，大著于河洛间。其时地方驻军首脑有谢宝胜者，早年为某处庙祝，人皆以谢老道呼之，以军功升任巡防营统领，驻扎嵩洛一带，对王天从屡欲得而甘心。但经过多次围剿，官军往往失利。谢宝胜羞而愈愤，多派干探，四出侦查王天从行踪。一次侦知王天从驻在某山寨，即加派数倍兵力，前往围剿，激战一日，见寨上每垛，皆露帽顶，沉着应战，谢大惊慌，以为势难与敌，赶急厚增兵力，拼命进攻。以后，渐觉枪声稀少、奋力破寨而入，乃阒无一人，不知何时他已安全退出。盖王天从应事接物，才智机警。并闻有一次谢宝胜带队从山边经过，王天从忽然出现于山顶，呼谢宝胜名而喝之，说："谢宝胜，你不要得意忘形，我与你屡次相逢，总念你还是有心做好官的人，所以不忍伤害你的性命。你若不信，在眼前看。"举手一枪，将谢宝胜的帽顶打掉。谢大惊，疾驰数里，惊魂始定。他经常活动于伊川、嵩县、洛宁一带，屡次与官军对抗，其脱身的巧妙，及计诱官军消耗其兵力、弹药的情况，皆为乡间农民所津津乐道。由于他豪侠好义，济困扶危，深得人心，所以对他的消息传递，人人乐为，因此，他始终没被人暗算。其在豫西举义，因内应愆期，计划虽然未能实现，而壮大革命声势，促成共和成立，厥功自不可没。

袁世凯任大总统，蓄意推倒共和，帝制自为，特邀王天从赴北京，说是将有大用，实则意存监视。他在京抑郁不得志，到了声讨张勋复辟战役，才在天安门显示了赫赫战绩。以后北洋军阀擅权国事，每况愈下，他乃决然离开北京，在长江上游扩充势力，与纵贯东西长江一带的黎天才、蓝天蔚，联络一气，相期消灭北洋军阀，以四川的夔州作根据地，声势颇大。后以积劳过甚而死。

四　辛亥遇害的先烈

在辛亥革命中，除在豫西因策动清军反正、所志未遂遇害的刘纯仁以外，还有个名郭之莲者，洛阳城人，惜一时他的遇难事迹及被害地点未详，但是宣布共和以后，政府曾给了他的家属一笔相当数目的恤金（4000元），存在开封土街公茂当铺。以后公茂倒闭，政府清算它的账目，对债权人打折偿还，郭母这时来汴，邀请洛阳同乡向政府声请以特殊情况免予折扣如数归还。我当时在汴曾经与闻其事，恐久而湮没，容再考查，详细记之。其后相继殉难者有刘果、杨少万，皆洛阳城人，参加讨袁之役遇害，时在辛亥以后。

（选自全国政协文史资料研究委员会编《辛亥革命回忆录》第5集，中国文史出版社2012年6月第2版）

辛亥革命在甘肃

韩定山*

1911年10月10日，武昌起义后，甘肃省在升允、长庚的主持下，使用反动武力向陕西进攻，直至次年3月，始被迫承认共和。我当时在兰州存古学堂读书，曾亲见长庚调兵遣将、马安良回军过兰等嚣乱骚扰各情况。

戊戌、庚子以后，甘肃血性青年，看穿了清廷的腐朽与黑暗，不少爱国人士借学校讲席做宣传政见的工具。起初系受梁启超所主办的《新民丛报》及其单行的《中国魂》《饮冰室文集》等书刊的影响，而后从康、梁的尊君立宪，进而到章太炎的复仇大义；顾、黄、王3家的反清著作，都成为青年们热爱的读物，特别是《扬州十日

* 韩定山：时为兰州存古学堂学生，后任南京国民政府甘肃省财政厅秘书，文县教育局局长。新中国成立后，任甘肃省文史研究馆馆员。

记》《嘉定三屠》等书，更燃起了人们仇清的火焰。当时先进的学生，像邓宗、王之佐、周之翰、周希武、牛载坤等，常能留心时事，激昂慷慨，颇有以天下为己任之概。有一位讲师曾写出一副沉痛的联语：“谁创竞争宏议，世界翻新，从兹大陆龙蛇，定演出风云惨阵；我抱奴隶深忧，天涯哭遍，为语陇头花草，慎毋谓泪血污人。”学生中有的把“为天下之大害者君而已矣”的话写入自己的文章。这虽然不算得积极的革命斗争，但也可以看出他们对于清王朝的统治已经表现了极端不满的情绪。

稍后，以孙中山为首的革命运动，逐渐推动到全国。来甘工作的人们，和各省一样，以不同方式渗入学校、军队、帮会之中。学校方面重点放在陆军学校，大、中、师校的师生中亦不乏暗通声气之人。军队方面，重点放在新编陆军，绿营及回军亦通过帮会有所联系。帮会方面，它本身有秘密组织散在民间，处于社会基层，不甚为反动政权所注目；而对革命宣传的接受，却比其他方面较为容易，从而当时在革命上的表现，远在学校和军队之上。现将甘肃各地人民反抗清廷的斗争事实分述如次。

一　河西风暴

河西当甘肃西部，以地方比较富裕，道咸以后，鸦片出产，既多且佳，长期为贪官污吏剥削的对象。民众在高压之下，常激起纠众反抗，从而革命暴动的突发，常以鸦片的抗税、抗铲为前导。

1911年3月，甘州农民聚众3000余人，和讹诈铲烟的知府李廷飏、豪绅王振鹏对抗，他们拉倒王振鹏的房屋，赶走提督马进祥的弹压，总督长庚得到消息，马上派西宁镇马福祥、甘凉道尹张毅前往查办。为首的农民丁积庆、徐成明、刘竹林 3 人被斩首，主谋的周月林、王九卿充发黑龙江，而进行讹诈贪污的李廷飏、王振鹏则毫毛未动。因此案件虽告平息，民怨结得更深。夏间，县人王良卿因仓粮积弊久苦农民，趁春间烟案的愤恨未消，暗结帮会及受害农民密谋起义。适河南人王莲清受孙中山先生指示，在张掖一带活动，在 6 月间与王良卿等结成联盟，计划利用中秋节，以 3000 人取张掖、2000 人取山丹、1000 人取东乐、500 人取抚彝，先以 4 县作为根据地，再谋进一步发展。事为提督马进祥侦知，正当王莲清等积极运动之际，突在东乐为马进祥所逮捕，搜出盟单及用兵规划，王莲清及同行的回族刘姓立被枪杀，王良卿及帮会头目 30 余人，均被按名搜捕杀害。

早在 1908 年 9 月，武威双树沟农民数千人，在武生齐振鹭、农官陆福基、贡生杨成绪领导之下，作反抗鸦片税、契据税的斗争，捣毁警岗，攻入县署，捣毁总警绅王佐才的房屋和永渠警绅李特生的乡庄。官厅逮捕陆福基、于成林等处以极刑；齐振鹭脱逃后，仍被捕获，监禁在狱。1911 年 11 月，齐振鹭在狱中闻武昌、西安相继起义，秘密联络在外帮会进行布置，向城乡群众散发鸡毛传单，约期暴动。计划先破狱放囚，与城内同党敞开城门，会合南仓沟农民到齐家沟当铺取武器，在南乡高兴寺集合各渠人民杀官劫库，响应西安的革命。由于事机不密，传单一经发出，即为知府王步瀛所得，农历十月十五日早 3 时，杀齐振鹭于狱中，民众闻风瓦解，事遂失败。

1908 年，河州（今宁夏自治州）人祁德隆来酒泉，以行医为名，宣传革命，经过 3 年的奔走联络，颇为当地农民所信仰。及武昌、西安相继“光复”，祁德隆认为时机已经成熟，集 500 余人分编五营，号称革命军。为了掀起农民反抗压迫剥削的积愤，提出“先杀州，后杀道，官钱局里闹一闹”的口号。计划在农历年节，乘社火人多，混进城中，和平日所联络的官兵放火起事。时总兵柴洪山调省，城内空虚，道署听到风声，派人密查，从农民石养存家搜出火药一笼，即逮捕石养存，讯问后枭首示众。祁德隆虑石养存供出运动事实，匆忙在闻家圈集结已发动的农民，拟待所约金塔王子庄的农民到达，即向县城进攻。1912 年 2 月 14 日，王子庄农民尚未到达，道署已发兵来闻家圈剿捕。祁德隆匆忙迎战，因武器相差悬殊，当场被官兵击毙百余人；溃散后又被追杀七八十人，祁德隆被杀于闻家圈的方家屯地方，事遂完全失败。当时官军所夺得的印信文件中有“庙堂之上，朽木为官；郡城以内，绿林食禄”“胡儿居九五之尊，同胞在覆盆之下”“割地饲邻，夺人民将来之生路，人人共愤，兴起义兵”等语的檄文，足以证明这是一次有计划的行动。

此外，闻河西民勤、山丹、永昌、古浪等县均曾有这样事件发生，随起随灭。以未辑得具体材料，从略。

二　陇东北和宁夏的风暴

辛亥革命时期，宁夏尚为甘肃的一部分，它和内蒙古、陕北、陇东北接壤。陕西起义后，革命风暴从陇东北向西发展，一连串的暴动，曾给清官吏以莫大的威胁。其中以宁夏事变规模较大，虽时间不久即为反动武力所镇压，但在甘肃革命运动中实为光辉灿烂的一页。其经过情况如下。

和河西一样，陇东在清光宣年间亦常有因禁烟抗铲及反对苛捐杂税而发生的暴动。1911年11月，灵台县佃农蔡普明，在西安“光复”后7日，发动陕甘边境会党60余人，在胡家店起义，首先进攻陕西麟游县属天堂镇北寺的盐局，冀扫除附近人民食盐问题上的障碍。适陕西五渠沟的唐某也率农民20余人来攻盐局，遂合力将盐局捣毁，毙其局长，驱散其爪牙缉私队。

未几，陕西革命军石得胜部西据长武，宁州帮会首领彭四海（四川人）、汪兆藜（湖北人）等，聚众数百人，在早胜镇起义，知州周凤勋派人接洽，并送制钱300串助饷，彭等入州城协商，接收州篆、城钥，交会党石子英管理，随率众攻破合水，进围庆阳，被驻军击溃；退往长武，又为回军马国仁部击溃。石子英见事败，将印信送还周凤勋，仍为陈正魁部所捕杀。

与此同时，镇原、固原等地均有抗税围城的自发运动。至11月中旬，灵州知州余重基以陕西起义影响宁灵，募勇丁30人守城，在城哥老会高登云等12人应募，已入伍发枪，因绅士孙铎举发哥老会将有异图，余重基又谋杀高登云等以防患。事泄，17日高登云集城中哥老会百余人夜攻州衙，余重基越城逃走。高登云据城后，捣毁久为民害的当铺3座，杀死贪婪无厌的渠工委员常幼臣1人。高登云以董福祥部旧军官余简富于战斗经验，延请到城，欲推为司令，余坚辞不就，但告以禁杀戮、复秩序两语，随即逃去。高登云旋密约名列帮会的宁灵厅（今金积县）兵士里应外合，命党徒杨雄、朱同率300人往攻，行至距城8里的板桥，就富民家饮食，坐待城中消息。富民一面从事招待，一面派人入城告密，天拂晓时，杨、朱等率众到达宁灵厅东门，城内已有准备，营长戴春霖开枪击毙会党30余人，余众抛旗逃散。

11 月 19 日，宁夏帮会首领刘华堂在宁夏起义。先是刘华堂闻西安“光复”，以帮会首领张云山是革命领袖之一，遂一面派人赴西安联系，一面发动宁夏帮会同志密谋响应。有人献疑说：“宁夏满城武装较好，又离兰州不远，若官兵顺流而下，何以御之？”会党刘照藜笑说：“‘长半年’（长庚诨号）行动迟缓，遇事游移，他们正向陕西进兵，兰州必然空虚，抽调部队来宁，最快也要在一个月以后，那时他前有大敌，我到处点火，他一定奈何我不得。”遂与会党高士秀、马耀川、刘先智、邹愚极、夏梓、王俊、张兴、马四虎及参加会党的镇标教练官刘复泰、千总袁宗纲、续备左旗号官黄连升、督标骑兵管带牟宪章等约期起义。事为宁夏县知县陈元骧发觉，突于 11 月 9 日夜逮捕会党李麻花、吴说书、罗大辫子等 10 余人下狱，全城人心惶惶。17 日，高士秀、高登云等在灵州起义。18 日，宁夏满营副都统常连甲率旗兵 800 余人全副武装入宁夏城示威弹压。刘华堂等见事机已迫，即于 19 日晚 7 时率同党夏梓、王俊等 30 余人，乘总兵张绍先赴省未回，沿街燃放纸炮，杀声震天，警官刘照藜、镇署教练官刘复泰率警兵和标兵持枪加入；左旗步队号官黄连升亦率本旗兵士鸣枪响应；城内贫民蜂拥参加，烧毁当铺 10 余座，击毙代行总兵职务的中营游击贺明堂，打开县署，释放狱囚，追杀知县陈元骧弟兄于李刚堡。

20 日晚，会党马耀川、吴大炳、王之滨等在平罗起义，绿营参将谭华亭、守备刘某、知县李九波均藏匿民家，唯黄渠桥马队营官侯懋林顽强抵抗，为起义群众所击杀。

21 日，在宁夏道署成立宁夏革命军政府，公推宁夏道孙延寿为革命大元帅，刘华堂为总指挥，掌握军事。另以刘复泰为宁夏总镇，黄连升、牟宪章为标统，刘照藜为参谋，张绍堂为行军总稽查，胡宝森办理文案，王俊为宁夏县知县，出示安民，宣布响应武昌、西安及推翻清室的意义。

军政府成立后，以离城10里的满城驻有武装齐备的旗兵千余人，必须及时解决，清除肘腋之患。因一面扩充实力，一面肃清内奸。28日晚，捕杀给满城通讯的城守营都司多伦岱和理事厅同知文升，并杀掉泄露军事秘密的典史曾善全、汉延渠局长王文郁，及在市招摇讹诈的张姓杨姓各一人。至12月10日，因派胡宝森赴满城招降被拒绝，遂由刘先智率民兵千余人围攻满城。满城都统常连甲率旗兵出城迎击，民军武器少，未经训练，伤亡三四十人即行溃退。当晚刘先智又重整旗鼓，在刘复泰、陕秀全等亲临督战之下，合民军官兵3000余人向满城进攻，仍未得手。围攻10日，刘先智阵亡，兵士又伤亡三四十人，终不能下。

未几长庚因满营告急，商调马安良部西军分统马麒率马步6营星夜驰援。军政府闻此消息，连夜撤回围攻满城的民军保卫府城。由于还未建立坚强的纪律，一闻西军将到，民兵大半散归。刘华堂见大势已去，遂与刘照藜等各自逃走，平罗的马耀川、王之滨，灵州的高士秀、高登云等均相继逃去。高士秀等过花马池时，营兵出而袭击，士秀一怒破城，搜杀城中官吏后退入东山安定边。标统牟宪章，虽以帮会参加了革命，但态度游移，闻西军将到，立即背叛民军，诱捕刘复泰、黄连升、李麻花、袁宗纲、夏梓等绑送张镇，邀功赎罪。其余未及逃出的首领张绍堂、马四虎等都被西军捕获，壮烈牺牲。

辛亥冬在宁夏发动的轰轰烈烈的革命，就这样结束了。

三 陇南各地的风暴

陇南天水一带，密迩西安；武文一带，接壤川北。所受革命影响较大。辛亥年 11 月，文县农民以久为苛捐杂税所苦，闻四川同志会已杀赵尔丰，马连河群众首先聚集 3000 余人，推举老贡生王汝翼弟兄率领进城，捣毁厘金局、税局。同时，中路乡农民聚集千余人，推举乡约刘步昌率领进城；白马峪农民聚集五六百人，推举乡绅乔某率领进城，攻击目标均在厘税局。知县常铭新束手无策，由都司吴品三出面甘言宣慰，保证取消苛捐杂税。各路领导绅约本无政治企图，捣毁厘税局后携取其中器物，仍率农民散去。

同月，碧口、岩昌等处的厘税局也均被当地民众威胁停闭，当地官吏均用和平退让方式取得暂时宁帖。唯阶州（今武都县）农民被镇压，受祸较惨。先是阶州旧城农民何成海干运输副业，常往来于川西北一带，对四川同志会护路斗争情形见闻颇多。会地方成立自治局，编查户口，筹办经费，认为这将增加人民无穷痛苦，遂与附近村民姚永福、周天柱、何大旗等乘邻近各县纷纷攻打厘税局，集合乡团数千人围攻州城，要求撤销厘税、自治局等。知州谭焯（湖南人）自诩清室忠臣，对农民要求坚决拒绝，并与阶州曹游击何尔普指挥城中制兵及勇丁，乘严寒深夜出城袭击，杀农民数百人，姚、周等被当场击毙，何成海逃往四川中坝，次年 3 月亦被提到阶州杀害。

当陕西民军东守潼关、西守乾州战事紧张之际，阶州在外学生蔡景忱、马占熊等，文县在外学生陈蕴章、韩瑞麟、田国锡等都离校回里。他们原和陆军学生樊政、刘元凯等有“关陇青年社”的组织计划，这时以办乡团自卫乡邦为掩护，谋联络川北帮会援助陕西。

正进行间，闻孙中山自海外归来，在南京组织政府，南北议和，知革命早晚成功，唯虑甘陕战事不息，将贻甘肃无穷之祸。会长庚所编骁锐军统领黄钺率部驻扎天水，与天水开明绅耆及进步青年谋在天水起义，打击入陕甘军，以解除对陕西民军的威胁。陈蕴章等遂飞函天水谋以武文一带青年响应，黄钺即命按计划分途进行。

1912 年 3 月 10 日，黄钺在秦州（今天水县）宣告独立。钺湖南宁乡人，早年与黄兴、章炳麟等奔走革命。钺父万鹏官伊犁提督时，与长庚交好，1910 年冬，钺以荫生得甘肃候补道员，谋借长庚得兵柄，举事西北。武昌起义时，钺已任督练公所总参议，西安变起，长庚许钺统带骁锐军 10 营开往陇南，堵击陕军。布政使彭英甲密陈长庚谓黄钺曾参加兴中会，不宜统兵。长庚意动摇，减 10 营为 6 营。6 营中有崔镇午所统带的回军 5 营，实际由黄所掌握的只有新募的步兵一营。1911 年 12 月开抵秦州，扎驻泰山庙。时秦州青年董戒、萧润生、张衍孙、张锦堂、马鼎五、汪剑萍、朱仲穆等，在参加戊戌政变的先辈陈养源启迪之下，从陈所办的竞全书局中得读到一些革命刊物，对革命深表同情。黄部到达秦州，纪律良好。营长张晚菘联系地方人士，并对董戒等宣传革命。进而谈到在秦州独立的计划，均表示热烈赞助。黄钺既得到地方支持，遂派人东联陕西，南联四川，并函电孙中山、谭延闿、尹昌衡、张凤翙告以在甘革命计划，川、陕均表示出兵相呼应。1912 年 2 月清廷已退位，长庚、升允犹密不发表，且督兵攻陕益急。时四川同志军已应黄钺请出兵昭广，取道文、阶向天水来援。钺察当时形势，唯立即宣布独立，方可牵制攻陕甘军。若陕军不支，即当配合川军，直捣平凉，截断甘军后路。遂召集同志讨论，决定以所部士兵联合城防军 2000 余人，改编成10余营，于3月10日夜分别部署就绪，11日晨率队入城，以一部入游击衙门，击杀游击玉润；一部入贡院，提取旧存武器；一部入州衙，虏知州张庭武。钺单身提刀入道署，约道台向燊合作，向允赞助，即在道署成立军政府，钺自任甘肃临时都督，向燊为副，刘文厚为招讨使，魏鸿发为都督府参谋长。设八大处，分办军民各政；宣布独立意义，制定行动章则，部署有序，次第实施。本地人士萧润生、董戒、张衍孙等积极参加，出力最多。

先是黄钺乘农历春节，组织秧歌社鼓，遮掩耳目；复每晨率队往东校场校阅，由中和门进城，经过街市，再往校场。知州张庭武察其将有异动，密报兰州，兰州密令昭武军分统马忠孝前往监视。宣布独立的次日，马忠孝突领兵至西郊，扬言攻城，城中耆绅张世英、哈锐等出为斡旋，约定两不相犯。

未几长庚以各方劝告，放弃政权。兰州官绅合作，承认共和，由布政使赵维熙领衔电告袁世凯，袁令赵维熙署理甘督。赵即以都督身份致函黄钺，胁令取消独立。由是黄、赵之间文电往复，演成笔战。赵在激愤之下，一面移文巩秦阶、道向燊，责其不应在兰州承认共和之后宣布独立，囚禁官吏，戕杀武员。一面以长庚名义调罗平安部由凤县移驻皂角埠以扼其南，李宗纲部由凤县移至马跑泉以扼其东，刘文绣部由陇州移向南河川、阳川以扼其北，马忠孝从王家磨、坚家河扼其西；并令崔正午驻清水以资接应，派吴炳鑫率建威军进驻陇西，加重压力，然后再函黄钺勒令取消独立。黄复以秦州独立，是响应黄留守、黎副总统的号召，与贵督为对待团体，来文不能接受。相持3月之久，赵维熙屡次令促各部进攻，省议会议长李镜清与秦州绅耆张世英向赵督力争，主张和平解决。当时袁世凯为了维持旧势力，亦谓兰州承认共和，秦州又宣告独立，是破坏行为。经黎元洪、谭延闿等替黄钺辩白，秦州代表汪剑萍赴京上书，袁世凯仍电令黄钺结束秦州军府，来京另候任用。时长庚业已离甘，入陕各军已停止进攻，陆续西撤，钺势难再事坚持，遂致电兰州，谓须承认秦州军府所施行的恤民政策，并通行各县依照办理，独立方可取消。赵维熙遂与巩秦阶道向燊商定黄钺去秦优待办法，由马福祥代表兰州、周昆代表秦州签订条款，向燊仍回道尹原职，军政府士兵归向接管，新政交地方人士接收，黄钺离秦赴京。所有供应客军及遣散黄部军官费用银 5 万两，从银粮项下拨还。至此，6 个月的秦州独立遂告结束。天水武都青年遂各联合开明耆绅组织议会，办理地方新政；文县青年亦拥护前辈程晋三等组织共和会、教育会，办理地方自治事业。

其　他

在辛亥革命影响下，甘肃各县自发的风暴很多，由于老辈凋零，缺乏记载，我们只能作如上的追述。另外，像渭源县的侯玉印，于辛亥十二月率党徒扑城，把南门外上下集街抢掠一空；固原蒿店的制兵侯将爷，在十二月暴动首先劫掠化平营马厂的牧马，则是乘机为乱的盗匪行为。西宁乡民任得慧与游勇孙麻子、惯匪乔寿山在西川元山尔聚众暴动，甫发动即被捕灭，似亦未抱有政治目的，不能与革命暴动同提并论。唯是年十一月汉中人罗佩珩在甘军进攻陕西时，带随从一人在张家川一带宣传革命，经过固关时被骁锐军崔正午部下盘获送入清水县监狱，县人张连喜、王登高等谋劫狱营救，事泄，与罗佩珩同被杀害。来甘运动失败，遭受惨杀，有名可指的革命党人只此一人。

（选自全国政协文史资料研究委员会编《辛亥革命回忆录》第5集，中国文史出版社2012年6月第2版）

我在辛亥前后的经历和见闻

张昌荣*

一　赴保定陆军速成学堂经过

清光绪三十年四月，陕甘总督署开办甘肃武备学堂于兰州，饬令全省各镇标选送学生受训。当时西宁镇标有前后6个营，前3营为中营、左营、右营，由游击统率；后3营为前营、后营、城守营，由都司统率。先令前3营选派粗通文理、体格健壮的学生各1人，西宁镇应征额3名，总兵官张行志核定的人选，中营是闵慧生，左营是我，右营是郭进义。旋以名额不足，又令后3营也选派学生，前营为陈寿，后营为王某，城守营为冯某。八月上旬，我们由西宁

* 张昌荣：时任甘肃督练公所参谋处测绘股科员，后任北洋政府宁海巡防军马步教练官兼甘边宁海镇守使兼使署参谋，南京国民政府青马军新编第二军、第八十二军、第四十集团军顾问。

赴兰州报到，杨增新时任甘肃武备学堂总办，对我们倍加慰勉。修业期限原定两年，及至光绪三十二年三月，军咨处陆军部开办陆军速成学堂于保定，向各省招生，分配甘肃名额30名，杨增新以裴建准、魏鸿发、陈叔、张志洞、袁志俊、唐树椿、白洪义、王泽忠、杨修正、鄂英、徐勉和我等为成绩优异，未待毕业，于同年四月，送往保定陆军速成学堂学习。该校总办赵理寿，监督曲同丰，全校学生1500人，大都是由各省武备学堂选送的，修业期限两年半。徐勉在举行入学试验时，以膀胱有残疾，未被录取，转送武昌武备中学堂。起先6个月为入伍训练，期满后一律学习普通学科一年，第二年始分步兵、骑兵、炮兵、工兵、辎重5个专科，分科学习。我和裴建准、魏鸿发分配于步兵科，步兵督教官为日本人贺忠良，月薪银400两，教官也多出身于日本士官学校，这些人都与袁世凯有密切关系。其中练兵处军学司使[①]冯国璋以奔走于袁世凯的门下，颇露头角，由冯经常联系他们，以便结成一体。袁世凯其时由直隶总督，历迁外务部尚书、军机大臣，每逢年节，冯国璋代表袁世凯进行拉拢，对他们常有馈送。冯的地位也随着袁世凯的发展而逐步提高，冯虽工作繁忙，但不时接近学生，对我尚有好感，我也想借冯为晋身之阶，在学习上力求上进，以期博得冯的注意。当时清廷极力整饬军备，把保定陆军速成学堂作为扩张武力据点之一，由亲王大臣载沣、载涛、良弼等主持校务，冯既结交一般督教官成为袁的死党，对载沣颁布的一切法令规章，表面毕恭毕敬，实际别具

① 练兵处为节制全国军队的总机构，庆王奕劻为督办练兵事务大臣，直隶总督袁世凯兼会办，陆军尚书铁良兼帮办，内设3司，每司有正、副使各1人。军政司使为王英楷，军令司使为段祺瑞，军学司使为冯国璋。

城府。由于师生关系，冯国璋有次训诫我说：“处身涉世，君子贵不忘本。”弦外之音，不言而喻。宣统元年，军咨处改为军咨府，冯国璋调任军咨使，管理该府总务厅，我也期满卒业，被分发到小站实习，即在第二镇十六标见习。那时小站为主要驻兵区域，又是袁世凯督练新军六镇的基地，后来北洋政府时代，上自国务总理、部长，各省巡阅使、督军、师长、团长，营长、连长，几乎都是出身于小站的。我在见习期间，已深深感觉到袁世凯是当时炙手可热的风云人物，虽然那时我已没有机会见到冯国璋，但自己在行动上依然谨慎小心，兢兢业业，企图由见习而得到一个实职，将来还可攀冯为奥援，不无出头之日。但不久袁世凯被罢免，陆军大臣荫昌兼充训练陆军各镇大臣，直接控制了武力，随之排斥汉族军官，调遣斥黜频繁，无形中剥夺了袁世凯的兵权，小站情势，为之一变，我虽一见习，也难以立足其间。

二　遣返甘肃，参加大会操

宣统二年，我和裴建准、魏鸿发等被遣返甘肃，我在小站以人事变化无常，终非久留之地，只得回籍。既至兰州，在督署当候差生，月支伙食银 8 两。宣统三年春季，以闲极无聊，偶在街头徘徊，适遇陕西武备学堂毕业的刘某，他供职甘肃督练公所参谋处，相谈后知道我出身保定，便怂恿我到该处参加工作，我即欣然相从，被该所参谋处总办鲁某派到测绘股充任科员，月薪银 25 两。那时督练公所为督练新军的主管机构，内设兵备、参谋、教练 3 个处，每处有总办 1 人，科员 3 ~ 4 人，主要任务是仿照日本制式，督练甘肃新军。是年秋，由伊犁将军（将军为清代八旗驻防东三省及边防之长官，并由满人专任，秩正一品，伊犁将军是其中之一）调任陕甘总督的长庚（原任陕甘总督升允免职，以长庚继任）为实地检查拥有的武力，令督练公所筹备新军大会操，参谋处拟具计划，划定兰州为会操区，东自拱星墩，西至崔家崖，北自黄河沿，南至皋兰山。以步兵第一标标统陆洪涛部与步兵第三标标统周务学部为主力，并令陆洪涛部为防御部队，周务学部为攻击部队，双方参加会操的共达3000多人。事先还由我测绘了这一地带的地形，交卷后颇蒙嘉奖。会操中又令我担任阵地观察，即于八月初间开始，在先后几天的演习中，各逞所能，认真展开了攻占和防御。同月十五日当周务学进攻陆洪涛阵地，行至土门洞，周指挥所部一路由大路进兵，一路取道南路迂回，督战员当场质问："迫临敌阵，何以兵分两路？"周答："运用分进合击的战术，以摧敌阵。"立即博得督战员的赞许不置。其后双方鏖战，各不相下，长庚终以"防御有法，攻击得力"的8字评语，未待最后决胜，即日均予双方优胜奖励，遂结束了大会操。长庚令参谋处汇报会操战果时，我也提出了"棋逢对手，势均力敌"的意见。通过这一表面上的会操，更巩固了陆洪涛为清廷效死力的信念，甘心做长庚的爪牙了。

三　甘肃实力派对辛亥革命的态度

其时辛亥革命警报频传，各省起义军风起云涌，甘肃、宁夏、河西、陇东、陇南及西宁地区，也先后爆发了反清武装运动。陕甘总督长庚严饬督练公所振军经武，准备随时应付事变。宣统三年十月，陕西新军响应辛亥革命，“光复”长安，兰州为之震动。长庚把保定出身的军官佐，目为“洋学生”，阴谋捕杀，以除后患，我以风声紧急，乘隙离职，匿居于兰州下水巷，以待时局的演变。旋长庚与新任陕西巡抚升允会商，命甘肃布政使彭英甲组成陕甘军务处，率领陆洪涛部进入陕境，以攻长安革命军，嗣以兵力不敷，令回军部队马队第一标标统马安良东下攻陕，马安良认定：“长安随着武昌闹事，没有什么了不起”，即率部将马麒、马璘、马同等，及三子马廷勷成行，先派马麒扑灭了宁夏起义的刘华堂所部，杀戮甚惨。继在长武、冉店桥、乾州各地，配合陆洪涛部与革命军为敌。其时清廷起用袁世凯为总理大臣，派冯国璋总理湖北军务，我既不愿参加攻陕，也不敢贸然露头，仍然避居兰州，以觇行止。

当长庚起兵攻陕之初，当时甘肃实力派彼此内讧，暗斗甚烈。对镇压长安起义军的态度，虽属一致，实质上民族成见很深，汉军排斥回军，回军敌视汉军。而汉军中周务学、黄钺与陆洪涛、陈正魁、董恭（董恭为董福祥之孙）、张兆钾等意见不一，和战分歧。回军中马安良、马麒、马璘与马福祥亦各有怀抱，不相与谋。长庚既已引用回军攻陕，又深虑因势坐大，无以制伏，为求自己安全，招募新军两营，日发饷制钱（制钱为官方铸造，圆廓方孔，重量成色，各有定制，故称“制钱”）100 文，后不能给，减为 50 文，又再减为 30 文，且前方各军需饷紧急，长庚焦头烂额，不可终日，兰州谣言四起，一夕数惊。那年腊月某夕，我在八旗会馆闲谈，时方入夜，忽有一木敞车驾畜惊奔，声轰轰然，全街居民一时惊惧万状，终夜未敢安眠，既至天明，始知一场虚惊，当时人心浮动，可见一斑。及至黄钺于农历正月二十三日在秦州宣布独立，成立甘肃临时军政府，长庚以大势已去，由驻兰州的甘肃布政使赵维熙及甘肃省谘议局议长张林焱等人，于民国元年二月初一日，始宣布承认共和政体。我兴奋之余，为了要求攻陕甘军迅行撤回，谒见马福祥，马竟称“马军统（指马安良）（马安良其时任西军精锐军总统，亦称军统，马麒为帮统）自有处理办法，汝等各安本分，勿得妄动。”未几，陆洪涛、马安良等部撤军回甘，黄钺也取消了甘肃临时军政府，甘肃局面渐趋安定。这时名虽宣布共和，但我目睹兰州各官署仍盖用清廷印信，公然以宣统四年年号张贴布告，翎顶衣冠，悉为清制。袁世凯任命的甘肃都督赵维熙，虽于二月初七日致电邮传部谓：“维熙本日接受护篆，改悬国旗，万民欢呼，同申庆祝，特此奉闻，诸祈训示，并恳代转各省督抚都督同鉴，相期合力，维持新政，共济时艰，不胜盼祷。”但我当时亲闻他宣布共和时说：“世受国恩，不敢忘先帝的德泽。”其后又闻：“宣布共和，乃周厉出奔，周召摄政。”若谓清帝十五年后，犹可复位，是名为承认共和，实则反对共和。当升允由陕退回兰州时，赵维熙大事欢迎。陆洪涛曾远迎于东岗镇，时天尚寒，升允御貂皮大衣，立即脱下，亲手披于陆身，对马安良、马麒也极力拉拢，勉慰备至。赵维熙奉升允一如旧制，执僚属礼甚恭。这些都是我亲眼所见的确凿事实。

四　李镜清与马安良、马麒的矛盾

其时狄道县人李镜清，曾任云南道员及关东防军统领，武昌起义后，取道四川返甘，从事革命。旋出任甘肃省临时议会议长。李为人激烈，富口才，唯胸襟窄狭，不能容物，但办事精练，为人望所归。其时长庚以大势已去，回天无术，适值甘肃省临时议会召开会议，讨论时局，情势极度紧张，长庚不堪压力，将陕甘总督印信，交付袁世凯任命的甘肃临时都督赵维熙，即于三月中旬离兰州赴北京。当长庚起行之晨，正是省临时议会举行最后会议的一天，周务学、马安良、马福祥等，曾往东岗镇送行。时近中午，马福祥、周务学始迟迟到会，李镜清即席询问："你们到哪里去了？"周、马以实对，李即席当众辱骂说："奴隶性质一点没有改变，心想造反吗？"周等当时忍气吞声，默不争辩。散会后马福祥愤愤不平，即转告马安良，马安良在攻陕中桀骜不驯，纵兵焚杀，凶焰甚炽，这时在兰州气派很大，有左右全甘之势，岂肯向李低声下气，于是勃然变色，拍胸大怒说："我们造反先杀你。"继之宁夏群众向省临时议会控告马麒进兵宁夏时，惨杀无辜人民，要求查办，李镜清即谘请赵维熙追究，愈激起了马安良、马麒的愤怒。双方情感，越来越向恶劣的方向发展，满城风雨，群情惶急。刘尔炘为解救危局，向李镜清婉言劝告，并吁请周务学捐弃前嫌，派队护送李镜清暂返狄道原籍，以避其锋。终于马安良、马麒，指使马同（马同是当时马安良精锐西军右军分统马璘的堂弟，时任该军管带，刺死李镜清后，未几在兰州暴死。马同曾与马麒结拜为弟兄，关系很密）派哨官马有功，率兵六七人，潜入狄道，竟将李镜清惨杀于狄道私宅。李之死因虽多，但省临时议会上的那一番话，实为主导因素之一。甘肃大绅刘尔炘送李的挽联是："毕竟是奇才，能使世间容不得；倘然成厉鬼，定从地下打翻来。"那次召开的甘肃省临时议会，西宁地区议员原定前省谘议局议员基生兰和陶春仁，基力辞未就。开会时我曾被邀，因事未能参与。

五　参加宁海军的梗概

民国元年，裴建准任忠武军周务学部教练官，魏鸿发任督署军事科科员，我于甘肃督练公所裁撤后，即返西宁省亲，其后又再赴兰州，遂与督署巡防营中路马队管带李乃棻相识，民国2年春，赵维熙派李乃棻率队抵西宁，当时李处境维艰，有被裁撤遣散之议，西宁镇总兵官马麒，为壮大自己实力，乘机于同年8月，呈准陆军部将李乃棻所带的中路巡防马队，改为西宁边防马队，其后马麒组成宁海巡防马步全军，即任李为前路统领兼马队第三营管带。民国5年，我复回西宁原籍，李乃棻以楚材楚用，荐之马麒，即被派为宁海巡防军马步教练官（原定名是“宁海巡防军马步总教练”，发表时改为教练官，但当时一般仍呼为总教练），自是投入于宁海军。甘边宁海镇守使署成立，兼任参谋，既至蒋冯中原大战后，马麒的次子马步芳被蒋介石改编为陆军新编第九师，任我为参谋长，之后又历任马步芳新编第二军、第八十二军、第四十集团军顾问，前后历时30余年，在这漫长的时期，做了马步芳家族的工具。

民国元年8月，由甘肃武备学堂送入湖北武备学堂的旧同学循化人罗凤林和徐勉，亦先后返甘肃，其后徐在裴建准部供职。罗于民国6年3月，在西宁西大街开设冰鉴照相馆，之后也投入马步芳军事集团，直至新中国成立后病逝。民国18年，马仲英屠杀湟源县城后窜入河西，道经甘肃永昌县城，徐勉率部守城，力战竟日，终为马仲英攻陷被执，马促徐投降，徐骂不绝口，即被马仲英割舌惨杀。裴建准、魏鸿发等始终在甘肃担任军职。魏亦于新中国成立后逝世，裴尚健在。缅怀故旧，所存无几。回忆往事，犹历历在目，略述如上，以供有关方面研究史料参证。

（选自全国政协文史资料研究委员会编《辛亥革命回忆录》第8集，中国文史出版社2012年6月第2版）

辛亥革命前后台湾的一鳞半爪

王文德*

辛亥革命那一年，我虽只9岁，却也在幼小的心灵上多少受到了一些影响。现在，根据我儿时的记忆和成年后的了解，把辛亥革命前后台湾的一些情况写在下面。

孙中山先生到台湾

1925年春，在台北市举行的孙中山逝世追悼大会上，蒋渭水曾谈道："孙中山先生在惠州起义之前，曾经到过台湾，逗留了好几天。"孙先生一登岸，就被日警包围，不让他和当地人民接近。孙

---

* 王文德：曾在台湾邮电部门工作。

先生到了台北，便被送进了日人经营的旅社兼妓院“梅屋敷”去住宿，实际上等于软禁。因此，孙先生不得不通过中国厨师同住在台湾的同志进行联系。那时，台北医学校有些学生到“梅屋敷”去要求谒见孙中山先生，都被驻在那里警戒的日本警察所拒绝了。日本当局还封锁了这次孙中山先生到台湾来的消息，因此绝少有人知道这件事。

兴中会老会员杨心如

兴中会老会员杨心如，是孙中山先生早年的革命同志。他原籍广东省香山县（现中山县），和孙中山先生是同乡。他在壮年时代就到了台湾，一向居住在台北市。他的公开职务是美时茶行的账房，七七事变后退休，1946年间病故。他死后，国民党政府也曾去电吊唁，表彰他追随孙中山先生从事革命的功绩。据杨心如的儿子杨东华说，他的故乡中山县，曾把该县的一条街改称为“心如街”，以纪念他。

杨心如在壮年时把原配程氏和长女秀兰留在家乡，单身到了台湾。他在台湾，绝对隐蔽自己的来历和政治身份，因此，在台湾极少有人知道他的底细。1928年冬，孙中山先生诞辰纪念日前后，广州各报刊都介绍了孙先生的革命历史，有些文章中提到了杨心如的名字。那时我正在广州，就把这件事告诉了杨心如的原配程氏（杨心如的第二个妻子是我父亲的族妹，所以我也叫程氏为姑母）。她就给我介绍了杨心如年轻的时候在家乡跟随孙中山干革命的故事。孙中山先生最初与杨鹤龄、杨心如和另外一些同志在家乡密谋革命。有一次，他们正在开秘密会议，听说清朝官府已经派人来逮捕他们，并且很快就要来到，大家都非常着急。幸好孙先生会驾驶电船，他就带着同志们驾上一只电船一同逃往香港，得免于难。

“漩桶”退位

辛亥革命的消息传到了台湾，台湾社会各阶层人们都一传十、十传百地奔走相告，纷纷谈论起来，连一般家庭妇女和儿童都知道这么一回事了。人们把这个重大事件概括成三句话：“唐山发生了革命，‘漩桶’已经退位，孙逸仙做了大总统。”台湾从来称呼大陆为“唐山”。“漩桶”和“宣统”二字谐音，是“尿桶”的土语。台湾人故意把“宣统”读成“漩桶”，以表示对清朝统治者的痛恨和蔑视。

“断发”维新

台湾的社会风俗本来和闽粤相同。辛亥革命之后，大陆的社会风气逐渐改变，台湾的社会风气也随之而改变了。最显著的例子是“断发”。台湾男人本来都留着辫子，以为这是祖宗世代相传的习俗，不可改易，否则就是“背祖”。而在辛亥革命以后，他们从画片上看见了孙中山先生以及其他辛亥革命的领袖人物都剪了头发，知道大陆已经在易俗。最先由居住在台湾城市的广东原籍的一些人领头，把辫子剪掉，以表示自己是中华民国的公民，而不是清朝遗民，更不是“日本国民”。他们在剪辫子时，像办喜事一样，鸣放爆竹，以志吉庆；有的甚至备办酒宴，请亲戚朋友喝喜酒。这样，就影响了附近的居民，我就是受了影响而在1912年春天剪掉辫子的。由是，剪发的风气开始在台湾各城市流行起来，而终于遍及广大农村。记得那时候，在台北市一般理发费是大人5分钱，小孩3分钱，而“断发”费，无论大人小孩，都是4角。日本侵略者在辛亥革命以前早就强迫台湾人民剪辫子。因为他们认为台湾人留着辫子，是不驯从日本统治的表现。他们首先迫使受过日寇的学校教育的人们剪发；但是，除了在日寇机关、企业、学校当职员、教员的那些人被迫剪了头发以外，谁也不肯剪发。到了辛亥革命以后，日寇侵略者看到“断发”的风气在台湾各城市开始流行，就利用这个机会，加紧进行“理发会”（成立于1911年2月）的活动，通过警察和学校施加压力，进一步强迫台湾人民剪发。后来，台湾人民普遍剪掉了辫子，但是，很明显，这并不是表示他们对日本殖民统治的屈服，而是出于他们对祖国革命事业的衷心拥护和热烈响应。

“五色旗上了天”

自从日本侵略者占据了台湾以后，台湾人民被禁止悬挂祖国的国旗。辛亥革命以后，台湾人民知道在祖国，清朝的黄龙旗已经改换为民国的五色旗了。他们自然很高兴，然而由于日本统治者的严禁，不能悬挂五色旗来庆祝辛亥革命的胜利。在这种情况下，台北市以及其他一些地方，有许多青壮年似乎确有其事地互相传说：“中国的新国旗已经上天啦……”有许多儿童——包括我在内——就依照他们指点的方法去观看上了天的祖国的新国旗。其方法是在中午的时候，把一盆清水放在露天地上，盆里放一块玻璃，让阳光照射而形成彩虹。观看了这种彩虹，孩子们都相信：“这就是祖国的新国旗，祖国的新国旗确实升上了天。”孩子们成群地站在盆的周围，拍手欢呼。这个带着几分浪漫主义色彩的故事，充分反映出处于日本殖民统治下的台湾人民渴望回到祖国怀抱，重见天日的心情。

对辛亥革命领袖们的敬仰

辛亥革命之后不久，在上海发行的对开和 4 开大小的孙中山、黄兴、黎元洪等人的画像和武昌起义的图片，在台湾无论城市和乡村都很畅销。人们买了这些图片带回去贴在厅堂上或房间里，并给家属和来访的亲友介绍这些领袖人物领导革命的事迹。

台湾人民对祖国辛亥革命的领袖是如此的崇敬，对日本侵略强盗的魁首却处处表现出极度的憎恨。他们常常把印有日本天皇照片的报纸当作擦屁股的手纸使用，而不怕犯“不敬罪”。

那时候，台湾有些走江湖卖艺的人用和大陆“拉洋片”一类的方式，让大家观看孙中山先生等人的画像和武昌起义的图片，并加以讲解。城乡的男女老少都很爱看，所以影响很普遍。

在辛亥革命后不久，台湾城市一些说书场的“讲古”（即说书，台湾方言）先生，公开给听众讲上海刚出版的《孙逸仙演义》（或是《辛亥革命演义》，已记不清楚）。有些木偶戏团，如台北的“亦解颐”，也给观众表演辛亥革命的戏文。人们都很喜欢听，很喜欢看，每场都满座。散场以后，大家就津津有味地谈论起来，并且给邻居和亲朋介绍所听所看的这些故事和戏文。这样，一传十，十传百，其影响也就愈来愈广，而且日益深入人心了。

那时候，有些说书先生还借题发挥，诅咒日本强盗。例如台北市有一个名叫福先的说书先生，在说书休息时，以“拆字数”为名，说日本天皇的年号“大正”这两个字拆开来是“一人一止”，那就是说：日本的国运，到“大正”的下一代就将绝亡了。听众（包括我和其他一些儿童）听了都很高兴。

“我中华，民主国；黄龙旗，变五色”

辛亥革命后，台湾城市一些中文私塾的小学生们，很喜欢念上海新出版的《新三字经》。这书开头4句是：“我中华，民主国；黄龙旗，变五色。”

那时在台北以及其他一些地方，流行着这样的童谣：“红兮乌兮二十八，警察被我踢”，意思是日本殖民统治不能长久。我们在游戏时常常唱着这两句童谣，甚至警察从旁边经过，也还是照样大声唱，丝毫不害怕。

青年学生的动态

台北医学校的一些台籍学生如蒋渭水等人，对日本帝国主义的残暴统治怀有深刻的仇恨。他们从辛亥革命，从医生出身的孙中山先生的革命事迹，得到了鼓舞，就以该校为中心，展开学生活动。当时主要是联系同人，结交朋友，互相勉励，提高民族自觉，反对日本师生歧视台籍学生，反对把台湾人民叫作“清国奴”。这些人毕业后，虽然散居在各地做“开业医”（私人经营的诊疗所），但还是继续保持联系，进行活动。那时，他们听说孙中山先生不屈不挠地在广东进行革命活动，就暗中在同人间和朋友中进行募款，而且派人携带捐款去援助孙先生。派出去的人从大陆回台，又带回来了辛亥革命的影响。这些人后来曾受过寓居在台湾的梁启超的改良主义思想的影响，又受过五四运动中资产阶级知识分子的思想影响。到 1921 年，他们为了在台湾鼓吹民主自由思想，进行在一定程度上反日的改良主义的活动，其中有些人组织了“台湾文化协会”。

我今天生活在社会主义祖国的大家庭中，回想当年辛亥革命对台湾的影响，眼看伟大祖国正如旭日东升那样一天一天兴盛起来，使我感到无限的安慰和万分的鼓舞。我完全相信，处在美帝国主义控制和掠夺下、处在蒋介石集团的黑暗统治下的台湾同胞，和我同样满怀着这样的信心：台湾自古以来就是我国神圣领土的一部分，台湾人民一定要和全国同胞团结一致，坚决反对美国霸占台湾，坚决反对美国制造“两个中国”的各种阴谋。六亿五千万人民在中国共产党的领导下，一定能够把美国侵略者赶出台湾，使我们可爱的家乡台湾回到伟大祖国的怀抱里来。

（选自全国政协文史资料研究委员会编《辛亥革命回忆录》第 4 集，中国文史出版社 2012 年 6 月第 2 版）

东北辛亥革命简述

宁　武*

一

1906年，盛京将军增祺丁忧去职，赵尔巽接任。这是清廷第一次用汉人（赵为汉军正蓝旗）任将军，以前的东三省将军向来都是满族大员充任的。赵尔巽到任不久，即以变法维新自任，在省城设立各种学校，在各县也成立初级师范及男女小学校。因此，关内各省人士来东三省任教者很多，日本留学生就更多些。徐镜心毕业于日本早稻田大学，在省立实业学校任教。宋教仁以创办实业为名，

---

* 宁武：时任奉天革命军中路协统，后任南京国民政府河北省唐山市公安局局长兼开滦矿区保安队队长，东北人民政府委员，中国人民政治协商会议第一届全体会议代表。
新中国成立后，任第一至三届全国政协委员，民革辽宁省委员会主委。

于1907年春在奉天成立同盟会辽东支部，新军人吴禄贞、蓝天蔚、张绍曾等是辽东支部的主要负责人。

吴、蓝二人，以前在湖南是华兴会的革命骨干，也都是军队中初级军官，到日本留学，入了日本士官学校。日俄战争爆发，一些中国留日学生都很愤激，曾由蓝天蔚领衔，吴禄贞、张绍曾副署，拍电报给清廷，提出返国组织义勇军对俄军作战，勿须日军到中国驱逐俄军等倡议。清廷复电，拒绝他们的倡议，只说本朝要守局外中立并令蓝等安心深造，后有重用。以后，他们由日本毕业返国，正是徐世昌任东北总督的时候，清廷任吴禄贞为第六镇统制，张绍曾为二十镇统制，蓝天蔚为第二混成协协统。1907年8月，日本帝国主义制造“间岛问题”，时常在吉林延吉一带骚扰，清廷命吴禄贞为吉林边务督办，率全镇去延吉布防，并与日本交涉。1909年孙中山派廖仲恺到延吉帮助吴禄贞，对日本侵略者斗争。同时，清廷派张的二十镇驻防京奉铁路沿线，直到关内滦州；派蓝的第二混成协驻奉天北大营。

同盟会会员张榕，原是北洋大学学生，曾与吴樾在北京前门车站炸五大臣，当场被捕下狱。张榕以大义说服了狱官王璋，在王璋等人的帮助下越狱跑往日本。张榕入士官学校学军事，王璋入警监学警务，两人均参加了同盟会。由于张是本省留学日本习陆军的仅有的一人，回国后遂被任用为奉天营务处提调，后升为总督府军事参赞。

当时同盟会辽东支部，发展对象首先是教育界，其次是联庄会，再次是军界。有的同志倡议绿林也可以发展；但张榕、吴禄贞等人都反对，认为革命党是纯洁的爱国者，不应罗致些打劫杀家的坏分子。徐镜心、宋教仁对张、吴力说，所谓打劫杀家者都是穷苦人被逼上梁山的。张榕很激动地说："大家不明白我省'耍人'（即地痞流氓之类的人）的内幕，若辈都是游手好闲的人，这种人不一定都是贫穷人。如辽中县已故的杜立山，他原是小富有者，后来'上了马'。现任统领的张作霖，他兄张作甫原是海城乡间广置田产者（地主），张作霖不安分，吸大烟，嫖女人，做了抢男霸女的贼匪，现在竟因匪而做官了。这种人如何能革命呢？"但宋教仁不以张的话为然，只是从此不再向张谈及罢了，自己仍在北满联络著名绿林头子刘单子。

我自己早年曾经加入联庄会，1908 年经徐镜心和左雨农的介绍加入了同盟会，把宁志良的名字改为宁武。刘纯一同志改名刘雍，也和我同时加入同盟会。

此外，在教育、文化艺术界有赵中鹄老先生，文汇书院学生朱霁青、段文祥、萧树军、钱公来，教员韩果，讲武堂学生刘景双，北洋女子师范学校学生张淑秋，奉天女子师范学校学生杨树先、段彩范等，在 1908 年以后，也都参加了同盟会，积极进行革命活动。庄河联庄会的首领顾人宜、顾人敏、顾振邦等人，在革命形势不断发展的鼓舞下，也加入了同盟会。

1907 年，同盟会辽东支部成立后，同盟会的活动是比较广泛的。有熊成基、蒋大同等同志来到东三省，在青年学生中传播民主主义的革命思想。吴禄贞、彭家珍、蓝天蔚等同志在新军中播下了革命火种。革命知识分子在教育界、戏剧界或者新闻界都利用合法身份，大力进行宣传鼓动工作。如奉天天主教所办的《大中公报》，袁伯扬任经理，革命同志沈肝若为该报主笔（总编）。该报有《三千毛瑟》

一栏专为自由投稿而设，同志常在此栏发表文章，批评和斥责清朝政府的腐败无能。赵中鹄老先生也曾办过《东三省民报》，宣传革命主义，后因经费关系被迫停刊。蒋大同、董耕芸同志在长春主办《长春日报》，后改为《吉长日报》。当时，凡是革命党人主办或参加的报纸，一般都比较活跃，销路广，深受读者欢迎。此外，赵中鹄同志曾编写《潘公投海》一剧，劝告大家要想救国，唯有加强团结，才会产生力量。这个戏由刘艺舟等人演出，大大激发了群众的爱国思想。有些演员并不是革命党，但是同情革命，借演戏为革命筹款。这样既接济了革命所需要的经费，也加强了革命宣传鼓动工作。

清政府施行新政，实质上不过是巧立名目，加紧勒索。它的具体措施，首先是加捐加税，其项目多如牛毛。因此，辽东半岛的联庄会经常发动群众起来抗捐拒税。1907 年 2 月，又实行清丈山林荒地，激起凤城、岫岩、安东、宽甸等地人民的反抗，后由刘雍、鲍化南、王云峰、顾人宜等人集合 3 万余众，拒绝官吏入境清丈，声势甚大，影响及于全省各地。群众的力量，终于迫使清政府向民众宣布，马上停止丈量山林荒地。但事平后，省当局以“鼓动农民，阻碍省政”的罪名，把刘雍家产没收，并加以通缉。刘雍从此度其亡命流浪生活。顾人宜、王云峰均在家乡度其山沟生活。因为他们手中都持有枪支，当局对他们无可奈何。

1907 年 4 月底，清廷在东北正式建省，将盛京将军改为东三省总督，三省各设巡抚。奉天巡抚唐绍仪，吉林巡抚朱家宝（1908 年秋改为陈昭常），黑龙江巡抚段芝贵（旋改程德全，1908 年春又改为周树模）相继到任。6 月间赵尔巽调任川督，由徐世昌任东三省总督。徐世昌、唐绍仪在东北，对日本帝国主义是卑躬屈膝，媚外卖国。如在日俄战争时期，日本借用安奉铁路运输军用物资，战后竟要求中日合办，改为宽轨；抚顺、本溪、鞍山等地的各种矿产以及辽东一带的森林开采，日本也要求中日合股经营。徐世昌对于日本帝国主义的这些要求，都公开或者秘密地签了字，写下了卖国条约。此时张榕已升任总督府军事参赞，得到这些消息，即集合同盟会同志，分头深入发动各界人士起来反对徐世昌的卖国罪行，并开展抵制日货运动。学生罢课，商人抗纳警捐罢市，声势一时很盛。

运动的骨干主要是各学校的青年学生。当时有辽阳、铁岭县的爱国青年金某、刘某断指给徐世昌上血书，反对徐和日本所签订的一切合办条约。青年学生的爱国运动日益发展，清政府和帝国主义对学生运动的镇压也日益严厉。学校当局关紧校门，不准学生外出，街上满布警察，军警包围学校，如临大敌。由于革命组织不严密，以致机密泄露。文汇书院院长英人劳勃生向警察厅密告，说学生中有朱霁青、段右军、萧树军等四五人都是乱党分子。萧树军、段右军、齐叙堂三同志被捕。朱霁青逃往日本，入东斌学校学军事。交涉使韩某向盛京医院院长英人施督阁要求允许中国警察到医院检查乱党分子。施拒绝了韩某的要求，秘密叫宁武和李树华暂去天津避避风头，待风声平息后再返校，并给李、宁二人一些川资。宁武未赴天津，搭火车前往吉林长春，在长春结识了《长春日报》经理董耕芸。不久接施院长来函，嘱返回奉天盛京医院。这时医院早已成立青年会了，会正是王宗承大夫，副总干事是宁武、李树华等。

在各界风潮当中徐世昌虽然胆战心惊，但事后仍然进行他的卖国罪行，继续签订卖国条约。这时安奉铁路已经开工建筑，并派廖某为安奉铁路警察局长，还成立了警察教练所。同志们就利用这个教练所作为革命青年潜伏地，由宁武利用社会关系把谢宝轩等十数人送进去学习警政。

1909 年秋，奉天最有声望的人士孙百斛，在北京清廷御史房弹劾徐世昌、唐绍仪在东三省的各种罪行。清廷为了缓和人民的斗争，调徐、唐等入关，由锡良（蒙古镶蓝旗人）接任东三省总督并兼任奉天巡抚。当时全国各地方人士请愿要求清廷宣布立宪，奉天省教育界以吴景濂为首，集合全省学生千余人，在总督府门前跪请锡良在向清廷要求立宪的电报上盖总督印。锡良拒绝要求，于是群众高叫大喊。锡良用大队军警把请愿大众紧紧包围，强令解散，群众情绪更加激烈，跪地不起，哭声骂声更高。锡良终于被迫下令军警立时撤走，并且在群众的电报上盖印。这一次学生请愿，同盟会分子并没有参加，但后来通过其他办法，进行革命的宣传鼓动工作，中学生李避尘、陆军小学的石磊等 30 余人，均相继参加了革命活动。

1910 年 3 月间，奉、吉、黑三省相继成立省谘议局。那时，奉天省地方上分成 3 派：首先是秘密的革命派，以张榕、徐镜心等同志为首，约有青年知识分子百余人，大部分在教育界和军政界。它的基本力量是联庄会和一部分地方保卫团，为首的是顾人宜弟兄和鲍化南弟兄，他们的力量较大而集中。其次是维新派，以吴景濂为首。吴从师范学校监督被选为省谘议局议长。此派人数仅次于革命派，在全省教育界有些影响。再其次是士绅派，主要分子是袁金铠等，虽然人数较少，但他们是当局的走狗，依靠张作霖狼狈为奸。吉林的维新派以刘哲、莫德惠等人为首，人数不多，却是专门阿附当局；那里革命分子只有董耕芸、李梦庚和留日返国的金树芬。

黑龙江省只有维新派秦广礼、翟文选等人，很少革命分子。

1911年4月间，清廷将锡良免职，调进关内。据当时张榕同志说：因为锡给请愿派盖了印，再加上日本首相伊藤博文被朝鲜革命志士安重根刺死于哈尔滨车站，清廷对锡大为不满，所以把他调走。锡走后，赵尔巽又从四川调回奉天，继锡良任东三省总督。

这时同盟会分子都潜伏在奉天各机关和地方上进行工作，主要是宣传清廷腐朽无能，要推翻清廷，建立民主共和国。实质上，多数人只求把清政权推翻就满足了。有些同志时常把《扬州十日记》传给新参加同盟会的人看，而对同盟会的章则文告，却很少注意。当时张榕同志认为不应联络绿林，但多数同志已是暗中联络了。彼时祁耿寰、宁武等人联络张作霖部下和原来杜立山的旧部，发展革命势力。赵尔巽来奉后，拟成立暂编陆军一镇。赵很器重张榕，遂命张与营务处主管人草拟新编陆军草案，要任用国内外的陆军学生。事被袁金铠所闻，他极力反对，还邀同少数绅士利用省谘议局副议长的身份进行活动，并偕同他的党羽要求赵尔巽收回成议。议长吴景濂首先表示赞成赵的动议。但因为吴景濂痛恨张作霖、冯麟阁等绿林收编的军队，而袁金铠这班劣绅却和张、冯结合，维新派和士绅派之间有矛盾。这样就形成维新派和革命派的联合，而吴、袁二人则形成明争暗斗之势。同盟会分子利用吴、袁的矛盾，争取吴参加革命，吴表示在会外相应地起些作用也就是了。吴景濂同蓝天蔚、张榕等人时常交往。

与此同时，吴禄贞派他部下营长柏文蔚与宋教仁来奉见蓝天蔚，说明熊成基在长春被陈昭常处死的情形，吴和巡抚陈昭常不能相处，表示吴决心在吉林发难，请蓝在奉同时发难。蓝认为革命工作不应盲目从事，要慎重，要权衡敌我力量。因为吉林驻有孟恩远军，昌图到长春驻有张勋一军，奉天省驻有五路防营军和王怀庆的一路炮兵。总之，蓝反对吴的轻举（事后蓝对宋教仁说：“你们不理解军事，革命固然要有勇气，但不能只凭热情，而要考虑敌我双方力量之对比，不然会给革命造成损失。”）。柏文蔚回到延边面陈吴禄贞，吴感到失望。后来吴又变更计划，命令他的部下祁耿寰（辽中县人，原北洋高等警校出身，延吉警察局长）返回奉天，秘密在辽西地区联络民团。

当时朱霁青由日本留学返奉，因为蓝部满额，即投奔张绍曾部，先在陆军七十八标，又进学兵营（即随营学校）学习，数月后被派在某队做司务长。商震等从学兵营出来，曾一度入省测绘学校学习，他认为革命没有用武之地，不久被同盟会分子陈干邀去在辽阳创办私立义务小学校（学生入学不要学费，还供给教科书，因此盛传陈干带学生在夜间到农田里去抢粮食）。朱霁青联系他的同学张献廷在新立屯设立西医诊所，作为辽西联络革命工作的据点。宁武和刘雍在东边地区工作，宁武在凤城县设立西医院，还利用耶稣教青年会负责人的身份进行革命工作。杨大实从日本学警察返国，设法运动到复县任警务长。同志们设法推荐何秀斋在安奉铁路局所属警局任督察长。马龙潭右路防营营长邵兆中和张作霖的营长刘景双都加入了同盟会（彼时他二人都在省城讲武堂学习），在营内进行革命工作。此外，有军人彭家珍、黄旦忱，政界中还有钱拯（号来苏）专门对冯麟阁部进行工作。张根仁、柳大年和张榕一道在省城各界中进行工作。

1910年春，经同盟会联合起来的力量有：在辽东半岛的联庄会，有俄式步枪4000余支；在辽西绿林中有枪马近700之数；在辽北有绿林以于春圃为首的近百人马。吴、蓝、张3部新军有3万余众，武器装备都比较充足，同志们对革命都很乐观。我们曾规定有联系暗号：即在初接触时，首先问“阁下近来办的什么事业？”答以“中国人办中国事”；又问“事情很得意吧？”答以“毫无头绪”。听到这两句话立即互相握手，把大拇指平放在握拳上，以表示平权，如斯方知是同志。同志之间，亲如手足。我们对凡外省来的同志，照顾更是周到，将细粮让给他们吃，本省同志多半吃粗粮。住客店所需费用和川资，都由同志间互相资助。一切革命所需要的活动费用毫无来源，也都是靠自己互相设法解决的。当时同志们的生活比较艰苦，都把希望寄托于革命的成功。

因限于油印和纸张，经常看不到革命的指示文件，仅有的同盟会文件，只是少数人放在怀里，怕泄露秘密。因此，看《水浒传》《越南亡国恨》之类的小说和《扬州十日记》《饮冰室文集》等书的人比较多，看革命的文章和文艺作品的人很少。那时的报刊，有关革命者已如上述。此外在奉天省城有《微言报》，主持人是教育界的寿世公。半官方性的《东三省日报》民间很少订阅。还有日本人的汉文报《盛京时报》；在大连办有《满洲日报》和汉文的《泰东日报》。帝俄在哈尔滨办有汉文的《远东日报》，只在中东铁路沿线销售。

辛亥年武昌起义前在东北活动的革命党人，在这里简单介绍一下。吴禄贞、张绍曾、蓝天蔚都是新军的军官。1911年，清廷北洋新军营务处召集新军在永平演习秋操。同志们集会，由吴禄贞倡议拟乘机发动革命起义，以吴部第六镇和张绍曾的二十镇为主力，推吴为总司令，张为副司令；蓝天蔚在奉天为后援总司令，负责控制杂色军队；宋教仁在关内天津一带负责联络工作。吴率全镇入关到滦州张绍曾统制处。张迷信占卜，说占卜的结果，认为起义不利；又说新军中有冯国璋、曹锟、王占元三镇兵力，还有近5万的旧式军队，敌我相较，敌强我弱，不宜莽撞从事。总之，张绍曾反对吴禄贞和众同志的决议。因此，在滦州发动革命之议作罢。同时，清廷也已停止秋操。经过此次考验，证明吴禄贞有革命勇气，也有才能，但骄矜自恃，常以中国华盛顿自居，主观性强，不易接受同志们的意见。张绍曾原是公子哥儿出身，主观上要革命，唯斗争性太弱。蓝天蔚原本寒家出身，是位忠厚之士，但处事缺乏果断，因而常走些弯路。张、蓝二人尚推崇吴禄贞。这些就是当时辽东同盟会支部一般同志对3人的看法。宋教仁是位热心团结同志的革命政论家。徐镜心是位血性革命者，信仰孙中山先生，在东北和宋教仁经常奔走东三省军政界，负联络总责。那时廖仲恺利用同乡关系，在吉林巡抚陈昭常幕中工作。陈昭常曾发觉吴禄贞是个有野心的人，准备将吴调走，经廖仲恺从中周旋，才相安无事。

辽北的绿林首领于春圃，耍号（即“耍人”的绰号）叫“于小钉子”；因为他专抢日本人，所以又叫“老头票”。他和专抢帝俄火车的刘单子联合，两人平日专门从三姓（即依兰）地方贩运大烟土。

此外还有女同志几人：张榕的胞姐张淑秋乃北洋女师出身，宁武的伴侣杨树先乃奉天女师出身，还有她的同学段彩范，她们都是小学教员。还有郑梅生，粗通文字，善骑射，原是杜立山的“马上夫人”，为了替丈夫报仇，反对张作霖，1910年（时22岁）参加了革命，很积极。她的旧部多半在祁耿寰和宁武身边，后由宁武撮合，她和刘景双结成夫妇。在各学校中，要以张淑秋的责任较重，她和她的同学崔振华（后来和张继结婚）时常奔走关内外做革命工作。

二

1911 年 10 月 10 日，武昌起义的号角响了，东三省的同志们分往奉天东、西、南、北四路集合地方人民准备起义。省城的同盟会骨干分子，如张榕、徐镜心、左雨农、陈干、商震等人集合在蓝天蔚协统部，由徐镜心报告。当时宋教仁、廖仲恺诸同志已各返湖南和广东。为及时起来响应武汉革命，首先需要推举关外革命军政府的领导人。蓝天蔚提议推举吴禄贞任关外讨虏军大都督，领导关外革命军政府，经大家同意后，即推派代表前往吉林向吴将军商请，吴未到任前由副都督蓝天蔚领导。蓝同意先委任顾人宜为革命军南路协领，祁耿寰为西路协领。左雨农主张待吴来奉后再议。

11 月 4 日，去吉林的代表返回，说吴禄贞接到北京电报调他入关，并开始运兵。同志们考虑，待吴到奉后再进一步商议。这时，南路顾人宜已发动，树起革命义旗；复州警务长杨大实也已起义，并和顾人宜取得了联系；东路宁武、刘雍、鲍化南在凤城县集合地方团丁起义；邵兆中集中兵力和鲍化南会合；商震潜伏辽阳集合学生军。

不日，吴禄贞到奉，他的全镇都开进关内，身边只有一个手枪营。吴乘专车到皇姑屯车站下车后，即前往日本附属地大和旅馆，邀蓝天蔚、徐镜心等人谈话。吴表示：“清廷调我前往山西，因为山西已经宣布独立，可能令我去讨伐。我想利用机会和山西民军合力直下北京，铲除清廷的老根。我提议关外由秀豪（蓝天蔚号）负责，关内由张敬舆（张绍曾号）负责。”同志们都照吴的提议，推举蓝天蔚任关外革命军讨虏军大都督，吴即日登车入关。当时举张榕为奉天省都督兼总司令。吉、黑两省没有总的负责人，由蓝的参谋长徐子俊以下军官，在南满铁路日本旅馆中设立地下秘密机关进行活动。用蓝天蔚大都督名义指派各路军的首领人；用协领名义（等于旅的司令）下委参领（等于团长）。年月日用西历，有时还用黄帝纪元。同时举吴景濂为奉天省民政长。当时蓝、张、吴都主张不流血革命，在省城宣告独立。

11 月 6 日下午，蓝及少数同志在协统部开始发动，研究如何布置会议，准备驱逐赵尔巽入关，但对赵不要给以任何为难和伤害。后来约定在 11 月中旬宣布奉天独立，来响应全国的革命。但不幸的消息接二连三地传到。首先是吴禄贞被刺死于石家庄，其次是张绍曾在滦州失败而出走。再次是蓝天蔚在北大营会议时，被他部下营长李和祥当晚报告了赵尔巽。

赵尔巽得到北大营会议的消息，立即召集地方绅士袁金铠等，说明他不得已要出走入关的苦衷。当场袁金铠跪在赵的面前，声泪俱下地说："请大帅为我全省民命不要入关；革命党完全是虚张声势。蓝天蔚部下既来告密，可见军心仍然依归大帅。我袁某在大帅前敢以身家性命担保，要重用防营统领张作霖，其人很机警，而且愿效忠大帅。请大帅当机立断，传见张统领。"赵尔巽拉起袁金铠说："你既苦心为大局，先传令张统领入府一见。"此时张作霖早已在府门候命，随即叩见赵尔巽，说了些效忠的话。赵立时委张任全省营务处总办。当夜电报北京撤蓝天蔚的协统，保荐蓝部标统聂汝清代理协统，提升告密的营长李和祥任标统。

赵尔巽的布置，蓝天蔚、张榕等毫无发觉，所以决定第二天在省城成立保安会，准备随时宣布独立。吴景濂本着这个秘密计划，面见赵尔巽，请赵到省谘议局开会。赵沉思良久，方允下吴的请求。11 月 11 日，在省谘议局开会时，张作霖的大队人马尚未调进省城，只携部下 18 人保护赵尔巽到省谘议局参加会议。蓝天蔚也下令他的部下从北大营入城，但好久队伍没有到。蓝感觉有异，就偕同少数军官佐，跑到日本车站某东洋旅馆，听候保安会的消息。不久，第二混成协的炮兵即进城驻在省谘议局的附近，炮口面向省谘议局。这时，蓝的参谋某人才报告说，北京已有电令撤他的协统职，以部下聂标统暂为代理。蓝到此才知道第二混成协已经不听他的调动了。至于保安会的情况，则是在省谘议局的会上，吴景濂以议长的身份说明开省保安会的意义及措施，并请赵尔巽讲话。赵首先声明他两次到东三省所作所为问心无愧，接着说，当此关内风云多变的情势下，我们东三省是处于日俄两强之间，稍有异动，深恐前途不堪设想，最好望全省父老们各安生业，静观时局演变。赵的话当场被赵中鹄老同志打断。他起立说：“赵次珊，今日不是你报功的时刻。以奉天粮食问题来说，现在老百姓已活不下去了。你要讲真话，不应净说些官腔废话！”这时张作霖登上了讲台，制止赵的发言，并把手枪放在桌子上大声叫喊说：“我张某身为军人，只知听命保护赵大帅，倘有不平，我张某虽好交朋友，但我这支手枪，它是不交朋友的！”当场在座的有好些人是各学校的青年学生和少数教职员，听到张作霖这一番话，又发现谘议局的大门只准出不准入，完全被张部所控制，都惊慌失措。在场的革命分子和吴景濂等人感到环境有变化，因而相继跑出谘议局。这时，劣绅袁金铠以副议长的名义即席开会，公举赵尔巽为保安会长，袁金铠、聂汝清为副会长。

在场的革命分子只有赵中鹄老先生。青年们走出会场就去革命机关报告，从蓝的副官那里知道，协统已于今晚从大连逃往上海。后来这批青年又去找他们的老师吴景濂，吴对他们说："你们要速去顾人宜处，向顾求援，以充实枪械"，又表示他自己近日也要去上海。至此，在奉天省城的起义就完全陷于失败了。

11 月 17 日，张榕、徐镜心等曾成立了奉天省联合急进会，由张榕、徐镜心、赵中鹄、柳大年等人分工负责。但在外地各路军的同志们，仍以同盟会辽东支部的组织名义进行活动，很少有人参加急进会。联合急进会成立后，张榕以军事参赞的名义，坚持不许赵尔巽调张作霖军进省城，威逼赵离奉入关。到了 1912 年 1 月 23 日张榕被杀之后，这个联合急进会也就算结束了。

奉天起义失败后，不久，有商震等青年 200 余人，在辽阳高丽门举义，被防营统领王怀庆和辽阳警务长王永江合力围击。青年革命突击队中，以郭斗生同志为首的数十人壮烈牺牲，商震等少数人脱险跑到奉天南满站某旅馆（即蓝留下的革命机关），被蓝的参谋长徐子俊等留下来，以便应付和各路军的接洽工作。接着，革命军又在辽西失败。这一部分是由祁耿寰领导的，所部大半都是杜立山的旧部。他们都很讲义气，要为杜报仇，竟把帮助张作霖的恶绅张某杀死。这个张某的儿子张文柏是张作霖的主要部下，因此他亲自率人打败了祁耿寰部的革命队伍。祁本人率少数人跑往大连。那时，张作霖在省城惨杀革命青年，安子文等 20 余人殉难。

在庄复前线和我军作战的敌军，有右路马龙潭所部和炮兵李统领所部，步骑兵共 2000 余人。顾人宜和杨大实的革命军有 3000 余众，把敌人打得落花流水。东路革命军以刘雍、鲍化南为首，在凤城北白菜地乡集合，参加者都是地方团丁和农民，他们缴收地方警察的枪械，编成队伍，有千余众。此路由我负责联系。邵兆中原是马龙潭部营长，在他去讲武堂离防时，马把邵营分散到各乡驻防。邵从讲武堂返防，我即令邵赶快返营集中队伍，我和邵约定3日内集中他的全营，准备和鲍部联合攻取凤城。议定后，我当天晚间骑邵的马秘密出城，奔往刘雍、鲍化南发难地方老平顶山，把邵营集中的情形以及攻取凤城顺下安东的军事计划报告刘雍等同志。他们听到后，都感到很高兴。鲍当时派小部同志在四乡缴警察枪械，以其平日的威名，被缴者都不敢抗拒，还有些警兵愿随鲍参加革命军。我把身边的手枪送给鲍，鼓励他要为革命做出贡献（鲍是蒙古族人，他仇恨清廷利用蒙古王公和所谓佛爷压迫蒙古人，因此他要为蒙族人报仇）。

在我到平顶山的第二天，得乡人情报，知道马龙潭派陈锡九等营共有六七百人来攻打我军。我军即加紧布置，准备迎击。首先是以零星的队伍去迎击敌军，采取声东击西的办法，埋伏在各乡要道，逐步开火击敌；敌军被击毙者近百人，得马匹七八匹，枪数十支。但是，敌军除陈部外，还有五六个营，战斗到夜晚，敌军已攻到平顶山脚下。他们高喊："你们当中有没有宁某人？若有，把红旗在山上摇3次。"我军听到，都以为是邵兆中来了，鲍却不信，他说，摇旗千万不能停止射击。当我方将红旗摇了3次，敌方的射击如狂风暴雨，更甚于前。敌人又喊："如果你们把姓宁的交出来，我们即停止攻击。"至此方知邵营未来，是敌军拿宁武来了。战斗到夜9时许，鲍、刘和我3人商议说，邵兆中同志可能被围，我军子弹有限，不能打这样浪费子弹的仗。这时敌军已包围了平顶山，鲍和我几乎被流弹所伤，遂决议突围出击，由刘和我先突围，往奉天机关求援。我对鲍说：“最好先奔安东，再顺道南下往顾人宜处集合对敌。”决定后，我和刘先骑马突围而出，在突围中两马一伤一死，我和刘脱了险。刘是当地人，地方上的保卫团都和他有联系。进入一个农家，刘叫一个乡亲引路，奔往草河口车站。天亮时我们在草河口上火车直往奉天。

到奉天南满站机关后，才知道奉天失败的情形，大部分同志已往大连，独朱霁青从滦州失败回来，还有他的同学段文祥也在那里。这时朱、段二人打算前往辽北，到开原和昌图准备起义，从段口中知道省城及其他地方失败经过的情形。我当时请刘雍先往大连机关，自己当晚即秘密进入奉天，到小河沿盛京医院，准备和刘景双接头，问他运动张作霖部王东海、李子元两营进行得如何。住在盛京医院的晚上，听到地下室锅炉房脚步声很重，好像人很多，又听到医院东边有喊拿声。我感觉不妙，嘱夜班护士把烧锅炉的叫来询问。他说：“晚7时袁金铠请张榕等在西关平康里吃酒，张作霖派汤大虎带兵到饭馆当场把张参赞枪毙了，还有新闻记者田亚赟也被击毙了。随后即往东关恒知府公馆，把张榕的好友满人宝崑立时毙在床上，他的小老婆跑了，汤大虎并抢走好些金银贵重物品。听说恒知府通革命党，才遭到这种惨祸。以上情形是跑来我院的警察说的。”锅炉工人又说，“还是我们穷工人好，有钱有势的人，这年头可要算账了。”

当夜，我的同学李树华很为我担心。他说：“从白天起，张作霖的兵一个个贼头贼脑地进院四处张望，好像是侦察什么。你最好快想想脱险的办法吧！”在说话中，天已拂晓，我托李代喊一辆马车，并对李说："我留下付马车的钱，等我到了安全地再通知你。"我先请李树华看看后大门是否开着，李回来含泪向我说："门已开了。"我随即奔往后大门，一望门并未开，我就从墙上跳出。到了沟西，叫到人力车，车夫以为我是日本人（因为穿的是西服），就用日本话喊我上车，我坐上车直奔小西关。到小西关外，双轨马车脱轨了，路被堵住。这时张作霖的巡查队赶到，将拉车人打了一棍，问车上的人是干什么的。有个兵头说："不要胡闹，这是日本人，闹出事来可不是好玩的。"正说着，车已可以通行，兵头对车夫说："你好好地开路走吧！"我到车站大兴旅馆时，刘景双同志和营长王东海正在等我。刘首先对我说，他已安排好，乘各路统领在张统领公馆玩牌时，下手击毙这群东西。不意梁二虎在抽手枪时，被金万福从穿衣镜中发觉，喊声"不好，有刺客！"梁当场被击毙。梁二虎跟随张作霖多年，万福击毙了他，张作霖很不满意，认为金是有意要搞掉自己的亲信，于是对金说："你击毙了他，究竟是不是刺客就不好说了；如果是的话，也不应该毙了他，而应该把他抓起来，以便进一步追查。"金说："这明明是被乱党收买了，还有什么好人呢？"因为张作霖平日很信任梁二虎，认为金万福是别有用心，所以我们的计划没有暴露。接着，王东海报告说："近日张的炮兵营炮口忽然对准我营，我觉得我们在省城不如来个先下手为强。"我对他们说："孤军力薄，千万要耐心。闻报张要你和李子元调往前方，对我军作战。到那时你再起义较为有利。"当时我和刘景双赠给王东海、李子元德国新式手枪各一支，又派中学生李避尘为联络员，和王联系（李、王都是热河朝阳人，李和王有世交关系）。刘景双去大连机关，向南满公司交涉，要他们守中立，不要给张作霖挂运兵车到阵地对我军作战。经过交涉，张作霖要车运兵，他们果然以无车皮拒之。

我又同刘艺舟往安东，到了安东，始知邵兆中同志始终未能集合他的军队。邵从草地带了他的少数部下奔往前线顾人宜处。不久，朱霁青、段文祥又遭到失败。钱拯和马竹波两同志从冯麟阁处脱险跑出。杨树先到奉天省城，接了李子元、金化三各家眷属到大连去住，以便使起义者没有后顾之忧。敌军对我军作战中，右路马龙潭被我击败；冯麟阁因忌恨张作霖，所以命令他的部下按兵不动。张作霖从京奉铁路运兵，从沟帮子转道营口再赴前线。李子元同志起义的行动被张发觉，运兵到新民车站时，张作霖将李和另外几名同志击毙在车站上。王东海此时已率部到达营口，听到李子元同志殉难，在营口马上发动，把同路的刚显真全营击散，缴收刚的全营军械和服装，打起革命旗号，派李避尘往奉天向我请示。我闻报即往辽阳，将同情革命的辽阳知州史纪常邀到日本车站辽塔旅馆，要求他在县内援助款 5000 元。史派他的会计滕学贤把款照数送来，对外托词滕是携款潜逃，还说要通缉他，以免暴露接济革命之事。我接到款后，即前往大石桥乡下会见王东海，将现款 5000 元以及望远镜和手枪之类的军用品交给王，并指示王将部队迅速开往庄复前线，和顾、杨两司令合力对敌作战，并委王为关外讨虏军中路协领官（王东海原是绿林出身，在锦西一带颇有势力，招降时张作霖原答应他做帮统，降后给王一营长，因此王不满，后经乡亲介绍，终于投向革命）。

我在大石桥期间，还接见了王东海的部下 800 余人，简单地讲了些话，随后又偕同滕学贤等四五人北上。这时方知赵中鹄领他的学生共数百人在海城起义，不意刚进入县城，便被敌军警务长万巨川和防营400余击散，十数人牺牲，20余人被捕入狱。此役由王焕章带领，由县城东南排路屯进攻海城，王被流弹所击，殉于海城城外。赵中鹄老同志在海城南满车站旅馆中见到我，含泪向我叙说，他的学生牺牲者八九人，下狱者20余人，言下甚是悲伤，要设法搭救下狱的青年。我们拨给赵老先生现款若干元，然后离开海城。

当时有同志携带革命九星红旗。此旗是黄兴同志在华兴会时期所制出，武汉军政府就挂此旗。我和同志们又到奉天日本车站大兴旅馆，会见了刘景双、金化三等人。刘和他的夫人郑梅生在奉天已有骑兵200余众。刘氏夫妇认为，在省城虽然敌众我寡，但可出其不意，树起九星红旗，壮我革命军的声势，然后再把人马拉出，奔往前方。我认为兵力太薄，深恐失败，劝刘不要轻举。刘氏夫妇坚持这样做，就利用刘紫瑶在学校学过的电工知识，将全市电灯线路破坏，形成黑市，借这个机会在全城四关挂起九星红旗。张作霖认为是兵变，弄得蒙头转向。刘氏夫妇认为目的既已达到，便率领骑兵200余先奔往熊岳城，打算到那里以后再想办法到前防王东海阵地集中。途中，郑梅生弃马跑到旅馆和我商议此事。

次日早8时，我同郑搭火车到得利寺车站，方悉刘景双及随行数骑被日本守备队截留，刘等被日本宪兵队看管。我和郑下车后，即到守备队联队长井久居处交涉。井久居和蓝天蔚是同学，此人在甲午战后潜伏在东三省为陆军特务。我通过旧相识的关系，将刘营救出来。井久居对我说："贵革命军的战斗勇敢我很佩服。"还说："冯麟阁统领和我是老友，他很忌恨张作霖，何不派人联络，使冯加入你军呢？"他又说："我可以帮忙，使冯投靠革命军。"我表示谢谢，并说："关于冯麟阁，我不管这种事。蓝大都督有参谋长在大连，可以转告他和你联系。”以后，我和刘、郑等人搭车前往大连。在车上，刘问我说：“井久居要帮你联络冯麟阁，为什么拒绝呢？”我说：“这话说起来长了。日本人唯恐中国不乱，它好乘机阴谋侵略东三省啊！”刘景双说：“日本小鬼的用心太阴毒，它想暗中利用冯麟阁、金寿山、张作霖来对付我们。”在谈话中，不觉车已到达大连。

这时大连机关已改名叫同学社，由商震主持社内事务，有百余名同志分别住在日本式的小房内。我住在满洲旅社。杨树先负责照顾殉难者的家属，他们的生活费用完全由同学社负责供给。我到大连后，才获悉我和刘雍在凤城被围期间，刘雍的弟弟刘德丰等数百人，由安奉路警官何秀斋同志领导，进攻马龙潭的统领部，目的是占据县城，响应白菜地鲍化南的义军。不意被军警包围，战斗一整天，最后遭到失败。刘德丰、何秀斋同志等24名同志被马龙潭枪决，埋在县城外一个大坑中。

当天，有蓝天蔚的代表戴天仇（传贤）来访问我，方悉蓝初到上海时奔走各方面，为关外革命求援。当时都以为蓝是失败军人，无人理睬他，蓝在寓中竟想用手枪自杀，击伤左腕，这才引起同志们的注意。后由上海著名艺人潘月樵、汪大头等为蓝在大舞台演戏捐款，接济关外革命军。蓝伤愈出院，组织学生军1000余人，引起了上海工商界的爱国热情，因此又捐了很多现款，学生的枪械和服装随着都解决了。戴还说：学生军已从上海到了顾人宜司令部，听候指挥作战。据报他们很勇敢，杀了很多官军。同时，有湖南周况等四五人，来到大连秘密制造炸弹，因不慎引起爆炸，3人被炸死；只有周况一人侥幸生存，后改名住在日本旅馆内。当时在前方的参谋长是张璧，指挥是邵兆中同志。在大连有刘艺舟同志在舞台上为革命筹款进行演出。

不久，南京成立临时政府，戴天仇等人返沪。当时据报有关内女同志崔振华同青年王永庆、王璋等人到达海城县，他们是来联系宁武等人的，到海城后，知道一些青年同志被捕，就由崔领着少数青年冲进县衙炸狱，把二十几名青年救出。她看到奉天省的同志都不在，只见到张榕的胞姐张淑秋，不久崔振华和王永庆又重返关内。以后得到情报，赵尔巽派人暗中勾结顾人宜，说只要顾不行动，便收编他为一路省防营统领。邵兆中还到大连说明情况，有些同志很为这件事担心。我们认为不可能，因为顾本人原是参加革命多年的好同志，他杀了很多官兵，对清廷有着新仇旧恨；此外，根据王东海部的实力，顾也不敢作出投降的事来。就决定：邵兆中因年老身体情况不佳，留在大连；秘密派李避尘等青年二人，到前方王东海处。同时，写信给顾，请他警惕敌人的各种奸计，并说明现在南京临时政府已经成立，我辈要为革命贡献力量；但丝毫没有流露出赵尔巽要进行勾结之事，因为从平日的表现看，顾是一位忠勇有气节的人，信中不能那样说。

当时在大连同学社内，商震和他的同学程起陆等人，服务精神很好。他们是学生出身，家境比较清贫；特别是商震做什么都能吃苦，能应付各方面的工作。如绿林出身的尹锡武、张孟九等人常要求提高待遇，商常以泪水应付过去，众绿林都觉得商是个薄己厚人的好老弟，对商称赞不已。但有些同志却认为商是别有用心者，如祁耿寰、朱霁青等同志均认为商是一个要乘机达到个人利益的野心家，尤其是朱霁青向不理商震所表现的一切假象，并警告同志们不要受商的骗和被拉拢成小集团，损害革命工作。

三

徐镜心考虑东省的革命军到处失败，牺牲很多同志，前方的军事也无进展，并认为不久恐怕要走南北议和的道路，大连是租界地，非革命者长久居住的地方，因此提议要往山东烟台，策动独立，作为革命根据地。我和祁耿寰、刘雍、邵兆中、刘艺舟等20余人都同意这样做。我们到达烟台时，海军练营王传炯仍悬挂龙旗于码头海关上。我们住在以前同盟会时期所办的育才学校内。该校校长刘贯三同志已去上海，只有少数教员如李凤五等同志住在市内。据了解，烟台军队有海军一营，东炮台海校有学生不足200人，还有董保泰的三营巡防总共不到千人。李凤五同志已运动妥了给王传炯守卫的海军练营一个队。11月6日，又从大连来了陆军学生近百人，也都住在学校。当时同志们只有炸弹七八枚，此外，祁耿寰、邵兆中和我各有手枪一支，我们身边有青年神枪手6人，由李凤五引路，并由他早已运动成熟的海军队官李庆云引同志们进入王传炯的卧室。这时王正在洗脸，我和徐镜心等将王架到育才学校，开会举王为烟台革命都督，举李庆云为烟台海军司令，同时命令防营李营长驱逐统领董保泰，委李接任烟台警备司令。从此，烟台卸下了清朝的龙旗，高悬九星革命红旗，对华北革命影响甚大。

烟台的副司令一职，原本派祁耿寰担任，但不久柏文蔚在他家乡安徽独立，电邀祁去任警厅厅长职。祁走后，有自命为烟台都督的胡瑛，在沪军刘基炎支持下到了烟台，还有自命为鲁军总司令的连成基也到了烟台，于是就出现了争名利、抢地盘的情形。先是自命为沪军总司令的刘基炎驱走了胡瑛，继之就是连、刘之争。又不久，南北宣布议和，关外革命军也渡海来到烟台。当时同志们认为革命不彻底，我愤而走南京。徐镜心返山东黄县家乡预备当选议员。

后来，我由南京折回大连。那时关外革命军已形成群龙无首的状态。蓝天蔚被袁世凯给资出洋游历，电令他的参谋长和军需转告东北各同志，要求另行推举总司令。商震为了得到关外革命军的领导职位，即大事运动，并由蓝天蔚旧部徐、鲁二人和商的同学程起陆等人推商为关外革命军总司令。张璧、杨大实争夺总司令地位落了空。张经人调停，任参谋长，杨大实则在气愤之余跑回家乡运动竞选议员去了。

有的同志问我说："你跑往南京见孙中山先生，他怎样指示？"我说："孙先生只是说革命不彻底，言语中表示由于同志间不团结，因而暂行和袁氏妥协，大有难言的苦衷，我也不便再问。孙先生认为我们暂时只好把注意力放在老百姓生活上。他以办实业为名，先从经济革命入手，命我返回东省开垦荒地，作革命再起的准备。"正在谈话中，接到烟台同志的信说："王东海不接受编制，恐要生事，请宁武前往和解，保持我们革命心血所结成的果实——北方仅有的革命军。"我未复信，只觉得很愧对王东海等青年同志。王东海原是热河乡下人，因不堪当地官僚地主的欺压，率一部分人马杀富济贫；虽被张作霖收编，但张对王老是有戒心，后来王参加了革命。不久，关外革命军被商震出卖，王东海的部下经由山东跑回家乡，王东海同志被商暗杀于烟台北海。当年和王联系的李避尘，睹此情状，很伤心，就出家做了和尚。

后来，鲁军总司令连成基和关外军总司令商震在烟台争地盘，竟在市中开火，互有死伤。经地方人士调和，以烟台北岛为商震防地，连仍占烟台市区。1912 年，春夏之交，北京政府派曲同丰来烟台，改编关外革命军为一步兵旅，商震任旅长，从此关外革命军被商震所出卖。商震和曲拉上师生关系，曲遂带商往北京见陆军总长段祺瑞。不久，袁世凯也召见商。商对袁、段极为恭顺，商震从此即投入北洋军阀怀抱。

顾人宜以其过去在地方上的声望,经北京政府陆军部委为谘议。邵兆中返回凤城乡下，做开荒山的老农。杨大实、赵中鹄等人都当选为国会议员。吉林的赵元寿帮袁世凯做贩卖猪崽议员的生意。金树芬后来成了安福系的小妖。对革命向不负责的蓝天蔚接受了袁世凯所赐予的将军名义，游历在海外。朱霁青在走投无路中也往吉林密山县去开荒。刘雍、刘乾一和我等仍然盲目奔走革命。后来我在上海资本家沈缦云的资助下，把一些青年送到一面坡，由邵兆中领导扩大开荒地，幻想为革命再起做准备。

1911 年秋，柳大年领学生二十几人，在宁远州（兴城）自命为革命军辽西大都督。赵尔巽命令冯麟阁派人捕拿，冯事先暗示柳等速跑；柳脱险跑往上海，利用辽西都督名义和张根仁成了政客，但所图并未得售，后来就不明去向了。那时，有的同志劝说冯麟阁同情革命；在放柳前，冯曾保护劝说过他的同志钱拯和马竹波脱险，未理睬省方的要求。冯是恨张作霖的，因此他从未捕拿过革命同志；但对于革命的看法，他仍然认为是一群不得志的人搞的。冯很爱钱，对日本人很有好感，因为日本人帮助他当上统领，他和日本的关系很密切，所以同志们对他都存有戒心。

辛亥革命以后，全国革命空气很消沉。凡从革命变为妥协的人，都成了大小新贵官僚和政客，或者悲观失望，回家隐居。少数不妥协的同志，坚持革命，在倒袁斗争中壮烈牺牲。这些事实充分说明了资产阶级不能领导全国人民将革命进行到底；要完成这个伟大的历史使命，只有在中国共产党的领导之下才能实现，别的阶级是不能承担这个任务的。我所写的东北辛亥革命的经过，仅是一个侧面。

1921年，孙中山先生派我由广州返回家乡工作。1924年我荣幸地出席了国民党第一次全国代表大会，这次会议重新解释了三民主义，提出了联俄、联共、扶助农工的三大政策，这是孙中山先生一生领导革命的一个新的转折点。会后，孙中山和廖仲恺先生对我作了许多指示，又派我回东北工作。1925年孙中山先生逝世，使我很悲痛，革命意志也消沉下去。抗日战争时期，病居重庆，经友人介绍和共产党取得了联系，从此我在中国共产党的不断鼓舞和关怀下，才树起革命的乐观主义精神，特别是1949年中华人民共和国成立后我的情绪更高了，自己的身体也逐渐恢复了健康，愿意利用晚年为人民多做些工作。党对辛亥革命给以很高的历史评价，这就更加说明过去为革命牺牲的同志的血没有白流，健在者的汗也没有白淌。现在我国正在进行社会主义建设，我们更应该老当益壮，紧密地团结在党的周围，把过去旧中国如何受帝国主义侵略、封建买办势力如何对人民进行残酷的剥削和压迫，以及人民如何英勇地进行斗争，告诉后一代，使他们知道过去的苦难，珍视今天的革命胜利果实。

（选自全国政协文史资料研究委员会编《辛亥革命回忆录》第5集，中国文史出版社2012年6月第2版）

参加辛亥革命的片断回忆

张乐民*

一　救亡图存思想的萌动

我20岁时，从书报上得到一些新知识，感到中国社会非常腐败，必须加以改革，方能免去亡国灭种的惨祸。30岁那年，日俄战起，所受刺激愈深，欲向政府条陈，建议澄清吏治、实行自治、发展经济，改良军制，提倡农业，采伐森林，振兴航权、渔业，以人微言轻，恐招政府之大忌，乃作罢。后借研究自治的机会到省城，得与各县有志之士相识，组织"自治新民会"，发布宣言，标明宗旨："顺应世界潮流，监督政府改革政治。"曾在奉天全省地方自治研究所，

* 张乐民：时任奉天复州团练总团长，后任关外义勇军第二旅旅长。

向群众作多次讲演，语极激烈。事为教务长杨德邻先生所知，恐蹈戊戌覆辙，致招杀身之祸，遂被制止。

次年（1905年），在复州借自治联合会名义和堡防名义，向各方联系，以培植实力。自治联合会旨在兴利除弊，监督政府；堡防是民兵组织，在农闲时，招村中壮丁，加以训练，分为两期，一期3个月，按小、中、大、总各团队组织。我曾给他们讲过国家的危亡，国民的责任等，同时拟订各项规约，分发给各团员。复州牧闻讯密报上级，将我捕去下狱。后来经奉天省自治筹备处处长杨德邻先生营救，始得恢复自由。

二　组织堡防团练、协助起义民军

武昌起义，各省响应，复州东方的民军跃跃欲试。知州何蕴甫惶恐万状，要携款潜逃，被我发觉，偕同自治会副议长梅岱峰及分议会沙振古，到该州署向会计科长质问，力斥其不当。何提款时，乃被会计科拒绝。这时我在商务会内，招集警、学、商、农各界领袖，开紧急会议，研究维持地方秩序。中学、师范的教员问我："你用多少学生军，我们即为调集，交给你指挥。"我说："还没到时候。"后来，何知州改变态度，派代表迎我到署，协商应付时局的对策。我提议停止预备巡警机构的设置，急速筹办团练，商团、乡团，同时并举。将库中存储的枪械，尽数发给他们。总团部设在复州议事会，城厢及各镇设分团。何知州同意我的意见，委我为总团长，吏目王纲存为副团长。昼则督饬训练，夜则率团队巡查。但商会恐我将这支武装力量带走，决定夜间巡查人员不许带枪。

这时顾人宜兄弟在复州东方密谋起义，我本想策应，但深感器械不足，意欲假官军的饷械，培养武装力量。乃赴省城，面见总督赵尔巽。力陈复州与旅大毗连，地方治安关系非轻，必须有所准备，请拨款购械。得赵允许，返回瓦房店。此时闻官民两军已有接触，我和官兵首脑说："不要进瓦房店，应退到10里以外，免得发生冲突。"官军果退。庄、复两县士绅奔走谈和，和谈地点在大娘娘庙。我得机绕道观察顾人宜的民兵，其数在500左右，颇为精悍。回来后，赴大连，寻蓝天蔚。时蓝已赴沪，仅晤李廑清、赵中鹄两同志，约定先攻盖平，避免在中立地带冲突，惹起帝国主义的干涉。

先是1910年冬，我住在省城，某日顾人轩之堂弟顾人敏来访，谈到堡防事，他很赞同，说他们区内和附近地方，可编练数千人。1911年春，顾人宜果组成了堡防大队，政府得悉，勒令解散。当时人称为黑会，省方屡想逮捕顾。这时瓦房店的官军，有李帮统的骑兵营、渔业炮舰，还有前路巡防孙烈臣军。另外复州的州官、城防尉等，也都汇集于此。我和李帮统在某商号会晤，晓以大义及利害，他也就和缓一些，后来在人民军防地被俘。

1911年12月初，民军宣布独立，实行北伐，在庄河县尖山口登陆者有十字军，又右一军攻复州东方，相继占领各村镇。官军范少臣投降民军，独自一人，手持九星旗，闯入瓦房店复州之区公所，揭起革命旗帜，兵不血刃，就占领了瓦房店。次日不费一弹，又进至河北。12月18日，炮舰张管带携机关枪4挺，偕同巡防营李管带退守复州城内，将三门紧闭，不准行人来往。我想民军既进到瓦房店，必定趁胜攻城。便密遣第一区区官魏铨臣率部进至城北某地助战，劫夺官军的枪械。同时调广治乡民团长李隆庆率军，逼近城垣的西北山，以壮大民军的声势。19日夜，我坐以待旦，但毫无动静。这时城门布满军警，防备甚为严密。次日，城门依然紧闭，我不得已，偕一同志变装混入难民中，始出城，步行至瓦房店。是日午后，官方派人到家捕捉，不料我已逃之夭夭。这时张作霖和冯德邻的部队一部由北面袭来，在沙包子与水门子等处，发生激烈战斗。民军不支后退，逼近租界。日本见状，即调守备队700人，横冲两军之间。同时据约交涉，要求各向南北撤退。后来民军乃转赴山东烟台。

三　同各方联络参与倒袁运动

我从此赴大连筹款，拟另行组织部队，再大张挞伐。未几，孙中山先生颁布停战命令，事遂中止。于是应关外义勇军约，编练队伍，充任第二协协统。我所领导的民军，潜伏于各地的约9000人。又派人到营口联络道标队和渔业炮舰，以归我用，他们推我为参谋长。时赵尔巽和张作霖仍反对共和，我和徐定甫、徐剑秋等同志计议，决定扫除这般丑类。

1913年春，我在省垣，与伍在伍（湖北人，在北京被袁世凯捕杀）、徐开基（湖南人，被袁逮捕）、窦小明诸同志，以袁氏窃国，实行暴力统治，且有帝制自为的野心。先烈以头颅热血换来的民国，将为他们葬送。于是联络各方，准备反抗。我住在大南门里文华阁，一日因事终夜未归，陆军来寓检查，其势汹汹，不可一世。次日管界警察署巡官又来，嘱文华阁执事人，促我速回。该执事人告我，我即离开省城。少时，复有便衣队7名，到我寓所搜查。我恐他们在车站堵截，移至爱国饭店，住二三日，始乘南满火车回盖平。

江西独立，我即有所活动，奈患足疾，碍于行走，推刘、周两同志赴沪，与黄兴先生联络。复到江西谒李烈钧先生。同时，黄兴亦派陈代表来奉磋商一切。8 月 24 日，复推洪同志偕陈代表再到江西联络。闻南京已于 7 月独立，复派李同志到南京，与黄兴联络，以图牵制北军进攻。不料 20 日谒见，次晨黄即离南京以去。复县地较闭塞，交通隔绝，不通声息。此时在省城诸同志急盼我来省协商，但我足疾未愈，心急如焚。至 9 月下旬，始得到瓦房店小住。拟赴省城，足疾又发，痛不可忍，乃转赴大连，入医院治疗。当我到瓦房店之日，即有张作霖派来的暗探，乘渔业公司炮艇到长兴岛登陆，转来复州城捕我。幸因足疾复发，得免于难。

在大连住数日，足疾已愈，闻消息不好，未便来省城，即搭车赴沪，再作计议。到沪闻革命诸同志因势力不敌，均已逃往日本。我乃折回大连。是年冬，我与邱、彭、王等同志组织机关，继续活动。将长远计划和孙中山先生函商，得到同意。奈力量薄弱，经过半年，亦无若何成绩。

（沙治卿　记述）

（选自全国政协文史资料研究委员会编《辛亥革命回忆录》第 8 集，中国文史出版社 2012 年 6 月第 2 版）

关外革命回忆录

程起陆*

一　辛亥前的秘密运动

1905年，中国同盟会成立，旋即推派同志赴各地进行秘密革命运动，在东三省先后派有商震、朱霁青、熊成基、陈干、蒋慕谭、柏文蔚等人。商震先在辽阳、吉林两地同陈干、蒋慕谭等从开办学堂（一名振远，另一学堂忘记其名），撒布革命种子入手。辛亥关外革命事起，参与革命工作的如张东旭、王家柱、石巨夫、金完玢、孙祥夫、林家训、吴岫山、温殿芳等人，都是这两个学堂的学生。商震在秘密革命运动中与熊成基、蒋慕谭等密议，拟在蜂蜜山开垦，

* 程起陆：时为东三省陆军讲武堂学生，后任第九战区经济委员会主任。新中国成立后，任武汉市文史研究馆馆员。

以为储粮购械、待机起义的根据地。于是商等先后潜入吉林省城，为实现开垦计划，决以熊成基所藏日本参谋部对俄作战计划图出售给俄国人，以所得售价作为垦殖经费。随后商震、蒋慕谭等先回蜂蜜山，熊成基留在吉林省城办理脱售地图事。熊成基等在吉林省城系寄居臧冠三家，被臧密报官府。吉林巡抚陈昭常将熊成基逮捕杀害，又派人四处缉捕革命党人。商震由吉林逃往奉天锦州。蒋慕谭在黑河被沙俄戕杀。

商震因驻锦州新军标统石星川、教练官夏占奎都是日本士官学校毕业生，乃以国事艰危，愿投笔从戎以报国家为由，写信给石星川、夏占奎两人。石、夏接信召谈后，准商入伍。时夏占奎兼随营学堂监督，为培养军队干部，对于学术两课极为认真，以战术、地形、筑城、兵器四大教程为主课，副课还有典、范、令和外国文。商震入伍后，深为石、夏所器重，指送随营学堂学习。商震自入随营学堂后，会同原在随营学堂的同盟会会员朱霁青，联络了同学程起陆、王子衡、顾荫棠、李树森、张凤池和初级军官龚柏龄（队官）、刘俭秋（排长）等人。一年毕业后，商震、程起陆被保送东三省陆军讲武堂，与李培基、李炘、张揆一、张维玺等同编入学兵营前队。队官彭家珍（辛亥冬因刺良弼，在北京牺牲）本为革命同志，经常与商等密议，认为要革命，必须有实力，并须在军队和军事机关中多下功夫。在东三省讲武堂学习的一年中，对陆军七十七、七十八标负联络责任的为商震、朱霁青、程起陆等，对七十九、八十标负联络责任的为李炘、张维玺等，对陆军第二混成协负联络责任的为李培基、张揆一等，对奉天陆军小学堂负联络责任的为范杜渔、王家柱、石巨夫等，对东三省新军督练处负联络责任的为柏文蔚、方楚囚等，对警察方面负联络责任的为祁耿寰、徐镜心等，联络地方团队和绿林豪杰的为宁武、刘纯一、鲍化南等，借报馆主笔身份向社会各方面取联络的为左雨农等,装作报贩以送招为掩护打入军队、机关通风报信的为卢镜寰等。此外，还有许多人分派到其他各地担任各种秘密活动。所有各方面人的往还和信的收转，大都以左雨农的报馆为基地，至于秘密集会，经常在队官彭家珍住宅和柏文蔚所住的某旅社，有时还利用星期和休假日在奉天西门外陆军第七十七标标本部司书吴祖书的缮校室秘密集会。当时在关外担任各种秘密运动的各同志，看到关内各地屡次起事，俱未成功，尤其是黄花岗七十二烈士壮烈牺牲，都感到极大忧愤。

二　武装起义经过

宣统二年秋，商震等在讲武堂临毕业前，为了在沈阳建立秘密革命运动的基础，决议留部分同志在省城伺机投考军事学校，或寻找职业，以为继续进行秘密活动的掩护。适东三省陆军测绘学堂本期招生，决定尽先由军队中学兵录取，于是商震、李培基、张揆一、程起陆等复考入东三省陆军测绘学堂，在测绘学堂联络了同学林中干、李印泉、翟文陆等。

辛亥秋武昌起义，各省急谋响应。商震、张榕、张根仁、钱拯爰、柏文蔚、刘艺舟、田又横、朱霁青、李培基、宁武、杨树先（女）、程起陆、吴景濂、齐续堂、祁耿寰、刘若非、刘纯一、杨麟、柳大年、刘桐阶、王兴文、孙祥夫、王子衡、左雨农、石巨夫、孙寿仁、徐镜心、宋少侠、房怀远、高子培、王克仁等百数十人，都分途前来集议，共谋起义，促进东三省独立。先在奉天省城西关外南满铁路车站附属地以同学社的招牌为掩护，设置秘密革命机关部。接着成立同盟急进会，公推张榕为会长，并由会议决定分派同志赴各县发动民众随时举旗起义。另由奉天军队中成立军人联络会，时常秘密集会，以推动军队反正。当时东三省新军中高级将领有革命思想的为第六镇统制吴禄贞、第二十镇统制张绍曾、第二混成协协统蓝天蔚。时吴禄贞部已调驻石家庄，张绍曾部调至永平秋操，留驻滦州，只有蓝天蔚部仍驻奉天省城。要想从军队中发动起义，只有依靠第二混成协和第二十镇两部分军队。正当军人联络会提议派商震赴滦州接洽的时候，恰巧张绍曾来电，邀商到滦州一谈，于是决定由商震和第二混成协参谋李德瑚同赴滦州，并由奉天时报馆等团体联名写信，代表同盟急进会及地方同志前往密谈，要求实行3项策略：

（一）由张军所部经冀东直攻北京；

（二）进占天津附近与吴部军队联合，宣布直隶省独立；

（三）以上两项如不能实行，即速回军沈阳，与蓝部联合共同出兵，以响应武昌起义。

当时张绍曾仍欲保持君主立宪，即宣布19信条。张绍曾被清廷免职后，王金铭、施从云、白毓昆、郭凤山等在滦州起义。滦州起义失败，商震、李德瑚与张绍曾谈判无结果，仍返沈阳。此时关外革命实力，除蓝天蔚部外，别无可依恃的军队。同盟急进会乃密议分派同志赴奉天、吉林所属各县积极策动地方起义，以壮声势。遂推定商震、程起陆、祁耿寰等赴辽阳，孙祥夫、杨大实等赴开原，石巨夫、张寿仁等赴昌图，宋少侠、房怀远等赴法库，刘桐阶、杨麟、赵元寿等赴长白、吉林，张根仁、柳大年等赴锦西北镇；为与江南革命军联系，推派柏文蔚、方楚囚等赴上海。还有许多同志分赴各县各地联络地方革命人士，争先发动，促成各县独立。奉天省城则由谘议局革命同志建议官府成立保安会，借维持治安为名，以便准备独立。密议既定，各同志分途向指定地点出发。商震、程起陆、祁耿寰等到达辽阳后，与地方革命同志徐镜心、傅子佳等推动革命，颇有进展，辽阳州知州史纪堂表示时机成熟，即举义旗反正。是时辽阳革命机关部设在高丽门外的一座车马大店，店主郭仪亭为同盟会同志。辛亥冬徐镜心等率地方警察、民团在辽阳州所属之刘二堡起义，声势浩大，史知州对革命党人更表示驯服，邀请商震到州署谈判，决定定期开库取枪，装备我敢死队和如何举旗反正等事。正在这时，东三省总督赵尔巽急电驻辽阳巡防营将郭家店团团包围，攻击我敢死队（又名奉头队，是准备开库取得枪支后，准备作战的）。商震在州署闻变，由知州史纪堂帮助逃出辽阳。在郭家店中的敢死队，程起陆、祁耿寰、尹锡五、傅子佳、金完玢、郭仪亭等数十人，各用自己所带手枪、炸弹和傅子佳所部警察队长枪30余支与敌作顽强抵抗。从当天拂晓直到黄昏时候，程起陆、祁耿寰、尹锡五、郭仪亭等数十人，乘日本巡逻队到达郭家店附近地区时，一面在郭家店放火，一面呼啸突围而出。此役有百余人牺牲，百余人被清军逮捕。今天回忆起来，由于当时麻痹大意，致使革命同志遭受严重的生命损失，真是惭愧欲死。

商震、程起陆、祁耿寰等在辽阳失败，先后潜回沈阳。复与各同志连日密议，先由第二混成协用保安会维持地方治安名义，派兵进城，占领重要衙署，另由谘议局及地方团体推举蓝天蔚为大都督，宣布独立，并定即日（大约是农历九月二十八九或十月初一）实行。蓝天蔚协统命令所部，谓奉令开拔入关，应于本日准备完毕，待命出发，意在借此出动，使大部分兵力进城后，占据总督衙署及重要库房。只因蓝部所属标统聂汝清接令后，侦知其中实情，潜往督署向总督赵尔巽告密，赵即令军事参议官蒋百里告蓝，谓事已至此，嘱立即离开沈阳，以免事态扩大，蓝遂经大连赴上海。蓝虽离沈，总督赵尔巽仍觉新军不可靠，下令调巡防统领张作霖率所部星夜兼程进省，充任保安司令。张作霖任保安司令后，立即宣布戒严，大捕革命党人。不久张榕、田又横等10余人被杀害；张根仁、柳大年在锦西被捕入狱；钱拯爰在锦县被冯麟阁拘捕。孙祥夫、刘桐阶、徐定甫在昌图、开原起义，又遭失败。其他党人有在路途被捕后装入麻袋掷进冰窟者，也有被巡逻官兵用刀刺死者。因此革命党人多离开奉天省城到大连，另谋策动起义。商震、李培基、朱霁青、程起陆、齐续堂等到达大连后，戴季陶、詹大悲、方刚、张璧等亦到达大连，与各同志密议，决定组织关外民军，公推商震为关外民军总司令，张璧、李培基为参谋长，李培基兼参谋处长，张揆一为副官处长，齐续堂为军需处长，朱霁青为军械处长，宁武为军政处长兼野战病院院长，方刚为军法处长，程起陆为书记处长。为鼓舞革命斗志，加强革命力量，旋推杨树先（女，原名宁淑贤）为革命军人家属文化补习学校校长。先设总部于大连，就庄河厅原有民团和烟台各地所募壮丁，合编为两个师，以邵子峰、顾人邦为师长，尹锡五、鲍化南、阎百龄、顾人宜为旅长。编制就绪，加紧训练间，南京革命政府任命蓝天蔚为关外军政府大都督，带海容、海圻、海筹、海琛等4军舰北伐。蓝天蔚北来后，与关外军谋定进攻计划，即以驻烟台关外民军和上海开来的商团两个营，用军舰护送至辽东半岛，预定在尖山口（尖山口之东为不冻港）登陆，与当地民军（由庄河厅民团改编的）会合，进攻辽阳。11月26日（日期记不确切）晚，到达尖山口外登陆，并与顾人邦部取得联系后，即向庄河厅前进。时东三省总督赵尔巽派统领李连瀛以重兵扼守瓦房店，被革命民军击溃，李连瀛和营长杨沛、田保荣等皆被俘。革命民军遂占据庄河厅。是时赵尔巽以大军增援，激战数日，未能得逞，退取守势，遂成对峙状态。至清帝宣告退位，成立中华民国，战争遂告停止。

清帝宣告退位，革命民军停止军事行动后，关外都督府和革命民军奉令开驻烟台整编。到烟台后，都督府撤销。时袁世凯对民军异常歧视，派其走卒军事参议官曲同丰前来烟台，以协作整编为名，将革命实力铲除尽净。关外革命民军由军缩编为师，复由师缩编为旅，至民国2年（1913年）春，所有驻烟台的关外革命民军以及当地鲁军总司令连成基所部的鲁军，都被遣散。至此，关外革命民军即被消灭。

（选自全国政协文史资料研究委员会编《辛亥革命回忆录》第5集，中国文史出版社2012年6月第2版）

武昌起义后奉天省革命运动失败的片段

赵广元*

辛亥革命时，各省区的革命酝酿已经成熟，革命组织由秘密行动走向公开行动，全国各处风起云涌地响应革命，许多省纷纷宣布独立。此时，奉天省（今辽宁省）革命浪潮一天比一天高，人民要求独立的愿望也一天比一天的迫切。奉天省的军政大员是东三省总督赵尔巽。东三省总督管理奉天、吉林、黑龙江三省，东三省总督行署设在沈阳市。赵尔巽，字公让，号次珊，清朝旗人，进士出身，曾两次任东三省总督。赵尔巽是清廷的忠实走狗，而且工于心计。他看到当时人心倾向革命，不可复遏，更感觉到应付这样的艰难时局须慎重，只有计出万全，才可挽救清廷

* 赵广元：曾任国民党宪政实施促进委员会委员。

的灭亡。

奉天省响应革命的有吴景濂等人。吴景濂，字莲伯，奉天省兴城县人，京师大学堂毕业，时任奉天省谘议局议长兼奉天省两级师范学堂监督，后曾任中华民国参议会议长，多次任众议院议长。主张独立的还有朱霁青、张榕、宝昆（恒六）、杨大实等人。军人中主张独立者有蓝天蔚、高宸及陆军小学一部分学生。蓝天蔚，字秀豪，湖北省黄陂县人，日本陆军士官学校毕业，当时任新军第十六混成协协统，驻沈阳市北大营。

反对奉天省独立的为奉天省各司道官员人等及地方士绅袁金铠、于云章等人。在沈阳的军人中反对独立者原本无人（沈阳市附近除第十六混成协外无驻军），后来反对独立的有奉天省巡防营的统领张作霖、冯德麟等人。张作霖，字雨亭，辽宁省海城县人，土匪出身，当时任巡防营5路（中、前、左、右、后路）统领中的中、前两路的统领，后任奉天省督军兼省长及东三省巡阅使等职。

赵尔巽在革命浪潮最高时曾向部属各司道人员说，大局很难挽救，革命声势越来越大，我世受国恩，理应为清廷尽忠，诸君可及早引退，免遭祸害。他的部属听他话后，有的当时辞职，有的甘愿与赵同共患难，可见当时时局的严重性。

因为当时赞成奉天省实行独立、响应革命的人数比较多，多半是同盟会的会员，受孙中山先生的领导，为吴景濂、蓝天蔚、张榕、恒六等人，其余的人也是看到清廷的政治昏庸、腐败无能，也主张独立，推翻清王朝，建立民主国家。

赵尔巽的缓兵计

主张奉天独立的人士纷纷去见赵尔巽，要他立即宣布东三省独立，响应革命。赵尔巽召见众人，表示自己也赞成东三省独立，但时机尚早，叮嘱大家少安毋躁，静待大局的进一步发展演变，看一看哪方风动再做决定，方为万全之策。众人也同意他的主张。赵尔巽口头上是这样说，实质上是抽出时间作为缓兵之计，暗中调兵遣将，布置反独立的力量，对响应革命要求独立的人士一网打尽。

赵尔巽知道新军是不可靠的，可靠的只有巡防营，他想起了巡防营前路统领张作霖。张作霖是奉天省巡防营中、前两路统领，在巡防营中是实力最强的。张作霖此时驻防洮南府郑家屯一带，任务是防堵蒙区的串扰抢劫。赵尔巽即电调张作霖率部星夜兼程，进驻沈阳市内及郊区，后又调左路巡防营统领冯德麟率所部进驻沈阳市区与新军对峙。

张作霖部调沈阳后，赵尔巽对张作霖秘密指示机宜，命其布置镇压革命。这时（约在辛亥年农历十月中旬），主张奉天省宣布独立的人士，如吴景濂、蓝天蔚等人，认为时机已到，又纷纷请赵尔巽作最后决定东三省是否独立，否则有进一步主张。

张作霖率兵包围谘议局

赵尔巽镇压革命的策划已部署就绪，他对要求独立的人士说决定奉天省独立是很重大的事，必须在奉天省谘议局召集本省各界中有关人员及地方士绅共同决定以昭郑重。言毕，即告知大家明日在奉天省谘议局开会。

在谘议局开会时，赵尔巽未出席，出席的有主张独立的人士吴景濂、蓝天蔚等人，主张不独立的有袁金铠、于云章等人。文官中的各司道（度支司、民政司、提法司、劝业道、巡警道等）也不主张独立。张作霖准时到会，所部官佐、卫士多人散在会场中，部队已将谘议局包围，作为镇压威胁之用。

开会时，奉天省谘议局议长吴景濂首先发言，主张奉天省独立，响应革命，建立民国，与民更始，以救危亡。蓝天蔚等人相继发言，赞成独立主张。最后由张作霖发言，他一手持枪，一手拍案，说奉天省不能独立，谁再要主张独立，我就先革他的命，要他的命。这时，会场上已经布满官兵，弓上弦刀出鞘，如临大敌，全场空气异常森严（吴景濂、蓝天蔚见事不妙，情知失算，趁机溜走，随后奔大连，转道赴沪去了）。张作霖问，有再主张独立的人请出来，众人慑于他的蛮干，面面相觑默不出声。张作霖又问，不赞成独立者请举手，全场举手一致通过。如火如荼的奉天省独立运动竟因张作霖的阻挠遭到失败。

惨杀革命志士

张作霖在谘议局大显身手，用武装力量反对革命起义运动，成功后他认为主张独立的是新军，新军不除终属后患。他乘蓝天蔚出走第十六混成协无统帅的良机，即将该协全部缴械，其中一部分官兵因拒绝缴械，发生激战，终因弹尽无援，惨遭杀害，一部分官兵甘愿缴械投降，改编为张作霖的部属。张作霖的实力因此坐大，装备也换上新军武器。张作霖认为，革命人士的存在实为心腹之大患，因此又派人四处杀害革命人士，在沈阳市杀害张榕、田亚宾（田又横）、宝昆（恒六）3人，最惨的是张榕、恒六2人，被张作霖派人在其家杀害后（用匕首刺死），又被暴尸通衢宣布罪状。此外，各处被杀害的无名英雄也很多。还有一批革命人士，被逮捕后关押在张的军法处中，被严刑拷问，有的被处死，有的被判刑，有的嫌疑犯被释放。

张作霖用暴力镇压革命，使奉天省革命起义未能成功，又惨杀许多革命烈士。因此，赵尔巽认为张作霖的功劳很大，立即向清廷保举他为关外练兵大臣，以总兵记名。

民国成立，清廷退位，不久袁世凯篡国任大总统，赵尔巽被解除东三省总督一职，但他与袁世凯为旧交好友，又向袁世凯保荐张作霖为陆军第二十七师师长。

1962年7月15日

（原稿由中国政协文史馆馆藏）

辛亥革命与张榕

秦诚至*

一　张榕的家世及其初期革命活动

辛亥革命先烈张榕，系盛京府汉军镶黄旗人，世居于抚顺城东的新屯。按清朝制度，汉军镶黄旗人例须在三陵（即永陵、福陵、昭陵）当差，所以张家在三陵有固定袭缺。张榕的父亲张钦善，别号宝轩，做过广宁府的（即北镇县）仓官，职位不大，却颇有积蓄，任满后，便定居在沈阳小北关容光胡同，买了几座房宅，改建为一个宽敞的院落。张家的财产据我所知，在沈阳城内有100多间房子，西流水（西丰县）有40方旱田（每方为48垧），沈阳城西的西荒

* 秦诚至：时为沈阳学生。

有 1000 多垧二洼地，通化县大泉眼有一个宝泉涌烧锅（里面有别人的股本），在新宾、抚顺还有粮栈等商号。

张钦善第一位夫人李氏，只生了几个女儿，没有儿子。第二位夫人宫氏，生二男一女，即张榕与其胞兄、胞姊 3 人。兄张焕柏，别字辛甫。姊张焕桂，别号洁岩（宁武说叫张淑秋，是否是革命时的化名，不得而知）。张榕最幼，原名焕榕，别号荫华（据《辛壬春秋》所载，张榕还有个别号叫辽鹤），参加革命后改名为张榕。其姊改名为张桂。张钦善的胞弟钦元，别号魁廷，有两个儿子：长子张焕相，别号召棠，后来做过东省特别区行政长官；次子张焕楹，情况不详。

张桂自幼由父亲做主许给王书铭（王家是三陵世袭的四品官）的独生子王世祺，17 岁出嫁。张桂在家时和哥哥弟弟一起上学。当时沈阳还没有新式学校，只是富庶人家能够请到老夫子教专馆。后来有一次专馆老夫子马宏久曾对我讲："你干妈（张桂）兄妹们的天资太高，我教不了，后来就辞退了这个馆。"

张桂、张榕都参加了同盟会，从事革命，可是王世祺偏要搞宗社党，所以他们常常打架，势同参商。光绪末年，沈阳初办女学，恩荫普、曾有翼等人把张桂拉到大北关元宝胡同女学校里教书。在张榕被害的第二天，她离开了教书生活，到各处奔走。大概是民国 3 年吧，张桂和她母亲在天津居住，王世祺也赶了来，拖着发辫，仍以宗社党自诩。张桂憎恨之极，没有稍假辞色，后来还是张老太太拿钱叫他回沈阳的。王回沈阳不久，在一个夜间被人刺杀于十间房（即现在遂川街附近），张桂根本没有理这件事。她告诉我说："他死了倒干净。"她反对沈佩贞的背叛革命，她说："沈佩贞太不要脸，居然背叛革命，给袁世凯当侦探来谋害自己的同志。”她也看不起张焕相，她对我说：“六爷（张焕相排行第六）太不像话，政府怎样不好，也不至于没有你这位‘上将’的饭吃。”1935 年张桂卒于北平。

张榕生于 1884 年（即光绪十年），幼时在家里念书，19 岁到北京上学，起初住在东单观音寺世仁甫翰林的家里。现摘录世仁甫的一段记载（原文存刘仲彝家）：

静观斋主（世仁甫别号）题张烈士自书
歌词步孙石叟（孙百斛）原韵序

烈士名榕字荫华，与其兄辛甫，余旧交也。清光绪壬寅、癸卯间，烈士游京师，主于余第者一载。举止轩昂磊落，迥不犹人，心窃异之，许为大器。乃自入译学馆，多结交天下奇士，渐染于新学日甚。又目击时事，愤懑愈深，遂弃学拟东游，旋以疑事入犴陛，非其罪也。辛亥革命事起，赦党人，乃得归，邦人士以保卫桑梓设保安会，以烈士与其议。又立急进会，举君为之长。乃竟由此以疑致命，呜呼惨矣！

世仁甫的次子刘仲彝，当时和张榕相伴，他曾对我说：“几十年以来还没有见过像荫华这样气度豪迈的人。他很喜欢和孩子们在一起扯，带孩子们吃饭馆。他看不起假冒为善的乡愿士大夫。他热烈希望社会的改革。后来他搬到沙滩附近一座庙里住，借口是到译学馆的距离近。但用意并不在此，这庙里住有许多学生，对于志同道合的朋友，倾心吐胆而谈，是方便得多了。如丁开璋等人，可能是在这一期间结识的。

张榕在这个时期还结识一个朋友黄中慧，别号秀伯，是候补道台，做过驻美国旧金山的总领事，醉心欧美式的民主政治，反对专制皇帝。黄中慧比张榕大得多，可是他俩特别好。

1904 年，日俄战争发生，东北人民饱受战争的灾难。张榕时 21 岁，再忍不下去了，他觉得这种甘心媚外的清政府如不推翻，中国是没有出路的，于是便和丁开璋等人到兴京（今新宾县）、海龙一带组织“关东独立自卫军”，拟出章程，发表言论，均登载于京津各报纸上。又传檄绿林好汉，召集地方豪杰，目的是要发动武装起义。那时东边一带的团练，不只有深厚的基础，并亦为群众所信仰。朝阳邓莱峰所率的乡团，人数之多，声势之大，不只洋人为之恐慌，即统治者亦有所畏惧。至于海龙、兴京一带，山岳绵亘，地势险隘，进则易攻，退则可守。张家在这一带地方，既有经济的基础，更有政治的方便，所以张榕、丁开璋等人抵达后，就和当地人士王阁臣开始组织乡团，将组织条文呈政府备案。岂知清廷为了邓莱峰，已弄得焦头烂额，哪能容许张榕再搞，当然是勒令解散了。

张榕被迫回到沈阳，当局很注意他的行动，因此他的近亲近友都劝他仍然到北京去住。张榕又到了北京，仍然住在沙滩附近那个庙里，他没有上学，开始创办刊物，用以鼓吹革命。又结识了桐城吴樾，两个人一见倾心，马上成了生死之友。1905 年 9 月间吴樾、张榕在前门车站炸五大臣，吴樾当时身殒，张榕逃走。由于警察在吴樾衣服里搜到一张张榕的相片，便跟踪追索，在沙滩的庙里把张榕逮捕了。当时京奉铁路总局在天津，所以把张榕也押解到天津来。

北洋总督袁世凯认为案情重大，提张榕亲自审讯。张榕见袁便问："某以何罪而被逮捕？"袁说："你宣布关东独立保卫军独立条例，便是造反。"张榕哈哈大笑说："如果把爱国和保卫国家主权说成是造反，那你们的用心就不用问了。"老奸巨猾的袁世凯怕张榕说出别的话来，便急忙吩咐下面说："告诉模范监狱，给张榕预备单间房子，看什么书给他什么书，一切都要随便。"接着袁世凯又对张榕说："你还年轻，要多看一些书。"

张榕被捕后，他的朋友们奔走求援。张榕这次所以没有人头落地，主要的是黄中慧的力量。黄中慧的父亲黄永思和太监李莲英很接近。张桂由沈阳拿了一笔巨款，经黄永思的手，买动了李莲英。李才在慈禧面前说："张榕是家里的孩子（意思张家是汉军旗人，又在三陵当差，所以说是家里的孩子），年轻不懂事，请老佛爷恩典恩典吧！"这样，慈禧才批个"永久禁锢"。所以张榕在越狱以后，一度改名为黄仁葆，就是纪念黄永思援救的恩情。

张榕被捕后，世仁甫曾联合在京的东北人士，共同奏请保释，还派仆人吴安普到天津给张榕写信送物品。现录张榕给世仁甫的复信如次：

不得自由，于今五月，栖迟狱底，时念故人。每欲肃简致候，申纸则不知所书。前安普来，面致尊贻，知公念我，感何可言。弟颛蒙自念，当鄙弃于故乡父老，公犹殷殷为念，弟黑暗之境，如得一线光明，何快如之。弟才否德凉，妄思肩巨，致成此恶果，然究非其罪，当蒙见谅于达人也。往事已矣，夫复何言。回首前尘，坠欢莫拾，掷壮年于凄寂之乡，呜呼苍天，谁实为之！地久天长，此恨庸有亟也。西哲有言，为人群谋利益而死者，死有余荣。弟虽在缧绁之中，尚属公罪，无聊之极，借此以解嘲耳。弟事虽有人为之斡旋，前途究多荆棘，如有可乘之机，尚望代为一谋。面壁日深，手足都懒，草此布臆，敬致仁甫尊兄姻大人阁下，即贺晋升侍讲学士之禧。

弟名心印　二月二十九日

赐函寄天津东门外洋货街隆昌泰米庄转交(原信存刘仲彝家里，我看过一次，是用三十二统行写的）。

典狱长王绍臣（当时叫王璋，河北省人，在九一八事变前我见过几次），是义和团起义军中的一个首领，《辛丑条约》签订后，他投到小站当一名初级军官，不久又转到天津模范监狱当典狱长。张榕入狱不久，和王就结成为莫逆之交。这时，张桂是常来天津探望她弟弟的，当然也认识了王绍臣。张桂又时常给王的母亲送东西，和王绍臣也就熟识了。在张榕入狱时，袁世凯就有吩咐，所以王绍臣天天陪同张榕在一起，据说还另雇一位厨师给张榕做菜。久而久之，王绍臣就跟张榕走一个方向了。在他们决定越狱以前，张桂把王家的姑媳二人接到沈阳，安顿好他们的生活，以免王绍臣有后顾之忧。1908 年的夏天，张榕化装越狱，和王绍臣逃到塘沽，搭乘日本轮船脱险。

张榕到日本后，见着了孙中山先生，与在沈阳的革命机关时常通信联络。他的堂兄张焕相正在日本士官学校学军事，见面时屡次劝戒张榕，叫他不要“胡闹”，希望他“改邪归正”，在东京进一个学校，将来就可以飞黄腾达。但张榕并没有听他的话，也没有进正式学校，只是在预备学校里学过日语。

二　武昌起义后张榕的奋斗及其遇害

1911 年，武昌起义，消息传到沈阳，顿时人心惶乱，谣言四起。当时有《革命潮》小书到处流行。民政长张元奇建议仿照各省办法宣布独立，而各方面又不赞成。沈阳当时的派别有：革命派，以张榕、蓝天蔚为代表；反革命派，或者说是“保皇党”，以赵尔巽、张作霖、袁金铠为代表；中间派，或者说是“改良派”，以吴景濂为代表。

蓝天蔚是新军第二混成协的协统，驻在沈阳大北边门外的北大营。当时我家住在北大营迤西约二里的瓦子窑村（现属沈阳市皇姑区）。大约是宣统二年十月吧，我在小学校上学，蓝协统来我们学校参观，第二天又请这一带小学教员吃饭，又和这些人拜把子。我很奇怪，协统和小学教员结拜，太不相称了，当时还不了解他是为了革命。

张榕在武昌起义后，由日本回到了沈阳，以养病为名，住在日本租界地南满医院里。起先是他姐姐张桂常去看他，后来和吴景濂也常有来往。张榕急于搞东三省的独立，好声援武汉，所以积极组织军事，而赵尔巽所怕的就是这一招。因此，赵便抱着一个“深知其谋，惮之弥切”（见赵中鹄的呈文）的心情，尽力用缓兵之计，叫吴景濂陪张榕到督署密谈了三日。张要求宣布独立，赵佯示赞许，阴设毒计，并以对日外交关系作为推迟宣布独立的借口，又保荐张为保安会副参谋总长，以安定张榕之心。张年轻心实，便入了赵的圈套。

赵尔巽是一个顽固的保皇党。武昌起义后，他从齐齐哈尔急忙回转沈阳，连夜召开会议，大谈其忠君爱国的“大义”，要大家必须尽忠报答皇上；又查封大中公报馆（因为这家报纸发刊了关于革命起义的号外），下令严查“匪徒”（指革命党人），又要改编三陵守备队，等等。

张作霖在洮南一带击溃了蒙古起义军陶什陶后，各营管带都奉令进省入讲武堂受训。来的人有张景惠、汤玉麟、张作相、陶历清、乔汉章等。这些人由洮南起身时，张作霖便和他们讲，要把沈阳情形随时写信报告。所以张对沈阳的情形是了如指掌的。当沈阳紧张时，张作霖便将部队秘密向南移动。到离省城不远时，张作霖只身来到沈阳，住在南门里萃华客栈和张景惠等见面后，由袁金铠偕张见了赵尔巽。张当面表示愿意带兵进省，保护赵尔巽和巩固省垣的治安。赵认为张部远在洮南，远水不解近渴。张表示如果要快，明天就可调来一部进城，其余在几天内也能陆续到齐。赵听了以后，精神大振，因为他深知这种军队，革命党是无法下手策动的。第二天果有一部开到，三四日内全部到齐。这是农历九月底的事情，距联合急进会成立仅仅是两三天的时间（这一段是陶乃文讲的）。

吴景濂是宪政派，主张由上而下的改良，依违于两派之间，看风转舵。据说武昌起义后，有几个剪发的人找他，叫他挂白旗，宣布独立，而他却婉言拒绝了。

这时，沈阳学界发起，联合各界，不分种族，于农历九月二十四日成立保安会，公举赵尔巽为会长，谘议局议长吴景濂、第三十五协协统伍祥祯为副会长，袁金铠为参谋总长，张榕、蒋方震为副总参谋长，聂汝清为军事部长。后来张作霖为军事副部长，并公布保安会简章 15 条。事实上保安会仍为旧势力所盘踞，没有一点革命的气息。

革命派于是组织“奉天联合急进会”与保安会对抗，公推张榕为会长，柳大年、李德瑚、张根仁为副会长。吴景濂、袁金铠、左成之、钱拯等为参议，杨大实为总务部长，汪谦为秘书长，赵中鹄为执法部长，辜天保为军务部长，蔡雨清为副部长，洪东毅为交通部长，刘德为副部长，赵之寿为侦察部长。办公地点设在小北关容光胡同张榕的住宅内。沈阳的革命派与反革命派展开了生死的斗争。

赵尔巽心怀叵测，却没有一支可用之兵。新军既不可靠，改编三陵守备队也需要相当一个时间，正准备逃跑时，袁金铠把张作霖献出来了，于是赵尔巽态度为之一变，马上强硬起来。当时如果革命派早下决心，发动军事占领，反动势力必然是土崩瓦解，成为一个新的局面，但计不出此，幻想赵尔巽自动交出政权，结果招致了失败。

九月底保安会开会，吴景濂也看出大局的趋向，革命势力越来越大，清廷政府非垮台不可，于是向革命方面转舵，同意改组保安会，选新人物上台，好宣布奉天省独立。但这时第二混成协的管带李际春将该协的情形全部告诉了袁金铠，袁又转告赵尔巽，赵把张作霖、汤玉麟等人预先安置在会场内。他上台自吹自擂，说他两次来奉天，都办了许多事情，对得住东三省的父老。赵中鹄突然站起打断赵尔巽的话说：“今天不是你表功的时候，而是研究保安会改组的问题”，话没讲完，就见张作霖把手枪向桌上一放说：“今天是开保境安民的会议，只能依照原样，不能改变。谁主张改变，谁就是革命党，我就反对，我张作霖是交朋友的人，我的手枪是不认得朋友的。”人们看情形不对头，便一哄而散。

蓝天蔚、张榕看情况变化如此之快，便约定在北大营蓝的司令部里开会。届时到会的有蓝天蔚、张榕、吴景濂（有人说吴因事未到，由鲁大昌代表）、田又横以及第二混成协的高级军官等人。决议是采取军事行动，先占领总督府、军械局等重要机关后，由谘议局派各委员分别接收，最后由谘议局会同地方团体推举大都督，宣布独立，以响应关内革命。布置既定，由蓝天蔚下令：“本协奉令开拔进关，即时出发，开赴车站准备上车。”拟定当军队通过城内时，即分别占领预定的地方，其余兵力开到西关，以防备日军。但第二混成协第二标标统聂汝清素无革命思想，在私人关系上和蓝也不好，所以得到密令后即教李际春到督署告密。赵即委聂为代理协统，李升充标统，并用电话请蓝到督署。蓝刚进大门，张作霖就要卸蓝的武装，并有要逮捕的样子。正争执中，赵出来告张作霖不要莽撞，即请蓝升堂就座，把李际春告密的事向蓝说了一遍，接着说：“奉天形势特殊，不能冒昧从事，最好是放弃个人成见，为东三省大局着想，可以只身引退，赵某愿以人格保证安全。”又给蓝、张两人解释误会，说：“彼此之间，既是袍泽，又是朋友，政见不合，与此无关。”蓝天蔚方恍然大悟，只能答应远走。赵于是亲笔写了一个札令：

为札委事：照得武汉事起，各省分崩，战祸之来，恐无时日。本省筹设保安会，以尊重人道，保全中外民命财产，静待大局之定为宗旨。惟对于各省意见必须考察明确，以供保安会之参考。而本省保安会之宗旨，但能广布远近，得一处之赞成，即可保全人民一份之幸福。有第二混成协协统蓝天蔚，志趣正大，识见明敏，堪以派赴东南各省，考察此次战争之实情与群众之意见，并传布本省保安宗旨，以谋国民之幸福。此札。（由刘仲彝处抄的）

赵尔巽仇恨革命党既如此之甚，何以对蓝这样温和？这是由于蓝在第二混成协内仍有他的潜势力，赵尔巽“投鼠忌器”，才不敢加害，后来的3次兵变，都是这个余波。蓝走后不久，吴景濂也以代表的名义离开沈阳。

蓝天蔚出走后，显然失去实力的重心，急进会的领导人也看出形势严重，发动武装占领的计划是办不到了。当时反动统治者的武装力量有张作霖的巡防队、金寿山的游击队、吴庆桐的先锋队和伍祥祯的第三十五协。革命方面所靠的第二混成协又为聂汝清、李际春所出卖。这时，张榕和张根仁向赵尔巽提出最后的谈判：一、为什么对庄河宁远州抗捐的群众不采取招抚，而实行压迫？二、为什么撤蓝天蔚？三、为什么不悬挂白旗镇定人心？赵尔巽另有打算，所以对3个质问，断然拒绝。张榕他们于是采取分散办法，遣派各领导人分赴外县活动以牵制沈阳，以利于革命的进行。

张作霖带队进沈阳后，张榕看不出这些人的本性，不知道这些人根本不懂得革命是什么，还幻想拉拢这些人，因此张榕和张作霖之间也有交往。而介绍两张来往的就是袁金铠。袁是保安会的参谋总长，同时又是急进会的副总参议，并且袁在日记中也提到他在这一时期中“认识了张雨亭（作霖）、吴兴权（俊升）、张荫华（张榕）”等人，把张榕列在统领一起，可见是重要的了。袁金铠是赵尔巽放在革命队伍中的一名坐探，有什么消息都向赵汇报，所以深为赵所推心置腹。袁自己也不打自招，承认他对于镇压革命比赵尔巽还狠毒，请看他复世仁甫的一封信：

……东人（日本人）有言，赵某能于此时尚不断送东三省，真是伟人云云。其实弟之主持力最大……次帅有言，使洁珊自作，不至如此费手，弟亦不以赵言为谀……（十月十九日函，见《佣庐事记语存》）

袁金铠和张作霖也能讲私话，有一天张作霖和袁金铠见面，张把他和对张榕的情形讲了。袁反问张作霖说："你想怎样呢？"张说："我只以大帅的命令是从，此外什么都没有。耿耿此心，唯天可鉴。"袁没等张把话讲完，拉着他就去见赵尔巽。袁金铠把张的话对赵重复了一遍。赵尔巽高兴地说："雨亭，你这样想是对的，我们都是皇帝的臣子，不竭尽忠心，而二三其德，能算人吗？你再看看那些革命党人蓝天蔚、张榕等，是日本留学生，吴景濂是京师大学毕业，人家能看得起你的出身吗？充其量也不过是利用利用罢了。"张作霖恍然大悟，说："大帅叫我怎干我就怎干。"

赵尔巽发号施令，张作霖磨刀下手，袁金铠里勾外连，一场血腥的屠杀开幕了。不过这个事情在当时是保不住秘密的。原来张榕在组织急进会时，与张焕柏把家分了，地产归张焕柏，房产归张榕，但并没写分家字据，显而易见是为万一不幸的打算，因此张焕柏就搬到大东关听雨胡同居住。曾有翼是袁金铠内部的人，知道这一消息后，不敢向张榕讲，便暗劝张焕柏离开沈阳，张焕柏是奉天省赈务委员，所以他以劝赈为名到海龙府去了。曾有翼何以这样的冒险呢？也有个原因。某一年大水，曾家母子逃难时在张家寄食一年有余，张家始终以礼相待，后来张桂又认曾老太太为干妈，两家来往很亲密，关系在此。张榕当时也耳有所闻，也觉得自己是在虎口里，但怎能走呢？只能将生死置于度外了。他把一块最心爱的手表都送给朋友留作纪念。

陶乃文生前和我说，这天（十二月五日）张榕请张作霖在平康里德义楼吃饭（有人说是袁金铠怂恿的），这当然是张榕对张作霖仍抱有拉拢的幻想。知单送到后，张作霖除在知单上按例写上“敬陪末座”外，又加写“必到”两个字。当日晚间袁金铠、曾有翼陪张榕到德义楼。酒饭将毕，袁金铠就对张作霖说：“荫华在蜚红馆有个新相知，名小桃，雨亭可以看看去。”张作霖说：“好。”实际上并不是看什么小桃，而是给两个人找僻静场所谈谈话。张榕和张作霖出德义楼，边走边谈，向蜚红馆走去。路不太远，在途中张作霖把护兵打发走开。两人走到早准备好的房间，躺在床上，抽鸦片烟，面对面谈话。过一会，张作霖推说有事，告辞而去。张榕仍然在抽鸦片烟，突然由外面进来两名军人，向张榕行礼，张榕欠身答礼说：“你们统领刚走。”两人没说什么，掏出手枪，连向张榕射击，张榕即时血流满床而死，时年 28 岁。两个军人，一个叫高金山，一个叫于文甲，都是张作霖的打手。关于德义楼宴会还有另外一种说法，说是沈阳绅商宴请张榕的，陪客的是袁金铠等人。关于张榕遇害死的地点，有的说在头道街街口（当时人们把这个地方叫三道街），又有的说张榕在蜚红馆看见形迹可疑的两个人，便想回家，他刚出蜚红馆门就被打死了。当时他的尸体没有人收殓，是后来由区里掩埋的。我在张家时听说，他的棺柩存厝在一个庙里，也许区里虽然收殓，但并未埋葬。

张榕被害后，接着于文甲带领人马到小北关容光胡同抄张榕的家。据目睹的人说，所有门窗户牖凡属能拆下来卖的都拆除净尽。书籍碑帖丢了一院，迎风飞舞。随后把张家佣人李鸿顺、刘桂山、杨顺、高桐、尹国栋等也带走了，在 8 个月后，才保释出来（根据档案）。于文甲带全班人马，又到大东关听雨胡同抄张焕柏的家，张焕柏外出，幸免于难。一位教书先生张跃臣却被大兵当作张焕柏。大兵用刺刀拉张跃臣的脖子，张大叫说他不是张家的人。大兵说："你姓张就行。"结果把他和张焕柏大儿子张多禄都带走了。张焕柏二儿子张多喜（现名国纬）已经剪去辫子，大兵打他一枪把子，骂道："妈的，都是小革命党。"约摸半年以后，张跃臣和张多禄被释放出来，一个因为伤重，一个因为惊吓，不久相继而亡。财产的损失共合现银 55300 余两（见张家呈文）。

抄宝昆家的是金寿山的部队。宝昆别号于山，满洲人，以排行第六，沈阳人都叫他"恒六"。他父亲做过知府，宦囊富裕，住在大东关下头，一连三座房宅，整占一条胡同，就是现在的恒知府胡同。宝昆当时是城厢议会的董事，当金寿山带兵到他家时，宝昆早已睡下，大兵们从被里把他拉出来，衣服都没穿，在院里就打死了。第二天，金寿山的兵又把一个看热闹的人叫赵长清的给打死了。有的人说宝昆根本不是革命党，但和张榕很好，他家里房子多，革命党人常在他家里开会。又有的人说，宝昆家里藏有枪支和炸弹，为密探所查知，遂遭杀身之祸。

抄田亚宾家的是汤玉麟（绰号汤二虎）。田本名心正，别号亚宾，在报纸上署名又横，通化县人，陆军小学堂毕业，是个文武兼优的人才，为急进会秘书，对革命有很多策划，常在报纸上发表论文，批评时政，或者用漫画讽刺当权者，因此为当权者所痛恨。急进会成立后，田亚宾主持《国民报》（急进会的机关报），又参加过北大营的秘密会议，因此同时被杀害。田住南关合兴福胡同，在被杀前，舒泽深（当时在金部）给田送信，叫他快走。当时田的夫人潘莲璧要生产，田想等一两天再走，不料当日晚间就遇害了。

赵尔巽、张作霖、袁金铠谋杀张榕等 3 人后，又捕杀了 100 多个人，其中有许多是学生，行刑地点是在大南门里的城墙根、小河沿的南广场、草仓的北大坑以及风雨坛、八王寺等地。各处悬挂人头，奉天的革命一时被镇压下去了。于是开始做文章，先由奉天巡防前路兼中路马步队统领官张作霖上呈文：

……搜出民军告示、委任状多件，又急进会会长木印一颗、小戳一个，有日文信件数封……汇有巨款，约期急速起事，又有速将双木消化……一切结会通匪，多为宝昆为之主谋，田亚宾辅之。张榕既毙，又分赴查拿，该两犯拒捕，当场毕命……

赵尔巽心患既除，满心高兴，在呈文上亲批：

……该统领不动声色，连毙三凶，实足以快人心而彰显戮，应候出示晓谕，以明与众共弃之义……至破获名册一本，大半无知被惑，业已当堂焚毁，决不稍事株连……

接着赵尔巽又亲笔拟告示：

……保安必先禁乱，除暴乃可安民。自南方乱事之起，……匪人张榕……勾结谋乱，祸我生灵，……其名册业经……当堂焚毁，绝不株连……特谕。（原稿后有清楚印章，系赵亲笔。以上均见档案）

赵尔巽地位巩固了，张作霖也由赵保举，升了官，做个记名的总兵。袁金铠在这次血腥屠杀中，卖友求荣，更得到赵尔巽的宠信。袁得意忘形地说："事无大小，无不参与。"而赵把袁也捧得很高。袁金铠乐得不知所以，在这年除夕，他回顾一年的事情说：

……莫省事于惊涛骇浪之中，置此身于荆天棘地之内……惟坠入情魔，因失足而罹惊险。每思及往事，辄抚心而觉怔忡。尚宜实践忠清亮直之褒，岂得复为旖旎风华所误。天下自兹多事，家国正赖有人。时势造英雄，安知非我。勋名累儿女，莫更管他。（见《佣庐日记语存》）

他们这样干，目的是什么呢？本来蓝天蔚既走，革命党想在沈阳发动武装，根本是办不到的事情。既然如此，为什么还要杀呢？原因这帮人目的是要带兵进关"勤王"，挽救清朝的统治。在张榕死后不久，由赵尔巽、张作霖等三十几个武将联名给清朝政府拍一个电报，表示决心勤王。电报如下：

此次革命党煽动之叛乱，逞争权夺利之心，灭君臣父子之义，其与匪贼，有何择焉。朝廷体念亿万人民之心，寻求和平解决之道。但此等背信弃义之徒，岂足语此。臣等之心只有一途，即是率家乡健儿，渡海而南征，传檄各省，共诛膺惩之丑类。一俟圣旨下降，臣等立时兴师。枕戈待旨，无任惶恐（见日文《满洲年表》，作者浅野）。

不料通电发出不久，清政府就垮台了。中华民国成立了。奉天以赵尔巽为首的保皇党居然摘下红顶花翎，换上了新礼服，又当上了中华民国的官吏。所谓清朝发祥之地的东三省，所谓“勤王之师”，所谓“一片忠诚”，都不知到什么地方去了。

三　张焕柏兄妹和赵、张、袁的争斗

张榕被害的第二天早晨，张焕柏由海龙府劝赈归来，刚下火车，就有人告诉他家里发生变故，张焕柏便换车到大连去了。张家的老小在被抄的第二天早晨全逃到张桂的家里（即王世祺家）。张桂当时给他们改换服装，把 4 个男孩子打扮成女孩子样，急急忙忙逃到大连，住在日本人开的花屋旅馆。这个旅馆主人和张榕是朋友，所以对张家的遭难很表同情。

张榕死后 20 天（即农历十二月二十五日），中华民国正式成立，张桂带着张榕生前最喜欢的侄儿张多喜由大连经上海转南京见孙中山。当时张榕的好朋友黄中慧正在陈其美都督府当参议，给她们介绍见了陈。陈亲自给孙中山先生写信，遣黄中慧偕张桂姑侄到南京去见孙总统。中山先生在南京给张榕举行一个追悼会，由张桂报告张榕在沈阳为革命而奋斗的精神以及殉国破家的经过，又将张榕的遗墨影印出来，分赠到会的来宾。会后张桂带着侄儿又到北京，这时吴景濂已经是众议院的议长，张桂就住在吴家。张桂在众议院报告张榕被害的经过，又有吴景濂等人做证，真相大白于天下。接着张桂又在高等法院控诉赵尔巽、张作霖、袁金铠合谋杀害张榕，请逮捕凶手法办，但都由于袁世凯的庇护而没有结果。民国元年八月，袁金铠在日记里说：

金铠因事赴武昌，到北京后，为赵中鹄、杨大实、樊贵吾及田又横之妻（潘莲璧）与余为难，在这起诉，借张（作霖）、赵（尔巽）之力，袁（世凯）派人保护出京。

据说张桂在北京时，曾经拿手枪追问袁金铠为什么要谋杀张榕，袁金铠坚不承认。袁金铠是不是合谋，请看他的日记。张榕是十二月五日遇害的，他六日的日记中说："征于色、发于声而后作，我犹未免为常人也。"可见当时他的心情是不安的（见《佣庐日记语存》）。张桂没有把袁打死，人们便说："张桂终属女流，干不出来大事。"这种看法是不了解张桂的为人。有一次她的侄儿告诉我说："六姑从上海来沈阳，在字典里（把字典里面挖空）放一颗炸弹。"给谁准备的，是不言而喻了。在张桂看来，赵、张、袁究有轻重之分，袁和赵、张相比，直一走卒耳，杀之适为赵、张所称快，所以张桂没有干。后来见面时张桂只是讲："你们是成功了，我们是失败了。"

张作霖也感到此仇可解不可结。据陶乃文说："张作霖托人向张焕柏兄妹讲，他愿意拿出若干款，维持张家的生活，把他们的后人送到外国留学。张焕柏兄妹认为不应当拿弟弟的名誉换钱，所以拒绝了。”

但张家损失的家产，赵、张应该负责赔偿，而中央政府也应当明令昭雪张榕的毁家救国的功绩，以慰泉下。所以赵中鹄给稽勋局上的呈文说：

奉天联合急进会执法部部长赵中鹄等呈称：……殉国以张榕为著……张榕系奉天府人，幼博儒书。日俄战时，榕办保卫公所，宣布约章，规划独立，破产数万金。先于兴京、海龙府实行倡办，训练乡军，以见嫉政府，未尽其继。己巳夏到京与吴樾结交，炸五大臣，榕亦就狱，以保卫公所案，判处永远监禁。狱吏王璋相偕越狱，跑到日本，与旧部常有密电往来。辛亥秋武昌起义，榕在奉天组织军事，与吴景濂、杨大实、赵中鹄、赵元寿诸人筹商独立。赵尔巽深知其谋，惮之弥切，乃以协力维持全局为词，敦聘入省。榕偕吴谒赵，密商三日，成保安会，举榕为参谋总长，赵阳示赞同，阴怀叵测，佯许待机独立，而故以外交为难以缓之。即密檄巡防军陆续入省，授以意旨，倡言反对，而保安会独立之精神，顿变为勤王之计划。榕见事机已危，而势尤不可以已也，则倡率同志创办奉天联合急进会，将以响应南方，牵制北军势力，使清帝不敢东归，赵督不敢中立，宣布宗旨，各党争附……部署既定，共谋进行，因秘遣同志，分赴各属，运动军警，组织保甲。如郭大纶、杨再兴殉于安东，柳大年、张根仁执于宁远，皆思张榕之义奋，杀身成仁，无所屈挠。而王璋、周培根等，复在天津有急进会之设，冀以北捣幽燕，南援武汉。赵中鹄、王越人、洪东毅等分布辽阳、海城、海龙、兴京各府，组织民军万数千人，官吏俯首，莫敢抗衡。赵尔巽久欲率师西上，拱卫京畿，后仅护兵自卫，未敢越雷池一步者，榕之力也。当此之时，或有劝榕先发都督自为者，榕慨然曰：我所以毁家谋国，百折不挠者，冀民国之达成而阻强吏之反侧也；至于权利，匪我思存。其强毅之力，淡泊之操，有如此者。嗣以民军日集，赵与榕约，南北停战期内，勿开战端，榕诺之。而赵已与前清亲贵密通消息，图翻全局，阴遣军队杀榕于途，其侄亦死焉，并毁其室庐，掠其财物约值六万余金，会员之与殉难者百数十人。赵方自庆得计，讵各地民军义愤激昂，战端再起，巡防各军疲于奔命，赵之谋迄不获逞，卒屈意而赞成共和。是榕虽遇害，而其遗谋余烈，犹足以奋豪杰之心，而褫奸人之胆，三省既服，统一之局以定，有造民国，厥功甚伟。至今关内外人士景仰，首录原功，佥谓东省由黑暗而入光明，皆拜张君之赐，而念其人之身亡家破，则叹报施无凭，辄为唏嘘不置，亦足见公道之在人矣。复思张榕毁家纾难，视死如归，遏□□之雄心，奠边陲于永固，迹其倡议，以迄殉国，奔走十年，毁家巨万，身死之后，债台累累，固皆济党人而饷民军者也。民国成立，已越年余，凡殉国先烈，均蒙赏恤，酬勋之典，榕独缺如。本会员等，夙同袍泽，闻见较详，并据调查员等报告……（此报告原文存档案馆）

这个咨文到了沈阳，得不到解决。张焕柏兄妹们各地追索，非要求发还不可。民国3年二月间，张焕柏呈请东北当局发还抄没财产时说：

榕死时，焕柏赴海龙府劝赈，未及于难。……尤以道胜银行一款最为迫切。榕于宣统三年十月一日，因募集民军义勇队及接济党人旅费，需款孔急，将小北关住宅借款两万五千元（卢布），到第二年冬十月，本利已达三万元，终日催迫，急于星火，覆巢之下，无家可毁，吁请督都，将家产发还，以清外债。

就在同年三月间，国务总理赵秉钧为张榕家产事，亲自给张锡銮写信：

坡公督都阁下，敬启者：吴莲伯议长来称，张榕家产，前被公家抄没，现国体变更，自应发还该家属领受，嘱为转达，即希察酌办理。

尽管如此，而东北当权者坚不承认有查抄张榕家产这回事，所以批文也好，复信也好，都是“无案可查，无法发还”。但接着又说：“情形可悯，可以酌予以补助，以示体恤。”这些人在表面上坚不承认查抄，但是愿意走后门，多拿一点都行，而张家兄妹偏不干，所以始终没有解决。这段话是陶乃文说的，并且他亲身见过张焕柏谈过这个问题。后来由北京政府发下3万元，作为修筑张榕烈士祠之用。

民国14年张焕相当上了特别区长官，可能把张焕柏的情况和张汉卿讲了。张汉卿派人送到一封信，其中有“鸟倦飞而知还”的句子，聘张焕柏为秘书厅行走，月支车马费200元，意思说张焕柏是既往不究了，两家言归于好，这种鬼把戏张焕柏兄妹当然是明白的。张焕柏看完了，便丢在写字台上，没有说什么。接着张桂拿过来给我们看，反复赞美“鸟倦飞而知还”句子用得漂亮，也没有什么表示。

总而言之，兄妹两人没有重视这封信，是千真万确的事实。不几天黄中慧（黄此时在满铁当顾问）由大连给张桂来信，其中有“兄弟之仇不反兵”的话，意思是教张家兄妹不要这200元。这信我也看过，黄中慧是不愧为张榕的好朋友的。

张焕柏第二个儿子张国纬，在美国学过陆军，民国19年回国后到卫队统带部骑兵队（队长是吴泰勋）当连附。事为张汉卿知道，便告诉刘多荃统带说：“你详细查一下，张国纬是不是张榕的儿子？如果是，我送他到外国留学，我不希望他儿子在我部队里。”刘统带便问张国纬，张国纬说：“我是张榕的侄儿。”但张汉卿还不放心，后来由于进关，就无暇及此了。总的说来，自从张作霖得势以后，对张榕这件事并未忘在脑后。不难推论，如袁金铠之流的人物，和张家兄妹相处较久，知之较深，关于张家兄妹的性格，是能够传闻到张家父子耳中的。民国13年冬末，我同张榕一个远房侄儿张连坡去曹家花园见张汉卿。张连坡说，他两个弟弟缺少钱用（当时张焕柏的四子国纯、五子国纮都在南开上学），张汉卿当时批给500元，但张连坡并没有分给两个弟弟。后来张国纯于民国18年进日本士官学校，是张汉卿资送的，原因就是如此，可见彼此之间的情形了。

（选自全国政协文史资料研究委员会编《辛亥革命回忆录》第5集，中国文史出版社2012年6月第2版）

参加辛亥革命始末

钱来苏 *

余于前清光绪十年（1884 年），出生于奉天昌图府奉化县（现辽宁省梨树县）。幼年时，因阅读家藏太平天国忠王李秀成供词，始悉中国被统治于满洲贵族，又因当时东三省政治系一特殊制度，所有军民两政，俱操于满族大员之手，对于汉族待遇尤为不平，因之民族思想油然而生。中经甲午中日之战、戊戌政变、庚子义和团事件，益觉清政窳败，非推翻清廷无以救中国。适庚子事变，奉天省会陷落，举家避难锦县、义县，因得接近民间武装（俗谓红胡子）首领苑五、胡广义（海峰）等。

时清废除科举，创设学校，19 岁，乃赴京就学，考入保定北洋

* 钱来苏：时为保定军需学校学生，后任第二战区司令长官部少将参事，陕甘宁边区政府参议员。新中国成立后，任中央文史研究馆馆员。

高等学堂。20岁，自费赴日，入早稻田大学。仅7月，值日俄战起，弃学回国，又考入保定优级师范。时已在国内及日本，阅及《新民丛报》《浙江潮》《民报》《夏报》等，对革命始有认识。在保定得识革命党人吴樾，因益增革命思想。

21岁时，先父拟出资为谋一知府，以不愿任清廷官吏，商得先父同意，乃利用此款，回奉天筹设一辅华中学。一年后，因经济困难停办。本年与革命党人商震（起予）、蒋大同会面，时先父任督辕营务处会办（总办为张锡銮，后张升任，由先父继其职），招抚张作霖（雨亭）、冯麟阁（阁忱）、金寿山等（时皆为红胡子）。前结识之胡广义，亦在冯麟阁部，故得结识冯麟阁及其部将赵嵩龄（峰亭）、张海鹏（仙涛）、汲金纯（海峰）、高青山、郭景汾（润朗）等。并荐党人罗鹍，往任教练，以输入革命思想。

22岁，冬，先父奉吉林将军达桂（馨山）奏调赴吉，办理新政，余随同前往，助先父创办法政学堂，并荐党人姚剑泉、张根仁（涵初）、刘芳（润民）等人入校任教。次年东三省政治改革，设行省，吉林巡抚朱家宝到任后，将陆军学堂交先父兼办，又介绍党人方剑飞、范国才等充任教员。并结识连承基及在安徽起义失败逃至吉林之柏文蔚、熊成基、张之屏（树侯）、王静山诸人，时余任两级师范教员。

25岁，朱家宝调安徽，陈昭常继任吉抚。是年冬，慈禧、光绪先后病殂，公令各机关学堂举哀3日，当撰《举哀通令驳议》一文，宣示学生，事为提学司曹广祯（梅舫）闻知，因予停职。宣统元年（26岁），清廷派贝子载振到东三省查办事件，经过哈尔滨时，党人熊成基、商震等谋刺之。事泄，商震逸去，熊成基被捕，解至吉林。先父适任吉林高等审判厅丞，因劝阻受理是案。继由抚署开特别法厅审判，处决有日，乃与胡广义、赵嵩龄等密谋劫狱（胡等已由冯部解职，到吉投先父谋差）。不意胡等一面佯诺，一面告知先父，时在次年正月十三日晚。先父怒极，以大杖逐余出门。及熊就义后，始经亲友劝解，派人押送回保。

在此时期，革命浪潮正在高涨，以为个人行动，无益于事，非加入团体运动不能成功。适值保定军需学校招考，遂参加考试。入校后，即秘密物色同志之人，有董佩卿、陈瀛寰、魏子敬、朱光远等10余人。是时，同盟会保定支部亦已成立，由刘振华、郝仲清介绍入党，并即选任联络部总干事。得识王国光、张璧（玉衡）、何德辉、孙岳（禹行）、孙楚（草崖）、刘竹坡（汝贤）、王蓬秋、刘云峰、吕云鹤、张际五（官云）、李灵蛮（真）、周思诚（敬孚）、王法勤（励斋）、王秉哲（浚明）等，期待时机，准备行动。

28岁，辛亥武昌起义，各省纷纷响应，清廷震恐，檄调各省军队，讨伐革命，并调东三省军队入卫京师。保定同盟会支部召开紧急会议，选派同志分赴各路军队鼓动起义。而东三省为清廷老巢，文化均甚落后，军队顽强善战；又恐清室情急，回归巢穴，急需人去鼓动革命，即使不能全部反正，亦可牵制兵力，不得入关，杜其归路。余以熟悉关外情况，愿担此任，并加派张璧同往。时余尚在军校，未告家庭，于8月29日秘密出发。

出关后，先至营口，以赵嵩龄住此，前已有信通知，见面即商量起义办法，由彼介绍潜伏营口之辽中县地方武装首领董老帮子（云亭）、小黑山首领陈锦涛和陈锦波弟兄、盖平县首领朴贯三等，议定各回本地，联合小股，集中力量，即时发动。赵建议请胡广义出山，以便号召，余遂连夜驰赴黑山县胡家窝棚胡广义家晤面，始知胡正患病甚剧，不能出动，彼且要求饷械，因无从措手，最后商定由彼函请新立屯首领高老疙瘩（即前在冯部之高青山），赶紧发动军民起义。余遂赶回营口。忽遇苗友张竹亭（淇）、张松年，询悉竹亭现任营口巡警局总务科长，松年为督察员。又遇前在陆军学堂之教员李瑾青，辗转介绍，得识巡警局督察长李荫卿（李歪脖子）、侦缉队长董怀印（董二橹），并宪兵连长江洋及地方同志胡晋堂、李金声（振铎）、许慎微、王精一、马竹波，并有商业学堂一小部分学生等。当时谋划利用警察学生，攻据道署（清时山海关兵备道，兼管海关驻此，时道员为袁祚广，节制缉私练军一营、水师三营，练军驻扎营口，水师分驻各河道及海面）。正在筹备期间，乃为商业学堂监督满人荣升告密，袁道急电总督赵尔巽，回电令严行搜捕，就地正法。得信后，是夜乘南满车赴沈，脱离危险。

余到沈阳（是时张璧已先回保定，往助第六镇吴禄贞之起义），即往奉天时报馆张根仁处（系民党报）会见当地同志赵中鹄（岚亭）、杨大实（秀翘）、田又横、赵元寿（子敬）、张鉴塘、王兴文、柳大年、刘德、石磊、徐镜清及新军奉天第二混成协参谋李德瑚（冰澄）等。首先报告内省革命胜利情形及本人来此任务，并研究东省革命应如何进行。公同议决，推举李德瑚赴滦县，代表同盟会、地方同志会、奉天时报馆，联名具函，谒见陆军二十镇统制张绍曾（该镇原驻奉天新民府，此时赵督响应清廷旨意，特命该部赴援，进驻滦县），请其进兵北京，可将清廷一举推翻。乃张庸懦，复函仅谓相机发动，而竟电请清廷，立即宣布立宪，以期缓和革命。清廷亦未谕允（不久，其部下冯玉祥并施从滨、王金铭等发动起义，亦遭失败。即所谓滦县起义）。

余在沈阳，由刘德（宣三）介见宪兵营长陈兴亚（介卿），引见督署编练新军总参议蒋方震，叩以能否鼓动新军起义。蒋答以环境不能许可，旧军势力既甚强大，新军二十镇已调入关，省城只有第二混成协，协统蓝天蔚，久为赵督疑忌，已不安其位，而标统以下，均赵亲信爪牙，朝发夕败，无益于事。爰复会地方资望甚高有号召能力之同志张榕，请其召集全体同志会议，以便分赴各县煽动军民，响应革命。是时省城已宣布戒严，赵督已调右路统领张作霖率其全部入卫省垣，并拟利用地方民意，组织奉天保安会，自任会长，而以谘议局议长吴景濂、副议长袁金铠为副会长，将以诱致知识青年，企图削减革命力量。因约张根仁夜访吴景濂于谘议局，告以各地人民革命情绪极高，今欲假腐朽余力，谓能保境安民，诚恐境不能保，民亦不安。倘使清廷战胜，亦唯官僚先蒙其利；若革命胜利，则君等必首当其祸。君本人民代表，何不去逆效顺？在本省能举义旗，则响应者必众。否则，亦当奋然南下，以速革命之成功。时适商震、宰天保（翘生）、蔡参谋均在座，亦劝其南下。吴遂于翌晨改装赴大连，航海而南，保安会因此解体。吴到南京，旋被选为第一届参议院议长。

时张榕已召集同志200余人，张璧因吴事失败亦回，遂开会决定名称为奉天同志急进会，公举张榕为会长，讨论分派同志到各县发动革命。计张根仁赴锦西，柳大年（曼青）赴北镇，李树屏赴锦县，赵中鹄、王兴文赴海城，徐饶清、石磊赴辽阳，孙寿仁赴昌图，徐定甫赴铁岭，孙祥夫、杨大宝赴开原，刘桐阶（大同）赴长白，杨子厚、赵元寿赴吉林，王精一、马竹波赴营口。适有庄河县因人民聚众起抗苛捐，赵督派队前往弹压，而来省请愿之人民代表顾氏三雄（顾人宜、顾人邦、顾人敏），向急进会请求帮助解决抗捐问题。多数会员以为本会系革命团体，不宜代谋，仍由彼等自行请愿可也。余谓民众为革命根本，而革命应为民众解除痛苦，正可利用此点，使彼等发展到革命方面。反复辩论，大会终无坚决表示。乃与杨大宝、张璧直接访问顾氏，知彼等为庄河农户，人宜为民团团总，虽缺乏政治头脑，但在本地极有威信，此次抗捐聚众，即由彼等倡导。当为讲解革命，彼等亦即觉悟。遂定杨大宝、张璧随顾氏昆仲急返庄河，布置起义，从此奠定关外民军基础。

另外，由新旧军人所组成之革命团体，有蓝天蔚之代表宰天保、蔡参谋、商震、李培基（涵楚）、程起陆、邵子峰、尹凤山、郭鸣岐、金玉璞、石磊、徐镜清等30余人。当时公举蓝天蔚为关外都督，宰天保为参谋长，商震为总司令，邵子峰为旅长等，令余担任奉西招抚使。时省城已成混乱状态，而张作霖全部队伍亦陆续进城。赵督密令查拿党人，格杀勿论。急进会各地方同志已先出省，分赴指定地点组织行动。蓝天蔚、商震、宰天保等30余人，此际已搭南满车，避至大连租界地。余出省时，原拟赴新民府锦县与钱公莱、朱霁青等会晤。乃得报告徐镜清已发动县警及民团700余人，在辽阳立山屯起义。因直抵辽阳，参加立山屯战役。张作霖派兵两营进剿，张部附炮两门，枪械齐全；而民军军械良窳不一，子弹缺乏，队伍悉为土著民户，既未经过训练，亦无政治认识。支持10余日，战斗3次，先败至刘二堡，继败至腾鳌堡，终被驱散，徐镜清亦逃至大连。

余乃至海城，见赵中鹄、王兴文、张鉴塘等。彼等组织尽教育界中人，而县署亦在奉令查拿党人，不能立足。复转至黑山见胡广义，彼病已垂危。得知高老疙瘩已在新立屯附近半拉门、白旗堡一带起义，被冯麟阁围剿，竟遭逮捕；且闻赵督令冯率部入关，应援京师。因急赴新立屯，拟劝阻冯部入关，并运动起义。适冯奉召赴省。统领部仅有总理崔文藻（兆五）与营长郭瀛洲（仙樵）留守。郭不相识，乃见崔说明来意。崔谓今日之冯麟阁，非复当日总办（指先父）招降之冯麟阁矣。现颇热衷利禄，已坠赵督牢笼之计。君久未相见，如骤语以革命，彼必不听，且恐危险。如能畀以高官厚禄，或亦可动。在此守候，难得要领。于是又赶回保定，筹集款项，而保定支部亦甚艰窘；东省事务，又待解决，未便久延。乃搜罗家中余蓄，复与孙楚、董佩卿、陈瀛寰等转回营口。始知张榕、田又横及其他同志10余人，在省城遇难；张根仁、柳大年，均在锦西被捕入狱；孙寿仁在昌图府八面城起义失败；孙祥夫在开原，徐定甫在铁岭，刘桐阶在长白先后起义，均各一度占领县城；庄河顾人宜等招聚2000余人，声势颇震，已进至复县瓦房店；蓝天蔚已被任为北伐招讨使，兼关外都督，并带有海军军舰四艘（海筹、海琛、海容、海圻）亦将北来；商震在大连组织总司令部。遂与孙楚议定同赴大连，而令董佩卿、陈瀛寰即到庄河工作。

到达大连，晤商震，并戴季陶，叙述运动冯麟阁反正经过及冯企图所在，商等以此问题不难解决，当由戴起草檄文，令冯率领全军进驻锦县，以阻援京之师，并断清军归路。于是填委任状10余件，任命冯为左将军，兼奉军总指挥，其各营长为协统，哨长、哨官亦均晋秩有差。仍由余负此使命，而以孙楚为副。

此次由保回奉，沿途侦卡林立，赵督悬赏5000元，购余甚亟，因即改名赵镛。及到新立屯，即以赵镛名字活动。此时总理崔文藻已解职，继任者为苏冠一（满人，极坏），遂由郭景汾报告冯氏，将余迎至统领部，招待极优。深夜，冯氏出见，即谓：君等来意，余已深悉，君等此来，可谓胆大心壮。余谓：为国为民，虽死不辞。冯谓：清朝200余年，深仁厚泽，君等革命，有何理由？余谓：清廷入关，杀戮汉族，备极惨酷。满汉待遇，至不公平。现在朝中执掌政权者，均系满族纨绔少年，骄奢淫逸，政治日坏，清室崩溃，即在眼前。所有官吏，唯知吸取民脂民膏，对于人民既不知教，亦不知养；人民被逼，无路求生，沦而为匪，乃又从而诛戮之。君果回思从前情况，当不谓余为诬。清廷今日急于用君，故得一跃至此显秩（事变之前冯仅系一都司，事变后破格擢升总兵）；倘在平时，恐积功二三十年，未必能至此地步。但君至此，亦未必能长保富贵。远不必论，即以太平天国之役，清室再造，当时诸将功可谓大矣。然除左、曾、李外，其余积功保至提镇者，事平之后，一概编遣，不为安置，致穷迫沦为乞丐盗贼者，比比皆是，闻之能不寒心。今日之事，君如赞成革命，即请接受劝告，否则可将余等械送省城，则5000元之赏格，赵督已储款以待。冯谓：笑话，但此非小事，容余详虑，君等可暂住二三日，听候答复。言毕，遂将委任状接收而入。

翌晚再度会见，冯谓：事经熟虑可行，唯须接济饷械。如何运输及接收，应先商定地点。余谓：秀豪（蓝天蔚字）今率军舰北来，将来饷械，自应以军舰护送。此次贵部奉令入关，若运至锦西县葫芦岛较为便利。冯以为然，并谓：今又得赵督电催即日开拔，请君等酌留一人在此，参赞军事；一人回秀豪处，交涉饷械。请酌定告余，明晨即可派人护送到白旗堡车站，以免误事。是夜余与孙楚密商，以孙在此人地生疏，万一生变，危险殊甚，余在冯营较熟，遇变或可幸免。议定，通知冯氏，次晨孙楚遂行。

余此时以客卿随军西行，甫至高桥（离锦县 80 里），冯遂令停车。全军 10 营分驻高桥及沟帮子、女儿河、大凌河各站，其前锋则进驻锦县。余与总理苏冠一同居一室，已逾 10 日，而饷械仍无消息。于是苏氏与同党尚泽霖、谷昌等向冯进谗，谓余行动完全骗局，彼既名赵镛，又自名钱拯，殊为可疑。久之，冯氏亦为所惑。乃苏又向赵督报告，谓冯营容留党人摇动军心。赵电冯：即时查拿，审明正法。一面又饬后路统领吴俊升（兴权）率部进驻新民，监视冯军行动。冯惧，乃饬营长张海鹏、吴玉贵、郭瀛洲，率卫队 40 余人，将余拘捕（12 月 9 日）如获大盗，既上镣铐，并绳缚两臂。当时假一小学堂作为临时法庭，即由张、吴、郭及苏冠一等审问。余当将革命意义及经过情形，自书供词一纸。画押后，将余押至卫队室。夜间，正在睡眠，忽入 10 余士兵，促余起，而外间号声大作。是时余已明了，自忖今日将结局矣。一兵负余出外，有多人聚首伫观，忽闻有人高呼三表哥，即奔至余前，则余表弟章启秀（奉生）。余当告以我死后，请代向余家寄一消息。章不顾，转令押护士兵暂缓前行，即奔驰而去（章系余姑表弟，又系张锡銮之外孙，时张已由清廷任命为山西巡抚；章在冯营办理军需文案事务，余到冯营，尚未见面）。食顷，章与雷长春（雨亭）、汲金纯同来，告士兵将余负回。次日黎明，汲金纯率其中哨哨官张福万来视余，谈悉昨夜本拟杀余，因章见冯，证明余确系钱道之子，且与张锡銮有亲戚关系。汲、雷亦进言：现在革命已蔓延全国，清廷屡屡失利，胜负谁属，未敢决定。今日杀一钱某，与事无丝毫补益，将来结仇革党，殊为不智。冯始意转缓办。遂迁余汲营中看管。张福万不时来视，乃为讲解革命意旨及各省起义情形，并清政腐败，人心已去，倾覆不远。

张及兵士闻之颇为所动。晚间，复有冯之内弟任海涛、看守兵金得胜及贾姓者 3 人，看余脚镣，并问余能骑马否？余谓能。彼等告余，暂忍两三日，俟一切备齐，吾等将纵君逸去。不意第二日，又将余迁至前哨江朝峰处。而谷昌又至。饬将余脚镣卸下，而代以重 20 斤之木狗（梏）。从此行动益不自由，两腿昼夜不能合并。住处每隔三四日必迁移一次，守兵则每日一换。余被拘时，身上余款，被搜净尽。每日饭食，仅发给小洋 2 角，恐余贿逃。及余移押李郁周营部时，冯回省见赵，陈述捕余经过及余之身世。赵仅示以仍予羁押，勿令脱逃而已（后来始悉南北议和，由南京代表伍廷芳电赵不得滥杀党人之故）。而张作霖坚持解省，并曾派其马弁牛庆山到冯营毙余，亦经雷长春等劝阻未果。后张部之刘景双营，在省城附近反正，张气焰始稍戢。冯归，即下令全部进驻锦县。此际冯秘派其亲信王翰臣（基督教徒）潜赴大连总部，侦察情况，由总部馈以厚资，令其时予保护。10 余日后，总部亦派王凤亭来此，秘密见余。得悉清廷形势日急，袁世凯被命组阁，良弼被炸；汉口虽失，但南京政府成立，段祺瑞电请清室退位，南北正在议和中；庄河方面，赵督曾派统领李蓬瀛督剿，经我在瓦房店击溃，李及其营长杨沛田、保荣均被俘。王云：现正磋商双方交换条件，君事不日即可解决。旋冯部又开赴山海关，关外天气严寒，余衣履既薄，又戴刑具，两脚均冻溃，幸守兵陈邪匣子，曹凤阁、曹凤山弟兄，为余购置毡鞋。出外便溺，均由彼等背负。行军时，将余安置子弹车上，陈则解其皮袄，裹余双足。此情至今不忘。而苏冠一、尚泽霖、谷昌等则屡次谋余，或拟推余坠车使铁轮轧毙，或拟至大凌河时，凿冰将余塞没。冯均不允。乃又鼓动李郁周，对余种种苛待，余生几殆。

在山海关约半月余，冯部奉令陆续撤回原防。其时余已移至史魁之（冠英）营部，乃将余押送至芳山子史营防所，并将绳铐解除。到后，安置余于其书记长室。史及孙书记长翰章及书记赵连璧、贾宗谊，待余甚好。正值农历新年，此时始知宣布共和。经孙、赵向史请求，为余更换轻拘。数日后，史奉令释余，并由史伴送至新立屯统领部，又复张筵优待，致送川资，于2月23日，派弁兵4名护送至白旗堡，趁赴营口火车，而恢复自由矣（自被捕至释放共73日）。

抵营口后，住赵嵩龄处。郭景汾亦脱离冯系，跟踪而至，遂同赴大连。遇方剑飞正在运送庄河民军，撤赴烟台，始知总部均已移烟台。遂随同兵船到烟台，委余都督府军事参议官，郭委骑兵营营长，赵委步兵营营长。当将所俘李、杨、保3人，同时放回。是时南北议和已成，清室退位，中山先生让总统职与袁世凯，黄克强留守南京，正在交接之际。余大不谓然，急上书南京，并致函柏文蔚，谓袁世凯本清廷余孽，为人阴险，反复无常。在清廷时，即有篡夺之志，其爪牙几半全国；现在民国根基尚未巩固，今让位于彼，恐非自帝，即将复辟。彼系武人，亦恐养成军人干政之风。不报。当时关外民军仅编一旅，商震任旅长兼总司令，张璧任参谋长兼副司令，步兵两团，邵子峰、顾人邦分任团长，炮兵一营尹凤山，骑兵一营郭景汾，如此而已。其部队则多系庄河顾氏所招集之民团。但都督府各司、处、科编制人员，则已达六七百人，且各分党派，争权夺利，与清廷官场上之腐败无异。烟台区区一埠，即有两都督府，两总司令部。其一为鲁军都督胡瑛，总司令连承基。其内情形，与关外都督府正如一丘之貉。余心颇冷，未及一月，即辞职回保。当时党员曾有“蓝秀豪都督海容舰，商起予司令大连湾”之口号，意谓保险也。

此次革命，余出生入死，所得经验：

（一）革命军基本力量，以人民团体最为坚固，力量亦大；其次地方武装（红胡子）；个别人中颇讲义气，牺牲性较强，学生则心热情急，每作无意识之牺牲；不得意之官僚，为最脆弱。

（二）革命党员须有相当训练，努力团结，决非乌合之众所能胜任。

（三）革命党员须有革命道德，即廉洁操行，热爱心情，冷静头脑，坚决意志，严明纪律，至大至刚之气节，无此则其人将不可靠，尤以领导人为然。

（四）领导人应服膺下述三言：弗询之谋勿庸，无稽之言勿听，机事不密则害成。

（钱家楣　整理）

1981 年 6 月 20 日

（选自全国政协文史资料研究委员会编《辛亥革命回忆录》第 8 集，中国文史出版社 2012 年 6 月第 2 版）

辛亥高力门起义及其前后

武 扬*

一 省城密谋独立失败

1911年10月10日，武昌起义后，各省纷纷宣布独立，清王朝的统治政权根本动摇。在奉天的革命党人不断秘密集会，商讨起义问题。急进会①的张榕、赵中鹄、蓝天蔚等，幻想通过谘议局召开各界群众大会，赶走总督赵尔巽，宣布东三省独立。蓝天蔚并在北大营做起事活动。赵尔巽得息，甚为忧虑，在袁金铠的策划下，一面筹设保安会②，

---

* 武扬：时为辽阳起义领导者之一。

① 当时在东三省进行革命活动的组织，有孙中山先生领导的同盟会，有属于丁开嶂领导的铁血会，有属于胡鄂公领导的共和会；急进会归张榕领导，是在他从日本回国后组织的。后来与同盟会会员张根仁等又成立联合急进会。

② 保安会是奉天国民保安会的简称。吉、黑两省也相继成立这种组织，各州县设有分会。

以缓和革命党人情绪，一面调前路巡防统领张作霖，进省监视新军，镇压革命。

11 月 12 日下午，谘议局召开各界——包括军、政、学、商、工、农、自治团体的群众大会。赵尔巽在张作霖保护下出了席。赵讲话大意是：东三省地位特殊，应认清时势，见机而作；希望各安生业，静观时局变化。蓝天蔚谓南方各省响应起义，东三省也应速挂白旗。赵中鹄以捐税繁重，民生困苦，要求马上宣布独立，言下声色俱厉。这时张作霖举起盒子枪大声说：有谁再敢发此言，即以手枪对待。在武力恫吓下，大会按照总督府预定计划，通过了保安会简章，选出赵尔巽为会长，吴景濂、伍祥祯为副会长。反动势力占了上风。蓝天蔚旋被开去协统职务，派赴南方考察。张榕为了扩大革命影响，继续坚持斗争，因而组织联合急进会。这时，革命总机关部派杨大实、张根仁、柳大年、祁星辰、宁武、何秀斋等，分赴庄河、宁远、辽阳、安东、凤城等地联络，策动军警起义，组织地方武装力量。首先点起起义烽火的是顾人宜。顾不是革命党人，他是庄、复抗捐运动的有力人物。他于 11 月下旬，率部攻李家卧龙，打败了清军，在顾家岭树立了革命旗帜。接着刘雍、宁武、何秀斋等同志，联络了凤城联庄会领袖鲍化南，又策动了巡防队马龙潭部下的营长邵兆中起义。在雪里站与巡防队发生激战。失败后，邵、鲍突围奔庄河。在这两次起义之后不久，而有辽阳高力门的起义。

二　高力门起义经过

先是同盟会会员蒋大同、商震、徐于、刘乾一等，在辽阳城内马神庙创办陆军小学，但为时不久就停办了。在他们以前有革命党人陈干，在辽阳沙浒屯办讲报社和半日学堂，每逢星期日即进城，在迩衢讲报纸上要点，传播革命思想，号召大家起来救亡图存。由于他到处演讲，大声疾呼，被辽阳知州鲜俊英所知，派人抓到衙门，严刑拷打，然后关押起来，半月后释放，驱逐出境。

陈干离辽阳不久，蒋大同等也赴吉林的密山活动。联合急进会成立后，商震、祁耿寰、石磊等又到辽阳组织武装起义。辽阳巡警教练所所长徐春新积极参与起义活动。他在革命机关部表示：先拉出一部分人，占据辽阳西南刘二堡；再以刘二堡为根据地，迅速扩展队伍，等到城内起事遇到阻碍，可以从外面增援，以收内外夹击之效。我当时对他说：先开出一部分武装，一定会引起官方注意，这对革命来说是不利的。他也同意我的意见。不料大家正在调集武装，准备起义的时候，徐春新竟于11月25日拂晓，领着巡警教练所学生40名，携带全副武装，开到刘二堡。徐是刘二堡人，各方面熟人很多，就和当地巡警联络，挨户宣传。农民纷纷响应，家家挂上了白旗，徐春新贴出募兵布告。由于这年夏间，刘二堡发生水灾，饥民甚多，应募者大有人在，很快地聚集了200多人。

当事件发生后，辽阳州官、巡警总局长、中路巡防队帮统部，除用函电外，还派专人赴省报告情况，并请示处理办法。这样，革命的敌人赵尔巽、袁金铠、张作霖即采取了暴力镇压的手段。但我们仍加速作城内起义布置。11月29日，从吉林调来敢死队30名，经奉天总机关部[①]到达辽阳，次日上午，将联络好的距城70里的巡

① 机关部是革命活动的筹划、策动、联络的机关，它也可以作出临时决定，带有临时性质。省城称总机关部，各地称机关部。

防队一个哨也开到机关部来[①]，准备参加起义。下午4时许，赵尔巽派来的巡防队一个步兵营，还有一个骑兵连，从机关部经过赴城内。辽阳机关部在高力门外生发大车店内。店主人郭复吉是我们同盟会的老同志。这时机关部调来的那个哨，官长毛鸿轩和高朗峰，进城去见帮统徐珍。傍晚回来向我们说：现在把我们的队伍开到城里去，以防从省城开来的官军对机关部有所行动。他们住在城里，对敌人是容易采取行动的。等到开赴城里时，已经是晚七八点钟了。队伍去后，我们立刻召开紧急会议。参加会议的有祁耿寰、李义亭、尹锡武、田丰年、武扬和敢死队长（忘记姓名）。郭复吉从来在家睡觉，还有不少同志回家没得参加。会议研究了情况，大家认为应立刻转移以防不测，奈因人数较多，时间已晚，诸多不便，只好暂观动静，再作打算。但是加强戒备还是必要的。现在几十个人，手枪不到10支，大枪一支也没有，倘有事故发生，必至束手无策。我立即写了两个条子：一去赵家林子借来大枪一支；一去鹅房派出所调来9个人[②]，携带大枪九支。鹅房巡警由傅子佳率领到机关部，不觉间12点过去了。同志们都说今夜和明早是紧要关头，应该严加戒备。

拂晓时，忽来一个十七八岁的青年，声称要投入革命军。李义亭对他说：我已经来几天了，没听说有革命党招兵的事。这时大家精神有些紧张。那个青年走后不到几分钟，那些镇压革命的官军持着雪亮的刺枪，喊着杀声，一眨眼从高力门冲到生发店门前。生发店距高力门几十米，南临城墙，东面不远就是太子河的绝崖，西和

① 这个哨是我和徐春新联络的，开在城里，分成两处住宿，下级有顽固派，力量薄弱，没能参加。
② 鹅房、北园、高力门，都是我当见习警官时的管区，早有联系。

西北是河堤，北隔一条道就是个店房大院。在地势上我们处于兵法上所说的死地。这是最不利的。敌人是由省城开来的 700 余人，武器也很充足，出高力门和北门，把我们包围起来。当时，我们只有田丰年等十几个人，徒手敢死队 30 人，还有调来的巡警共 50 多人。所配的武器只大枪 10 支，弹药还充足；手枪不足 10 支，仅我有大号匣枪 1 支，带子弹 300 粒，力量对比相差悬殊。接触以后，经过一个小时的激烈战斗，双方伤亡很多。我们以寡不敌众，乃决定拼命突围。最后，冲出了包围网，过桥东入山区。当突围之际，只剩 13 个人。其他 40 多人，连同城内被捉去的全部壮烈牺牲。敌人当场被击毙的不到 30 人，打伤的不详。迨突破北面包围，冲到太子河沿渡桥，我们只剩下傅子佳、祁耿寰、尹锡武、宁鹤林、董 ×× 和武扬，还有金顽朴、王有明、闻国兴合共 9 人。途中，金顽朴由旱路北去，王有明、闻国兴各自回家去了。当日东入山区，夜里渡河，直奔我的家乡。进村后，先到一个亲戚家吃饭，把全部大枪收藏，换上农民装束，乘马到首山堡的麻义屯车站，搭火车回奉天总机关部。

这次起义失败，牺牲五十几个人的宝贵生命，商震应负一定的责任。11 月 29 日晚机关部开会时，商震说，他和辽阳知州史纪常是同乡。史同情革命，先去摸摸底。谁知他竟一去不复返。被州衙门扣留了吗？不是的。事后知道：商震见了史知州，史把紧张情况告诉了他，叫他立即逃走。他于是乘史知州的马车，由史的亲信护送到麻义屯车站，径自溜回省城总机关部去了。

在生发店机关部住的，都是革命骨干分子，由各地来联系工作的。如从刘二堡来的张新甫；从牛庄来的李义亭和他们同来的一些人都牺牲了。那天早晨，枪声像爆竹一样响，在我们村子里听得很清晰。等到枪声稀疏后，我的老母就请一位可靠的人，前往高力门探听消息。据那个人说：生发店屋里屋外，尸横遍地，血肉模糊。官军大部已回城内，只有少数到处搜索革命党人。这是当夜母亲来亲戚家看我时说的。我还有一个可纪念的事：在高力门悲壮苦战之后，打扫战场是由地方警察负责的。收集尸体时，在我们作战的一个屋子地上，拾得一个石质图章，他们认为这是我的。过几天，一位便衣巡警秘密送到我家。这石章上镌“不足为外人道也”，是联系工作写秘密信用的（现在手中保存）。在这次事变后几天，城里巡警总局派几十名巡警，来我家要人索枪。人是要不到的，枪嘛已告知他们在何处了。这群人马往东街去时，一个巡警落后几步，靠近我母亲说，他是我的同学，如果我在家就快快走开，因为已经悬赏通缉了。我在北园、高力门、鹅房等处，做过见习警官，在搞革命的过程中，和他们都建立了深厚的友情。

事后还听说：徐春新去后没有几天，将革命队伍从刘二堡开出，去攻打辽阳城。不料半途听到高力门起义失败，同志们惨遭屠杀，他们又折回去了。镇压高力门起义的巡防队也曾奉命转向刘二堡追剿。但徐听到风声把所部遣散，自己逃往烟台。

三　北伐军在盖子头登陆

凤城、辽阳等地起义失败后，革命党人一部分到山东烟台，一部分投入庄河革命军。庄河革命军一度发生动摇[①]，但顾人宜、

---

① 赵尔巽对庄河革命军剿抚兼施，令庄河厅、谘议局议员和士绅与顾人宜谈判。顾稍有退让，一度改编为巡防队。听到北伐军出发消息，又树立革命旗帜。

邵兆中、鲍化南、尹锡武等确准备再起。孙中山先生就任临时大总统后，任命蓝天蔚为关外大都督，率师北伐。蓝天蔚在上海组织了商团、学生军，于1912年1月中旬，乘海容舰开到山东烟台，与关外的革命军首领商议进军计划。从东三省渡海来烟台的革命者，都编入了北伐军，北伐军在山东补充的数目是很少的。此外，把顾人宜、邵兆中、鲍化南等部也编为先锋队。北伐军集结在烟台的，有鲁军、皖军、沪军、闽军、学生军、娘子军等。

同年1月底，蓝天蔚派驻在烟台的关外革命军和上海商团两营，开赴辽东半岛，由招商局“公平号”任运输舰，以巡洋舰海容号为护航舰，在预定地点登陆。我当时任关外都督府参谋，也是北伐军登陆引航人之一。在北伐军来到以前，前敌总司令部先期登陆。这个总司令部整个机构完全由大连总机关部组成，从大连乘连貔（大连到貔子窝）客船赴李家卧龙成立的。一部分为迎接北伐军引航和做登陆的一切准备。

在一个深夜里，明亮的月光照耀在海面上，北伐军由雇用的日本商船“第十六永田丸”拖带去的大型木船，和早已备好先期开去的渔船，经过紧张的工作，胜利地完成了登陆任务。当引航人发现南方海上船只时，立即用灯语联络对话，这是使人最感兴趣的事情。这次北伐军登陆地点是在毕利河口盖子头①，岸上有一堆篝火处。

登陆后，在海滨欢送了海容号巡洋舰舰长杜锡珪和全舰官兵，还欢送了招商局公平号商船船长和全体返航员工；同时将登陆时所

① 盖子头和尖山口、花园口相连，都是庄河的海口，中日、日俄两次战役，日军均由此登陆。

雇的一切船只全部返还。北伐军登陆后，分为东西两路作战：东路邵兆中部向庄河、安东挺进，西路顾人邦部向复县、盖平出击。我在完成领航任务后返回大连，再乘连貔客船（大连到貔子窝）赴李家卧龙，参加西路前线作战。两三日内即发动攻势，在花园口发生激战，给清军以重大创伤，纷纷逃回庄河厅城，我军占领了石城岛。

另外，一个夜里，在水门子包围了巡防队两个营，当场俘获帮统李子敬、管带陈玉昆及一部分士兵。并以第二军司令的名义，贴出招降布告。东路的邵兆中部也俘获了马龙潭部的巡防队官兵数百名（有一部分是起义的）。北伐军正在乘胜前进中，南北议和达成协议，奉到停战命令，于 2 月中旬撤回烟台。

北伐军撤回烟台后，关外都督蓝天蔚，山东都督胡瑛先后离职。除关外军和鲁军外，其他各地革命军亦相继撤回原地。而留在烟台的革命军只有听凭窃国大盗袁世凯摆布。

袁世凯于 4 月初就任临时大总统，为瓦解关外革命军，迫使蓝天蔚出洋考察；并派王惕乾等赴烟台，办理编遣事宜。两人刚到烟台，听到关外革命军反对，就吓跑回去了。袁又改派曲同丰前来，收买了商震。商震接受改编，当上了旅长。烟台的革命军遂被遣散。

孙中山先生北上时，曾到烟台视察即将遣散的北伐军，接见了在烟台的东三省同志。那时东三省的革命党人几乎全部都在烟台，可是大家没有从失败中吸取教训，反而互相争吵。朱霁青与商震吵，杨大实、赵中鹄对商震也有意见。祁耿寰因为辽中[①]和辽阳革命失败，遭到重大损失，与商震争吵尤为激烈；他要离开烟台，我苦留

① 祁耿寰到辽中发动起义，乡绅张子云反对。张乘车去奉天省城告密，途中被祁枪杀。祁家被抄，只剩下一个孩子。

未允，和我痛哭分手，经上海赴安徽柏文蔚处。他全家被抄，这时只剩下他一个人了。

（选自辽宁省暨沈阳市政协文史资料研究委员会编《辽宁文史资料选辑》第1辑，辽宁人民出版社1962年9月第1版）

吉林旧闻回忆录

张穆安*

辛亥革命至今整50周年，追溯旧事，已成明日黄花。今天在党的重视和关怀下，全国政协征集地方史料，这真是一件有深远意义的大事。我生长吉林，囿于见闻，为了响应这一号召，也愿将所知的地方旧闻，片片段段，分别记述出来，略当芹献，供备参考。文字荒陋简率，难免有不尽翔实之处，还希望同志们互相印证，多予补充指正。

一 清末的新政及其影响

在甲午战争以前，中国的内忧外患，日渐严重。清廷兴办所谓

---

* 张穆安：时为吉林学生。

“洋务”，在东北练兵。于是光绪十五年（1889年）在吉林成立了机器局（现在吉林市的东局子即以此得名）。这是吴大澂来吉练兵所开办的，当时有相当规模，所有机器当然多系购自外洋；派来的工程师和工人，以河北唐山、天津一带籍贯为多。此为吉林有新兴工业之始。甲午战争时，这个局里所造弹药，也曾起过一些作用。接着义和团起义，吉林响应失败，在帝俄进兵吉林时，将这个机器局给炸毁了（后来改为银圆厂，铸造银币现小洋）。

光绪三十三年（1907年），吉林改为行省，废去将军，简命巡抚，立五司一道官制（民政、度支、提学、提法、交涉5个司使和一个劝业道）。自此之后，吉林先后设电话局、电灯局，通火轮船、火车，建学堂，办报馆等。吉林风气由此大开，首先是新学界，很快地也影响了劳动群众，再次是工商市民，以及开明士绅都要求政治上的革新。这时清廷方在假意筹备立宪。梁启超在海外出版的《新民丛报》和《中国魂安在乎》等书刊，流行到东北，几乎家有其书，当权者禁网渐松，谈立宪者日日增多。宣统元年（1909年）吉林成立了谘议局，地方人士又成立了自治会，随同全国各省向清廷请愿、速开国会的运动随之而来，吉林人士奔走于此者亦复不少。但是尚未与康、梁取得联系，真正能组成立宪派如南方各省者。而涉及革命党的，仍是悬为厉禁。

吉林改行省后，初任巡抚是朱家宝。光绪三十四年朱调安徽，接任的是陈昭常，调来办理新政的5司一道，都是南方人士，因而各衙门的入幕人员以及学界教习，几乎全部用的南方人，革命前辈和进步人士这时曾到吉林者，颇不乏人，吉林受了不少影响。在辛亥革命前夕，吉林的各界人民，包括汉、满、蒙、回各族，已经不是将军衙门统制下的情况了，但是就当时政局来说，比较南方革命策源省份，还算是比较平稳的。

二　清末吉林的公民保路会

东清铁路于光绪二十三年（1897 年）开工，沙俄政府为了便于招募华工和垄断东三省经济，曾由华俄道胜银行发行中国银两纸币和卢布票（羌帖）并行。铁路施工很快，至庚子年（1900 年）已全线通车。当时美、英、德、日和沙俄等帝国主义在东北角逐，争先夺取铁路的修建权，沙俄于修成东清路后，屡次要求延长吉长铁路一段，希图直达吉林省城，以便控制全省和南北满。是时吉林各界人士群起反对，当局迫于众议，始终拒绝。日俄战后，国势岌岌可危，吉林各界纷纷要求将吉长路划归自办，于光绪三十四年（1908 年）在省垣成立公民保路会，附设于吉林地方自治会内。发起这个会的头面人物是当时所谓绅董和商民的资本家。很多进步分子争先输款，在很短期内即经集款 170 万两。清廷恐民气伸张，竟暗中将此路的修筑权让与日本，保路会力争无效。兹将当时的请愿书照录如下：

自治会代公民保路会禀请督抚宪奏咨争回吉长铁路自办文

敬禀者，窃据公民保路会绅商等叙称："查吉长铁路当俄人修竣东清干路、支路时，希图接展，迭次要求，经前将军长坚词驳阻，曾于光绪二十八年六月奏请专归中国自办。日俄战后，复经前将军达于三十一年十月奏请自行筹款及时修造等因，先后钦奉谕旨允准在案。旋已建设公司，筹备款项，遴员勘办，刻期兴工。及至三十三年三月由外务部咨到收买奉新铁路条款七则，内第一条载“允将吉长铁路所需款项，向日公司筹借一半，定为二十五年还清，总工程师应用日人，并派日账房布置督理”等语，是此路既出于俄人之手，又入于日人之手矣。伏思路之所至，即兵威权力之所至，此中得失，重关主权。我满洲铁道，东清、南满，纵贯全境，反主为客，所谓聚九州之铁铸成大错，以视割地赔款，丧失更多，良可痛恨！吉长二百四十里，扼满洲之中心，为交通之要点，倘此路为日有，则主权尽失，民命随之。绅商等生长是邦，屡历艰险，上念国家根本之重，下顾亲戚坟墓、身命财产之所在，决拟仍遵二十八年及三十一年谕旨，备款自办。因假自治会开会集议，联结团体，期在保路，矢共力争。历观粤汉、晋矿往事，皆已争回。即性质微有不同，其为废约一也。成例可援，发端非创。吉林风气诚后开于各省，而于铁路利害，则庚子之后，甲辰之役，戎车蹂躏，皆为身受之痛苦。甫经筹股，慨愤争先。甚有闺阁之中，典簪脱珥；童幼之子，倒箧倾囊。佥曰：将来有无权利，所不暇计，必争者，路权耳。现已筹集股银一百七十万两。以丧乱初平、凋敝疾苦之邦，一纸发起，不数日立成巨款，民心齐一，概可想见。兹公同拟定保路会简明章程暨已筹股本簿据，并交自治会收执。务请代表舆情，禀由督抚宪分别奏咨。务恳大力主持，即将吉长铁路收归自办，以挽主权，以延民命，不胜惶恐涕零，引领企待之至。”等情前来。查该绅商等争路一事，发起之初，业由职会先行分电转禀在案。兹据声叙各情，并交出章程股簿，时未十日，所集各股已至一百七十万两之多，自属血诚，非同虚娇。而吉长一路，关系主权本极重要，路约议废，重见于前，亦非创举，况此项路款，强我以必借，公法私法，皆属罕闻。

能否取消之处，理合附呈公民保路会简章，据情奉请宪台鉴核代奏，并恳一面分咨军机处、政务处、邮传部、外务部、农工商部、民政部谅察舆情，抗废前约，以回天之大力，挽必要之路权，是所幸甚。

（录自清光绪三十四年六月二十八日吉林《公民日报》）

三　参加革命活动的几个满族人士

辛亥革命虽然以清室专制统治为革命对象，一般满族多心怀危惧，但是其中有志之士，在大势所趋、人心所向之下，迎合潮流，并不畏惧，而且投入革命阵营之内的，也不乏其人。当孙中山在日本成立同盟会时，已经有满族人参加。武昌起义后，奉天成立了东三省保安会，吉、黑两省也随着成立了分会。吉林的满族多是些守旧顽固派，但是也有一部分人士，不顾同族的排斥，挺身而起，竟参加了革命。其中大概分为两派，一派是真倾心革命的，另一派是时势的投机者。下面举出几个人物。

松毓，字秀涛，姓赫舍里氏，出身于官僚家庭，他本人也是一个官僚，曾做过一任黑龙江省绥化兵备道，被参免官，后来开复。他本来是秀才，善书法，喜交游，颇为上层人士所推重。吉林举办新政，正值他解职家居，因被选为全省地方自治会会长。就职以后，对于改良地方风气，普及教育文化，提倡实业，开办报馆，灌输维新思想等等，前后数年，的确做了许多事情。该会组织机构庞大，用人甚多，职权甚重，与各行政衙门不相上下。朱家宝任巡抚时，对他颇为倚重。朱调任安徽，继之者为陈昭常。这时松毓因名声太大，已为人所侧目，颇有人指责排挤，流言达及奉省。陈氏抵任之际，总督授意，嘱其查考松某行动，相机参奏。陈接任后，有人从中疏通，仅将他撤职。终陈之任，对他殊为冷淡，较之朱抚在任时迥不相同。辛亥革命军起，他忽然以拥护革命闻，此举很出当时人的意料之外。更奇异者，他所接近的政党，并非立宪派，而是孙中山领导的革命党。当清廷政权尚未交出之前，他和孙中山已有暗中往来，究竟如何联系，知者甚鲜。民国初年所出版的《革命文牍类编》（上海商务印书馆刊本，共10册）内曾载有《松毓与孙中山书》，内中曾有“专制流毒，思之真寒人心也”之语，书内后半介绍吉林人士有“李芳、杨策尚可为”的一段。民初孙中山改组同盟会为国民党，松氏亦列名在参议之内。

当民国未成立之前，东三省政局尚在举棋不定之际，当道对他颇不利。笔者还记得：我家距离自治会会所甚近，能看见该会旗杆，当时悬挂的还是龙旗。听说松氏举家哭泣，因有将他逮捕治罪的风声。正在此时，南北和议成立，清帝退位，该会改悬五色国旗，松氏全家如庆更生。于此可知他和革命的关系。在吉林成立保安分会时，他如何主张，以及在此前后的活动，就无从知道了。据顾冰一的《七十以前自述》所记，“松于民国初暴露野心，拟推翻陈督，由省议会举渠为都督。因为所谋辄左，遂不成功。他既入了国民党，袁氏当道，当然没有他的地位，后来迄未再起。”这一点也可看出他和政局的关系。孙中山失势以后，他如何活动，也不得而知。最后，他在闲居岁月中度过晚年，民国十几年时故去。

杨策，原名文耆，吉林满族，他的先人是中级官吏，他本人早年留学日本，曾加入同盟会，归国后在各衙门当差。他又去过俄国，到过莫斯科，当清廷预备立宪时期，各省发起请愿速开国会运动，他和庆山都是以自治会副会长的资格被选为赴京代表。辛亥革命时，他是被松毓推荐给孙中山的一人。据他自述：他曾见过孙先生数次，在南北议和之际，他为吉林的代表，到过上海和武汉，但是 17 省代表在上海推举孙先生为临时大总统时，当时他因远在汉口，并未在场投票。在这前后的活动，则不得其详。我只记得在民国 2 年吉林开会追悼宋教仁先生时，他为大会主席（后来在追悼吉林参议员赵铭新时，他也是主席）。

庆康，字锡侯，姓萨克达氏，出身满族官吏家庭，光绪丁酉科举人，宣统元年（1909 年）吉林谘议局成立，被选为议长。他是一个变法维新时代的妥协派，在立宪派起作用的时候，能应付裕如。辛亥革命时，他是主张保安会并领衔选举会长的。后来民国成立，谘议局改为省议会，他连任议长，第一届吉林省议会改选时去职。

庆山，字祝三，姓佟佳氏，隶蒙古旗，出身官吏家庭。清末吉林改为行省时，他曾任旗务处总理。立宪派向清廷请愿速开国会运动时，他与文耆同被选为赴京代表。民国成立，任参议院议员。

以上数人，是参加革命的，不论他们当时动机如何，但在倡导民主和推动革命上，都起过一定的作用。

四　孟恩远杀害国民党员纪东流

民国初元，在吉林成立分部或支部，挂出牌子来的政党，有国民党、共和党、进步党等。这些政党，除集会外，在会所办事的人都不甚多，如何活动，外部不得而知。到民国 4、5 年间，随着政局的推移，都先后解散取消了。国民党员纪东流，在民初来吉，驻会工作（他的籍贯和来历不详，我听过他的演说，口音似是东北人）。

此人言语激烈，在各方面很为活动，报纸上常常看到他的名字，民国4年（忘记月日），忽被当局逮捕，以乱党罪名被宣告死刑。当时贴有告示，《吉长日报》也有新闻报道，其案由因年久已经遗忘，大概因为事关“叛国”，是由督军孟恩远的军法课主持的。他是在熊成基就义之后，在吉林牺牲的一个革命党人。

五　人民群众的革命运动和革新运动

（一）晚清之末，国势阽危，瓜分可虑，日本久久蓄意吞并朝鲜，骎骎议及东三省，东北忧时之士，奔走相告，一若将临亡国之危者。省中学堂学生发起爱国运动，为了同情朝鲜，更为唤醒国人，大声疾呼，广事宣传。但当局恐怕惹起交涉，禁止一切行动。学生自行联合，编印一部唱本鼓词，其内容是叙述波兰和朝鲜的惨痛史，书名叫《英雄泪国事悲》，恐被检查，乃由同学们每人分担一页，偷编偷印，偷着发卖和分送。书成之后，散布很快，在人民群众中曾起了很大作用。这部书共为四小册，前有图像人物，洋纸石印，一如市上所卖民间小书样式，现在还有保存者。我当时尚在私塾，和前辈同学也有往来，曾亲自见到他们连夜编写。

（二）民国4年，袁政府承认日本“二十一条”的卖国消息传到吉林，除了反动官吏而外，各界人民，无不骇异，尤其在学界，以为断送国家主权，关系东北尤重，首先纷纷集议，表示反抗。但当局以省城有日领事馆在，恐怕惹起交涉，下令严禁学生干政，不许闹风潮和请愿。学生愤怒万分，慷慨激昂，转为秘密宣传，印出大批传单，内容是将袁政府勾结日本卖国罪行和盘托出，并揭露密约全部原文，最后是拟定抵抗办法，抵制日货即属其中的一部，要求国人对内对外采取一致行动。当时我在师范学校，传单是由全体同学们分别散发的，不出几日，传遍全城。不久即被官方侦知，加上日领事也施压力。记得有一天忽然传到消息，当天就要有军警来搜查，同学们集议，不愿扩大事态，立刻将每人手中剩余传单全部焚毁。但此项运动已经起了作用，不久就展开了抵制日货的运动。抵制日货是各界群众的自发行动，官方也无可如何。后来在很长一段期间坚持下去，人民群众大家互相监督，有的奸商偷偷续运日货，就要受群众的非难，铺子有被捣毁的危险，因此相戒不敢再运。为了不买草帽，大家都换戴农民的“苇连头”，甚至于老头牌腿带也宁可用布条代替了。日商受了严重打击，据说损失很大。吉林人民这一次抵制日货曾得到相当成果。

（三）戏剧界的艺人，在旧时代专制政权下是没有地位的；辛亥革命以后，他们的地位有所提高。吉林当时有两个较大的戏园，班子里的艺人不少。民国初元，随着政体的转变，新思想的鼓荡，他们自动组织了“正乐育化会”，选艺员鹿义海为会长。它的宗旨是培养戏剧界新人才，改良旧戏，提倡新剧，以图革新社会风尚。成立之后，很做了一些工作，编排过几种革命剧本演出，使观众耳目为之一新。但不久，新剧又无人过问，培养新人，亦每为旧戏所限，加以官方不但不能倡导，也不予以支持，该会便逐渐消沉，终至无声无息。

（选自全国政协文史资料研究委员会编《辛亥革命回忆录》第5集，中国文史出版社2012年6月第2版）

辛亥革命在黑龙江

宋云同 *

回忆50年前（即1911年）辛亥革命时，在黑龙江省的革命党人（同盟会）是秘密的活动，不是公开的活动，党支部也不是固定的住址，而是开会时临时现找妥当地方，也就是说会议常址今天在这，明天在那，总是要找相当严密的处所才敢开会。

那时候，在黑龙江省领导革命的是革命党人匡一，他在辛亥革命以前来到省城。他是同盟会黑龙江省支部长，也是黑龙江省高等审判厅推事，有这个岗位掩护比较好些。支部组织有总干事兼文牍主任宋云同，干事有地方审判厅主簿孟宋源、留俄学生车席珍、同盟会员多人，有报界的管明阳，电报局领班温良，还有邮政工作职员，

---

* 宋云同：时任中国同盟会黑龙江支部总干事兼文牍主任，后任南京国民政府西南政务委员会参议。新中国成立后，任北京市文史研究馆馆员，黑龙江省文史研究馆馆长，黑龙江省政协常委。

我忘记了他的姓名。电报、邮政、交通机构是革命的命脉，所以必须要紧密联系，还有同盟会员关肖权、赵润田，中学校学生李铭新。

革命任务是运动军队，联络土匪，联络学生和积极知识分子，分工合作，不畏险难，勇敢前进。我的任务是运动军队。当时黑龙江省巡抚是周树模，民政司使司是宋小濂。军队有五路：中路统领是袁庆恩，前路统领是许兰洲，左路统领是双全，右路统领是巴英额，后路统领是辛天成。中路统辖 5 个营，前路统辖 3 个营，左路统辖 4 个营，右路统辖 3 个营，后路统辖 2 个营，另有帮统怀塔喜一员统带 1 个营，以上统名曰江省巡防队。

那时候军队的官兵多半都嗜好吸鸦片烟，喝酒赌钱，嫖娼妓，扰民，怕战斗。唯独左路军队则不然，上由双统领起下至官兵，不吸烟，不喝酒，不赌不嫖，纪律严明，官兵一致，训练教育始终不懈，不扰害人民，可称谓黑龙江省第一劲旅。而双统领战功卓著，治军有方，可是因清政府政治腐败，贿赂盛行，因缘奔走始能上进。双统领这个人心直性耿，酷爱真理，卑视邪行，因此他的佐领下缺未能前进。他向来行军自带帐篷，无论官兵一律不住民房，他虽是旗人，对清政府的恶浊政治心愤已极。经过我们调查讨论研究，就其特点正好利用，如能把这部军队运用成熟，黑龙江省的革命前途大有希望，大可有为。

我是负责运动军队的，经过研究计划后由我来开始行动。在庚戌年（即 1910 年）秋季，经友人介绍，在其防地，我与双统领见面，一见倾心，后结为密友，并将我加入到他的统领部，担任营务处总理兼任统领部执事官，因此所有军事我都参与。职责所在相处愈亲，有时彻夜谈心，颇恨相见之晚。久之，我将革命的道理徐渐灌输，他沉思良久，毅然接受。

辛亥秋，武汉起义，消息传来，黑龙江省满洲里与呼伦贝尔两地蒙古人宣布独立，因俄国人控制的中东铁路经过两地，而中国力量不能达到。这时，双统领对我谈起黑龙江省革命的办法。他说现在蒙古人已起，时机似乎是有，可是以力量对比来说，我们左路步骑四营兵力全数不过1000余人，对他们各路单独来比，均不堪一击，要是对全省各路来比，我们兵力虽强，战到激烈时，难免伤亡，我们是处于劣势，他们处于优势，如果乘此时发动革命必遭失败。古兵家云：知已知彼，百战百胜。由此看来，只好错过这个机会，不能贸然发动，有碍革命前途。

他又对我说，我们并不是从此就消极了革命，而是要设法充实力量，继续革命。他说，我们充实力量的方法，请公家拨款添队是做不到的，也是不可能的。那么我们怎么办呢？不能因噎废食，只有一个方法，收编土匪，你以为何如？我回答说好。他又说，好是好，不能浑水摸鱼，是匪就收，那样不但无益而有害。以现在来论，只有一股土匪可收，即以张甲辉为匪首，绰号叫天平洋。他是海伦人，光绪二十六年（即1900年）庚子之乱后，就当了土匪，三次进过海伦城（有人作《近代东北革命运动史》，说黑龙江省有匪人天灭洋云云，这是一种错误。我是黑龙江呼兰人，现年82岁，向来就没有个天灭洋，只有上述的天平洋）。双统领说，天平洋这股土匪有2000多名，只有它可以收编训练，合入后我路有4000多名，有战斗力的在3500名以上，对现在黑龙江省的形势来说够用了。

接着他对我说，你既以为对，那么事不宜迟，我们就开始行动起来。遂即派人与天平洋联系，往返多次。天平洋的回答都是答非所问，不但无意投降，甚至他把官军估价太低，把他自己估价太高，意思是官军岂如我们。也的确是，那些路军队官骄兵惰，嗜好至深，不堪作战。

因此，我们召集军官会议，讨论天平洋这股匪的一些情况。天平洋号召杀富济贫，这是沽名钓誉，不切实际。他就是这样，绥化、海伦一带的大地主富户，无论院墙多么坚固，防护多么严密，他都能开门而入，食宿后他还给钱不白吃，这就是他的沽名。他实在是积年的惯匪，他拥护大地主，对于大地主他一家也未抢过，也未绑过。他对中富农就是绑票勒赎，或抢夺财物，这就是有害中富农。对于贫苦农民本无可抢，但因为他常常经过，一般贫无生计之人多学而为匪，这就是他有害贫苦之人。深刻研究他的为匪能力，并不是他战斗力强，而是他不能战斗，善于逃跑。他迷信佛教，吸食鸦片，每至尖宿时坐在炕上，放张饭桌，摆上他的铜佛像一尊，烧上檀香，在桌旁铺上行李，摆上大烟灯盘，吸足大烟。他粗懂术学，如八门九宫，研究吉凶祸福。会议认为，按照他的品行，这股匪只有一样好处——不奸淫妇女。我对他研究的结果是，必须把他重创两次，使他知道利害，最后把他圈到海伦西三道镇，加重包围，使他知道投降是生路，战斗就是死路。大家一致通过，会议就这样结束，开始行动。

农历冬月十七日拂晓，我们在当时的余庆县（即现在庆安县北曲广福屯）准备发动攻击，因为军队未能到齐，只有双统领带有卫队一队骑兵 40 名和马队二营参与战斗，午后 4 点战事结束，天平洋受了重创。我们这边梁管带阵亡，其余官兵伤亡 10 余名。接着，农历腊月初九日，我们在余庆县北海泉堂发动夜袭，这次步一营连同炮兵连均赶到，给予天平洋又一次重创，其死伤太多，我方没有伤亡。天平洋受了这两次重创之后，我们仍跟踪追击。正如我们所料，到十八日，他进入海伦西三道镇。我们全路兵力齐集该镇重重包围，这时天平洋知道了只有投降是条生路，要求投降。这正是我们会议的计划。双统领准许投降，共编步骑 5 个营。

农历腊月三十日（即除夕日），令天平洋这 5 个营由三道开进海伦，城外 4 营，城里 1 营。正想加强训练，发动革命。这时，接同盟会支部密电，中华民国南京临时政府成立，孙中山为临时大总统，已组织临时参议院，议长为林森，现正制定《临时约法》。后又接密电，清室宣统退位，袁世凯任中华民国临时大总统。接着又接密电，袁世凯通缉与逮捕革命党人（即同盟会员）。黑龙江省同盟会支部解散，焚烧档案，匡一离省去北京，嘱各位赶快离开险境。这时，周树模巡抚早已回北京，宋小濂任黑龙江省都督，徐鼐霖任民政长，翟文选任警务处长兼省会警察厅长。当时，我们同盟会员分途避难：孟宗源去上海，经天津时被袁世凯的京畿军政执法处处长雷震春逮捕枪毙；车席珍系留俄学生，以未毕业为由去哈尔滨，在俄国饭馆吃饭，被人暗杀打折了腿，经俄兵保护送俄医院治疗；而我由双统领派人，送至海参崴，由乌苏里铁路避难俄国；赵润田也逃俄国，因无护照被解送黑河，押在瑷珲县监狱。

以上这些材料是我响应号召，回忆 50 年前的情况和事实，这都是我身临其境的经过，客观事实存在，毫无伪造或虚构，请加参考指正。

1961 年 4 月 4 日

（原稿由中国政协文史馆馆藏）

在黑龙江参加辛亥革命运动的回忆

才子明*

辛亥革命时，黑龙江省在省会警察厅之上，还有所谓民政司署。民政司署之内，设有一个密查处，处长是王炳南。王为东北人，原受吴禄贞的信任。嗣以吴禄贞被暗杀，王炳南遂逃回东北，投在黑龙江省民政使宋小濂属下任处长之职。但王仍在暗中联系有志之士，从事于革命活动。高等巡警学堂有我和另外两名同学参加，为了便于进行工作，他给我们3人各起了一个化名，我名木铎声，潘墨林名林茂元，阎春山名森罗网，并把我们3个人编成一个小组，加入便衣侦查队内，因此，我们对于侦查有关反正的消息颇为方便。

彼时，东三省总督赵尔巽假阅边之名，到黑龙江省城齐齐哈尔

* 才子明：时为黑龙江高等巡警学堂学生。

视察民政，实际则为对学生们的革命浪潮进行压制。在他下车未满3天，所视察的学校未及半数，而沈阳的革命烈火便燃烧起来，赵尔巽得到急电之后，即遄返沈阳。

正当革命浪潮澎湃发展之际,代表孙中山到各处联系的秦广礼，突然来到齐齐哈尔。秦广礼字立庵，黑龙江省巴彦县人，精干健谈，下车后即径入省议会，与进步议员及爱国人士取得联系，受到爱国人士文璞（汉军旗人）与进步议员等多人的欢迎。后经过商谈，分头向各学堂的住校学生联系。这时，各校学生正处在急躁烦闷之中，得到他们的指导，便纷纷推举代表参加活动。陆军小学方面推出的代表为赵凯等4人；高等巡警学堂方面推出的代表为曲锦堂、才子明、于衡章、博经五等4人；师范为高纪哲等4人；其他各校亦均推定代表参加。当于农历十月初六日假省议会召开大会，成立了新民爱国委员会，公推秦广礼为会长，文璞、高纪哲2人为副会长，赵凯、曲锦堂、才子明等22人为委员。委员会下设组织、宣传、总务、交际等部，分别进行工作，同时在会内又组成一个革新起草委员会，草拟革新方案。

秦广礼于大会成立后，即遄返广东，临行前将一切事宜付托与文璞、高纪哲等人，嘱咐他们协力进行各项工作，俾期早日达到革命的目的。

在召开大会之时，曾有军警出动，明为维持秩序，暗则监视行动，但为数仅20余人，且因革命运动已深入社会各个阶层，这些军警亦表同情，所以大会能顺利地进行。

大会召开后，巡抚周树模召集民政使宋小濂、提学使张建勋等开了一个紧急会议。会议后一面命令警察厅及宪兵机关派人四出巡查，遇有暴动情事发生，即进行弹压。一面通令各学堂严禁学生外出，计划提前放寒假，举行毕业考试，用以瓦解学生参加革命运动的力量。但是，警察、侦缉员等，亦多同情或参加革命运动，因而在他们执行弹压命令时，亦多阳奉阴违，使革命活动能得顺利开展。至各学校提前放假和提前举行毕业考试，更可以使学生能早脱樊笼，更便于进行革命活动。因此，民政司署的反动计划，遭到彻底的失败。

新民爱国委员会成立之后，即分别推选专人进行工作，具体的分工是：组织部由文璞兼任，宣传部由高纪哲兼任，总务部由省议会的某议员担任，交际部由赵凯和才子明分别担任正副职务。同时又推选一些积极热心的青年，向各方面进行联系，以扩大影响和团结力量。对陆军小学堂保持联系的为潘墨林（此专指我校向外取得联系的），对法政学堂（当时为自治研究所）保持联系的为林寿臣与维新三郎（化名）2 人，对中学保持联系的为梁敬斋，对师范学堂保持联系的为才子明；陆军方面为荣采臣，地方部队为赵良臣，警察方面为王纯宏，宪兵方面为宋丕丞，交通方面为福继五。于是省城内的革命队伍便很快地组成和壮大起来，展开了积极的活动。

黑龙江省城的革命组织和活动既已初具规模，新民爱国委员会乃召开局部会议，选派一些人分赴外县活动，俾期全省各地一体响应。当时，由于反动政权的政令不行，而革命的力量又还没达到，以致省内各县大都成为无领导的小王国，贪官与豪劣勾结，乘势压榨百姓，人心惶惑不安。因此，会议决定由熟悉地方情形者到外县去联系。由于我是青冈县保送的官费生，与阎春山同被分派到青冈县。临行时，王炳南亲送我们 2 人到昂昂溪车站，握手作别。我们到安达站下车，再雇大车经安达县至青冈县。为了工作便利，我们以巡警学堂毕业生资格到县署报到，不料遭到知县挡驾。我们回到旅馆，即有人来送密信，催我们赶紧逃去，迟则恐被逮捕。当时该县的知县是我们学堂的法学教习常荫槐的长兄常荫庭，我们也对常以老师称之，由于这种关系，他对我们还有点关照。

得到密信后，我和阎春山便收拾行囊，急投在两级小学驻扎的陆军步一营防所（时为腊月十二日，学校已放寒假），去找我们同时同学王锡梦的胞兄王锡五，暂时躲避。蒙王锡五接待，并介绍与留守营副荣子明相见（荣为满族人），说明来意，当经荣慨然允诺，并治晚餐招待。

傍晚，听说知县率队来询，我问计于荣。荣说无妨，请到南屋安睡，他自有退兵之策。事已至此，只好听之而已。常知县与荣谈约半小时许，即行辞去。我与阎春山向荣致谢，并请代为找车，以便他往。但时届农历年关，找不到车，住了 3 天，才得离开青冈。乘车南行，当晚至兰西县，闻当地驻军营长为好友志荫棠（汉军旗人），遂投往借宿营内，只云回家路过此地，未及其他。次日，买车东上，至呼兰县（当时为府），寓于旅社。阎春山系呼兰县城北前后阎家堡人，距县城 70 余里，彼乃徒步回家，找他胞兄赶大车来，将我接至家中，略作休息，再定行止。

当时，革命烈火已成燎原之势，省属各机关的科处长级以上的官员多为内地人，他们见大势已去，纷纷自谋脱身之计，设法先把家眷送走。运输车辆不绝于途，火车站上，行李箱笼堆集如山。巡抚周树模（字少璞，湖北省天门县人），密请民政使宋小濂（字友梅，后改铁梅，吉林省双阳县人）出来代理他的职务。其余内省各籍的大小官员，皆觅代替之人，借图速离险地。

提学使张建勋（广西省桂林人）正在整装待发之际，文璞突至使署，迫令张将在地方所攫取之学款如数留下。张建勋见文气势汹汹，惊惶万状，乃俯首认罪，允如所命。文璞出署后，即于使署四周、车站及各要冲，妥为布置，不令张逃走。

张建勋在文璞走后，急用电话请宋代巡抚援救。宋允为设法，遂遍电各处，找文璞来署，诡称有密事商洽。文得通知，入署见宋。宋故意与文谈至深夜，并留文宿于府中，实则暂时加以软禁。宋于是夜派多人保护张使乔装潜行。文璞于次晨在署内饭后闻报，乃向宋质问说："抚台把张使放走了么？"宋笑应曰："人虽已去，而款则被截留下来了。"文愤然说："便宜了他！"

文璞系汉军旗人，原住绥化，后迁海伦。由于他有胆有识，敢作敢为，不畏权势，迫令张使留下学款，因而得到了许多热诚青年的信任。他对黑龙江辛亥革命运动，起了不小的推动作用，当时人们称他为"虎胆铁血英雄"。

以上是我在黑龙江省参加辛亥革命运动时所能忆及的一些片断。

（选自全国政协文史资料研究委员会编《辛亥革命回忆录》第5集，中国文史出版社2012年6月第2版）

黑龙江学联的独立运动

李铭新*

在武昌起义以前，黑龙江同盟会支部早已秘密组织成立，匡一（当时任黑龙江地方审判厅长）为支部长，孟继周（推事）、管冰洋、关肖权等分别担任同盟会组织、宣传等职务。是年七、八月间，秘密发展会员，先从各学校入手。管、关等是本地人，和职教员学生等认识者较多，省立中学学生参加者有邓觉民、刘伯、李铭新、张凤池、周浴民、于肇悦、李建业、田国棠、姜雅轩、邓振廷、刘德润、张亭馨、刘国相、孙景尧等20余人，加上农业学生邓振镛，师范耿瑾文，法政吕某等，共30余人。以省立中学为大本营，时常在那里开会，由孟继周、管冰洋等报告同盟会在各省发展和起

* 李铭新：时为黑龙江学生。

义情况，以及本省各校联系情况等等。因同盟会在各学校发展会员，以致引起街谈巷议，传说革命党到黑龙江了。当局闻悉，非常惊慌，在各重要路口，加派岗哨，夜间军警于各学校左近巡逻。学生见此情形，便改在星期日与同盟会联系。

武昌起义，全国震动，于是黑龙江各学校推举代表组织学生联合会（下称学联），进行独立运动。黑龙江巡抚周树模因武昌起义不知所措，不敢出署一步，将军政事宜都委之于民政司长宋小濂处理。学联知其底蕴，即佯言学联要举宋小濂为黑龙江省都督，使宋闻之，借以减少其为虎作伥压制学生之心。学联曾印刷独立宣言及告父老书，宣言大意如下：

中国地大物博，人口众多，因政治不良，受人侵辱，关税不能自主，海口任人开放，豆剖瓜分之祸，就在眼前。若不及时挽救，国将不国。现在革命声势，遍及全国，我省虽地处边陲，亦难免卷入漩涡。瞻顾时机，多独立一个省份，即给国家多保全一个地方。况我省土匪如麻，兵济匪械，匪贿兵财，民不聊生，长此以往，将何以堪。倘有奸人乘机蛊惑，地方可即糜烂。学联有鉴及此，倡导独立。近闻奉天、吉林独立之声，频频传来。我省虽不能在奉天之先，亦不必落吉林之后。时机迫切，刻不容缓。尚祈当局和军民团结起来，共渡时艰，不胜迫切待命之至矣。（宣言大意如此，含糊其辞，未便明言脱离政府）

告父老书和宣言大同小异，不再重述。

宣言书印就，即开会研究何时散发。由邓觉民主席，各校代表及中学学生全体参加。决定两个步骤：一、先到街头散发宣言。二、全体学生游行请愿，并当场征求自愿到街头散发宣言人士。我和张凤池、刘国相 3 人相继起立，自愿到街头散发宣言。我们 3 人携带有 5000 余张，先从东城散发，转入东城门里民政司门口发 10 余张，又到民政司传达室发 10 余张，传达问："给谁看？"我答："给上边看的。"转身出来就到军署（即巡抚衙门）传达室，照样发 10 余张。我们出来，想在城里发几百张，再到城外大街散发，不料出军署大门不到百步，民政司那边跑来十几个军警，似乎很紧张的样子，将我们拦阻说："上边要和你们讲话。"我说："等我们在城里发完了回来再讲好吧。"说着我要向前走。该警察不答应，捉住我的袖子，强制我们到民政司传达室。随即听到外边人声嘈杂，说"撒传单的被人捉去了"。在传达室稍一停留，我们又被带到后院大客厅里（即军署的大客厅）。不一时，出来一人，头戴蓝顶花翎，手执铅笔和纸条，将我们名字写去，后来知道他是黑水厅长王杜。我们在大客厅里有一个半钟头之久，内外军警林立，听见他们耳语说："上边开会呢。"我推测开会一定是讨论如何处置我们的问题。正思虑间，外边有人喊"下来啦"。客厅门拉开了，民政司长宋小濂、提学使张建勋、黑水厅长王杜等都冠戴整齐，后边跟从 10 余人蜂拥进来。客厅有长方形大条案一张，宋、张、王等坐在右边，我们 3 人坐在左边。宋将大帽脱下来，放在桌子上，向我问话。以下是宋小濂和我的问答：

问：你们是学联代表吗？

答：不是代表，我们是学联派出撒传单的。

问：这个宣言是谁主笔作的？

答：不知道是谁主笔作的，知道经过几次修改才搞成的。

问：学联有几个革命党人？

答：没有革命党人，全是学生。

问：全是学生怎能作出革命的行为呢？

答：我们学生不知道什么是革命的行为，光知道大家起来要救国。

问：学生要想救国就得安分守己，好好念书，将来才能救国呢。现在学生这个举动是叛国行为，不是救国行为。你们知道吗？

答：我们不知道是叛国行为。看报纸说武昌起了革命军，南方各省亦甚猖獗，东北亦将波及。我们学生恐怕革命军渗透到黑龙江来糜烂地方，所以先要独立，免得革命军来骚扰，没有其他意思。

问：独立就是革命，革命党人未来到，你们就想先替他们做好饭，学校变成叛国集团，在省城胡闹起来，那是不成的。现在我省已成立保安处，对于地方匪患要肃清，对于外来的歹人（指革命党人）要清查，你们不要受人蛊惑。革命党不会成功，胡闹一阵，将来都要消灭的。太平天国洪秀全你们知道吧，那闹得有多凶，称王称帝10余年，后来个个都被消灭了。今天你们回去，叫学联解散，不准再发传单。省当局原谅你们这一次。如再违犯，决不宽宥。你们还有什么话讲？

答：我们三人是学联派出来撒传单的，当局有什么指示，请向学联负责人说明好些。

问：那也好，明天午后2时叫学联负责人及各校代表到省谘议局开会。今天你们就通知他们，并把省方的意见和他们先讲了好吧？

答：好。

最后宋说："你们回去吧，传单放在我这里。"于是我们3人起立向他们行个礼，走出军署大门，看见砖城南门口（距军署大门不到百步）有二三百学生在那等待着我们。因我们被捉进民政司署有两小时之久，不知吉凶，同学们非常担心，来此访察动静。他们忽然看见我们出来，都非常愉快，蜂拥前来，问长道短，随即一齐回到中学。学联即时召集各校代表开会。我将散发传单被捉问话一切情况及宋小濂对我们所说的一番话报告毕。大家虽不满意，亦认为有和当局研究之必要，不然，赤手空拳，恐难济事。遂推举代表邓振镛、耿瑾文、邓觉民、于肇悦等4人，晚间又和同盟会负责人研究一次。

翌日午后2时，省城中学以上学生2000余人齐集谘议局。学生代表和职教员等亦相继而至，只候这班显宦要员们到来。军警百余人已在谘议局内外布好岗位。迨至午后3时许，宋小濂、张建勋、王杜、林传甲等20余人，驰至谘议局。会场已被学生占满，当给他们腾出二十几个席位。宋到主席台上，向台下问，学联代表全到了没有。台下答到了。宋说："开会吧。前两个月就听说黑龙江省城有革命党人了，我并未注意。前几天又听说学生要搞独立，要举都督，我以为是谣言。昨天忽然看见独立宣言，是学生联合会搞的，才知道学生真要搞独立，这真是笑话，赤手空拳，就能搞独立吗？广州革命运动，那是军队搞的，打了几天，也都被消灭了，死伤多少青年。你们赤手空拳，就要搞独立，那不是自找其祸吗？武昌革命军虽然声势浩大，亦绝不能长久，将来也是要被消灭的。昨天我和那3位撒传单的学生说过了，太平天国洪秀全那时闹的有多凶，半壁江山，称王称帝有10年，后来怎样呢，也都是个个被消灭了。

况且我们黑龙江处在日、俄两大之间，我们真要独立脱离政府的话，对于外交上就办不了。你们对于事理还未清楚，不要受歹人蛊惑，好好念书，将来报国之日方长呢。现在我们已成立保安处，对于地方匪患要肃清，你们学生不要担心这一点。各学校代表回到学校，对同学们说清楚。”

宋词毕，林传甲（林是举人，时任提学使署提调）起立说：“革命就是反叛，倡独立也是反叛，反叛就是叛国，就应当处死刑。绝不能容忍叛国集团在我们省来发展，请当局当机立断。”词毕，有三五狗官为其鼓掌。继之教员刘自超先生登台说话，大意是：“学联这个举动，并不是诚心叛国。因为他们知道国家衰弱到极点，受外国的欺辱，签订一切不平等条约，都是政治不良的关系。因此，学生的心像烈火一样，只要国家富强，不假思索地就要干。学生的心理大概是这样。”这段话博得提学使张建勋同情鼓掌，于是全场掌声经久不息。有的喊“学生是爱国的，不是叛国的”等口号。继之学生代表邓振镛登台说话，大意是：“学生是清白的，一心一意要想国家富强，不受外人欺辱，要地方太平，人民安乐，无丝毫叛国思想。就是倡导独立也想和军政联合起来，共渡时艰。不是我们2000名赤手空拳的学生自己单搞独立。就是单搞独立，其思想也是救国的，绝不是叛国啊。大家不要酣睡了，现在中国在世界上占什么地位，关税不能自立，海口任人开放，租界林立，任人殖民，以致工商凋敝，民不聊生。政府不知筹谋建国强兵之策，麻木不仁。长此以往，将何以堪。（说到此，声泪俱下，受其感动的人很多，宋小濂亦露同情之感。）现在我省土匪如麻，民无宁日。饿殍载道，流离失所，省城虽有保安之名，而民间未享保安之实。今天我不惧斧钺，将我们学生爱国爱乡倡导独立之心情向当局陈之。”词毕掌声经久不息。宋又起立说：“学生的心理，我已明白了。但是我们不能搞独立破坏国家体制。爱国之道不一，谁都想让国家富强。我和学生心理一样，在我们省来说，首先要保民，民为邦本，民安则国泰。我省保安处虽已成立，而保安条例尚未拟就。请你们学生参加保安工作，保安条例由你们起草，全省的保安按照你们学生的意见施行。我们军政学联合起来，保卫我们黑龙江省的治安好吧。”

学联知道独立搞不成了，就接受宋的意见，先要肃清地方匪患。各校代表回到中学开会，推举起草委员。李建业、邓振镛、田国棠、于肇悦、邓觉民5人为起草委员，草拟保安条例27条，呈交宋小濂核阅。哪知宋口是心非，一面安慰学生起草保安条例，一面作釜底抽薪之计，时在农历十月二十左右，通知省城各学校提前放寒假。每年十二月初放寒假，今年提前一个半月，外县学生都纷纷回家，只有我们二十几人（同盟会会员）在省。宋又密令各县知事票传在省学生父兄到县，严嘱其将学生叫回家中，不准在省闹事。学生父兄不知学生在省闯下什么大祸，函电交驰，将学生叫回。此即辛亥革命黑龙江学联独立运动失败之始末也。

（选自全国政协文史资料研究委员会编《辛亥革命回忆录》第5集，中国文史出版社2012年6月第2版）

哈密维吾尔农奴起义

包尔汉*

一　极不平凡的两年

很早以前，住在乌鲁木齐的几个民族成分不同的朋友们偶尔集聚到一起闲谈，不知道为什么，话题转到新疆近代史中的几件大事上。

一位维吾尔族朋友说：“在这几百年里，极不平凡的两年是1911年到1912年。其所以不平凡的是：在辛亥革命的影响下，这两年无论在乌鲁木齐、伊犁、南疆，尤其是在哈密发生的重大事件，已经不是民族间的战争或仇杀，而是各个民族中的被污辱、被损害

* 包尔汉：时在经商，后任南京国民政府新疆省民政厅副厅长，新疆三区民族民主革命联合政府副主席，新疆省政府主席。
新中国成立后，任新疆省人民政府主席，新疆维吾尔族自治区政协主席，第一届全国政协常委，第二、三、五、六届全国政协副主席。

的人们起来反抗本民族中的压迫者和剥削者。在这些反抗运动中，不同民族的底层，有时还互相支援，打击他们的共同敌人。”座中人都同意他的看法。的确，去当时不远的史实摆在那儿：伊犁起义和革命军向乌鲁木齐进军，目的是推翻清王朝在新疆的封建统治，当时盘踞在省城的保皇派的代表人物袁大化和组织领导起义军的首领杨缵绪都是汉族；在南疆各地杀官戕吏的哥老会中的人同各地官吏差不多也都是汉族；在哈密反抗维吾尔农奴主——哈密亲王残酷剥削和压迫的是亲王统治下的维吾尔农奴。伊犁地方的少数民族曾以人力、物力支援起义军；乌鲁木齐的封建统治者曾以武装协助哈密维吾尔农奴主“进剿叛民”……像这样南北疆同时蜂起的鲜明而激烈的阶级斗争，是过去几百年中所罕见的。

当然，那时候的谈话者们还不能用历史唯物主义的观点来认识和分析这些事件，尽管他们从这里嗅出了时代转变的新鲜气息。

二　一个农奴的往事回忆

提起哈密王府对属民的残酷剥削，我不禁忆起一位出身于哈密农奴家庭的维吾尔族木工的谈话。他说，那年头，他一家九口人依靠他父亲、哥哥和他的劳动维持生活，生活是很苦的。他们种王府的地，“说地不好，那可是对胡大[①]说谎啊！地可真肥啊！”但是每年收不到多少粮食，一家人难得温饱。他家没有牛，租牛呢，得出租钱。单凭人力又怎能把地种好呢？还有，他们身不由己，要给

① “胡大”意为伊斯兰教上帝。

王府服无偿劳役。按老规矩，每个农奴每月要给王府当 3 天差，可是那些年竟累增到 7 天。贫苦的农奴谈不上什么文化程度，好多人连记日月的根据都没有，只是就自然界的变化来识别四季，月份是弄不清的。记工账握在本苏木的都尔嘎①的手里，就是你一个月的差已经当满，都尔嘎派人来招呼你再去下苦，你也拿不出根据来同他算账，何况那些凶恶的王府爪牙也不容许你同他算账呢！

王府的徭役，种类繁杂。到过哈密的人大都观赏过回城高埠上的王府，那是座相当宏壮的建筑物。王府的花园，花木亭榭，布局美观。尤其是伯锡尔王时代费时 20 年修筑起的王陵“阿勒同里克”②，更是辉煌壮丽。这些都是当地历代维吾尔劳动人民的劳动结晶。王府的农田、牧场的经营，家务的操作，对官府的劳力供应，土木工程，军事征发，主要都由它所辖的农奴负担，除了出人力，还要出畜力，给王府种地用的就是农奴自己的耕畜。王府的爪牙也驱使农奴替他们劳作。在这样繁重的劳力役使下，农奴的生活永世陷在贫困里③。而且农奴主——哈密亲王还掌握着对农奴的审判权，生杀予夺，随己所欲。

上述的那位木工谈到，那年头，他同他的父兄都得给王府当差。有一次，他的父亲患病，两腿浮肿，但是在鞭杆的威胁下，还得去给都尔嘎家上房泥。他的两个妹妹就是因为家境贫困，生活环境恶劣而夭折了。他说，冬天他们得不到温暖的衣服，遇到好天气，他

---

① “苏木”相当于县以下的“区”（乡）。“都尔嘎”，当时汉、回族人把它读成了“大耳瓜”，等于千户长或总管。

② 阿勒同里克意为“金陵”。

③ 据《嘉庆重修大清一统志》载，哈密回民 1950 户，13293 口。《新疆建置志》载哈密 1251 户，4568 口，回王所辖回民 8447 口，两书编纂出版中间相距将近百年（前书在 19 世纪初，后书在 20 世纪初），但人口不见繁殖，除战乱影响外，主要是沉重的农奴剥削制度造成的。

带着小妹妹在没有窗户的土屋门口晒太阳，捉虱子。小妹妹呆呆地望着远天的云朵,似乎想在那里找一块可以快活地跳蹦一阵的地方。他当年所以学木匠手艺，也是为了凭这个手艺到外乡去求衣食，摆脱王府对他的人身控制。可是他逃出后，他的父兄却增加了负担，要把他抛下的劳役补偿上。

不只是他一家，所有的农奴过的都是这样的生活，有的还不如他家呢!

三　农奴主

现在该介绍一下哈密的农奴主了。

哈密的农奴主世代相袭已经很多年了。由于他们从清王朝建立之后，一直为清廷效力，协助清廷的远征军，因而远在乾隆二十四年（1759 年）便被封为郡王，同治六年（1867 年）还被晋封为亲王。

王府的领地广阔，东界喀尔喀，西接吐鲁番，南抵星星峡，北至天山界巴里坤。在清廷设在这里的最高官员的监督下，亲王对辖境的土地、人民有完全的管辖权，他管下的农奴对清廷不负徭役赋税义务。光绪十年（1884 年）新疆正式设省，建哈密厅，对上述关系也未予改变。清廷对哈密的农奴主如此优遇，无非是企图以此拉住他，使他永远尽忠王朝；农奴主也甘愿依附靠近他的强大的大清帝国，巩固自己的剥削地位。

哈密农奴主对其属民有一套统治组织。20 世纪初的情况是：他所辖的人民被分为 13 个苏木，每个苏木设一个由王府委派的世袭官吏，就是上述的那位木工所说的都尔嘎。都尔嘎掌管本苏木的宗教、农牧、诉讼等事务，一手遮天，作威作福，农奴被严密地控制着，甚至没有迁徙的自由。农奴主过着奢华的生活，挥霍的资财都来自对农奴的残酷剥削。农奴在中世纪式的黑暗生活中，一般是忍熬岁月，有的人甚至对前途都失掉了希望和幻想。

一位参加过 1931 年哈密暴动的农民说，那年头，不少农奴都认为，下苦的人，父一辈、子一辈到世上来就是来下苦，没看到哪一家从贫困里爬出来，等到把这笔苦债还清，也许会到天国去。当王爷做大人的人，父一辈、子一辈就是由真主派遣来管治人的，将来他们到另一个世界去，恐怕也有奴仆侍奉。农奴们只希望真主能派一个公正的人来管治他们，让他们的生活不至于比要死不死还痛苦就够了。

这位农奴说，他们世代被闭锁在这里，不知道世界和中国发生过什么事情，也弄不清新疆过去发生的事情。他们知道，有个地方叫北京，北京有皇帝，皇帝派大人来管治新疆。他们的王爷也是北京皇帝封的，皇帝把哈密交给他管治。老百姓要服从他，把好东西献给他，替他做工，听他指挥。当然对他的残暴怀着仇恨，然而这是世道，从他们的远祖延续到他们这一代，就是这样的世道。

四　世道变了

然而这个世道从 1911 年起开始发生空前的大变化，这个变化不是以往改朝换代的变化，而是要把由皇帝代表的封建统治制度从中国土地上铲除掉的巨大的变革。

北京皇帝被推翻的消息传到了哈密。

当时，新疆好多地方的官府不肯把“清帝退位”一类文告向人民公布，就是伊犁地方响应武昌起义的军事行动，在东疆也只是得自传闻。但是哈密这个地方是新疆同内地的交通枢纽，来自东西两方的商人总是络绎不绝，其中有不少是维吾尔族商人，他们口述的消息在当地农奴中引起了空前的反应。到了 1912 年初，一般农奴不只是了解到北京已经出现了五族共和的政府，不是由皇帝，而是由有一定任期的总统来管治老百姓；还了解到清朝皇帝派到新疆来做大人的人让了位，反抗这类大人的人已经取得胜利。

如果像北京大皇帝那样的贵人都被人撵下宝座，那么，向这位大皇帝称臣纳贡的哈密亲王也不是什么不可触犯的了。

那些年，哈密农奴在无可奈何中，有的人有过这样的想法，宁愿给当地官府纳粮纳税，做普通老百姓，不愿做王府的奴隶，给王爷及其爪牙服无偿劳役。

哈密这个地方素来就有来自内地的汉、回两族农民，开垦熟荒，从事农业生产。他们每年除了给官府完纳钱粮，没有固定的给官府服无偿劳役的义务。哈密的可耕地大都肥沃，水源充足，移来的农民纵不似在内地那样，对土地施肥，深耕细作，收获量也是可观的。有的农民还雇用哈萨克人做帮工，成了富农。比起维吾尔族农奴，他们自由得多，生活也好得多，因而也就成了农奴羡慕的对象：如果他们也能像汉、回两族农民那样，摆脱王府对他们的人身控制，他们的生活总会轻松一些。1907 年在这里发生的农奴用砖坯堵塞王府大门的运动，便反映了他们的这种心理。当时他们提出的要求是，愿归哈密厅管辖，不再做哈密亲王的属民。但是亲王在清廷官吏的支持下，运动遭到血腥镇压，运动的首领被骗到乌鲁木齐去，背上“叛逆”的罪名，丧命刑场。在哈密，许多维吾尔人被杀害。

现在，新疆和内地都起了巨大的政治变化，维吾尔农奴的上述想望又趋强烈了。

曾参加 1912 年哈密起义的人们后来谈到，北京皇帝的被推翻，在他们看来，可以说是翻天覆地的大事。农奴们私下谈论，希望哈密也来个改变。一些人固然不敢想象，他们的王爷会一举被推翻，但是他们的奴隶地位总能得到改变吧。农奴们世代对王爷，尤其是对直接压迫他们的王府爪牙是蕴积着仇恨的。在平时，他们不敢发泄，为了避免麻烦，对高居在他们头上的人表面上还表现得特别驯顺。

“现在情况变了，我们该大声出口气了！”上述的一个参加过 1912 年起义的人说。“阿克苏、喀什噶尔的大人们，不也是被他们的属民杀掉，杀掉白杀掉吗！”

哈密维吾尔农奴世代蕴积的对农奴主及其爪牙的仇恨，在周围以及内地的政治变革影响下，化为震撼农奴主统治的力量了！

五　武装起义

1912 年 2 月，以铁木耳为首的哈密维吾尔族农奴举行了反哈密王府的武装起义。

革命英雄来自人民群众，铁木耳就是哈密的普通农奴。他出生在哈密北部山里的库勒依村，幼年丧父，在母亲的抚养下长大，从 17 岁起学木工。由于王府的差徭过重，他曾逃到乌鲁木齐。在外乡流浪几年后，他又回到故乡。从自身的遭遇上，他深深地意识到，不摆脱对王府的人身依附，哈密的维吾尔农奴是永远不会有好日子过的。他平素同村民们接近，肯帮助人，而且有文化，因而在群众中拥有一定威信。内地革命和伊犁起义的消息传来后，他同许多村民一样，认为这是他们摆脱奴隶地位的好时机。

当时，以铁木耳、帕赫兰库尔班、哈拉布苏克等人为中心形成一个团体，这些人经常聚集到一起，谈论时局和出路。他们的认识是一致的，就是继1907年起义者，完成先烈当年未完成的志愿。但是哈密一带在民国成立之后并没有什么变动，王爷还是王爷，以前的大人仍然是大人。

1911年冬，新疆巡抚袁大化为了抵拒伊犁革命军东进，曾向哈密沙木胡索特亲王征调了200人到军前服役。1912年初，袁大化又照会沙亲王，请他继续提供人力。沙亲王又征集了500人，由当地驻军装备好，开赴省城。

铁木耳抓住了这个机会，亲自率领亲密战友到哈密应征，随同大家伙出发。当这500人西上到达哈密城东北的一处山口时，铁木耳便号召同行者开入山里举事，反抗王府的残酷剥削，用武装行动来结束王府对维吾尔农民的人身控制。

在铁木耳的鼓动下，200人随他进了山。起义的枪声从此就在库勒依打响了。这是1912年2月间的事情。1907年事件被流放到沁城一带的人们也跑来参加了。其中有那一年被杀害的农民首领土尔帕克的儿子胡素和加阿和麦提。

在残酷剥削下的维吾尔农奴，平素有时虽以宿命自慰，但一朝有人号召他们起来反抗农奴主并汇成实际力量时，他们却像洪水一样，由一处决口冲了出去。铁木耳起义之初，人数不过几百，但一两天内便汇成几千人的大帮了。他们提出了不再给王府当差的鲜明口号。

这里值得特别提出的是，铁木耳起义得到了巴里坤（镇西）汉族人民兄弟般的支持和帮助。巴里坤是汉族人民在新疆聚居最多的一个地方，在这个时候，他们也起来反抗官府了。巴里坤驻军中的革命分子以胡登科等人为首，举事杀死了镇西厅丞张存仁。他们同铁木耳的起义军取得了联系，希望共同来反抗清朝余孽。在新疆都督杨增新所著的《补过斋文牍》中，对铁木耳起义一事，于文电中一再声称："查此次哈密缠民本系为镇西乱党勾结。"[①]"哈缠复叛，原有汉奸为之播弄。""惟念作俑者不过一二汉奸与三数刁横。"[②]哈密知事白文超也掌握了一些密报，在山西人王某的密报中，提到有些"汉奸"与铁木耳来往，通报军情等。[③]

沙木胡索特亲王袭爵不久，但年已逾五十。他为人精悍，通晓汉语，与乌鲁木齐、哈密、镇西的满汉族官吏关系搞得很好。他熟悉官场中的一套应事驭人的手法和新疆各方面的情况。辛亥革命和清王朝的被推翻，最初曾使他震惊，但是进入 1912 年，袁世凯做了总统，新疆巡抚袁大化做了新疆都督，新天下仍然由旧人物来掌领，他感到这同过去改朝换代并没有什么两样。北京和新疆当局对他这位处在绾握东疆入口的亲王仍然会倚重的，何况北京方面还一再宣布尊重并保护王公权利，总统府还直接与他来电，慰勉有加。

沙木胡索特经受过 1907 年的变故，深知在当前的时局变动中，威胁他的统治的还是他的奴隶。这样，他除了派人去库勒依说服铁

① 见杨增新《补过斋文牍》乙集《戡定篇》第 3 页。
② 同上，第 7 至 8 页。
③ 见哈密知事白文超致都督府禀报。原文已销毁。在杨增新《补过斋文牍》同上第 7 至 8 页内露其梗概。

木耳，还邀请巴里坤镇台易盛富领兵前来“平乱”。

这个在1907年欠下哈密人民血债的易盛富果然领兵前来哈密。起义军事前得到巴里坤方面同情者的密报，在巴里坤、哈密间通行必经的要隘南山口设下伏兵，一夜之间消灭了这个镇台的部队，并且把镇台本人也活捉住，拉到空场上杀掉。

阻击战的胜利大大地鼓舞了起义军的士气，并且缴获了不少武器。这是1912年4月间的事情。

事态的扩大，震动了东疆。这时候卸任的都督袁大化正经过哈密，准备晋关。他自告奋勇，助沙亲王一臂之力，派护送他的团长钱广汉率兵进山剿办。钱广汉是从伊犁革命队伍中叛变出来投降袁大化的伊犁新军团长。他的队伍的装备和战斗力都比较精强，但是一开进山里便落入铁木耳起义军的口袋里了。结果被农民军打得七零八落，大败而还，钱广汉本人也受了伤。据参加那次战争的农民谈，那时候，很少人会打仗，有的人拿到火枪还不懂射击技术呢。但是大家都存着拼命的决心，不顾敌人的枪弹，有的人抡起大头棒、坎土镘从山上往下冲，喊杀声甚至淹没了枪声。有的敌兵在这种声势下丢下洋枪，掉头逃跑。

这场仗打过后，起义军的声势更大了。哈密城戒严，沙亲王派人到各苏木去，晓谕属民，勿为“叛逆”所惑，并会同哈密知事白文超、副将姜国胜吁请就任新疆都督兼布政使不久的杨增新派兵来哈密“平乱”。沙亲王还派人到省城去，向杨增新馈赠重礼，声言“进剿军”的饷糈王府可以供给。

可是杨增新有他自己的算盘。他认为，如果单恃武力，很可能把事变转成不可收拾的战争。他到新疆来以前，在甘肃做过地方官

（中卫知县，河州知州）。过去在甘肃常发生这样的事故，伊斯兰教民内部发生武装冲突，各自要求官府派兵去弹压，结果官兵到后，反引起了教民们联合一致与官兵对抗，酿成大乱。他从经验出发看问题，是不肯蹈这个覆辙的。同时，当时南疆哥老会四起，伊犁革命派也没有完全服从他的领导，外蒙古喀尔喀进图阿尔泰，东疆边境不安，他不能也不敢轻易地用武力来解决这个问题，因而派通晓维文维语的都司张彩廷率兵去哈密，指示张都司务必设法进山招抚。

但是沙木胡索特还是力持以武力“削平叛奴”。他认为如果容忍“奴隶作乱”，他的地位和在农奴中的威信就要失堕，因而仍然一再向杨增新呼吁，并鼓吹地方文武，招募兵丁，进行“讨伐”。但是起义军不但没有退缩，而且经常出击头、二、三堡和一棵树，使哈密驻军在防堵上疲于奔命。这是1912年10、11月间的事。

杨增新深恐事态不可收拾，影响整个东疆安全——这个时候吐鲁番维吾尔农民响应铁木耳，已在穆依登阿訇领导下起义了——于是专电沙木胡索特，说明对“叛民”不能用兵的理由，敦劝沙亲王统筹全局，妥速进行收抚（这个专电是1913年1月28日发出的），同时严斥哈密知事白文超，不得妄用武力。

六　圈　套

从1912年秋起，杨增新的招抚企图虽没有实现，但一再严令哈密驻军不得入山，以缓和对起义军的武装冲突，也麻痹了起义军的战斗意志，使他们放松了武装活动和继续发动群众。在当时当地的具体条件下，从武装斗争中集聚起来的群众，其团结与组织性，其战斗力，只能从不断的战斗中得到锻炼、巩固，部众的扩大，也需军事上的新胜利来影响，战斗一间歇，便容易趋向涣散，甚至发生内部矛盾。当时帕赫兰库尔班、哈拉布苏克就同铁木耳暗中不和。铁木耳本人还遭到叛徒的冷枪袭击，引起了他对事业的一时灰心。

1913 年 1 月，杨增新派营长回族人李寿福率兵去哈密，办理收抚事宜。他指示李寿福应利用宗教关系，亲自入山，面见铁木耳，用尽一切办法，务必把铁木耳骗到乌鲁木齐来。

原来 1911 年迪化和伊犁先后起义，迪化起义遭到镇压后，当时任镇迪道兼提法使的杨增新请准新疆巡抚袁大化，招募回族壮丁，组成了五营新军，营长均由回族人担任，杨自任统领，负责指挥。杨的实际目的，利用一个民族牵制另一个民族，并在民族间制造矛盾，以便于他从上边来控制①。

李寿福果然进山，见到铁木耳，把杨增新的信译给铁木耳听，并介绍杨的为人。最后捧起《古兰经》盟誓，保证王府的徭役可以全部免除②，铁木耳同他的部众由政府收编，作为国家军队。李寿福说，杨都督一向信任穆斯林，他的亲兵都是伊斯兰教徒，李以他本人作例，说自己就是杨都督部下的管带（营长）。杨都督正准备编缠头部队③，哈萨克部队……像铁木耳这样的英雄人物正是杨都督寻找的。如果铁木耳成了国家的武官，都督的战将，哈密王府也就不敢再欺压当地的老百姓了。至于哈密改土归流一事，只是时间

---

① 杨增新亲自招认过：“故增新两年以来之政策，以土著牵制游民，以回缠牵制汉人，既以汉人牵制回缠，更以内地此省之人牵制内地彼省之人，使各有所瞻顾而不敢轻发。”（杨增新《补过斋文牍》甲集上，《呈文编》上，第 17 页）

② 这是李寿福对铁木耳要弄欺骗手段，在官文书中，沙木胡索特是同意把徭役减为每月 2 日。

③ 当时官文书及汉回族人都把维吾尔人呼作缠头。

问题。中华民国，五族共和，总不会让王爷永远管制老百姓的。不过改变地方行政组织，权在北京政府，不是新疆当局所能擅专的，新疆当局可以把老百姓的请求呈报北京大总统，听候中央政府决定。

铁木耳这位虔诚信教的农民领袖，终究缺乏斗争经验，在李寿福的巧言令色，特别是捧《古兰经》盟誓的欺骗下，落入了杨增新的圈套。

铁木耳率领的部众在妥协后，一部分人离开队伍还乡，其余200余人由省方收编，给了定边马队第三营的番号，由铁木耳任营长（并更铁木耳的名字为铁正元），全营移驻乌鲁木齐。

1913年4月，在定边马队第三营开入乌鲁木齐时，受到当道的欢迎，领到了服装和粮饷。

铁木耳在乌鲁木齐住了一两月后，就常常接到哈密来信，说沙亲王和地方官府并没有履行妥协的条件，徭役不但没有取消，王府还要农民赔偿起义以来王府所受的损失。起义后由铁木耳委派的地方头目人都被王府撤免，有的还遭到捕押。铁木耳至此才觉悟到他当初不该轻信李管带的誓言，离开农民群众。于是同他的亲信计议，暗地里把枪支运出，准备在开斋节率部众逃出乌鲁木齐，去吐鲁番一带，同穆依登的残部联合，再次进行武装斗争。但是他的这一企图，在他运出部分枪支后便被杨增新发觉了。1913年9月6日铁木耳被捕押，当日与穆依登一同牺牲在土牢里。他的部众经都督府发资，递解还乡。其中许多人在东去途中被屠杀于奇台县东大石头（乌兰乌苏）山口。

轰动一时的1912年哈密农奴起义就此结束。但是革命的火焰并没有被扑灭，也是扑灭不了的，反封建的政治组织一直在秘密活动。

1914 年，铁木耳的弟弟夏克尔同艾买提在一起还在吐鲁番组织起义。之后，在历届军阀和国民党反动派统治的整个年代里，受压迫剥削和奴役的人民群众起来反对农奴主、封建地主、巴依、拜克的斗争始终没有中断过，它一直延续到 1949 年在党的领导下新疆和平解放。哈密人民，只有在新民主主义革命胜利的日子才真正得到了解放。

（选自全国政协文史资料研究委员会编《辛亥革命回忆录》第 5 集，中国文史出版社 2012 年 6 月第 2 版）

伊犁革命回忆录

邓宝珊[*]

我是辛亥革命前两年（1909 年）因为家庭贫寒，从兰州应募去新疆伊犁参加新军的。起初，我是新军协统杨缵绪部下的士兵，后来因我粗通文字，提为司书。这时，我年 15，但已有富国强兵的爱国理想，对于清政府的残暴腐败感到不满，而对于孙中山先生领导的革命运动和革命党人的累次起义，则敬佩无已，心向往之。

伊犁虽远处边陲，但在那里中山先生领导的同盟会也展开了积极的活动。其中的主要人物，就记忆所及，有冯特民、冯大树、李辅黄、郝可权、李梦彪诸人。他们深入新军和哥老会中进行革

---

* 邓宝珊：时为新疆伊犁新军协统杨缵绪部司书、参谋，后任国民党中执委，第十二战区副司令长官，中国人民政治协商会议第一届全体会议代表。
新中国成立后，任国防委员会委员，第一届全国政协委员，第三、四届全国政协常委，第一至三届全国人大代表，民革中央副主席。

命活动，并在伊犁办有《伊犁白话报》，鼓吹革命思想。此时，我经过新军协统部书记官金伯韬（甘肃人）、张愚生（陕西人）介绍，和伊犁同盟会负责人冯特民相识，他们向我宣传中山先生的革命主张和同盟会的政纲——“驱逐鞑虏，恢复中华，建立民国，平均地权”。我认为这是救国救民之道，就在1910年七八月间加入了同盟会。从此，开始了我年轻时代的政治活动，在新军的朋辈中积极鼓吹革命和暗中联络哥老会，还团结了一些倾向革命的人，如新军排长彭开远等。

伊犁是天山以北的一个边疆重镇，且是多民族地区，有汉、哈萨克、维吾尔、锡伯、索伦等民族，按照清朝的建制，辖有惠远、绥定、宁远、霍尔果斯、芦草沟5个县。清朝的伊犁将军驻镇惠远，镇台、道台分驻绥定和宁远。伊犁周围是天山以北气候温暖、物产丰富的地区，人民本可安居乐业；可是就在这远隔内地的边疆，清王朝那一套军事政治机构同样地迫害着人民，不论将军、总镇、知府、道台，乃至旗兵、绿营，都是横征暴敛，蹂躏地方，为当地各族人民所痛恨，使得广大的农民、手工业者、城市贫民和士兵日渐倾向反清的革命斗争。

1907、1908年间，伊犁将军长庚到任后，为了标榜办新政，练新军，就兴学校、办工厂，并从湖北调来一营新军为基干，又在关内和各地招募了一些士兵，成立了新军混成协。新军的成员大都是破产的农民、手工业者和城市贫民，他们由于受了清朝的民族压迫和残酷剥削，经过革命党人冯特民等人的积极宣传活动，新军中加入同盟会者日益增多，逐渐形成伊犁反清斗争的一支主力军。

1909年，长庚调任陕甘总督，以蒙人广福继任。广福目不识丁，但对部下较宽厚。这对革命来说，是既有利，又有害：利是军队中管束不严，便于党人的活动；害是因广福采取怀柔政策，对大部分官兵尚有羁縻作用。所以当时上海党人由俄国转来密电，指示在边疆先行起义，使清廷顾此失彼，乃因时机尚不成熟，未敢发动。

到了 1911 年秋天，川汉铁路争路风潮日益扩大，革命已到了一触即发之际。新任伊犁将军志锐到任后，首先下令解散新军，停办讲武堂，将协统杨缵绪免职。对新军是只收子弹，不收枪支，勒令新军遣返关内，却又迟迟不发遣散费。弄得新军官兵坐困伊犁，冻馁交加，怨声载道，更增强了革命的斗志。于是协统杨缵绪所率大部新军官兵加入了同盟会。志锐的倒行逆施，更加促进了革命时机的成熟。

未几，1911 年 10 月 10 日武昌起义，震撼全国，各省纷纷响应。12 月 27 日，在新疆的革命党人刘先俊、田昔年等联合哥老会在迪化（今乌鲁木齐）首先举义，进攻抚台衙门，为清巡抚袁大化所挫，暂告失败。但消息传到伊犁，人心为之振奋。加入同盟会的新军官兵，一致认为时机已迫，不得再事蹉跎，公推冯特民、李辅黄为指挥起义的干事，并由李辅黄联络军界，李梦彪联络商界，马凌霄联络回族，谭玉书联络哥老会，决定于 1912 年 1 月 12 日举事。旋因奸人向志锐告密，遂提前于 1 月 7 日晚 9 时起义。李辅黄任总指挥，首攻东关，再入城策应。郝可权、冯特民率领铁血团直攻将军署与北库。这时志锐仍自恃城内外驻有大量武装齐备的满蒙兵，不加戒备，并深信新军子弹已收，单恃空枪，不足为惧。殊不知这些受革命影响的新军，事先早已秘密留有部分子弹；同时，管理南库军火的黄立中又是同盟会会员，这就更不愁得不到充足的军火了。

当时，我是新军司书，亦参加此役，手携五响马枪，带了5粒子弹，随同李辅黄猛攻东关，满兵望风披靡，迅速占领东关，并率部进入南库，取得大量弹药，军心为之大振，陆续进入城内，占领各要道。同时，郝可权所率一部分铁血团员亦顺利攻入将军署，志锐慌忙越墙逃入东街乌协领衙门内。冯特民所率铁血团进攻北库，遭到新满营正蓝旗协领蒙库泰所部顽抗，不能得手，情况万分紧急。这时大家考虑到，时间如稍有拖延，驻绥定的绿营防军和牛录的锡伯、索伦营军队都会前来增援，势必重蹈迪化的覆辙。革命党人急在商会开会商议，决定利用志锐与广福之间的矛盾①，争取广福出面号召蒙旗兵放下武器。广福既恨志锐平时和己为难，又在革命形势和革命党人的敦促下，遂出面向北库蒙旗官兵宣告：只要放下武器，交出北库，即与官兵们无关；如有其他事故，本人愿负担保之责。以广福平日尚得军心，而且蒙库泰和他同是蒙族，又是他的旧部，就立刻停止抵抗，缴械投诚，交出北库。至此，惠远已为革命军全部占领，志锐亦从乌协领衙门东夹道内搜出，并立即处决。到天拂晓时，绿营和锡伯营虽已出发，但听到志锐已死，惠远又为革命军占领，遂中途折返。

1月8日，革命党人集会，商讨组织临时都督府，推广福为临时都督，杨缵绪为总司令部部长，冯特民为外交部部长，贺家栋（原伊犁知府，起义时投诚革命军）为政治部部长，郝可权为参议院院长，徐国桢为东进支队司令。

临时都督府成立后，即电告新疆巡抚袁大化，劝其认清时局，

---

① 广福在与志锐办理新旧任移交时，志锐有意与广福刁难，以致广福不能前往杭州到任。

向革命投诚。袁不接受，反于2月初派陆军协统王佩兰率部向伊犁进攻。临时都督府即派东进支队司令徐国桢前往迎击，准备击溃敌人，攻取迪化过春节。不料徐国桢所率钱广汉、柴乐善两营旗兵叛变投敌，致令王佩兰得势，占领了精河以东的沙泉子。沙泉子系战略要地，伊犁的前卫，这样一来，伊犁形势顿形紧张。总司令部部长杨缵绪急率基本队伍和新招军队星夜增援，我亦随军出发。在精河、沙泉子激战一天一夜。我当时担任右翼攻击，敌人反复猛扑，指挥官连长阵亡，军心有些动摇。我当即表示，应坚守阵地，如右翼失利，影响全线，则伊犁危殆，乃率领士兵竭力苦战。适杨缵绪赴前线督队，我当即建议抄敌人左翼后路，以扭转危局。杨缵绪遂令我率部突袭敌人后方，冲到敌人指挥车跟前，敌军大乱，后方动摇，始转败为胜，王佩兰狼狈退回四棵树、乌苏一带。革命军乘胜收复沙泉子，伊犁革命政权得以危而复安，我亦因战功调升为参谋。

此后双方相持不下，革命军遂派人联络哥老会，在天山南北到处发动起义，使袁大化穷于应付。不久清帝退位，袁大化在不得不承认共和的局势下，派人在塔城同伊犁革命军议和。临时都督府派贺家栋、黄立中为代表，在和议中，袁大化尚欲拖延时日，以观大局变化。到4月喀什独立，推举前道台袁鸿祐为新疆都督，电到迪化，袁大化感到四面楚歌，即电北京袁世凯，请命袁鸿祐主持新疆军政。但袁鸿祐甚不得民心，在喀什为其部下所杀。袁世凯又命镇迪道杨增新为新疆都督，主持与伊犁革命军的和议。杨增新急欲取得新疆政权，遂在塔城与伊犁革命军达成协议。塔城议和后，杨增新为新疆都督，杨飞霞为伊犁镇守使，贺家栋任新疆民政长，杨缵绪调任喀什提督。革命党人冯特民、李辅黄、郝可权、李梦彪等则留在伊犁，维持后方。

杨增新系云南人，清进士出身，尚权术，曾任甘肃河州（今临夏回族自治州）知州，清光绪末年，调任新疆镇迪道。由于当时革命党人缺乏革命的彻底性，使他在混乱中窃据了新疆都督的职位。杨是一个阴谋家，他预料中原将从此多事，企图把持关外，形成割据局面，上台后，尽力招揽河州回汉旧部，培植亲信队伍，到了羽翼已成，遂出其阴险毒辣的手段，首先残杀革命党人，次及思想进步的人士。到 1913 年，袁世凯在各地屠杀革命党人时，杨增新在新疆也就大肆残杀革命人士，领导伊犁革命的冯特民、李辅黄和留在后方的参谋长李伯泉，都在他的屠刀下壮烈牺牲了。郝可权、李梦彪等也被迫逃亡。我当时也在被拿之列，在伊犁势难立足，遂从惠远逃到宁远，避入帝俄领事馆，拿了俄国护照，经霍尔果斯取道西伯利亚，回到京津，转赴陕西，在华山下和陕西老同盟会员郭希仁、刘蔼如等相结识，参加了“共学园”，密谋讨袁，于 1915 年又参加了讨袁、靖国诸役。

（选自全国政协文史资料研究委员会编《辛亥革命回忆录》第 5 集，中国文史出版社 2012 年 6 月第 2 版）

伊犁辛亥革命概述

杨逢春*

40余年前我就读高小时，教师赵锐因无历史课教材，曾以伊犁辛亥革命史实讲述多日，本文大部即系取材于此。赵曾任伊犁协标司书，举凡伊犁革命经过及多次会议记录，多经其手。伊犁革命失败后，赵即来我校任教，于1916年病故于伊宁。

赵讲述伊犁革命经过较详，后又闻诸参加伊犁革命诸人，如鄂人杨湘波（协标军医）及多太、崇瑞（武备学堂毕业生，后任我校教师）等口述，还有部分见于杨增新《补过斋文牍》。因历时40余年，个人记忆力欠佳，遗漏误记，恐难避免，尚希读者指正见教。

* 杨逢春：时为新疆伊犁学生。

一　新疆哥老会概况

新疆哥老会，系于左宗棠统率湘军进入新疆时所传入。当时长江流域各省，无论湘军或淮军，皆有哥老会之组织，所以湘军进疆后，凡所到之地，皆有哥老会之组织。起初仅为湘军中之官兵，嗣后逐渐传入当地绿营官兵，又由军界传入政界，以后工、农、商、学各界以及无业游民、地痞流氓之中皆有哥老会之组织。哥老会名称不一，如在乌鲁木齐，则称为“迪龙山堂”，在伊犁则称为“新民山堂”，其他各地皆有不同的山堂名称。但其目的则皆为反对清朝，所以吸收之成员，除满、蒙、锡、索各民族外，其他民族，不论成分，不论界别，一律吸收入会。其口号与办法，即秘密团结，注重义气，实行互助。因此失业群众，多来趋附。天山南北疆之哥老会，发展极为普遍。哥老会所吸收之成员极为众多，他们集会的办法，是常以七八人自相结合，以讲故事、读小说或歌唱为名，探询情况，由一专人向上面汇报。常见彼等所读小说，多以梁山泊、瓦岗寨、小五义等类之书为主，经常宣扬应有桃园之义气，梁山之组织，瓦岗之威风等等。哥老会组织既密，羽翼又众，活动能力颇大，破坏手段极强，如参加伊犁革命，英勇战斗，皆属壮举也。哥老会于迪、伊相持未下之际，在南疆各地杀官起事，暗与伊犁联络，而反抗迪化，竟使新疆巡抚袁大化穷于应付，闻风丧胆，不能不让出政权，逃逸入关，其声势之盛可想而知。哥老会初则襄助伊犁革命，推翻清政府，继则反对杨增新，斗争凡七八年之久，但终为杨增新所镇压而归于消灭。

二 举义前的准备

满人长庚任伊犁将军时，感于军队腐败，不足以固边陲，乃萌振军之念，呈准清廷设武备学堂于惠远（惠远为伊犁将军驻地），专收满族青年，加以训练。嗣后又奏调南洋军队湖北陆军四十二标，由标统杨缵绪率领出关，杨任伊犁陆军协统。杨系日本陆军学校毕业，在日本时已加入同盟会，回国后明任清廷职务，暗为革命致力。杨在武汉与日知会党人过从甚密。日知会被破获时，党人冯特民、冯大树、郝可权等以清廷索之甚急，不能久匿武汉。适杨缵绪奉调出关，冯等与杨密谋借机远遁，另图再举。当时杨亦有在边疆图谋发展之意，遂秘密将冯特民、冯大树、郝可权、李亚权等10余人杂于军中，随同出关来伊，从此革命气氛逐渐蔓延。

杨缵绪至伊犁后，看到伊犁军队除新、旧满营外，尚有军标、镇标、绿营及各盟旗练军，不下数万，且东有新疆巡抚各种兵营，为数亦众，西有帝俄重兵踞边，眈眈虎视，一旦发动革命，则将东西夹攻，腹背受敌，故不宜草率从事。同时又感觉伊犁民族情况复杂，除汉、满、蒙、回、维、哈、克、锡、索各民族外，还有外国侨民，若不慎重从事，严密组织，多方联络，欲举革命大帜，困难颇多。经杨与党人决定，将同来党人隐布于各军政机关中运动革命，并以汉、维、蒙文创办《伊犁白话报》，散布于各民族之中，借资宣传革命。复命冯特民、李亚权、李梦彪等分别联络湘、鄂、陕各省在伊军人，由冯大树打通伊犁回、维族教民及绿营官兵，使之同情与赞助革命。杨又感伊犁各地哥老会之潜在力量颇大，凡各军营、机关及各族群众中，均有哥老会之秘密组织，于是派冯特民联络哥老会。哥老会旨在反清，接触后即表同情。哥老会之首领徐三泰系四川人，乃伊犁“新良山堂”山主，又称为伊江龙头大爷。伊犁各地军标、镇标、绿营官兵，大半为哥老会中人。此外，在各族各界之中，亦有哥老会成员。故徐在伊犁势力很大，因此杨缵绪即以协统名义暗委徐三泰为义勇军团长，令其秘密活动，听候命令，待机举义。从此哥老会亦逐渐成为革命的力量。

当时鼓动回民响应革命，颇费周折。回、汉挟怨，互不信任，由来已久，盖由于封建统治者造成民族仇视，向处于敌对之地位。冯大树在伊宁陕甘新大寺召集回民座谈时，回民马二老爷、韩玉书等人曾当面质询冯说：“回民不堪压迫，不惜生命，几经组织起义，反抗清廷。结果均被汉人官吏击溃屠杀，家破人亡。如云南杜文秀组织反满起义，集军 40 万北上灭清，清兵被击，溃不成军。乃有汉人官吏岑春煊者，率领汉兵击溃起义军，大事屠杀回民；又如陕西白彦虎、甘肃马化龙、新疆妥明等曾先后起义，也均遭到汉族官吏左宗棠、刘锦棠之流的屠杀。前车之鉴，痛定思痛，断不能轻信尔言。”后经冯反复解说，晓以屠杀回民之汉族官吏岑、左、刘之辈，皆系清朝奴才，汉族之奸贼。奴才杀人，奉有主谕，奴才虽应承咎，但主使者则在清廷。回民固遭汉族官吏之屠杀，而汉族中又何尝无有。如太平天国起义，抗拒清廷 10 余年，后被汉奸曾国藩所灭，大量屠杀汉族人民，而回民之际遇实与汉民际遇相同。回、汉民族，向被清廷歧视，我等既具共同命运，自应共同相辅进行革命大业。回民被说服后，不仅响应革命，且要求直接参与革命前线战斗。斯时，有维族头目阿奇木伯克，亦赞助革命，愿领八十圩子（乡村）农民群众并以农产品支援革命。维族大商民玉山巴依、牙乎甫巴依等，亦均赞助革命，愿供给协标及革命军皮靴、马鞍以及其他用品。经杨缵绪数年之组织联络，除满、蒙各旗兵营外，条件遂日益接近于成熟。

当伊犁革命气氛逐渐紧张之时，清廷调志锐继广福（长庚调任陕甘总督后，广福继任伊犁将军）任伊犁将军。志锐恶习甚深，贪婪凶残。他到伊犁之时，适长江各省形势已变，消息传至伊犁，人心浮动。伊犁协标军队原系由湖北调来，因此甚为志锐所疑忌。志锐蓄意将杨缵绪所统官兵全行解散，但无辞可借，又恐激起变乱。适有协标营士兵与武备学堂学生发生斗殴，双方均拿出武器，志锐即借此为辞，先将协标营练习之弹药扣留不发，继之，以避免是非为借口，饬杨缵绪将协标所统各营、团官兵全部解散，分批遣回关内，杨缵绪佯表同意，亲至将军署为其遣散之官兵请发旅费，颁布遣散办法，并表退意，请命交代，以解志锐之疑。杨返回协统署后，立即召集党人密议，党人咸谓时机迫切，应乘机举义，唯感枪弹缺乏，无接济来源。于是特派冯特民、李亚权等极力活动，争取南库人员参加革命。盖斯时南库储有新式枪弹甚多。冯、李等人对南库人员晓以大义，并将内地各省起义等情况详为说明，于是南库负责人黄立中即被说服，秘密加入革命党，商定至期献库。杨又密遣党人分赴伊宁、绥定、塔尔奇、霍城等地运动当地军民，约期起义。

三　惠远举义

时陕甘总督长庚、东三省总督赵尔巽、新疆巡抚袁大化、伊犁将军志锐等有密谋拥宣统西迁妄图复辟之计，湖北军政府侦悉前情，由帝俄驻伊领馆转电杨缵绪，促其迅速响应武昌起义，以破清廷偏安西北之谋。杨即召集党人密议，定于辛亥十一月十九日晚起义，并派冯特民、黄立中占领南库，李亚权占领东门，接应城外，马凌霄、徐建国、姜国胜、钱广汉等所率协标军步、骑、工各队以及徐三泰、黄宝义等所率义勇军入城，接取枪弹。郝可权率炮队攻将军署，冯大树攻副都统署，李梦彪、李英等攻北库。部署计划既定，各军待命出动。

伊犁武备学堂之教职员生均系满族，数年以来，因与协统署士兵冲突，故经常注意协统署之行动。革命军起义之先，已为武备学堂教师崇行铭获悉，当即向志锐告密。志锐以为城内外满、蒙军连同军标、镇标以及满、蒙各旗，兵力不下数万，即使协标扰动，枪弹不足，正可借机全部消灭，以绝后患，自恃兵力雄厚，事前并未严加防范。至十九日晚，军标协统陈甲福以革命军于午夜起义事进告，志锐始惊慌失措，一面急令满、蒙驻防各盟旗练军入城保护，一面又调军标及新、旧满营，务于革命军起事之前进攻协统署，将杨缵绪及其所统官兵全部消灭干净。无如调遣军队之命令尚未发出，革命军已提前发动，冯特民、黄立中首先占领南库，将周围严加封锁，李亚权等亦相继占领东门，将东门开放，迎接马凌霄等之协标军及徐三泰之义勇军入城，先至南库领取枪弹，军威大振。入城各军，各方协作，先攻将军署。志锐亲兵仓促应战，先在署前房上与革命军死战，后不支，将署门紧闭，由屋上及墙隙射击抵抗。革命军冒险绕攻，纵火攻入将军署。志锐越墙逃入协领衙门。同时副都统署亦为冯大树占领，仅新满营军队犹顽强抵抗，火力甚炽，极难攻克。

当志锐调集各军时，以为镇标近在绥定，距惠远只不过七八公里，瞬息可至。讵料镇标汛地很广，调集不易，且镇标官兵多系哥老会人，早经徐三泰做好布置，调集时迟迟不前，不能按时到达。而锡索察厄四爱曼驻防各盟旗练军又远在伊犁河南及博尔塔拉、特克斯等地，亦非三四日不能到达。革命军则以迅雷不及掩耳之行动攻入城内，使清兵仓皇失措，穷于应付。当时与革命军对敌者，仅军标及新、旧满营，而军标官兵又见伊犁都统及锡伯厄鲁特领队大臣等皆逃入新、旧满营，将军署及副都统衙门相继失守，大势已去，遂退而自保。旧满营经杨缵绪亲往开导，晓以五族共和大义及情势利害，令其各自退守汛地，听候调遣，不得任意出击，于是旧满营遂不再抗抵。唯新满营正蓝旗协领蒙库泰，向极重视武备学堂学生，而该校又配有新式武器，故当闻枪声时，蒙库泰即将该校部分学生纳入营内参加战斗，新满营得此部生力军，又凭踞栅栏，有险可据，遂向革命军猛施攻击。于是革命军又开放东门，令各地赶来响应革命之回、汉各界人民入城，发给枪支，参加作战。其时有由甘肃遣犯来新的回民马尕思、马大鼻子等，亦率众数百赶来参加，相持很久，仍无进展。党人建议使用大炮轰炸，而杨缵绪则因另有向东进发企图，不允大炮轰炸，但又恐时间延长，如志锐令调四爱曼练军齐集城外，城内清兵与城外练军内外接应，协同反攻，革命军势必遭受损失。因之，与党人共同商议，为速决计，拟邀请在满旗军民中有威信之旗人出面调停，和平解决。经决定后，杨即亲往邀请卸任将军广福出面调停。广福允诺，当即与杨缵绪至新满营当众申明和平解决，组织汉、满、蒙、回、藏五族共进会，宣布五族共和之意义。此时，新满营一方面慑于革命军之威力，一方面敬仰广福之威信，且恐持久终属不利，于是不得不表示服从，全部战争遂告结束。杨缵绪被推为共进会会长，将城内外部署妥当后，召开革命党人会议，研讨成立新政府和政府人选以及其他善后等问题，并确定今后革命步骤。经详细研究，对政府负责人人选问题颇有争执。杨意拟提请广福担任新政府都督，冯、李等均不赞同，其理由是：革命目的在于推翻清朝，夺取政权，革命志士不怕艰险，不惜流血牺牲，一旦事成，又违初旨，志士心理岂能平服；况伊犁革命虽曰成功，但基础尚未稳固，若将革命最高政权奉之广福，岂非取之于满人而又还之于满人？杨缵绪遂根据当前情况，详述利害：（1）以今晚作战情况观察，满军颇不服，其他满、蒙各旗练军，革命党人尚未掌握；若彼等联成一气，与我抗衡，伊犁革命前途将出现极大困难。（2）伊犁革命仅占全国极西一隅，东有新疆巡抚袁大化、陕甘总督长庚等，兵力颇为雄厚；东南有青海、西藏，东北有蒙古，劲敌众多，若不采取稳妥之办法，伊犁一隅尚难确保，何能再图东进？且况广福仅拥都督之名，军政实权必须仍操于党人之手，凡经决议之事，皆借都督广福名义执行，对内借其名以安伊犁八旗兵勇之心，巩固地方革命秩序，对外亦可假其名联络袁大化、长庚之辈，为革命军谋东进之机会。经此说明，党人意见遂渐趋一致。

二十日晨，以广福、杨缵绪之名召集都统及四领队大臣，新、旧满营协领、佐领，革命军各首领与地方团体等，在商务会开紧急会议。杨缵绪提议：（1）公推广福为临时都督，即日就职。（2）命新满营、锡伯营立即解除武装（该两营处于革命势力威迫之下，又持有广福保障，遂悉数缴出武装）。（3）所有新、旧满营及各盟旗之官长、领队等仍任原职。（4）取消军标、镇标名义，改编为伊犁陆军第一师，师长由杨缵绪自兼。（5）组织临时政府，并电报南京政府。

伊犁革命成功，宣布实施五族共和，出示安民，大局遂定。并于是日晨在协领衙门内捕获志锐，在鼓楼前执行枪决。

四　东进之役

伊犁革命成功后，杨缵绪即拟攻取迪化，故极力整顿军旅，复在九城募集回、汉各族人民，编练军队。同时召集党人，计议东进方针，经决定应先电促新疆巡抚袁大化宣布共和，响应革命，以探迪方动向，再决东进之策。旋得袁大化复电，不但反对共和，拒绝响应革命，而且要以兵戎相见。袁一面复电，一面即派旅长王佩兰率兵一旅，并檄调沿途各营进攻伊犁。杨缵绪得讯后，以总司令名义派李亚权率支队一旅，独立骑兵一团出发东进迎敌。当时省方前沿在精河，汛地在大河沿及五台等地，而伊犁革命军经过三台、四台至五台时，汛兵凭高瞭望，见伊方军力雄厚，遂弃防退到大河沿。当时大河沿已由精河参将刘某调兵一营堵击伊军。伊军至大河沿后，即与省军接触，接战一日，省军不支，退守精河。精河参将调各地汛兵，据险堵击，伊军追至精河，复展开战斗。血战两日，省军又不支，遂放弃精河，退守沙泉子。沙泉子乃迪、伊必经险道，东西流沙长 30 余公里，深数尺，各兵种行于沙上，颇感困难。尤其炮兵更感行动迟缓，运转不灵。省军据险以待。伊军追至沙泉时因运动不便，凭险相持 3 日，省军又逐渐后退，伊军徐徐前进。是时，省军王旅已至固尔图，王佩兰闻听前线战讯后，即将固尔图作为省军后勤基地及司令部，并派大批兵力援助沙泉子前线作战，双方激战 10 余日，互有伤亡，流沙之上，遍置死尸。此役省军伤亡较大，有一千数百人；伊军方面伤亡较小，400 余人。战争结果，省军不支，败退固尔图。当沙泉子血战之时，王即飞檄调乌苏、玛纳斯、呼图壁、昌吉各地马、步各队速来固尔图参战，又呈请袁大化增加兵力。前线败军至固尔图时，又与各地援军会合。王即时整顿军容，布防堵击，严阵以待。

当省军溃退时，伊军前卫独立骑兵团团长钱广汉不经请命，恃胜挺进，孤军直逼固尔图，并促李亚权率大队迅速跟进。李亚权对钱广汉既不请命，又不商议配合作战，孤军深入，极为不满。又以炮兵马匹较少，运转不灵，而又不能舍弃炮兵迅速驰援，虽经钱一再催促，亦未能立即跟进。于是钱即疑李有陷害独立骑兵团之意，遂萌叛念。但他仍写假报告，骗言固尔图即将拿下，敌方正在调补增兵，请即率大队迅速前进，援助攻取，迟则敌人援兵益多，攻取反不易，机不再来等语。李接报告后，信以为真，遂将炮兵安置于沙泉子，率其余各兵种向固尔图挺进。钱发出伪报告后，即实行叛变，率其所统骑兵三营向省军投降，并向王佩兰献策，出其不意，包围伊军，于是钱王会合，将李亚权所率东进支队全部包围于固尔图。

钱之叛变及东进支队被包围消息传到伊犁，杨缵绪大为惊愕，乃决计亲自前往援救。一面商请都督广福，抽调敢死队一营、卫队骑兵一营、教导骑兵一连、募练新兵两营，急至前线应援；一面请广福札饬察哈尔营与厄鲁特营令其速调盟旗练军马队各 1000 名武装来援，限 5 日在精河聚齐。杨随即率各部向前线急进，行抵精河，探讯固尔图被包围之东进支队经血战 10 余日，部分革命战士牺牲、部分被俘、部分突围逃散。并探知敌方有西进占据沙泉子之举。杨即抢占精河要隘黑山头，派骑兵迅将留于沙泉子之炮队运回黑山头一带，严密警戒。杨复亲率卫队骑兵营及新军步兵一营，坐镇黑山头，收容由敌方突围归来之革命军，计一日夜收容溃散官兵1000多名，均给予给养、补充军械，令其充分休息，听候命令。是时察哈尔与厄鲁特之盟旗练军马队亦先后到达精河，于是杨即将精河所有各兵种悉数集合于黑山头训话，宣称愿与全军共同奋斗，只有前进，不能后退，因之士气复振。杨遂命令厄鲁特骑兵队沿南山根绕沙泉子至固尔图敌右后侧伏击，又令察哈尔骑兵队绕北沙漠至固尔图敌左后侧伏击，并指示必须俟敌人后退时闻炮声即以全力向敌人袭击，以期消灭尽净。两队奉命即时出发。又将其余军队分作3队，命敢死队与新兵两营居中，骑兵居左，东进支队居右，于夜间向沙泉子急进，出敌不意，猛力袭击。王佩兰等以为革命军已在固尔图全军覆没，精河兵力不多，绝无抵抗能力，故省军虽占沙泉子，但对精河方面毫无戒备。及至革命军夜间突然进击，省军始从梦中惊醒，仓促应战。革命军一鼓作气，奋勇猛攻，省军不支，遂由固尔图溃退。革命军跟踪而至，放射冲天大炮，声振山岳，而察厄两骑兵队，闻炮声即由敌左右两侧进击，是时省军四面楚歌，军容大乱，王遂弃固尔图东向乌苏溃逃。革命军随后追击，由固尔图至塌桥子，遍地皆是军械与死尸。此役省军虽未全军覆没，但已溃不成军，王、钱等仅率极少残军在逃。革命军方面，伤亡不大，俘省军1000余人，所得枪支、弹药及其他辎重甚多。又乘战胜余威，向乌苏挺进，行抵四棵树，侦知乌苏已由迪化增派援军镇守，杨遂将其军暂驻四棵树，前站进据乌苏郊外，在此相持很久。

后因南北和谈，暂行停战，杨无可奈何，即将前方防务略加布置，返回伊犁，静候大局之演变。从此杨之东进计划，遂成泡影。

五　停战议和后的逆转局势

当革命军固尔图之役报捷并进军乌苏时，迪化震动，加之各地之哥老会乘机杀死官吏，以致谣言四起，官吏惊惶。当沙泉子战斗激烈时，新疆提法使兼镇迪道杨增新，毛遂自荐，愿率队赴前线助战，袁大化许之。而别有用心之杨增新，遂起用云南遣犯回民马福兴为统领，命其向迪化 24 个寺坊（回民礼拜寺）征抽回族坊民（每一礼拜寺所辖的回民）五营，加以训练，声称开赴前线，实则杨增新拟以此来扩充力量，作为攫取新疆政权之准备。

杨缵绪返伊犁后，仍以治理政务为念，训练新兵，安定秩序，时值袁世凯窃攫政权，以大总统名义，电新疆巡抚袁大化，促其宣布共和，与革命军停战进行和平谈判。并电示速报新疆都督人选，以凭委任。袁大化以清帝退位，大势已去；且迪化党会活动日益扩大，深恐为党会所杀，故不敢作毛遂自荐之举，乃保杨增新任新疆都督。

袁大化一面宣布共和，一面向伊犁求和，于是双方在塔城举行会议。

当议和之际，杨增新代袁大化为新疆都督。伊、新和谈之事，省方遂由杨增新决定。和谈中争执颇烈，伊方提议，新疆应分而治之，划天山为界，天山以北归伊犁主政，天山以南归新疆主政。省方主持合并治理，不但新、伊宜合，即塔城、阿勒泰亦宜归新疆统一治理。并谓不久即将成立省议会，届时另选执政人员，伊方、省方均有当选执政之份，不论何方当选对大局均有裨益。伊方未加详细考虑，即同意合治。省方又提出，在省议会未成立之前，新疆一切政权应由何人掌理。在此问题上双方争持很久：有提议由伊方掌理者；有提议由省方掌理者；有提议暂行分治，俟议会成立后选出执政人员再行合治者；亦有提议应以兵力决定，胜者执政掌理一切，败者让位等。最后省方搬出袁世凯以大总统名义任命杨增新为新疆省都督之电令及证件，并提议在省议会未成立之前既经大总统任命杨增新为新疆都督，双方应公认杨增新掌理新疆政权，俟议会成立再行选举转呈大总统正式任命。伊方既未力争亦未详加研讨，即草率表示同意。和谈至此，即告结束。

六　杨增新对革命党人之分化与屠杀

杨增新任新疆都督后，受袁世凯密令，暗设陷阱，屠杀革命党人。杨增新知杨缵绪为革命党领袖，拥有雄厚兵力，又深得民心，不易下手。乃电请袁世凯保杨缵绪为喀什提督，广福为伊犁镇边使，冯特民为伊犁外交司长兼伊、塔观察使及伊犁镇边使署政治顾问，李亚权为伊塔镇台兼伊犁镇边使署参谋长，冯大树为伊犁驻京代表，贺家栋、郝可权调迪化任职，借以分散革命党力量。复拟先诱杀杨缵绪。随后杨增新即电邀杨缵绪就赴喀什莅任之便，先至迪化面商全疆军、政要事。拟将其诱至迪化加以杀害。杨缵绪奔走革命有年，机警过人，察其必非善意，遂函复杨增新，以南疆会徒猖獗，戕杀官吏，情况混乱，急须赶赴任所，俟南疆稳定后，再赴迪化请教为辞，谢绝迪化之行。杨缵绪离伊时，将军事暂交马凌霄掌管，政务交冯特民、李亚权商请广福处理。诸事安排妥当，取捷径、越冰岭直赴喀什。至喀未及两月，即调马凌霄到喀协同治理。马凌霄复将军权交冯特民、李亚权掌握，前去喀什。杨、马两人在喀数月，因愤于镇压革命者反攫得革命果实，革命者反而仰反革命者之鼻息，遂借故先后离新赴内地。冯大树经巴克图卡由西伯利亚赴北京，贺家栋、郝可权带同党会人等至迪化，不接受杨增新委任，亦率众赴内地。唯冯特民、李亚权尚在伊犁，因拥有革命军权，遂不遵从杨增新之发号施令，亦不承认新、伊塔城之和谈条款，拥兵与杨增新对抗，杨对此亦无可奈何。

1913 年，冯特民以伊犁外交司长之身份曾向帝俄借债 200 万卢布，准备购置军装，宣布独立，即将由道胜银行与伊犁当局签署协议。事被杨增新侦知，大为震惊，急呈北京由外交部通知俄方，阻止贷款。因此杨增新更加仇视革命党人，无论回、汉各族人民，稍有革命党嫌疑者，必置之死地，无一幸免。尤其对伊犁革命党首领等更加痛恨。于是密派鄂人匡时化装至伊，利用混入革命军之匪徒马尕思谋刺冯、李。马尕思系甘肃河州（临夏）回民，向为流氓、盗匪。因案被逐，流入新疆。至伊犁时，适逢革命起义，遂混入军营，其人作战勇敢，后被提升为营长，经常出入革命党首领之私宅官邸，习以为常，不加防范。匡时利用此便，收买马尕思，于 1913 年 12 月刺杀冯特民、李亚权于伊犁惠远城。未几，匡时、马尕思又为杨增新所杀以灭口。从此新疆各族人民深受杨增新黑暗专制之荼毒，较之清代有过之而无不及。而轰轰烈烈之伊犁革命，至此烟消云散，以失败告终。

（选自全国政协文史资料研究委员会编《辛亥革命回忆录》第 5 集，中国文史出版社 2012 年 6 月第 2 版）

伊犁革命、哈密起义、南疆乱事与杨增新

潘祖焕 *

一 伊犁革命

杨增新字鼎臣，云南蒙自人，清朝进士。初服官甘肃，曾任河州直属州知州，后任甘肃高等学堂监督，光绪三十四年（1908年）赴京引见（皇帝），被任为新疆阿克苏道尹。他假道俄国西伯利亚来新到阿克苏赴任。约于宣统二三年（1910—1911）间，调省任新疆按察使（臬司）兼镇迪道。民国元年（1912年）由臬司一跃而为民国的新疆都督兼民政长。其原因，主要是伊犁响应辛亥革命所促成的。追述杨增新统治新疆17年的经过，须先谈一谈伊犁这次革命起义。

---

* 潘祖焕：时为新疆高等学堂肄业生。

伊犁起义前，家父潘震任伊、塔兵备道。道署和县署都设在伊犁九城之一的宁远。民国时因与湖南省宁远县同名，故改为伊宁（原名古尔加）。在新疆设省前，因有一礼拜寺建有金顶，又名金顶寺。

宣统三年（1911 年）八九月间，我正住在伊塔道署。当时驻惠远的伊犁将军为广福，距惠远 15 华里的绥定为伊犁镇、伊犁府和绥定县所在地（民国裁府留县）。当时，伊犁镇是安徽人周得胜（玉魁），伊犁府为湖南人贺家栋（伯龙），兼任伊犁将军署的文案处（等于秘书长）。光绪三十三至三十四年（1907—1908）间，长庚第三次任伊犁将军时，随全国倡办新政之后，开办学堂和工厂，编练新军。他曾奏调湖北所练陆军一营来新，连同在伊的满营及锡伯、索伦（达斡尔）、察哈尔、额鲁特等 4 领队的子弟兵编为一混成协，以从湖北调来新军中曾留学日本士官学校的鄂人杨缵绪（述周）任协领。在将军公署附近，设立陆军督练公所和讲武堂，附设陆军小学堂。讲武堂监督兼总教练为日本人原尚志。冯特民、李辅黄（亚权）等人多在督练公所任职，冯特民并在惠远创办新疆第一个小型报刊，取名《伊犁白话报》，表面上是启发民智，实则暗中传播革命思想。

宣统元年（1909 年），长庚调任陕甘总督，广福继任伊犁将军。宣统三年（1911 年），清廷拟将川人集资所办的川汉铁路筑路权收归国有，激起了四川人民争路风潮，从而引起了 10 月 10 日武昌起义（即辛亥革命）。当时帝俄驻伊犁的领事馆设在伊宁，附近设有邮电局，线路从伊宁经绥定至霍尔果斯，直达俄境，线路畅通无阻。俄领馆电讯传递和所有俄国报纸所载关于中国的消息非常迅速灵通。而我们自己的线路年久失修，经常中断，自伊宁发至省内各地的电报，须经过绥定一段俄国线路才能转到中国线路，十分迟缓，当时有“骆驼电报”之称。在此情况下，伊犁所得关内消息比省城灵通得多。所有武昌起义、长江南北各省闻风响应的消息，俄领馆收到的报纸和电讯每天都有报道。当时领馆中有专习汉满等文的学生数名，汉文教员是前任道署外交局局长的段某（甘肃人），他经常翻译这项消息供道署等处传阅。冯特民此时常从惠远（距伊宁约90华里）来伊宁，到道署外交局局长李钟麟处，探听内地革命新闻，我也常往外交局去，因而与冯特民相识。我是在省城高等学堂肄业，因违犯清制剪去发辫而退学的学生，思想认识较新，冯也是当时的新人物，彼此气味相投，特别与我要好。但并未将惠远起义的密谋向我透露过。此时，清廷命新任杭州将军志锐与伊犁将军广福对调，志锐已到伊接任。广福行伍出身，虽无文化和定见，但为人宽厚，颇得人心。志锐与光绪是亲戚，汉文较好、颇有才名。他恃才傲物，对下严厉，对广福不免轻视，而对于湖北调来的新军，因武昌起义关系特加忌恨。他到任后，首先裁减新军，杨缵绪被迫辞去协统职务。杨本来准备假道俄境东归，因欠伊犁军署所属官钱局公款3000两，一时不得脱身。其他新军人物也都惶惶不安。在这种情况下，于宣统三年农历十一月十九日至二十日，在惠远燃起的反清的炮火，一夜之间，大功告成，推广福为新伊都督，成立了新伊都督府，以杨缵绪为总司令，贺家栋长民政，冯特民长外交、黄立中长财政，其他如徐国桢、李辅黄、李梦彪、冯大树、郝可权、马凌霄，以及事先联络协同合作起义的哥老会首领徐三泰和回族马大鼻子等人都分别给予军职（关于起义之前的秘密布置和当夜进攻各处的情况，原甘肃省长、前伊犁协统本部司书邓宝珊，还有通宝先生所提供的材料，都较详细，这里不多谈了）。

清朝镇西（巴里坤）秀才李溶（民国时被杨增新派为北京国会议员，继而任沙雅县长、迪化道尹，盛世才时曾任新省主席），在伊犁革命前任伊犁府训导兼惠远两等学堂堂长，伊犁起义之夜，他在睡梦中被炮声惊醒，仓皇由学堂和城内逃出，暗中摸索步行了半夜，天明时才行至伊宁。据他说，夜间被炮声惊醒，不知发生了什么事情，于是披衣穿袜，未及穿鞋，即由学堂倒污水的洞中和城壕洞中爬出来。这是当时我们最早听到惠远的情况，但不知系何种事变。下午，惠远和绥定陆续来人，始知杨缵绪领导新军革命，志锐被杀。傍晚，新伊都督府的告示传到伊宁，系保障人民生命财产，并照会帝俄驻伊犁领事，一切照旧办理。第三日，冯特民率原将军署哈萨处处长福善（锡伯族）来伊宁接收道署，我全家即于伊犁起义的第四日移出道署。在我们移居的前一日，上午 11 时左右，忽闻轰然一声，全城震动，势同剧烈地震。不久由绥定传来消息，始知是入驻绥定的伊犁镇周玉魁将镇署火药库燃起自焚造成的。据说，起义军催他移交并迁出镇署，他在绥定有自建的公馆，已令他的妻室迁入，而他本人尚居镇署。是日，他带同爱妾（一说只他一人）到镇署火药库，借故将守库和随从人员遣出，用所吸长旱烟斗中的火，引燃火药而自焚，为清廷殉难，以后，我们接触惠远来的人较多，据他们说，开始时杨缵绪并无革命主张，但怕遭志锐毒手，亟愿离开伊犁。但因欠公款，无法摆脱。主张起义最力的冯特民、李亚权等人，将杨说服，才决定领导革命。贺家栋在广福任将军时，一切奏章及对外公文，都由他主持，权力颇大。志锐到任，自己能处理公文，对贺并不重视，贺因此对志锐不满，故也倾向革命，事前与杨缵绪等已有默契。惠远起义之夜，杨即派人深夜将贺约到惠远商会开会。

广福受志锐轻视，对志锐有意见。当新军攻打北库不下时，杨缵绪也觉得新军人力没有满营及4领队的人数多，故跪求广福出面调停，以至下泪。广福以对旧属军民的关怀，出面调停，下令双方停战，使伊犁避免了一场大的流血惨剧。广福接受新伊都督之任，多少受了贺家栋的影响。志锐自恃有满蒙之众，精锐武器多存北库，不由新军掌握，因而未作严密防范。当新军纵火进攻军署时，他的卫队稍作抵御，即行逃散。临时他左右已无可靠之人，仓促由军署马号逃匿铭协领处（亦称乌协领，乌是姓，铭是名）。当双方停战后，杨下令搜寻志锐，铭协领的女婿（忘其名）是新军中军官，消息较灵，故铭协领极力劝志锐出逃，以免他全家受累。志锐又从他家逃出，出走不远，即被新军搜寻人员认出捉获，押赴商会。行至鼓楼官钱局门前时，被人一枪击毙。同时被枪杀的还有志锐的亲信副官吕某。

1912年2月间，新疆巡抚袁大化尚未知清廷大势已去，曾命他的亲信陆军协统王佩兰发兵至乌苏，在固尔图与伊方交战，伊方东进司令李亚权告急，杨缵绪自率援军至精河东黑山头迎击省军，一战而占领沙泉子，省军伤亡极重。从此双方相持，再未作战。

此时，省方才知南北议和，清帝退位，袁世凯在北京就大总统职，任袁大化为新疆都督。袁举喀什道袁鸿祐以自代。袁鸿祐在起身来迪化前夕，被喀什镇标中哥老会首领边永福、魏得喜等人刺杀。这时，藩司陈际唐等都纷纷假俄道东归，袁大化始请北京任臬司兼藩司的杨增新为新疆都督。杨招募回军自卫，袁大化率王佩兰及所属陆军东去入关。

杨增新接任都督兼民政长，还兼财政。他首先与伊方议和，各派代表在塔城和谈。和议条款中有：

（一）伊方在起义后所借帝俄道胜银行伊犁分行50万卢布由新疆省府承还；

（二）伊犁以前将军署官钱局所发行票面每张1000文或500文制钱的纸币，由省库按每1000文折合省币6钱，一律收清；

（三）所有伊方起义人员，由省方分别优予安置。

伊犁方面，冯特民和李亚权对和议条款颇有异议，但北京已正式任命杨增新为新疆都督兼民政长，而伊方与北京尚未直接发生关系，且军用浩繁，财政困难，故不得不和。和谈后，杨增新请北京任命广福为伊犁镇边使，调杨缵绪为喀什提督，贺家栋、徐国桢等赴省旋皆东归，黄立中任新疆财政司长，冯、李二人仍留在伊犁镇边使署主持一切。不久，杨增新派鄂人匡可行来伊，襄助广福，暗中唆使马大鼻子（时任营长）戕杀冯、李二人。从此，伊犁革命势力冰消瓦解。杨增新大权在握，开始了他统治新疆17年的政治生涯。如果没有伊犁革命，袁鸿祐的被刺，南疆哥老会的戕官劫狱和哈密维族人民起义，新疆将有另一种局面，杨增新不至一跃而为都督。

新伊都督府成立后，与迪化省方隔绝，伊犁邮局所用邮票得不到管理局的供应，而惠远、伊宁、绥定、霍尔果斯以及精河之间寄递公文、信件，由军政府另制一种伊犁通用邮票。新伊统一后，这种邮票颇为外国人所重视。当时我从伊宁城外东梁天主堂神甫比利时人梁萌德习英文，他经常托我代他收集此项邮票。宁远讲武堂监督兼教练日本人原尚志移住天主堂，我与之相识，据他所谈惠远起义经过，大致与我上面所述相同。

二　哈密农民起义

袁大化被任为新疆都督后，对清廷似未忘怀；又鉴于伊犁尚未统一，南疆哥老会到处戕官滋事，喀什道解省军饷又在阿克苏被扣，故无心恋栈，决计辞职。在他动身的前二日，省城谣言四起，人心惶惶，由伊犁投降的蔡乐善所部一度哗变；经杨增新所属回队镇压下去。袁大化于民元6月5日带同王佩兰、钱广汉和蔡乐善等离省东去。他们路过哈密时，适逢哈密王沙木胡索特所属东山维吾尔族群众，以沙王差徭过重，声称：回王系清朝皇帝所封，现在皇帝去位，还有什么王爷？于是由铁木耳为首，率领起义，反抗回王。巴里坤总镇易盛富率兵前往镇压。铁木耳与张在仁的会党（张曾于民元4月间戕杀镇西县知事）联络，发生了南山口设伏杀害易总镇事件。袁大化当即留钱广汉入山剿抚。钱部未入山，半途即被铁部击败，谎报得胜，袁信以为真，遂于7月23日带同王佩兰等离哈入关。实际上，事变并未平息，杨增新得报启令钱广汉设法收抚变民，他又谎报说："变民业已就抚，但仅缴快枪30支，防范尚未敢放松……"等语，仍然自欺欺人。钱的部下多伊犁锡伯族，事后，他们中一些人回伊，揭露了钱广汉以败报胜的真相。不久，钱广汉和蔡乐善也都进关，所属部分骑兵拨归巴里坤游击王兆琳带领。当时沙王力主剿办反抗的维民；但杨增新认为全疆秩序未复，操之过急，恐事变扩大，不可收拾，特于是年7月底派懂维族语言文字的张彩廷，前往哈密招抚。同时，他又两次电嘱哈密伊斯兰教圣人后裔奎保入山，劝告铁木耳等受抚；还用函电劝告沙王，减轻所属维民的差徭。沙王将原来每月应差五日，减为二日。张彩廷到哈，未亲身入山，只凭派人往来传话。是年 8 月间，据张都司报告杨增新说，铁木耳已允就抚，并交出易总镇尸骸。但至民国 2 年（1913 年）1 月间，铁木耳又侵扰沁城，杀伤驻军。此次，沙王及哈密副将姜国胜、县知事白文超等，以变民反复无常，仍主剿办。但杨增新仍然主张招抚，其理由有三：

（一）外蒙古当时闹独立，派兵扰乱科布多和阿勒泰，新省边防吃紧，正在用兵防御。外患方急，不宜再有内战，以免顾此失彼；

（二）哈密吐胡芦（图明里克）与外蒙古接壤，操之过急，恐维民与外蒙古勾结，节外生枝；

（三）鉴于过去甘肃回民事变，先是同族相争，继而引起回汉间的仇杀。

因此，他一面派兵遣将，虚张声势；一面派营长李寿福（回族）入山，说服铁木耳归顺，李营长入山谈判结果，请准招维族骑兵一营，拨给枪支，由铁木耳带领，入省驻防。并由李营长抱《可兰经》起誓，以示不欺，铁木耳始允受抚。当经杨增新任铁为定边第三营营长，并给铁取名叫铁正元。这是民国 2 年（1913 年）3 月间的事。不久，铁即带队入省，哈密乱事告一段路。

在铁木耳受抚以前，吐鲁番维族阿訇穆依登曾暗与铁木耳相联系，拟响应铁木耳，在吐鲁番所属二堡纠众起事。杨增新得报，在铁受抚后，令穆带领手下人众来迪化，允编为正式军队。是年 9 月 6 日夜，杨增新令回队统领马福兴，逮捕了铁木耳，并当即枪决。第二天，又以点验穆依登的兵额为由，以虚兵冒饷的罪名将穆拿获绞毙。事后出示宣布铁的罪状，大意说：9 月 4 日哈密侦察员和沙亲王的密电报告，定边营马队第三营营长铁正元即铁木耳将欲带军东下，希图不轨。9 月 6 日，又据定边第三营哨官密报，铁木耳已密为布置，一二日内即将带队潜逃，经统领马福兴拿讯，据铁木耳供认，一二日内带队谋叛不讳，当依军法枪决。铁所率骑兵，愿留者准留，愿去者遣回原籍务农云云。穆依登的罪名是：在铁木耳受抚前，即暗中与铁勾结，图谋在吐鲁番响应作乱；铁木耳就抚后，将穆招致来迪化，并将其所率人众，编为军队。而穆依登怙恶不俊，又与铁木耳深相结纳。铁既枪决，穆依登与铁同恶相济，虚兵冒饷，应依军法绞毙云云，至于穆所率党羽，都分别遣散。事后，复经杨增新电令吐鲁番和哈密文武官员调查铁木耳秘密运出的部分枪械，查缉穆在逃或潜伏的余党。据闻，曾拿获和就地枪决了不少人。以上系杨增新处理哈密事变的经过，是民国 2 年间，我在迪化所见官厅文告和闻人述说的大致情况。

三　南疆乱事

伊犁革命后，民国 2 年间，南疆各城先后发生了哥老会戕官案多起，案件既涉及哥老会，故就所了解情况先作概括叙述。

哥老会传入新疆，开始于清光绪初年，随左宗棠所率军队而来。这些军队中有湖南湘军、四川蜀军、安徽淮军和甘肃军队，其中湘军湖南人最多，哥老会又以湖南人和四川人为最多。各军由陕甘转战入新，沿途补充的陕甘人和其他各省人亦不少。日久，会党逐渐发展，于是各军和各省人之间入会者甚多。最初，会员多系下级官佐和士兵，久经征战，以军功逐级提升，因而高级军官中也多哥老会人物。久之，下级文武官员、职工，小商小贩和手工业者，也多入会之人。清朝严禁各会党，哥老会只能秘密活动，外人很少了解他们的情况。伊犁革命时，联络伊犁哥老会首领徐三泰等协同起义，从那时起，新疆哥老会才公开活动。据我所知，他们的首领称为“山主”下有“副山主”，正副龙头、陪堂、香掌、盟证、礼堂、督堂、心服、正副红旗、巡风、大小老么等名目，以入会先后叙班辈，不以年龄论大小。一般会众，应绝对服从“山主”。如会中有人违犯会中所定某项条款，首领认为犯者应该自杀，某人就自动照办，不敢违抗。他们最重义气，彼此有互助的义务。一地方会中人到另一所属码头的地方，应持原码头头目的名片拜访所到码头上的龙头大爷。如手中缺钱，大爷即供给食宿和安置工作，如路过某码头缺少旅费，也可得到补助，故远离家乡而无依靠的人，多愿入会，借此可以通行各处不致受困。会中人见面施礼，或在茶饭馆中举茶碗，都有特定的一种姿势，会中人一见，即知是同会中人。他们还有一种秘密言语，彼此交谈，非会中人即无法冒充。他们在某一地方组织会社，称曰：“开山立堂”，在“山堂水香”4个字上各冠二字，作为这个会社所特定的名称，写在布票上，发给吸收来的会众。例如绥来（玛纳斯）的山堂名称是“迪龙山、宣化堂、绥泉水、长寿香”等。入会仪式极端保密，向不告知会外人，故无从详悉。

清光绪四年（1878年），新疆军事平定。十年（1884年），正式建省（1882年，清廷已决定置省），有会籍的官佐士兵，有回家的，有留在地方的，有在各官署工作的，分布在各个角落，但仍以留在军营中者为多。清末绿营腐败，新疆更甚。官长士兵多同是会中人，平日督率不严，操练不勤，纪律松弛。他们终日游手好闲，经常聚赌滋事。在伊犁哥老会参加起义之前，迪化曾发生刘先俊联络当地哥老会密谋起义事件。刘先俊湖南人，曾留学日本学陆军，宣统三年袁大化任新疆巡抚时，他来新投效，袁未重用。武昌起义消息传到迪化后，刘先俊即运动抚标协营及市间哥老会起义，据80高龄的昔端山（河南人）面讲，当刘发动起义时过于胆大，居然公开召集人众到南关福寿巷某水磨，每人发给银票（龙票）8两，计划于农历十月初起事。袁大化得报后派军队将刘先俊等围在协署中，约击毙百余人。其余的会党缴械，派谭长谷带领出迪化，分拨焉耆、库车和阿克苏等处补充各营缺额。这是阿克苏一带发生戕官事变的原因之一。民元4月间，阿克苏会党戕杀阿克苏道某（姓名忘记）和温宿府王某（山西人，杨增新儿女亲家王学增的侄子），事后，阿克苏总镇查春华（兰亭，安徽人）委谭长谷为阿克苏镇标游击。当时袁大化尚未离省，不知查镇如何设辞呈报，袁竟准以从宽结案，呈明北京政府免究。不久，库车谣传驻军有变乱消息，查镇复派谭长谷赴库车查办，谭到库车后，发生营中会党戕杀库车县知事（原称州）毛英畏案件。毛英畏湖南人，于是年5月4日赴游击谭福星处议事，在游击署内被会党等突起用刀砍杀。随后复往县署劫狱，抢去钱财。查镇竟委谭长谷接库车游击之任。据阿克苏镇查春华呈报，此案系营中司书钟国柱勾结营兵游勇等人所为。事后，钟国柱、刘荣华等4人逃至阿克苏，被拿获正法。实际首犯是库车巡防哨长陈福魁和马队都司陈昆林等人为首。谭长谷是哥老会首领，他曾在库车开山立堂，建立码头，并擅理词讼，设立财局，苛索民财。库车已成会党中心。阿克苏镇重用谭长谷，并于元年三四月间截留喀什道解省兵饷20万两，动用6万余两，资遣在阿克苏聚集的会党。这说明查镇也是会中人。当时南疆到处发生戕官事件，秩序混乱，杨增新明知查、谭早已互相勾结，但投鼠忌器，容忍羁縻，未即究办，直至民国 2 年冬，大局初定，才委马绍武（回族新教首领之一）为库车县知事，并以开办库车铜矿为名，带回队一营赴任，以免谭长谷疑惧。马绍武到任后，即令谭交卸回省城。民国 3 年 5 月，杨增新派管带马存德带队，递解谭长谷回湖南衡州原籍。行至中途车轱辘泉地方，电令马管带将谭枪决。当时外间传说，这是杨惩办有势力人犯惯用手法。在此种情况下，阿克苏查镇即不安于位，辞职赴喀什，假俄道回原籍长沙。民国 4 年（1915 年），杨增新呈报以民国2年查春华所报前截留喀什解省库款中动用资遣会党的款项清册，有不实之处，请政府转令湖南省府查抄查在原籍的财产（时查已故），补偿公款的损失。

民国元年 5 月间，又发生轮台会党萧秋舫等戕杀轮台县知事李华嵩之案，在库车、轮台两案之前，即 4 月下旬，焉耆参将吴首怀宴请焉耆府（民国改县）张铣（武威人，前清进士），在参将署内发生被胡得才等会党戕杀的事件。这说明吴首怀也是会党。但吴未与谭长谷同一命运，据闻其原因有二：

（一）当吴请张铣宴会时，同席有杨增新派赴南疆路过焉耆的清道员王学曾（杨的儿女亲家），未遭毒手，并得到吴的庇护；

（二）省方派回队前往焉耆办此案时，吴曾帮同回队管带安某拿获犯首胡正才等 7 人枪决。因此，杨增新只勒令吴首怀回籍完事。

在阿克苏道发生戕官案的同时，喀什也发生戕官事变。民国元年4月间，迪化袁大化电请北京政府任命喀什道袁鸿祐为新疆督军，袁鸿祐奉命后，即令人剪发易服，于是外间谣言四起，有不利于袁的传说。帝俄驻喀什领馆闻知，曾劝告袁警惕，并拟派领馆卫兵到道署守卫，袁辞谢。袁鸿祐安徽人，清同治间曾由捻子军中逃出降清，据说面部尚留有针刺字迹。他因有军事经验，胆气较壮，且在喀什任兵备道近 10 年，地方久安，认为不至发生意外，于是毫无戒备。在他准备起身来省城之前一日——元年 5 月 7 日深夜，喀什哥老会勾结提标会党以边永福、魏得喜等为首，直入疏附喀什道署刺死袁鸿祐夫妇，同时被杀害的有参将汤殿恒和疏附县知事张秉铎、革职官吏张舒锷等人。事后虽经省方报告北京政府，奉令查缉凶犯，但驻疏勒（距疏附 10 华里）的喀什提督焦大聚多方庇护，借口事变是袁道勒令人民剪发易服所激起，如操之过急，恐生意外，请暂维持现状。同时，帝俄借口保护俄商，加派哥萨克骑兵至喀领馆驻扎，会党恐外人干涉，未再滋事。焦提督将发难的会党编为治安左右两营，委边永福、魏得喜各任营管带，因此相传焦提督也在会籍之中。袁大化急于东归，请北京政府任杨增新为都督后，即匆匆离省，喀什事变就此结束。外传喀什戕官事件是由伊犁所策动，但据卸和田统税局长陶然民国 2 年回省时讲说，喀什会党加给袁道的罪名是剪发易服，这样一来，会党是在保守清制了，这和伊犁反清的革命无相同之处，实际上，他们是趁火打劫，毫无宗旨和纪律可言。那时喀什道各地方官，除袁道等五人和巴楚管狱员张某被戕外，其他各城地方官为保全生命财产，对各地会党供应财物、食粮，竭力讨好他们。于是哥老会明目张胆地开山立堂，吸收会众，散发会票，聚众滋事，勒索钱财，吃喝嫖赌，为所欲为。如继任喀什道王炳堃，就借遣散游民为名动用库款 7000 两，给会党卖命。和田街市，一度被会党熊高升纵火焚烧，即可说明当时的情况。

民国元年初秋，外蒙古独立，侵犯科布多、阿勒泰，杨增新派兵至察汗通古声援，正在军事紧张时期，边永福和魏得喜等自请带队赴前线，效力赎罪。此请，实获杨增新之心意，当即准他们来省城，派魏率所部往前方，留边永福在迪化。边的家属当时住老东门外农林试验场“说园”（现建安总公司）门南侧小院内，人称边统领公馆。当时我借住试验场小房读书，出入常见他的内眷。民国 3 年（1914 年）9 月，杨增新任边永福署阿克苏副将，出省城后，杨电库车县知事马绍武俟边到库后，诱至县署监禁，并将他所带弁兵分别扣留和资遣回籍后，又令给边加脚镣装入木笼，并派骑兵 20 名沿途接替解送至安西。同时，由杨增新电请甘肃督军张广建派兵由安西解至边的原籍，交地方官严加管制。另电张督将喀什戕官会党首领已回原籍的陈德功拿获枪决。魏得喜等带队驻守新蒙边境将近两年，未发生事故，将功赎罪，未予追究。在民元秋冬间，喀什焦提督交卸东归，杨增新请北京政府任命伊犁革命首领杨缵绪继焦为喀什提督。杨缵绪接喀什提督后，哥老会残余尚多，杨在伊时曾联络会党，在喀即不便惩办会党，加上招兵筹饷不如在伊时如意，故不久也辞职由俄道东归。

当边、魏离喀什后，哥老会党大多逃聚和田、于田及若羌一带。和田曾发生会党张贴告示要粮并拥入县署索款及于田戕杀县署卫兵，以及围困武营强索枪械等事件。最后若羌县知事胡奠华曾捕杀会党一名，以致引起会党的仇视，由驻卡墙（不久改为且末）马队哨官暗中供给会党枪械，越境至若羌绑杀知事胡奠华，另举统领和县知事。杨增新派参将童明才率回队查办，会党聚众抗拒，经连长邹维新等在对战中击毙 10 余人，生擒多名，并拿获所举统领廖国星与知事何开元，遂即正法。廖、何二人的首级曾专人送到迪化，装入木笼挂在老南门示众，并由督署出示该会党罪状。计此案临阵枪毙、生擒后枪决及在卡墙拿获枪毙的会党不下四五十名，若羌事变至此结束。

自民国元年4月起，焉耆、阿克苏、喀什、库车、轮台、巴楚连同东路巴里坤，先后发生戕官案共8起，文武官吏及眷属遇难者15人。最初杨增新乏人，各地会党虽盛，但除拿获少数滋事者枪决外，多未追究。自会党首领谭长谷、边永福先后调离库车、喀什后，以及在会籍的武官查春华和焦大聚去职后，杨始大张旗鼓拿办会党。他曾电令莎车一带和北疆各县雷厉风行的查缉，阿克苏等处戕官在逃的首恶和查拿法办的当地会党，都分别枪决、解散或遣送回籍。同时通令全疆和迭次张贴告示，严禁会党开山立堂，其已入会者令其自行焚毁会票，改过自新；其能自首并报告会中重要情况者，免究给奖。各地文武查办会党有功者，优加奖励，办理不力者论罪。在这样严加查禁之下，民国3年元月还在迪化查获肃州会党杨生华一名，搜出布票100余张，盖印的传牌一纸，牌上第一行写有“洪命双金花分部肃州后续统通山主韩”字样。另有红绫传单一张，内开有肃州山主韩应中等以下会党各头目的姓名。杨生华系奉命出关联络开山立堂、吸收会员和密谋作乱的。该人当被枪毙。杨电肃州道拿获韩应中，同时饬知东路各处查办被杨生华吸收的会党。自民国成立3年以来，新疆共枪决的会党在200人以上，哥老会在新疆的势力至民国4年已冰消瓦解。民国7年（1918年），又有精河所属博尔塔拉接连俄境地方发生畅进财等开山立堂事件，他们勾结俄境华侨“红胡子”（以抢劫为生的匪徒）闹事，杨增新据报后，派童明才带队前往，拿获会首多人一律枪决，余众解散，这是新疆惩办哥老会最后和最大的一次行动。

（选自新疆维吾尔自治区政协文史资料委员会编《新疆辛亥革命史料选编——纪念辛亥革命八十周年专辑》，新疆人民出版社1991年9月第1版）

辛亥革命时期的内蒙古

博彦满都*

1911年，辛亥革命爆发时，我在沈阳蒙文学堂读书，学习蒙、汉文。当时在这个学堂的蒙古族同学有120余人，都是1909年由内蒙古各旗扎萨克保送来的。按清朝制度，本是禁止蒙古族人学习汉文的，而我们被保送到内地学习汉文，这还是第一次。以后才明白，这是当时革命形势所带来的机会。

辛亥革命前两年，全国学生请愿开国会运动的时候，我和同学萨音巴雅尔（包悦卿）被派为我们蒙文学堂的代表，曾参加了多次当时奉天省的学生代表大会，在大会上听到了很多学生代表的讲话。我开始认识到，当时中国的积弱不振和人民所受的重重灾难，完全

* 博彦满都：时为沈阳蒙文学堂学生，后任内蒙古自治运动联合会副主席。新中国成立后，任内蒙古自治区人民政府参事室主任，第二至五届全国政协委员。

是由于清朝政府的黑暗统治和腐朽无能。

当时我们除在校内和校与校之间经常鼓吹开国会、颁宪法的意义外，还利用寒暑假的机会到自己的家乡去宣传。这个时候我们把头上的辫子已经剪掉了，在乡村做宣传时，还要戴上假辫子掩在帽子里，因为乡村老乡们看不惯没有辫子的人，他们说剪辫子的人是要随外国当鬼子。

剪辫子的人成了当时统治者严密注意的对象，他们说，剪辫子的人都是革命党。我们校几位同学因剪辫子受了他们旗下王爷的责罚，有的挨黑鞭子，有的罚款、罚牲畜并停止上学。大刽子手东三省总督赵尔巽在武昌起义后，为了反对革命，不择手段地调用了张作霖、吴俊升等部匪军，逼走蓝天蔚，残酷地镇压革命运动。他们更注意剪辫子的人，不知有多少剪辫子的人被他们杀害。我曾亲眼看见沈阳城的城墙上悬挂着一排一排的没有辫子的人头，城门内站立着几十个手持枪刀、身穿灰衣、垂着大辫子的张作霖的喽啰，正在那里以凶恶的贼眼注视来往人的发辫，有时他们还叫人把帽子摘下来验一验。幸而我没有受到检验，但从此我没有出校门。

武昌首义，举国响应，清帝退位，结束了几千年的封建帝制，建立了五族共和的中华民国，被压迫的各族人民无不拍手称庆。在我们内蒙古地区来说，这更是一件空前的大喜事，原以为数百年来的奴隶制度可以随着清朝统治的覆灭而告废除了。孰意辛亥革命有如昙花一现，革命的果实很快地被北洋军阀袁世凯所篡夺了。

袁世凯统治蒙古民族的方式是：拉拢怀柔上层封建王公，利用他们来统治蒙古族人民。在 1912 年一年内，就公布了蒙古王公优待条例、蒙古王公待遇条件，用新的法律的形式肯定了旧的封建王公原有的统治权力。在这一年内，又用“深明大义”“效忠民国”“赞助共和”等冠冕堂皇的词句，大肆晋封原有蒙古王公勋爵。如亲王无爵可晋封其子孙；郡王晋封为亲王；贝勒、贝子、镇国公、辅国公、台吉、他布囊，都依次晋一级或晋三级。此外，又依据各旗扎萨克王公的保举，任命了许多的贝勒、贝子、镇国公和辅国公。这样使蒙旗的封建奴隶主比清朝时的数额增加了几倍。如我的家乡哲盟科左前旗，清朝时只有一个扎萨克郡王，袁世凯执政时就增加了5个辅国公。这些新贵们，巧取豪夺，贿赂公行，摊派日多，大大增加了人民的供应和负担。再加军阀盗贼和后来国民党的压迫蹂躏，最后竟招致了日寇侵入和血腥统治14年的空前浩劫。

辛亥革命的同时，外蒙古的哲布尊丹巴活佛由于帝俄的煽动，宣布“独立”。内蒙古一部分扎萨克王公和喇嘛活佛，以及封建上层人物和土匪头目，就起来响应哲布尊。有的秘密往投库伦，如哲盟的科尔沁左翼前旗的扎萨克郡王棍楚克苏隆，科尔沁左翼后旗的公爵那孙阿尔比吉呼，克什克腾旗的台吉诺勒嘎尔扎布，卓盟喀拉沁右旗的管旗章京海山和土默特左旗的匪首巴布扎布、稽荣阿等。有的还举兵起事，和哲布尊遥相呼应，如哲盟科左前旗扎萨克郡王乌泰和葛根庙活佛等。这些人到了外蒙古后，都不过待了三五年，除棍楚克苏隆死在库伦，哲盟郭尔罗斯前旗台吉陶克陶等极少数人留住在库伦外，其余的都先后归来，一律受到袁世凯的封赏。这就证明袁世凯的拉拢、怀柔政策，对内蒙古的民族上层统治者起了有效的作用。

从辛亥革命的1911年起，到1949年中华人民共和国成立，中间经过38年的漫长岁月，中国各族人民所受的苦难我是亲身经历过的。我怀着敬仰的心情，永远怀念以孙中山先生为代表的革命先行者们所领导的辛亥革命。它推翻了清朝的专制统治，结束了中国两千多年来的封建帝制。这次革命虽然没有能够完成反帝反封建的历史任务，但是毕竟教育了中国人民，推动了中国人民解放斗争的日益发展。

（选自全国政协文史资料研究委员会编《辛亥革命回忆录》第6集，中国文史出版社2012年6月第2版）

略谈辛亥革命前后的家乡旧事

荣 祥*

我生长在归化城土默特旗，所以土默特就是我的家乡。土默特旗全境在前清时共设置了归化、萨拉齐、托克托和林格尔、清水河、武川等 6 个厅和一个包头镇。因此，我所说的家乡也就是包括这些地方的，而我所要谈的旧事也越不出这个范围，并且是以归、萨、包三地为重点。题目既已说明，下面便谈旧事。

一 辛亥年的归绥官僚阵容

辛亥年，我刚 18 岁，在归绥中学堂（这是前清的旧名称）肄业，

---

* 荣祥：时为归绥中学堂肄业生，后任蒙古抗日游击军第三军区司令部中将司令。新中国成立后，任内蒙古自治区呼和浩特市副市长，自治区政协常委，自治区文史研究馆馆长。

这是归绥道境内唯一的一座中等学堂，是由“古丰书院”改建的。当时我虽然年轻，但是绥远、归化两城的官僚阵容，已能约略记忆。第一位封建大官是绥远将军，按照清朝的制度，他的权力是：调遣宣（宣化）、大（大同）二镇，节制沿边道厅。这在军事和政治上是一个威权很大的大将军。辛亥年担任这一职位的是一个年逾七旬的满洲老人，名叫堃岫。他在清末是循资格起家的不著名人物，清廷派他来绥远，也只为他是个老实不生事的人而已。第二位封建大官是镇守归化城的副都统，这是一个单纯监督土默特旗事务的二品官。辛亥年担任这一职位的虽然是个壮年满洲人，但却带有轻微的精神病，他名叫麟寿，属员们背地称他为“麟疯子”。据说他是闽、浙总督松寿的胞弟，是个世家纨绔子弟。第三位封建大官是归绥兵备道，这是一个监察各厅、兼管关税和学务并指挥巡防队的有权官员。辛亥年担任这一职位的是个少壮满洲人，他名叫成麟，字泽山，据说他是被同盟会员徐锡麟刺死的安徽巡抚恩铭的儿子，是个怯弱的少爷。以上三大员的职责虽各不相同，但却都是执行清朝对边疆统治权的有力人物。只是在辛亥年担任这 3 个要职的人本领有限，除深居简出、尸位看门之外，已不能有所作为。这也是当时清政府腐败衰朽在这一个角落的写照吧。

二　武昌起义前后的归绥情况

在武昌起义以前，我们家乡的士大夫之间已经知道清廷派遣钦差大臣端方正在入川，四川遍地兴起了保路同志军，这个消息使归绥两城的大官们除受到一次迅雷轰顶的震惊以外，同时也深深地感觉到时局的紧张气氛，是越来越咄咄逼人了。这本来是一种“山雨欲来风满楼”的趋势，不仅宦海中群情沸腾，就是城乡民众中也窃窃私议，谣言蜂起，都认为震撼皇帝宝座的暴风雨就要到来。果然，到了农历八月十九日湖北新军在武昌城起义了。他们的主张是：打倒帝制，建立共和。这个消息，不到几天就传到塞北，跟着就有各省地方纷起响应的事变也在报纸上不断刊出。这就使群情更加动荡，而将军、都统、道台3位封疆大吏也越发亡魂丧胆，惊慌失措了。道台成麟改换服装，头戴白毡帽，身穿一件灰色粗布半截袍，腰勒布条，形状活像一个口里来的卖花生和山里红的“侉侉”（小贩）。每天夜里不敢睡觉，只在署后花园里作惴惴不安的踯躅，到天明才敢和衣假寐。公事都交给他的“师爷”们去办。他的唯一愿望是盼得时局稍稳，便可解组还家。至于那位副都统麟寿则骇怕得更厉害，把署后的住宅门加上锁，除他的家属以外不接见任何人。他的最后愿望大概和成麟一样。将军堃岫虽然是个老实人，但毕竟年高、经事多，比他那两位后辈都统、道台要稍胜一筹。同时也因为他是地方军政的最高长官，时局到了非常紧张的时候，他的职责是非硬着头皮拿主意不行。所以当时都统、道台所管事情都由各机关直接向将军请示。

到农历九月上旬，山西太原的新军也以响应武昌而起义了。到九月下旬，驻扎在归绥“营房道”的外八旗巡防队也突然暴动起来。他们暴动在夜间，正是全城居民深入睡乡之时。他们原打算用放火惊动居民，把煤油泼在礼拜寺巷清真大寺的门扇门柱和木栅上，因天气已经寒冷，没有燃着，遂放了很少的几声步枪就往山后撤退了。天明后，这件事不半日而传遍全城，人们都说归化城是“福地”，又说归化城的庙多，有神佛保佑，绝不能遭劫。这是封建神权社会应有的说法，倒也不足为奇。下午，堃岫就传谕新城满洲诸协领和土默特旗各家参领派兵到巡防队营盘搬运库存武器。因巡防队撤走时只带了兵士们自用的枪，对于库存未开箱的汉阳造马、步枪 500 余支并没动，遗留的子弹也不少，完全由满洲八旗右司和土默特旗兵司瓜分运走。可见巡防队的暴动是事出仓促，没有什么严密革命计划的。他们于农历十月从山后绕道进入包头镇才打出革命旗号，军官曹富章自称革命军都督，其余几位是副都督，据说当时共有正副都督五六位。这是因为原驻包头的一部分巡防队与他们合流之后，几个军官也要以“在地虎”的资格称都督，为了合作，便只好多设这种职位。兵少官多，本来就是一个极大的弱点，后来的失败也恰恰是从这一弱点产生的。

包头在那时还是属萨拉齐管辖的一个镇。在巡防队尚未进入包头之前，萨拉齐厅署理通判樊恩庆（人们称为“樊屠家”）已经带了一个亲兵小队先到包头，只是还没有来得及布防就被包头巡防队把归绥巡防队接到城里了。樊恩庆知道用武力打不过这些都督，而用计是可以取胜的。于是乎他就用他那种候补官巴结上司的看家本领来巴结这几位都督，他指天誓日地表示了投降，胁肩谄笑地显示了忠顺，并说他本人也是从武职（他精通技击）转到文班的，因此他和军人最能合得来。几位都督被他这种极毒的米汤灌昏了，完全相信他是一个忠实的革命伙伴。却不料樊在恭维他们的同时，正暗中布置着收拾他们的场面。未经多日，樊就选定马号大院为设宴请客之所，把几位都督全数骗来，在酒筵上伏兵突起，实现了一网打尽的目的。巡防队兵也跟着瓦解了。这就是曹富章们搞革命的结局。

这一事件在当时虽好像昙花一现,但它给归绥带来的惊恐却很不小。尤其是当樊恩庆态度不明时，归绥的谣言甚盛，说他被杀的、潜逃的、投降的话都在民间传播着。群众的乱说，正是恐惶情绪的反映。

三　包头镇事变后的归绥情况

包头镇的革命嫩芽，虽然被樊恩庆一脚踏煞了，可是绥远将军堃岫并不认为塞北的局面从此便能安稳下来，因为他已经知道山西的革命力量被张锡銮击败后，有北出口外的趋势，清政府也给他指明这一点，并命令他以全力守住归绥以保护北京的右侧背。因此经常有他的传谕，给地方官员和绅商们打气，叫大家多想办法巩固城防。这时满洲步兵营已开往萨拉齐厅，留在归绥的只有土默特旗的步、骑两营，全数兵额不足 800 人，力量显得有些单薄。堃岫就邀请土默特旗兵司关防阿灵阿和旧城回民乡老白维礼，鼓励他们增练守卫队给原有陆军做助手。二人奉命后，不到半个月就把蒙古和回民守卫队编组完成，两个队每队 200 人，蒙古队由土旗前锋校舒敏泰率领，回民队由回民公推白维礼率领，他们的主要任务是白日查街、夜里巡更。武器是老毛瑟和砸铜帽儿洋枪，还有一部分二人抬。这种队伍只能给官僚、财主们壮壮胆子而已，根本不能打仗。除此以外，堃岫又从废籍中起用了旧巡防队统领谭永发（谭是在贻谷垦务大参案中被牵连革职的），教他收集驻各厅未哗变的巡防队协助陆军守城。谭是湘军出身的湖南老军官，对于复职带兵这件事是日夜祷祝而求之不得的，怎能不欢欣鼓舞地接受这一使命呢？所以谭的队伍也很快就集合起来了。这便是包头镇事变后归绥新增军事力量的大概情况。

与此同时，归绥的文职人员和地方绅士也有一些非军事性质的应变活动。首先是道台衙门的秘书长俞翰卿出名约请地方绅、学、商各界知名人士，共同商议，打算成立一个保安会，联名向堃将军递请愿呈文的有方得臣、程心之等多人。他们要求把发商生息的学堂基金白银5万两提作保安会经费。这个消息恰好被我们归绥中学堂的监督（那时不叫堂长，也不叫校长）吴福麟老师打听到了，这件事对他的饭碗有被打碎的危险，他当然不甘心置之不理。唯一的斗争办法只有发动全堂学生提抗议。可是这时中学的甲、乙两班都已毕业离堂，只剩下丙班和师范班，但也因提前放寒假绝大多数学生都回家了。仅有少数外省路远的学生还没有走。我是丙班的班长，又是归化本城人，虽已放假，每天也要到学堂里看看报纸并和留堂的同学说说闲话。有一天吴监督把我唤到他的办公室里，很和气地和我商量这件事的对付办法。我当时年轻气盛，坚决主张反对提取学堂基金充保安会经费，并主张用全堂学生名义向堃将军提出理由书表示抗议。吴监督立刻召集留堂学生说明这种办法，问大家有何意见。我们中、师两班留堂生都表示赞成。吴当然很高兴，就嘱我起草理由书。

次日我把稿子交吴审阅，我在稿中所叙的理由大略是这样说的：教育是国家经久事业，不因政局变易而定存废。将来我国无论在国体和政体上有任何改革，但必继续开学堂、办教育则是可以断言者。今若将吾乡邦学堂基金移充保安会经费，预料不久必被该会提取一空。迨时局稳定，各省学堂皆纷纷开课而吾乡独否，追究原因，大帅（指将军）能不负破坏边地教育之责乎？况学堂基金乃归绥全道农民地亩附加款所集成，亦即农民之血汗也。聚腋为裘，得来不易。今乃不以此款培养绥民子弟，而反用之于豢养城市官绅，他日另筹学堂基金,大帅能强迫农民再纳几年地亩附加款乎？生等知其必不能也。盖就农民而论，耗其财而不告其人，已属不情，若耗人之财而更令其人自偿，古今中外，岂有此理，此地亩附加不能再征之总因也。且保安会果能保归绥之安，则借用少量学堂基金以资办公，犹可说也。无如该会虽集多人，徒恣空谈，此正所谓泥佛过河，自身难保，又焉能保归绥之安。生等此言，并非有意轻视老辈，实因预料该会终无济耳。试问该会有白起、韩信之将才能为归绥百姓摧锋陷阵乎？或有申包胥、陈景思之使才能为地方乞得援兵乎？抑有苏秦、张仪之辩才能为吾乡说服革命军使其敛手而去乎？三者皆无而侈谈保安，其谁信之。生等以为该会发起人之本意，无非因时局紧张，有题可借，多金到手，聊备瓜分。归绥无恙则烹羊炰羔，车马领费。归绥有失则腰缠跨鹤，一去不还。以大帅之贤明，必不肯为他作嫁，代人受过也。云云。此文由我和师范班班长姚玉枢送交将军府的外收发室。隔了一天，吴监督以胜利的面部表情告我说："老将军已经答应了咱们的要求，不许别人挪用学堂基金了。"这件事可以就是辛亥年的一个小小插曲。但民国元年，我的母校（第一中学）能继续开课，也正赖有此一举耳。

四　归绥部队与北上晋军之战

归绥部队与北上晋军之战，是辛亥年塞北的一件大事。我估计我们家乡记述这件事情的人一定不少，只是观点不同，褒贬互异，尤其是从今天追记50年前旧事，有些人往往喜用新观点轻视当年的旧势力，这样一来，历史的真实性就得打折扣。这好像以现行的度量衡检校古器物，其不能与古时数字相符合是必然的。在辛亥时期，我是一个与同盟会无关的蒙古学生，今天追记这件事，仍用我当年的看法，不加粉饰，据事直书，谅我罪我，均非所计。

北上晋军的首领是阎锡山。阎锡山为什么要来口外，其动机何在？在这里先谈一下。阎在正太路被清将张锡銮击败，欲率残部回太原，又被谘议局议长梁善济闭门不纳，梁并登城对阎说："北京政府不承认你是革命党，你如进城，清军就要攻城，全城百姓都要跟着你遭殃。现在你最好到远处避避，等南北和议能争取到北京承认你是革命党人时，你再回来。"阎就是在这种进退维谷的情势下才决定出口外的。他从晋西北穿过伊盟准格尔、达拉特两旗界，踏冰渡过黄河进占包头镇，并改包头为"包东州"。这是农历十一月的事，这时曹富章等已被"樊屠家"杀害，巡防队的力量已利用不上。阎在包头稍作整顿即东向进攻萨拉齐，一鼓而下，颇称顺利。除击走归绥派来的守兵以外，还夺取了吴埧村炮兵阵地的4门山炮。在萨厅释放了"囚犯"，招集了流民游勇，编组了人数颇多的敢死队和决死队，这样做了增马添兵的部署之后，即于腊月初率军东进，准备攻占归绥。初七日进到陶思浩村，探悉前路已有堃岫派出的骑步兵在上、中、下3路布防。这就只好停下来计划明日出击的事情。

在归绥一方面，自从萨厅失守，驻军溃退的消息传来以后，将军堃岫就连夜招集土默特旗各家参领征求他们的意见，打算派土旗步、骑两营与谭永发的巡防队同去西路防守。这些老参领和堃岫的利害是一致的，当然同意这样办。堃岫立即发出命令，派土旗步兵营长发义率全营官兵沿大青山南麓出上路，巡防队统领谭永发率全队官兵并配以绥远城炮兵一连出中路；土旗骑兵营长福坦率全营官兵出下路。3 路兵必须紧密联系齐头向西挺进。当腊月初五日中午，3 路兵在旧城各大街整队行进，蒙、回两个守卫队也扛着枪跟在后面作了夸张的“扬兵”仪式之后，就出发了。到初七日上午，步兵进入刀什尔村，巡防队和炮兵进入到尔计村，骑兵进入马群尔村。都探知晋军已到陶思浩村，只好暂停下来各自准备应付即将到来的战役。

土默特旗的步兵营，是前绥远将军贻谷于光绪三十年（1904 年）奏准清廷新练陆军两营之一。第一营由八旗满洲兵编成，第二营由土默特蒙古兵编成。官兵人数都按北洋陆军章程以足额编制，每营都有 520 多人。贻谷聘请北洋军官胡恩光担任两营督练，胡又引荐了一批北洋少壮军官分任两营教练职务。连年集训，极为认真，官兵质量比北洋陆军毫无逊色（民国元年与张绍曾的二十镇八十团作操演比赛，获得优胜，即是明证）。武器方面，有德国枪（当时称斜五眼枪）300 支、汉阳造步枪 220 余支，子弹都很充足。其次是土默特骑兵营，它的成立时期很晚，即武昌起义后才紧急编成。官兵 270 名，人人有马，其体制也是符合北洋陆军章程的。它虽然是个新营，但兵士却都是从步兵营退伍的壮丁，年龄都在 30 岁左右。武器初不甚齐楚，后因取得巡防队的库存枪、弹，就一律换成崭新汉阳造马、步两种枪了。至于谭永发所率巡防队残部 200 余人，武器原来就是汉阳步枪，就 50 年前的塞外军队来说，这种装备不能算坏。可是北上晋军却把这三路的战斗力估计过低，尤其是阎锡山的前敌总指挥王家驹认为在萨厅击溃的第一营可能是归绥部队的精锐，精锐尚不堪一击，其余更何足道。因此，他的气很盛，战胜的自信心也很强，大有古人所谓“灭此朝食”的气概。

腊月初七日，整天风雪交加，寒冷异常，到傍晚时风雪稍小。驻在刀什尔村的土旗步兵营里收到一个被哨兵捕获的可疑人物。营长发义叫带上来，一见面，发义就惊诧地问道：“你不是云有福吗？”那人说：“就是。”“这样兵荒马乱的时候你乱跑做甚？”“我来给您送个信息。”这个人是土默特旗的退伍兵，他的家就在陶思浩村，他因听到革命军要打刀什尔消灭“小鞑子们”收取枪支，装备那些徒手的敢死队（敢死队员本无知识，在得意忘形的情况下就把攻击目标泄露了）。他以一个蒙古老兵的本性听到这种话，当然觉得刺耳不甘心，何况步兵营里和他熟识的官兵很多，让这500多青年眼睁睁地被消灭，实在于心不安。这就是他冒着风雪给营长送信的一个主要原因。发义听了云有福的情报以后很高兴，除夸奖鼓励一番，又叫他赶回陶思浩村继续探听消息（云有福是我二婶母的胞弟，晋军退时用烧红铁器把他烙死）。

云有福去后，发义一面给谭永发送信，一面亲自布置阵地。刀什尔村在晋军所驻陶思浩村的东北，相隔仅10余里，紧靠大青山，有居民百余户，树木颇多，在村西南有一条从大青山发源的小溪流，土名谷勒畔河，所以人们称晋绥军这次战役为谷勒畔河之战。发义观察了地形，料定晋军必从村西南方进攻，而村西南恰有紧相连接的几个打谷场，都是用荒石块砌成矮墙，约有半人高，这是一种现成的而且是很好的防御工事。发义教兵士把那太高的地方取低些，太低的地方加高些，把墙脚的积雪扫除，铺了很厚的麦秸，使兵士都能很舒适地伏在墙里。这样安排以后，他就把全营兵士分为两批，轮流替换埋伏，监视敌人。并一再告诫他们，没有命令，绝对不许擅自开枪。关于夜战所需的干粮开水都准备得很充足。

初八日，到鸡鸣几次以后，发义用马鞭把抱枪在墙下打盹的兵敲醒，并警告那些班长们说："拂晓攻击这句话，你们还记得吧，不要叫弟兄们再打盹了。"他说完这话还不到一顿饭的工夫，就隐隐听到人马的踏雪声从西南方传来，这时风雪已息，旷野如银，静夜伏听，入耳渐厉。当晋军进到谷勒畔河岸就先用山炮向刀什尔村轰击，原想把蒙古兵的火力压住再前进。可是这些炮弹半数打在大青山腰，半数打在村里的西头（居民已避在村东头），没有一枚击中蒙古兵的阵地。打了一阵炮，不见蒙古兵发枪，就命敢死队和决死队过河冲锋，这两个队大都是由刚打开萨、包两地监狱放出来的"囚犯"临时组成的，排在前一层的队兵有二人抬、砸帽儿枪、老毛瑟等武器，排在后一层的就都是徒手，是给前层作补充的。他们弯着腰进到离刀什尔村不远的地方，后面的冲锋号吹响了，他们喊杀开枪向前冲，并夹杂着喊"缴枪"。发义从雪地上已经清楚地看见他们进入步枪有效射程之内，立即高声喊"开枪！"这一下，晋军的敢死队就牺牲的很不轻。可是他们人数多又因进入火力圈退不下去，所以卧倒后还坚持战斗，使战事形成一个暂时的胶着状态。

天明的时候，晋军才把正规步兵投入战斗，人数比土旗步兵营约多3倍，以偃月阵形从西南向东北逐步包围上来。发义看到这种情势，心中暗暗着急，一面派通讯兵驰往谭永发处请援（这时发义不知骑兵在何村宿营），一面筹划当前拒敌的办法。他从望远镜里看见晋军前线有一个骑黑马的督战军官，飞驰飘忽，以战刀催督步兵前进。当时战场上虽然弹雨横飞，可是这位督战官却毫不畏怯。因此晋军的步兵攻势是节节前进没有后退的。这时土旗步兵营已全体连炊事兵都加入战斗了，但危急的局面却丝毫也没有扭转。发义急中生智，忽然叫他的传令兵告诉 4 个连长，要每连选拔射击最好的战士 3 名，登时到他这里来。转瞬间，这精选的 12 名战士都聚在他面前，他就命令他们说："你们这 12 支枪暂不必射击敌兵，只集中火力瞄准那个骑黑马的督战官一齐放枪，不要七前八后地乱射击。"又说，"你们只要能把这小子放倒，咱们的仗就打胜了"。发义这个办法果然很有效，正当那个军官督着步兵汹涌挺进的紧张关头，这边的 12 支枪同时迸发，那位军官立时落马，那匹黑马也像箭一般向南奔去，晋军步兵的攻势从此就渐渐松下来了。加以谭永发也由东面赶来令炮兵放了几声山炮，福坦的骑兵也辨别着枪声由下路援应上来。晋军在总指挥阵亡、敌兵会合的情势下只好撤退。事后很久，人们才知道这位阵亡的督战官就是阎锡山的前敌总指挥王家驹，那匹马是萨厅葫芦头村蒙古伍海的名马"黑老虎"。

晋军退回陶思浩村，稍作善后整理就向托克托厅开拔了。阎锡山到托城后，有人主张留在那里继续谋夺归绥，有人主张到晋西北暂作喘息。正在这时，南北和议成功，阎锡山被袁世凯承认为革命都督的消息传到托城，阎氏便急急忙忙离开托城回到太原。后来阎锡山以山西都督的身份向中华民国临时大总统袁世凯打电报替王家驹请恤典还说"横挑强胡，即此人也"云云。其余愤未息的口吻，宛然可见。

在战役结束的第二天，土旗步兵都因"歇后怕"而自动地跑回归绥。我的一个表兄名叫仁全（他是我祖母的侄孙，家住上达赖村），背着枪跑了一夜半天，没等回营盘就先到我家饱吃一顿。上面这些战场事实都是他给先父谈而我在旁边听到的。

五　清朝至民国过渡阶段的归绥漫忆

阎锡山既率部返晋，归绥的危机也随即解除，安然过了一个春节。就是在这个时期城市里突然来了一帮恶客，他们的正式名称叫作“北洋陆军第一镇”。原因是阎锡山出口外的消息一传到归绥，堃岫就向北京打电报请求派兵援助。袁世凯当时答应派兵助剿。唯千里赴援，势难朝发夕至，况那时京张铁路刚从张家口展到柴沟堡，再往西就须起旱，所以当晋、绥两军挣扎苦斗时，北京派出的援兵并没有及时赶到。迨战事结束，他们来了。这帮人的作风太糟糕，留给地方的印象太恶劣，他们一到归绥，就要给地方“立功”，急忙开往托城打阎锡山，其实阎已早走，他们只在托城骚扰了居民，讹诈了绅商，完成“立功”任务，就返回归绥蹲下不走了。他们的统制是何宗莲，此人没有来，部队是由协统李奎元带来的。他们在归绥的秽迹很多，这帮人大约让归绥各界恶心腻歪了一年才撤走。

辛亥年腊月，已经是公元 1912 年的 2 月，清帝退位，袁世凯担任了临时大总统，各省都以都督管军事、民政长管民政，改换了清朝 200 多年的旧制度。塞外归绥兵备道改为观察使，各抚民理事厅一律改为县。过了春节便是民国元年即 1912 年 3 月（北京新政府已公布用阳历纪年），这个时期最突出的社会现象是新官纷纷走马来上任，旧官都意兴索然地卷铺盖（攀辕、卧辙、截镫、留鞭那套把戏，已过时没人去干，所以只好卷起铺盖自讨方便）回家。山西派潘礼彦来做观察使，此人虽是新官，其实也是旧货，他是阎锡山学生时期的国文教员，年逾花甲，颇会逢迎。又派刘懋赏、刘兆瑞二人来做塞北关的正副监督。刘懋赏是山西派往南京出席和会的代表之一，也是力争太原暴动是革命行为的辩士，山西给他这个肥缺，当然是为了酬功。刘兆瑞是托县留日本的警官生，他父亲刘汉威是归绥大富商。另一批新官是各县的知事，其中有的是口外人，也有一部分虽不是口外人而是与口外有联系的新贵。在山西所派新官到任之后，北京所派的新官也接踵而来。接替堃岫绥远将军职位的名叫张绍曾，他原是北洋陆军第二十镇的统制，但是，新任命发表后，张绍曾却迟迟不来，他要求带全镇兵上任，袁政府当然不准，最后只给一团（即步兵第八十团）人送他来绥。接替麟寿镇守归化城副都就职位的名叫贾宾卿，他原是北洋陆军退职的一个老协统，人极平和，在任期间，虽没有好成绩，也没有坏名声，土默特人对他的印象还不错。

这时，我的母校也随时代的变迁把大门上的横匾“归绥中学堂”的“堂”字换成“校”字，监督的名称也改为校长，其他职名也略有更易。这时旧监督吴福麟已离职，新校长还没派下来，眼看寒假已满，就要开学，我们到校同学都急于打听谁来当校长。后来据观察使署的人说：“校长要由地方各界开会公选，观察使不派人了。”同学们得到这个消息，立刻召集了一个紧急会议，我们顾虑到地方的老先生们万一给我校选出一位不相宜的人，那时反对就迟了。不若趁早通知他们，要求在公选日准许学生代表参加他们的会议。同学们一致同意这样办，并立即发了通知信。当时我们估计老先生们一定要骂我们荒唐，纵有复信也要教训我们一顿，不许到会。可是回信却出乎我们的意料，他们居然同意我们推 3 名学生代表到会列席。到开会那天，同学们推我和赵瑞年、杨映林去列席。事情办得很顺利，校长和学监都照我们推荐的名单通过了。校长是我们的全能老师代县人张璞（字玉初），他是山西大学堂西斋毕业生，凡中学课程不论哪一门缺教员，他都能代课，并且教得很好（中英文课皆然）。学监是由英文教员定县人邓书山（字西峰）暂代，其后由王定圻接充。我们这一班是清代的丙班，到这时就改为民国的第一班了。开学前我校又招考了第二、第三两班，都于春季始业时上了课，我们的学生生活过得很活泼愉快。

六　张、阎摩擦及晋绥分合之争

张绍曾来绥做将军到任颇迟。他来的时候已是民国元年 10 月，原说以一团兵送他，临时也只给了一个混成营（那个八十团是次年蒙边军事吃紧时才请准调来的）。就任后，使他最感头痛棘手的是民政和财政两个问题无法解决。因归绥地区是隶属于山西的一个道，管这个道的观察使和道辖 12 县的知事，都由太原任命，县里的审判司法事务也连带归山西高等法院管辖。塞北关已由山西派员掌握，各县税捐机关同样要对太原的上级负责。在这种局面下，张在用人用钱方面大大地受了限制。张彼时年纪刚过 30 岁，是一个自命不凡的北洋系少壮派将领，颇欲有所作为。对于这种“鱼网里打拳”的处境怎能长期甘心忍耐呢？所以在民国 2 年初（即壬子年冬）准备选举众议院议员时，张借各县初选当选人群集归绥的机会，组织了一个“归绥乌伊联合会”，作为官民商量地方事务的集议机关，它只反映各界意见而不起立法作用。因我校已放寒假，宿舍多空，这个会的牌子就暂时挂在我校门口，外县来的会员也大半住在学生宿舍。他们的伙食和车马费都由张氏筹给，生活显得很清闲而优裕。我校一些好诙谐的同学给这个机关起个别名，叫它“妇馁鸟尹吃喝会”。这机关的主要任务就是酝酿与山西分治问题。当时的分治愿望本来是打算建省的，大家都知道这是一件大事，纵然联合会可以出头说话，假使没有一篇理由充足的请愿建议书，北京政府也许不会迅速批准。为了把这篇文章写漂亮，张就问地方绅士中谁能承担这一任务？多数人都公推李景泉先生。张又问谁和李先生最相好能请他替我们写这篇文章呢？众人又说派武尔功去必能请到。这时李正因竞选众议院议员，辞去萨县知事职务，在归绥闲住，经武尔功奉命劝驾，李也就欣然答应了。又经过几次联合会的秘密讨论，提供了意见，李就住在我校的校长小院里，门禁严密，谢绝交际，专心致志地起草这一请愿建议书。李是我们家乡的老名士，素称能文，这篇煌煌大文的万言书写了大约半个月才脱稿，当然是字斟句酌，无懈可击了。联合会把这份请愿建议书向北京政府呈出以后，暂时得不到回响。跟着就办众议院议员选举，李景泉、王定圻二人当选，这与他俩赞成分治也有关系。此外山西所派的观察使潘礼彦为了恋栈也倒向张绍曾这方面，太原派晋绅田应璜来接潘观察的职位也被张氏挡了驾。塞北关监督刘懋赏要竞选山西出席参议院的参议员，依法须先辞去行政官职务。张氏知道这一消息，就不等太原派人，先密电北京请由财政部直接派员接替。北京为了逐渐达到中央集权，自然同意张的办法，于是就派皖人虞维铎来归绥任塞北关监督。副监督刘兆瑞由张氏改派为归绥警察厅厅长（新设机关）。各县知事也有被挤走而换成张氏私人的，由于这些人多系将军府幕后人物，姓名不见经传，我当时是一个中学生，对这批人是记忆不全的。例如丰镇县知事蒋作武是张的副官，我们就不知道他是何许人。总而言之，这是张绍曾对阎锡山集团从人事和财政上的打击，也即是他企图划界分治的一种手段。阎锡山对这件事当然也不甘缄默，除向北京以文电反驳外，又发动了两位住在太原的归绥绅士，以归绥代表的名义到北京作反对分治的请愿。一位是托县的阎懋，另一位是土默特旗蒙古云亨，他们由阎锡山的秘书高管城陪伴入京，住在西河沿西头的代郡会馆，准备以较长时间和张氏打官司。然而不论张氏的分治主张也罢，阎氏的反分治主张也罢，都是各就自己的地盘设想的。他们根本没有体会到袁世凯的集权意图对双方鹬蚌之争是无所偏爱的。袁把这件事交给总统府的统率办事处拟具解决方案，当时办事处处长唐在礼是袁的心腹人，自然是照袁的示意而定出办法的，其办法就是民国 3 年实施的把热河、察哈尔、绥远划为 3 个特别行政区，由中央政府直接任命 3 位都统为 3 个区的最高军政长官，以拱卫京师的后侧背。从阎氏方面说，是削去了一个道；从张氏方面说，建省目的也没达到。而且绥远特别行政区成立之日，也即是张氏绥远将军交卸之时，计张绍曾于民国元年 10 月莅绥，3 年 4 月离任，在职仅一年半，其结果（以“树威将军”名号调为北京将军府将军）不过如此。

此外关于民国 2 年库伦军南下，张绍曾指挥晋北 3 路军队作战的事实，因属于军事秘密，我不知其详，不敢乱说。只知道东路司令是陈希义，中路司令是朱泮藻，西路司令是孔庚。

七　西部蒙旗对辛亥革命的态度

辛亥革命是中国历史上一件空前大事，因为它要推翻中国几千年的君主专制制度，建立民权主义的共和国。这对全国各地各民族人民的传统生活习惯来说，是个海立山摇、惊心动魄的异闻。但是震惊尽管相同，而爱憎情感的反映却并不一致，就是同一民族，因上下层之间利害不同而看法亦有所不同，甚至同一民族的同一阶层，也因开明与顽固的不同而说法便大异其趣。这种复杂说法和看法的反映在汉族中有之，在蒙族中也不能说“平原独无”。

我是土默特旗蒙古族人。我应该首先谈谈土旗对辛亥革命的态度。土旗是个受汉文化熏染最深的部落，在辛亥革命前夕，土旗虽然已经有参加同盟会的知识分子，如经权（字子衡，他是我三胞叔的长子）、云亨（字嘉会）等人，但由于他们人数少、地位低，在广大的土旗官民中还起不了全面推动作用。而真能起作用的还是土旗当权的 12 家参领（我的父亲就是 12 参旗之一）。这些当权人物都通晓汉文，他们知道孙中山先生的革命口号里有“驱除鞑虏”这样一句话，他们对这句口号的反感很强烈。他们虽然也明白这一口号的矛头是指向清朝统治阶级的，但“鞑虏”二字有牵连到蒙古的意味，所以土旗上层人物是听也不愿意听的。在这种感情支配之下，他们不能迅速赞助革命是毫不足奇的。至于当时的乌兰察布盟 6 个旗和伊克昭盟 7 个旗的官民及王公贵族，对辛亥革命也表现了极其冷淡的态度。这可以从以下几件事情看出来：第一是阎锡山北上时路经伊盟的准格尔、达拉特两旗境，这两旗的王公官民都从原驻地避开，持一种既不抵抗也不欢迎的旁观态度。我也没听人说这两旗有任何人参加了阎氏集团。第二是乌盟各旗离革命纷争的地区较远，越发表现了隔岸观火的姿态，而且在清廷退位的消息传来之后，立刻就把原设的许多台站一律撤销，这也许是不愿为共和国政府服务的一种沉默表示吧。第三是乌、伊两盟对于众议院议员的选举都不肯积极参加，情愿把席位让给张绍曾的私人蔡汇东、王芳亭等人去占据。试想内地各省甚至口外各道的竞选国会议员的候选人，都是用请客送礼竭力拉拢等手段企图当选，而两盟的上层人物却对这件事表示了出人意外的藐视，这不是对共和制度的不满，也应该说是对共和制度的无知。

到袁世凯的北京政府成立时，西蒙各旗仍没有拥护的电报或公文，袁政府对此不能不感到觖望。于是由北京示意张绍曾要他督促两盟的正副盟长亲身来北京做一次“翊赞共和”的表演。张氏本人对蒙旗上层人物本来也不相信，得到这种示意之后，即派员到两盟分投游说，并察看那些王公的动静。不料游说无效，几位正、副盟长竟托词不肯离旗。这样一来，不仅张氏对袁政府交不了账，就是对他自己绥远将军这一职权（绥远将军本来是有管辖西蒙之权的）来说，也有欲罢不能之势。跟着就派了两支骑兵去“欢迎”他们，这几位被“欢迎”的正、副盟长就很快地到了归绥。那时乌盟的正盟长是老四子王，是小四子王潘德恭扎布的父亲，我没有记住他的名字，副盟长是达尔汉贝勒旗的云端旺楚克。伊盟的正盟长是杭锦旗老贝子，是小贝子阿拉坦阿齐尔的父亲，我也没记住他的名字，副盟长是达拉特旗贝子逊巴尔巴图。这几位正、副盟长到齐后，张绍曾就命镇守归化城副都统贾宾卿，从土默特旗参领中选择一位精通蒙汉语文、熟悉北京情形的人，陪伴4位盟长到北京去“翊赞共和”。贾就指派先父去担任这个职务。他们到了北京，经蒙藏院带领晋见了临时大总统袁世凯，当面呈递了“翊赞共和”的公文。袁氏对于蒙旗不满“驱除鞑虏”口号的情况是深知洞悉的，所以他对蒙旗来京王公的招待特别优厚,并在他们原来爵秩上一律进一级，即贝子进封贝勒，贝勒进封郡王，郡王进封亲王，亲王无级可进，则加双俸。先父亦同进一级，给副都统衔。另外有现金、绸缎、古玩、钟表等多种赏赐。东部蒙古王公的情况我不知道，西部蒙古王公在这种出乎他们意外的优待之下，大有受宠若惊的意味。原来的狐疑从此冰释了，原来的被迫“翊赞”也变为自愿“翊赞”了。袁氏对这种改变，当然也很高兴。所以在这批王公向袁氏辞行时，袁即命蒙藏院设公筵给他们饯行，并派乐队送上火车。这些情形，张绍曾在归绥当然已迭有所闻，认为这次表演很成功。北京既然那样优待，地方当局也不应过于简慢，除派兵到阳高（火车当时只通到这里）车站迎接，表示欢迎保护外，也设筵给他们洗尘，并送了袍褂衣料，使几位盟长都欢欢喜喜返回各本旗。民国 2 年春的一出蒙古王公“翊赞共和”剧，就这样表演完了。

从上面的事实不难看出孙中山“驱除鞑虏”的革命口号是被袁世凯从反面利用了。他对蒙古王公所用的手腕无异说明革命党要“驱除”你们，而我却给你们加爵进禄，维持你们的利益，你们还不该拥护我吗？袁氏这一着，在他有生之年总算是成功的。如“洪宪”的帝制自为，全国纷起讨袁，而西蒙各旗王公却鸦雀无声，不作任何表示，即是一证。

八　家乡旧事拾零

当前清时，土默特旗有发商生息公款银10万两，主要发给归、萨、托三厅和包头镇的当铺商，土旗每年只动用利息不提本银。这事究竟有多少年，我也不知道，仅知道这款在清朝理藩院备过案。阎锡山到包、萨、托以后，为了筹措兵饷，就从当行把这笔息本完全提走了。及至阎氏在山西取得合法地位，做了都督，土旗即打电报问他是否提用过这笔款抑或是当商捏报？阎锡山复电完全承认有这件事，并请土旗派员到太原商量解决办法。土旗派金善前往接洽，结果由山西省银行发给股票七万元，余数发给现款。从此土旗就成为山西省银行的股东了。

民国2年春，国会议员选举完毕，同盟会改组为国民党。有国民党员童尧山奉孙中山先生之命从上海来归绥发展党组织。他到绥后，即先和原同盟会员新当选众议员王定圻取得联系，在王的积极活动下，归绥中学校的优秀学生绝大多数都参加了国民党。在旧城北茶坊关帝庙东院开国民党归绥支部成立会时，是由王定圻主持，童尧山讲话，最后公推了支部办事人员。我仅记得主任干事是王定圻，副主任干事兼交际股长是刘兆瑞，总务股长是卜兆瑞，文书股长是我。其余人员，今已想不起来了。这个支部既没有发党证，也没有做宣誓入党的仪式，仅造了一份名册交童尧山带回上海就算完事，此后与童尧山通讯的只王定圻一人而已。后半年王到北京出席众议院，我也到北京住大学，刘兆瑞也不久离绥，这个支部就因无人负责而瓦解了。

在国民党归绥支部成立的时期，有一个名叫共和党的党派，也从北京派人到归绥发展党务，筹设支部，它吸收了归绥新旧两城各机关的旧官僚，在旧城大西街同和戏园召开支部成立会。他们的成员中有蒙古、满洲的参领、协领、佐领、前锋校、骁骑校等官，也有地方财主和大商号老掌柜。总而言之，有官职、有资财、有年纪的人占多数，年轻而无财产权的人很少甚至可以说没有。先父就是被邀参加过这次成立会的。会后先父对我说："听说这个共和党是为反对你所加入的那个国民党才成立的。我的名字被他们填入共和党名册了，我不知道将来是怎样个反对法，真是可笑。"这件事也可以算作辛亥革命后归绥的一个小小滑稽剧。这个党后来与其他几个党派合流改组为进步党，归绥就没有它的支部了。

（选自全国政协文史资料研究委员会编《辛亥革命回忆录》第5集，中国文史出版社2012年6月第2版）

青海及甘宁的人民武装斗争

石殿峰*

一　辛亥六月李旺在丹噶尔的起义

（一）起义前的情况

西宁在清朝是甘肃省所属的一个府治，清廷在此设有办事大臣，统治青海地区的蒙藏各族人民。丹噶尔（今湟源）距西宁以西 90 里，是西宁府管辖的一个“抚边同知”（厅）。从乾隆、嘉庆以后，它被清廷指定为青海蒙藏族与内地汉、回、土、撒各族贸易的主要市场。同时又把它作为“海藏咽喉”的军事据点，驻兵设防，武装控制蒙藏人民。

* 石殿峰：曾任青海湟源县立小学校长。

据清末官书不完全的统计，西宁的农田包括屯科秋站地5300多顷，其中绝大部分为土司秋站及各寺院番贡所占有。当地农民，不是土司的百姓，就是寺院的佃户，终年被束缚在土地上，过着农奴的生活。

丹噶尔设置在乾隆以后，从西宁拨出番水旱地2650多石（合16000多亩）。

据《丹噶尔厅志》载：“扎庄寺有附近田地至数十百石。东科寺则土地之广，田租之多，遍丹域皆是也。且毗连于西宁县迤西各庄，设立各等苛虐刑罚，权埒官吏，而冤横过之。”农民大部分都是这些寺院的佃户，少数农民所占有的少量田地，也是从寺院名下逐渐领垦和购置所得，同样过着被奴役的生活。

农民年终收入，50%以上缴纳地租和贡赋，所余一半，又被官厅繁苛的税捐掠夺殆尽。农民生计陷于极度贫困，流亡乞食之人，络绎载道，不可胜计。

由于丹噶尔是与蒙藏贸易的中心市场，致富主人和殷实之家，不是投机居奇的商人，便是居官守府的绅董。他们财富的来源，一部分是不等价交换、高额利润的商业掠夺，一部分就是土地占有的地租剥削，至于利用职权，进行各式各样的贪污敲诈，那更是相习成风，司空见惯的现象。

同治、光绪间，丹噶尔又出现了帝国主义（英、法、美、俄）买办所设立的洋行（前后10余家），以它们雄厚的资本，与当地富商大贾串通一气，向蒙藏人民巧取豪夺。为了适应交易的需要，各地区又出现了制造银器、铁器、木器，以及鞍、鞯、靴、鞋、皮毛等小手工业者，他们也在种种税捐和差役（按行负担，并向官厅支差）下过着入不敷出的艰苦生活。随帝国主义经济侵略以俱来的，还有天主堂、福音堂等的传教活动，在他们的麻醉诱迫下，有些城乡人民入教借以逃避官厅的催科。但由于洋教堂包庇纵容，在婚姻债务词讼中，使广大的贫苦人民受到无理的欺凌，含冤莫伸。

丹噶尔是一个商业城市。北京、天津、山西、陕西的富商大贾到这里设立行栈，经售布疋、茶叶、绸缎、瓷器、纸张等百货。本地的商贩和搞驼马车辆运输的人，也不断地往来于西藏、北京、天津、西安、汉中等地区贩盐运铁，采购洋货，和交易生活必需的土特产品。因之这些人就成了内外声气的沟通者和活动分子。义和团反帝运动失败和革命党发难失败而逃避西来图谋再举的一些人士，都首先联络和接纳这些商贩和脚户。

《辛丑条约》之后，清政府承担巨额的赔款，又在办新政、练新军的名义下，向全国大肆搜刮。西宁丹噶尔地区当时就有所谓“十大局”的聚敛机构之设置。如牛头局、盐局、税局、厘金局和粮茶税、落地税、屠宰税、查验税、罂粟税、油磨税、旅店税、倒税；还计划征收地皮税、房金税、青苗税。重重剥削，民不聊生，于宣统二年秋，就激起了“抄盐局”杀“孚少爷”的风潮。这个风潮的倡导者，是帮会中人双沟王大、张曼巴、陈膏药（四川人）与本地歇家党秋蝉儿、李尕皂及东关回民多人（所谓十大弟兄），李旺就是其中活动最力的一个。

青海茶卡盐池，在茶卡蒙族王公驻牧区域，当时因交通不便，运输困难，每年产盐300余石，每石值银10余两，由于脚重利薄，没有专门以运盐为生的职业，只由蒙藏人民以运输皮毛剩余的牛只驮盐来丹噶尔换取青稞，每盐一驮换取青禾一稞（约6升），易银6钱到

8钱。这些青盐，只供应当地及西宁、碾伯（乐都）城乡人民食用。搞运输业的人，亦有运盐至西安、汉中一带换取其他土产品者，亦往往受到各该地商规所禁阻。当时名义上也有盐税，虽为数无几，却成为歇家对蒙藏人民额外勒索之借口。居民食盐，并无税捐，故盐价非常便宜（一升20市斤2钱几分）。自从光绪三十三年五月改为官盐局承办后，一面禁止私运私销，一面又增加盐价（每石26两），而且买卖出入多方刁难，搜稽察捕，日必数起。盐局经理人员，又借罚款、勒索、赠送种种名义，走私榨取。以致蒙藏人民和当地歇家均感到不但有损于他们既得的利益，又妨害了盐粮的正常交易，所以纠集起来，捣毁盐局，抢取盐库，并捣毁替盐局服务的绅士王聚安、张大庆等多家，就连著《丹噶尔厅志》的杨治平，也以为他造了志书，目的是要把地方物产报价出卖于外国人，也一并抄毁了他的住宅。这个盐局的经理人是丹噶尔厅官孚慧的亲戚西宁办事长官庆恕的侄子（人称孚少爷），群众准备把他投入河里去，因他当时前去兰州，幸而获免。但不久孚慧的儿子即被一个藏族青年劫杀于东郊外的靳家碑亭后面。抢盐局风波虽被官厅弹压平息下去，领导人王大等受了监禁；但对官厅的恣意勒索却给了严重的打击，事后西宁清政府也不敢张大其词，仅以“愚民无知，不予深究”了事。

李旺在抄盐局风潮中逃出以后，前往甘凉一带，以经商为名，进行联络。在此以前，李旺搞运输到汉中，汉中有革命党人设立的联络通讯机构，他从这些人中间知道了南方各地革命党起事和革命声势浩大、清朝气数已尽等种种消息。当时有人约他驮脚到潼关去，遇着裴道人雇他牲口来西宁。裴道人是义和团组织中的重要分子，失败后脱逃西来。李旺自与裴道人接触，知道义和团反帝运动的种种内幕，失败后有不少人分向各地活动，密谋再举。他就把裴道人认作师父，一直接到丹噶尔，伪装云游道士，匿居城南 30 多里的群山中（宗家沟），不时会商举义计划。

西宁观门街的董蜡匠，是秘密道会的信奉者，他的妇人本做巫医，平常给人发神治病。董蜡匠由李旺介绍认识了裴道人以后，也蓄意反清起义。宣统初年，他变卖家产，与其妇前往山东拜师访友，会见了裴道人之弟裴老三，探明义和团利用神术反清反帝情况，也曾到过北京，加入神团组织。回来后董妇自称“九天圣母”的弟子，大肆宣传，聚集信徒，与李旺结合起来，组织“黄表会”。

官书记载和群众传言，说入黄表会的人，每晚到会要焚表迎神，所以叫黄表会。据李占云（尕皇帝）说：那是一种误解，其实应该叫“黄标会”。因为当时入会的人，都要以黄色的饰物作标志，他就是被李旺拥为皇上而表面上以查看有无黄色标志以“尕稽查”名义出现的人。他又说：李旺与董蜡匠不是一个派系，董蜡匠信奉义和团，动辄说：听北京师父的命令；而李旺信从革命党，动辄说：听东路同胞的消息，这也算是黄表会与黄标会不同的所在。据当年曾参加起义的“将军”陈生盛说：凡各地方爱迷信、爱信神鬼的人，都加入“黄龙大道会”。那么，“黄表”“黄标”“黄龙”都可算是它们在性质不同的活动中所用的不同名称了。

李旺起义活动中，还有不少哥老会党，除上面所举的王大、党秋蝉儿、张曼巴、郎老爷（在小高陵），还有本地人詹洪发、王呼郎、唐古尔殿等人，经常在丹噶尔城乡做联络工作。在宣统二年六月初，曾在西宁北川长宁堡聚集了卖武、耍把戏、卖药的许多客籍分子，都是会党中人。还有卖手帕的汉中人王立中是革命党的重要分子，他是李旺集团的重要策划人。和王立中一块的还有山东人张扣线客、河南人冯药客，他们的包袱、药笼等用具上面，都系有黄色标志。他们利用六月六日老爷山（元朔山）朝山会的机会，一面广泛进行联络，一面即以老爷山为起义的根据地。在六月六日那天，他们在山林深处，举行了200多人的秘密会议，拆看了从陕南来的一封书信。信上大意说："不要着急，人也不要密集，静候回信，千万不要错误时机。"因之放弃了占据老爷山的企图，分头到大通东峡、互助北山和亹源双俄博一带活动，吸收会员。

宣统三年初，李旺、裴道人、王立中、谢琨等在汉中秘密得到了同盟会《讨满檄文》，和一些革命分子接触后回到丹噶尔，就与董蜡匠、李通云、安钻地、童广善等结合，布置了各地区联络会众的负责人，兹根据访问所得的材料列举如下：

负责人姓名	活动地区
王三、王大爷、虎四爷、王顺	丹噶尔东乡响河尔、兰占巴
鲁竿子平、陈拉毛加、鲁尕来、李大爷	北乡大山根、申中、前沟
马九爷、鲍应芳、马牛儿、鲍桶匠、李丰年、本瞪眼、寇茂荣、李九哇、祁世德	西乡池汉庄、利大拉沟、塔尔湾、若兰布拉、庙尔沟、韭菜沟、何拉台、大路庄
常将军、刘大孝、郑石匠、杨栋云、曹古殿、董裁缝	南乡纳隆庄、蒙古道、大小高陵、董家脑、白水河、兔尔干、察汗乌苏、哈拉库托、药水山根
袁道人（执掌兵册）	西宁南佛山
陈疙瘩道人（执掌兵册）	大通老爷山
乔寿山、董广善（执掌兵册）	西宁、西川、鲁沙尔
张莽人	东川、碾伯、张其寨

（续　表）

负责人姓名	活动地区
连大汉	威远堡（互助）土族各村
罗道人、孙奉卦、吴铁头	丹噶尔城北、北极山
余道士	西宁、西北川
童广善——他是大通互助一带的总负责人	西宁北川长宁堡
詹鸿发、王斗、季阿卡、康古殿	加入哥老会党时，办理手续的负责人

以上诸人中，童广善家道比较富裕，活动力也较强，凡是从省外来的各式各样的人，都留住在他长宁堡的家里，供给衣食费用。

凡入会的人，都捐献粮食衣物，甚至有许多人将所有家财全部捐献入会，公吃公用，严禁向任何群众摊派搜索，而且把所集聚的财货粮食衣物随时分散给贫苦的农民,以故贫苦之人为了衣食有给，纷纷入会，听候调遣。当时，西宁拉沙尔、揽隆、白崖等地囤积着农民所捐献的大宗粮食作为各路会众联络活动的经济来源。

他们所提出的革命口号，与 1901 年景延宾在冀中所提出的“扫清灭洋”是一致的（李旺经常对信徒们说：现在是天上换天皇，人间换人皇的时代）。而在王立中、李旺、谢琨等从汉中带来的革命大元帅孙文的《讨满檄文》，其中就有如下的词句：

照得满族蹂躏中国二百余年，同胞在覆盆之下，胡儿居九五之尊，凡在国民，皆应拊膺。本帅以敢死军力，进图中原，共襄义举。愿以亿万人之精血，洗出崭新的世界，成则美之华盛顿，败则田横五百人，中华安危，系于一战，望吾同胞，其共勉之。

呜呼！上国衣冠，久已沦于夷狄；中原豪杰，相期共挽山河。大兵所至，秋毫无犯，如有兵丁骚扰，准即来府禀白。大兵所过之区，愿我国民亦不得甘作满种牛马，徒效螳臂之当，切切此谕！

由此得到证明，李旺起义，内在的原因，是广大群众受了官厅地主土豪劣绅惨重的压迫剥削，如不起而反抗，就没有生活的出路；外在的原因，是受了义和团和革命党起义的影响，而且把中国南北方革命的人物和宗旨，会合起来，要形成统一活动。过去一般人说：他们只是一种盲目的“妖言惑众”和“穷急造反”，这不但是以成败论人，而且是附和统治阶级来诬蔑人民起义。

据李占云说：当时会里把孙文与张益谦合称，如说：“我说莫翻你要翻，孙文等的张益谦。”意思是孙文等张益谦在陕西起义响应革命，李旺不等东路同胞的信，就鲁莽地举行暴乱，是自取灭亡。在这里也透露了李旺的黄会与陕西起义有某种联系，只是还没有得到可靠的证据。

李旺是一个挂面匠、脚户，也是一个拳棍手，后来与他的同道安钻地被说成了能“上天”“钻地”，以至“过阴的包公”“降神的巫师”，甚至说“李旺是天狗星，安钻地是地煞星”等一类的神秘人物。据与他同村居住的几个老人说：他在丹噶尔北城后自己家里，就立有十几丈高的幡竿，上粘北斗七星等的纸旗，也有五色旗，焚香诵经，禳星拜斗。在幡竿尖端，高揭着用红斜布做的红旗，上面写着 4 个黄色的大字“扫清灭洋”。

黄龙会入会的手续是：神前吃血酒；对天发誓；挂黄号。并拿出自己的银钱，缝自己穿的号衣。号衣的式样是红边黄堂，中间扎上“虎吃羊”3个黑回绒大字。虎指汉人，羊指清朝和洋人，意思是说：我们穷人联合起来，像饿虎下山一样，吃掉清官和洋人。

当时民间流传着这样两首歌谣：

黄龙大会立竿子，里头收的人尖子（最优秀的人），有钱的主儿们你别喊，穷人们行善你少管。

穷人们翻身要行善，跟上有钱汉子你薄（莫）转。早上香，晚点灯，李旺的话儿你要听。

这也说明李旺是拿黄龙会的迷信方式作为掩护，以发展他们的组织和宣传活动。

从宣统二年起，他们写了不少的传单，传单上先大书“扫清灭洋”的标题，下画主要摘写《讨满檄文》中语句和“四万万同胞，共同起来，推倒清廷，争取平等自由”等词句。在辛亥六月他们起事的前夕，由谢琨起草了一张“皇告”，上署“敕封天下兵马大元帅李布告”，贴在丹噶尔东西城门上。“皇告”上写的全文，因为时间长了，有些老年人已记得不那么完整。他们记得的有下面这些词句：

中华地，千万里，圣王天下；尧舜禹，大汉朝，治平邦家。谁意起，老洋人，辱侮华夏；任魔鬼，盗男精，取女血花。恨满清，给洋人，作奴为下；又赔款，又割地，又叫爸爸。是汉人，不怕你，本事多大；是满种，做高官，享尽荣华。我起兵，杀洋人，杀学洋话；灭满清，杀赃官，全不留他……要恢复，我中国，圣王天下；又自由，又平等，四海一家。

当时他们所发的传单，有两种形式：一种是属于迷信的，里面讲些天运气数，神兵鬼将，消灾免罪等。另一种是鼓舞群众起来反抗专制压迫的，就属于这些有现实意义的革命文告。这样的传单和文告，据说在一个晚上，就从丹噶尔、西宁贴到西安、汉中、潼关各地区去。他们与陕、甘、豫、鲁各地有联系，由东到西组织起一条严密的通讯网，有事则一传十、十传百、百传千，互通信息，非常迅速。前面提到的那位陈生盛，就被封为“开路将军”，是一个“飞毛腿”似的人物，做了不少通讯联络的工作。

黄标会是由中下层贫苦人民组织起来的反清反帝集团，他们的粮秣、器械，都没有可靠的来源。起义前李旺、安钻地、裴道人、谢琨等都向各地群众下过命令，他们说：“暂时凡有黄号者，都是黄标会的一家人，吃喝住宿，不分你我，等时机一到，先取下丹噶尔，城内有大仓和义仓，作为粮台，再东进攻破西宁府，拿得三县四厅的粮草，军需就有办法了。”又说：“我们这些穷人造反，尽是被他们有钱有势之人逼起来的，虽然没有得济的武器，大家应该学李闯王攻打北京的方法，农人有锄头，工人有斧头，凡是刀矛棍棒、流星穗子，都是好兵器，只要万众一心，立定百折不回的志气，没有不成功不胜利的。”（陈生盛是一个不识字的老农人，这是他凭记忆谈的）

在上面的谈话里，可以看出他们起义的预定计划：1. 攻占丹噶尔，劫取粮仓，并作为东进的根据地。2. 在起义前后，他们过的是有饭同吃、有钱同使的同甘共苦生活，没有向农村进行过焚杀抢劫活动。3. 他们要拿仅有的农器工具当兵器，凭满腔热血，攻城略地，达到预期的目的。4. 他们计划夺取丹噶尔歇家洋行和临城牧场里的走马编成骑兵。

据说，在两年中，来丹地的那些外路人，看到组织不够严密，地方过于穷困，粮秣全无着落，预定的计划也无把握实现，所以一面劝李旺听候东路同胞消息，不要轻举妄动，一面分批东下到西安、汉中、潼关各地，求得人力物力的支援。但是因为过早地泄露了机密，没有等到任何方面的支援，就让官厅抢了先着，在不多的几天内，便被残酷地镇压下去了。

（二）起义失败

黄会约定的起事日期是七月十五日。在西宁、丹噶尔、乐都、大通联合的群众有四五万人（陈生盛说，仅丹噶尔就有四五万人，是不可靠的。当时全厅户口只有26000多口，四五万可能是西宁府全地区入会的人数），除了李旺身上经常藏有一两合（二三百张）改山纸抄写的兵册（后被官厅搜出焚毁了），还有前面表上所列的几个道士所掌管的会籍，入会的群众，共五六万到十来万人。如童广善当时就对人说："丹噶尔除北乡外（那时丹噶尔城北没有村落）几无一人不听命者，如按期起事，即有一两万人。"尕皇上李占云被捕入狱时，也有人对他说："事情　成（指攻下丹噶尔），川口（民和）、平番（永登），带过儿即可扫光。"这些入会的群众，大部分是本地城乡的汉民，也有其他各族人民；不仅是土著居民，也有不少从外省来的客户。李占云还说："贵德地界有座大山，名叫阿尼吉利山（译音八宝山），一般人形容山的好处是'金尻玉带银帽子'。这里住着一个藏族部落，他的官人叫丹本利。丹本利说：'洋人入口，要盗中国一切矿山宝物，我要帮给李上天、乔寿山等部下的穷人们几千两（银子）的饷，使他们杀掉洋鬼子，我已命部落中一些人，勒上黄带子作为记号。'不久听到事情被泄露了，他逃避到南山，但终被官厅搜捕，和我一起下在西宁县的监牢里。”李占云又说：“威远堡（互助）有个四川人张曼巴，是番地医生，是哥老会的大爷。他与土族人张大汉联络碾伯、巴燕川一带的人。失败后张曼巴被逮捕，与我下在同一个监牢里。”还有两句“江水”（快板）是：“贵德城、碾伯县，听见失败再不反。”这都可说明藏族部落中也存在着一些反清反洋的急进分子。可见李旺起义的失败，不是号召的人少，而是仓促暴动，没有来得及和没有办法把分散的农民集中起来。

李旺为什么不等到期就暴动起来呢？第一，就是他们在焚香聚会时高揭“反清灭洋”的旗帜，引起地主们和落后群众的惶惧，他们又不断地在各地张贴传单，使官厅有充分警备。第二，他最后的活动地点，一个是西川揽隆（离西宁丹噶尔40至60里），这个村子，深入山丛，比较隐蔽；另一个是丹噶尔北小庄，这是他居住的村子，在丹噶尔北城根，在那里活动，就等于在敌人面前挑衅，情况非常危险。北城根共住二三十户，大半是皮匠、挂面匠、小商贩和农民，也有三两户地主、富农。其中有个刘尕六是吃过粮的（当兵），赵尕来寿、赵柏林、杨疯子是读书识字、能说能挡的乡老红牌之流。在起义前一年，李旺在自己家里深夜聚会，刘、赵等人向官厅告密，厅官康敷镕带人到他家侦查。李旺仓促中掩埋了衣服旗帜，携带兵册，跳墙逃去。后经同党中人替他解释，说李旺因生意失败，神经错乱，变成疯子，平常只说些疯话，没有什么逆迹，才把事情掩饰过去。起义前他向刘尕六等竟说出“大兵一到，要杀你祭旗”，致使官厅先发制人，这是他起义失败的重大原因。

《甘宁青史略》记载：

辛亥革命六月初（李旺）散布传单，一夜遍及三省，扬言杀尽服西装读洋书之学生，知县陈问淦闻之，派绅士带干役两千余人赴西川揽隆庄一带，思有以排解之。匪等执迷不悟，公然拒捕，遂不得已而用兵。西宁镇张定邦率兵往讨，时匪众揭竿而起者二百余人，皆乌合之众，来自田间，与官兵遇，即纷纷逃窜，并有投河自尽者，乘胜追至湟源池汉庄老巢，匪首恶就擒。

在这段记载中，仅有“贴传单一夜遍及三省”，官兵到揽隆庄等地杀人的几句话是不错的。至于说一个绅士能带2000余人到揽隆排解，以至不得已而用兵等都是谎言。带兵的不是绅士，而是总兵张定邦属下的副将衔吕登科和其他帮统之类的军官。“来自田间”的群众不是“200多人”，据访问的老人们说：“在揽隆集合的各乡会众有二三千人，曾与官军鏖战一昼夜（六月初一、二日），击毙官军百余人，后因群众的棍棒木石抵不过官军的洋枪大炮，才纷纷四面逃散。”这里可用民间流传的歌谣来做证明：

哥老大会和黄会，不分你我不分谁，东路同胞革命党，悄悄上来占地方。心急了，太早了，时候没到都跑了。杀的杀，砍的砍，入了黄会的抽地板（意言背叛）。不要喊来不要赞（夸口之意），抛掉黄号再莫管。

六月二日黎明，李旺、安钻地等率残余义民二三百人，猛扑丹噶尔城，一面传集会众，一面搜集武器，想从中沙台进攻城东门。当时李旺的估计，城内豢养的营兵三四十人，都是一些烟鬼，没有作战的能力，城防空虚，可以一鼓而下。正如“江水”里说的：“黄会之人莫弄成，不是鞭杆就是棍。”“黄会到处是穷人，鸦片鬼的官兵叫不醒。”“黄会局势大，吃鸦片的官兵干不下。”其实厅官康敷镕和副将邓咸林早就有准备。往前一个时期，即召集城内外的歇家洋行和城市富商大贾，开会作了决策，这些地主武装，有快枪，有骏马，有壮丁，他们在反动官吏的晓谕下，纠结起来，拼死地维护反动阶级的利益。当李旺率二三百人到离城一箭之地时，歇家李耀廷、吴尕玉、牛益三等埋伏在屋顶庄墙内的伙计们即用快枪射击，并分股阻击从南西东乡三面来会合的群众。李旺见势不敌，率众过河，企图与这些人取得联系，进据池汉庄再谋反攻。不幸在各乡村响应的群众，都被当地地主组织的乡团分别击散，无法集中起来。而官厅所指挥的兵勇，则乘胜追击，不让李旺等有喘息的机会。李旺等一面抵抗，一面西退，最后逃至离城西 20 里之上纳隆庄，遂被该庄地主李通事（秀才）所率的团勇包围。在那里苦战两天，当场殉难的义民数十人，李旺和一些有名的黄会首领，经过一夜的苦战后，也因力竭被擒。

据陈生盛老人说：“据我所知，仅丹噶尔被官兵杀死，被各乡团防杀死、戳死，用棍棒打死，或者被逼上荒山困死，以及投河和悬梁自尽的，计有 100 多人，流亡逃散的人数更多（他就是逃脱的一个人）。但我们在肉搏抵抗中，也打死了官兵三四十人。”一场暴风雨般的人民武装斗争，就在这样的三五天的短时间内被反动势力摧毁了。

当时西宁丹噶尔监狱中用铁绳镣铐系锁的人，一如在仓库里的货堆一般，密密匝匝挤满着每个房间，盛夏溽暑，连气都透不过来，总计所捕的人不下三四百人。经过所谓“五堂官员”（钦差庆恕、总兵张定邦、道员胡孚宗、知府廉兴、知县陈问泾）的会审，有些判徒刑，办充发，办笞杖，仅有少数人取保释放。董蜡匠夫妇、李通云和其他黄会首领多人，于宣统三年六月十七日被杀害于西宁，李旺、安钻地、常镇台、王尕来、郑生荣、谢琨、王财神保、李步云等8个人，在康敷镕惨无人道的非刑逼供后，于九月十六日杀害于丹噶尔。

（三）黄会起义中几个领导人的简历

李旺，小名尕得子，丹噶尔北城后北小庄人，庄后有田地茔墓，原为李九土司后裔，父亲是褐子匠，他是挂面匠，也当过脚户，到四川、凉州、西安各地运货载客，与会党中人来往甚密。他不识字，人颇精干，善技击，也当过兵。有一年，他为做生意，行经羊肠子沟，遇土匪行劫，他舞动流星（武器名），土匪多人不敢近身。当时在西安准备起义的著名首领张益谦、张云山、郭坚等都是会党中人，李旺与他们有来往，从他们那里探悉南方革命党活动情况，并接受他们的意见，计划在西宁聚众起义。他回到西宁后，先与董蜡匠、李通云（时在钦差衙门当翻译）等结识，并劝他们加入会党，曾对李通云说：“推倒清廷，四万万人都是同胞，我们应当在西北联络人，联络的手段，应采取神佛迷信的方法。”因此，他后来另外装成一个“摔罗儿”“拌切刀”给群众看病的巫医，并诳言自己会“过阴”，和宋朝的包公一样，也可以升天见玉帝，拿这类神话引诱群众入会。自与王立中、童广善等人结识后，又对迷信活动不感兴趣，一心向往在汉中的革命活动。

起义前两年，从省外来的那些卖艺、卖杂货的人都聚集在他和童广善的家里，白天烧香拜佛，深夜练习拳术。他们拿卖艺、卖药当幌子，实际都是革命党和义和团失败后逃避西来参加革命起义的人。

李旺先与丹噶尔会党中人王铁棍、张曼巴（藏族）、郎老爷（丹噶尔南乡银矿的矿工，封扫殿侯）、党秋蝉儿、尕马子、李尕皂、李祥等秘密组织，在宣统二年秋季，发动抢盐局的风潮，图谋杀厅官孚慧和孚少爷，进而占据丹噶尔。不幸在营兵的镇压下，王铁棍等被捕入狱（年底才陆续释放），事情没有成功，但他认为丹噶尔城防空虚，几个文武官，奢侈腐败，谈不到什么作为，还是有可以利用的机会。的确，在编者少小时的记忆里，丹噶尔原有驻防的绿营兵（步兵、马兵和守兵）60至80人，这些营兵，被腐朽透顶的官僚们用克扣军饷、隐瞒兵额的办法，勒令纷纷回家。仅有的几个营兵，又都隔月轮流当差，平时躺在家里吸食鸦片，鸠形鹄面，全无人气。每月初一、十五照例举行操演，操演时拿鸟枪瞄准，打哼声替代射击；弯弓射箭，更是虚应故事。拿黑漆的长竿当长矛，有的兵弱不禁风，一摆竿即摆倒在地上，使观众哄然发笑。而且什么副将、都司、千把总、外委、经制、号爷、总爷之类的官儿比兵还多，只见官，不见兵，无怪被李旺视若无人。

李旺从抢盐局事变中逃出以后，即往来于甘、凉、亹源、大通、西纳川一带进行活动，并以衙门庄、长宁堡、揽隆等处为招纳党徒的几个据点。在老爷山举行过大会，他就是以“元帅”的身份出现的。他在六月初三早晨进攻湟源时，怀里藏的是兵册，手里拿的是流星，当场击毙了营兵马秉明、魏祥等三四个人，掩护了自己的部众，阻止了进攻的营兵，许多人都近他不得。

他被捕下狱以后，在几次的审讯中，康敷镕用尽了一切惨无人道的刑具，如燃香板烫烂浑身的皮肤，用竹签刺穿两手的指缝，用枷棍铁链折断膝肘，用石臼铁锤砸碎踝骨，皮开肉绽、血浆迸流、烟熏火燎、臭气逼人。昏迷一次，用冷水喷醒一次，一时围观的群众，伤心惨目，不忍卒睹。但他在每次苏醒后所作的供词都与第一次侃侃而谈的情节不差一语，而且都是嬉笑怒骂，不暴露机密，不牵连无辜，甚至不诬陷仇家（如刘尕六同时逮捕，康敷镕教他供为同党，他说汉子做事汉子当，矢口否认）。他说："我们这次反清，因时间过早，没达到目的就失败了，被你这个狗官捉获了，要杀快杀，要剐快剐，不必多问。你们杀了李旺，事情并不从此下场，下半年更有大的变动，非杀尽旗人、赶走洋人不可。你们不信，走着看吧。"李旺这个铁打的汉子，他的事迹直到现在还流传在一些老年人的口中。他在供词中有这样的几句话："我们与陕西汉中的革命党有联络，但因交通不便，音讯太不灵通，我们起事的计划，没有得到他们的援助，所以才归于失败。"这都说明他们不是盲目的、没有任何联系的活动。

在就义的那一天，反动官厅照例给死囚备办酒食，同伴们有的惊惶，有的昏迷，李旺则大呼"革命党万岁""革命党杀尽狗官鬼子，替好汉报仇申冤"等壮烈的口号，并在囚车上大唱花儿乱弹，神色不变地被押到刑场（在西城外）。这天早上，洁白的雪花，铺平了大地（群众说这是天上挂孝）。潮一般的人群，在城墙、在刑场、在各街各巷，争看李旺及其伙伴们壮烈的结局。最可恨而又不能忘记的是，那天营兵马秉昭，手拿鬼头刀，凶狠狠地要亲手结果"李上天"的性命，一连砍了八九刀，还没有砍倒。据马秉昭说，他是因为弟弟马秉明被李旺打死，报仇雪恨，特意要演出这样一出野兽般的惨剧。

李瞻云（后改瞻为占），又名竹亭，小名护法保，西宁西川扎麻隆人，与丹噶尔当农官的李永福同族。他父亲李永珍，是一个贫农，有子6人，占云是老四。因人口众多，衣食困难，李永珍常背面到丹噶尔贩卖，换些衣服用品，维持生活。占云的叔父李永祥没有儿子，就把占云过继为嗣子。他有两个堂兄李通云、李步云（李永睦之子），都在西宁办事大臣衙门当翻译员。青海蒙藏王公、千百户和寺院喇嘛来西宁办口粮、办纳贡、办与旗族寺院内有关的事情，均非通过翻译的传达不可，因此与这些上层分子深相结纳。

光绪末，革命风潮震撼全国各地，通云于官书文告中，得悉一部分情况，就产生了跃跃欲试的心情。他知道李旺、董蜡匠有起义策划，就把他的弟弟李占云介绍给他们说："我弟占云，生有异相，眉清目秀，两耳垂眉，两手过膝，4岁时，口外番僧七八人前后3次到我家送了氆氇、藏香、哈达、奶桃，甚至最后还送了骡子、元宝等贵重礼物，每次见占云，就焚香磕头说：'活佛算了卦，你是命大的人，生年八字长相，都与佛爷算的不差一点，你是活佛转生的灵童，要把你赎到寺里去当佛爷，你要不去，就非遭灾受难不可。'他父李永祥却以为只此一个过继的儿子，要被赎走了，岂不成了独夫，所以执意不从，没有放他出去。现在我们举大事，就该拥立一个皇帝，便于号召群众。"他接着还拿南佛山降乩时的一首乩词做证道："西北起手坤地乱，前清江山一旦完，世事大乱，世事大乱。"并说："西北就是指的西宁，我们举义，上合天意，下顺人心，不要错过机会。"李旺不但信从了他的说法，而且更进一步说：

“李占云是其母感神梦而孕育和降生的真龙天子，应该扶他为主。”这在落后的群众中是有些迷惑力量的。

李占云13岁时，到西宁信兴诚海菜铺当学徒，次年李通云把他叫到丹噶尔自己所设的珍兴诚商店去，名为当管理人，实际一到丹噶尔即被李旺请到家里去供养起来。经常对他谈些黄会的组织情况，教他练习一些拳术。李旺怕他年轻胆小，心神不定，嘱咐会众对内要保持他“帝号”的尊严，对外则不妨称他为“尕稽查”，稽查会内外群众的标志和风色。他看到外省陆续西来的人，看到了各地区纷纷入会的群众，参加过长宁堡老爷山卖艺聚会的活动，也会见了黄会重要的主脑人物。在辛亥年初，他的母舅廖明引他到西拉科小学读书，西拉科与揽隆小寺沟相距不到10里，李旺等几次请他到揽隆或小寺沟的山洞中去，假他的名义，告诫群众，组织群众，同时还封了一些官职，如李旺是兵马先行大元帅，安钻地是副元帅，董蜡匠是太师，裴道人是军师，李通云是左班丞相，李祥、王尕来是右班丞相，李步云、郎老爷是扫殿侯，谢琨是镇殿将军，陈生盛、詹鸿发是开路将军，何万寿、常某是总兵等。

先一年李旺与谢琨等走汉中时，曾托王立中、童广善、安钻地、赵药客、冯扣线客等对李占云小心维护，进行各项活动。起义那天，他想与聚集在拉沙峡的五六百武装群众到丹噶尔去参加攻城战役，白崖庄的一些老年人们认为他年轻不习战斗，劝他留守后方，仍回到西拉科去。次日他听到丹噶尔攻城失败的消息后，就与维护他的一干人逃匿到西拉科西的大山中。山上松林密布，溪谷深邃，绝顶有个石洞，可以栖止（后来因为是他避过难的地方，就把洞叫作“皇上洞”）。跟随的人打来一只角鹿，供他食用。过一天听到西宁派役索他很急，他就在廖明等的鼓励下，到西宁自首投案。县官陈问泾因为他年纪轻，敢于自首和敢于吐露真情，有意宽减刑律，适逢马福祥从兰州派到西宁来，经过马福祥最后的审讯，以为李占云有皇上之名，而无皇上之实，就判他永远监禁，免除了他的死罪。

他在监狱中，不只接触了许多黄会的重要人物，而且听到了李旺如何失败，元山尔如何继续发动，以及陕西、湖北如何起义的消息。监狱里竟能传通远近的消息，是一个很奇怪的现象。原来西宁几个衙门中，有不少吏役兵丁都是"黄会"的成员，他们听到攻打丹噶尔的消息后，即准备里应外合攻占西宁。丹噶尔失败了，他们只好潜伏下来，但声气还是互相沟通的。据说，陈问泾、庆恕一班人对此事感到极大惊惶，因为事态一扩大，西宁的吏役士兵们的动静，都是对他们的重大威胁。这也说明了李旺的联络活动是相当广泛深入的。过了几个月，南京临时政府成立，对全国政治犯颁布了赦令，他同一些被监禁的人，都被释放出来，恢复了自由。

裴道人，山东人（一说是汉中人），在暴动期间，他和住在大高陵的谢琨都没有出来参加，据说他们静候东路消息，不愿鲁莽从事，致误时机。李占云说：他有一次与王立中、童广善、冯扣线客等到宗家沟石洞访问裴道人，见他是一个四十上下年纪、身材高大的人，裴道人对李占云执礼甚恭，并对他们密谈陕南和潼关活动消息，临行时一再嘱咐"时候未到，不可仓促起事"。裴道人是黄会的军师。他经常带着大铁算盘，拿推算天机、预知休咎的幌子指挥李旺一起的首领和群众，决定黄会如何进行举义的策划。在六月暴动失败后，他对人说："这是我再一次的失败了。我本来是一个要'过铁'的人（意言杀头），今天已无路可走，正是'了劫'的大好时候。"

人们劝他逃跑，他笑而不答，竟让官役把他缉捕起来送到监狱里去。经过几次非刑毒打、审讯，他对黄会内幕始终不吐一辞，后因刑伤溃烂，死在丹噶尔监狱里面。

陈生盛，在辛亥前后他是一个黄会中身体极其健强、力气极其强大并以“飞毛腿”出名的英雄般的人物。他是个雇农出身的人，从十几岁起，就给村里（湟源西乡拉石崖村）的地主家扛年活、做苦工、放羊和开荒。他能把三四百斤重的石碌碡挟在肘下，放在很高的地方去。有时犁地播种，牲畜短少，他常与牛只并驾起来进行耕作，还能驾起满载的粪土车独自拉运。以致村里的人从那时起，就称他为“大力气的陈将军”。这个“将军”的名字，有3种来源：一种是从小就被人叫出的；一种是加入黄会活动后，封他为“开路将军”；一种是群众对他的力气做了估计，以为他的力量比榨油厂里榨油的“将军柱”还要大。他说：在少年的时候，有一次地主们吃羊肉、吃油饼、吃臊面，却没有他的份儿，照旧给他吃一点滚水炒面。他心上不服气，就把场院里的石碌碡藏到草堆里去，地主要伙计们碾场，却寻不见了碌碡，很是着急，后来才知道是他搬去了，地主知道他是不好惹的，就给他做了一些像样的饭食，并很客气地允许以后在饮食上做些看顾。

他有3个儿子，大儿子陈增福，是拉石崖生产队里的积极分子。老二陈增才，新中国成立前给马匪服役时，被匪兵毒打致死。

从仅有的一些口说中，知道参加黄会的不少会党中人像王立中、童广善、詹鸿发、郎老爷、赵药客、冯扣线客等，都是卓荦不群、有血性、有魄力的中坚分子。他们在事变中逃出去了，逃向哪里，和在起义前后有些什么具体活动，很少有人知道，无法加以叙述。其他像李通云、董蜡匠、安钻地等，是黄会最初的组织者和活动者。如李通云、步云兄弟，利用翻译职权，在钦差、府、县、衙门沟通了许多中下层吏役和士兵，响应起义策划，同时也把不少革命的消息传播给所接近的蒙藏旗中的开明人士。李通云在受审讯时，态度极其强硬，任凭怎样非刑逼供，毫不畏缩，并在大声指斥后说："东路同胞甚众，天下大乱，故倡义革命，你们快进到坟墓了，不要装腔作势啊。不上一两个月，清室即可颠覆，我不过是早死一天，不久等候你们游魂到来再辩辩冤吧。"

董蜡匠为了继承义和团反帝运动，变卖家产，奔走山东、京、津、西安、汉中各地联络党徒，并假借神术在西宁所属城乡居民中进行广泛深入地活动，起到很大的作用。从被捕入狱以至就义刑场，也是谈笑自若，对反动官府的百般拷打，没有一点屈服的表现。

安钻地是丹噶尔城内的小商贩，城关中下层市民中，像小手工业者、小商人以及众多的无职业流浪的游民群的加入黄会，他是起到桥梁作用的一个重要人物。因之他有资格做李旺的有力膀臂"兵马先行副元帅"。

二　辛亥十月乔寿山、任得慧等在西宁起义

前面我已经谈到，乔寿山在黄会组织中是与童广善被分派在西宁鲁沙尔一带做联络工作的负责人。西宁西南川班沙尔、李九庄、郭家寨、干河滩、石惠沟、大小康缠、元山尔以及接近湟源东山脑的一些村庄，都属于他们活动的范围。乔寿山继承李旺"兵马大元帅"的名义，领导这些农村的群众。任得慧是哥老会的大爷，与西

宁镇标中以及散居在各地的会党分子有密切的联系，所以他也成了安钻地的继承者“兵马副元帅”。武昌起义，各省响应。农历十月间乔寿山、任得慧等提出“响应民军起义，推翻清廷、杀尽洋人”的壮烈的口号，在西宁西川元山尔起义。慕寿祺在《甘宁青史略》（卷二十六）中说：“自民军起义，武昌、陕西响应，西宁虽居边远，而谣言纷起，人心汹汹。”《西宁府续志·纲领志》中有同样记载：“奸民乔寿山等闻陕西响应湖北攻克满城，该匪等不知革命意义，蛊惑西川石惠沟一带乡民作乱，在元山尔插旗。”元山尔起事前，乔寿山等曾建醮设坛，聚集群众，大规模地为李旺等首领招魂致祭，并宣布了他们起事是为李旺等首领报仇，为继承他们“扫清灭洋”未成功的事业。《史略》说：“会匪任得慧、游勇孙麻子、土匪乔寿山，利用时机聚众千余人谋乱。”《续志》更较肯定地说：孙麻子是“流落西宁的董军，孙大旗系董军刽子手”。我的同事徐广恩先生说：“任得慧曾充甘军士兵和文书师爷，乔、任都是哥老会小首领。”可见他们以前都与参加义和团运动董福祥的甘军有关系，也与参加革命的陕西会党中人有关系，一直到李旺酝酿起义，他们都是黄会的组织者和策划者。

据说：当时驻扎在西宁西关大营盘的新军四五百人，大部分都是会党中人，都与乔寿山等有秘密联系。在被查获的兵册中，列有各村农民及游勇流民等姓名3000余人，他们把这些人编成左右前后中五营的番号，曾于深夜集中训练和进行各种部署。他们于十月十四日到郭家庄，即下命令限五天以内传催各地青年携带口粮，并于十五日乘郭家庄过“土主会”的机会，集合大兵，先占领镇海堡哆吧，夺取城池粮草，于十九日大举东进，联合新军攻占西宁城，驱逐清官。不幸这样的计划，竟被一个很冒失的青年向驻镇海堡的白千总暴露了。他给千总下了一封“警告”说：“命你限三日内将所有人马粮秣军器准备齐全，如敢违抗，即踏平镇海堡，杀尽狗官。”千总着了慌，马上派人到西宁，向各衙门告变，使反动官府又一次得到先发制人的机会。十五日黎明，总兵张定邦即率兵赶到郭家庄，向该庄群众开枪射击，群众以不多的刀矛棍棒之类，突然与官兵的洋枪快炮遭遇，虽然在半日的搏斗中发挥了很大的反扑威力，毙伤了不少的官兵，但终于在寡不敌众、漫无纪律和缺乏作战经验的劣势下，纷纷败退了。

在这一混战中，张定邦不但屠杀了郭家庄无辜的人民，临撤兵回营的时候，又俘获和搜捕了120多人，打入囚车，送到西宁西关海神庙的临时监狱里系禁起来，严刑审问几次后，就把八九十人不问青红皂白全行屠戮了（布告上只宣布杀了25人）。

据访问所得，这次牺牲的许多起事群众中，除乔寿山、白玉虎逃脱外，有几个著名的人物是任得慧、孙大旗（麻子），烟沟的孔进才，元山尔的李秉武、路继孟，李九庄的路一贵，郭家寨的陈柱石，外省人王粮粮和拉尔干的青年18名，以及各庄不知姓名的农民30多人。

前面谈的只是在当时甘肃西部（现青海）地区所发动的久被埋没了的两起人民武装斗争的事迹。在同一时期，甘肃东北、东南、西北所属各府州县，也汹涌着同样的或规模更大的人民武装斗争的怒潮。当时甘肃局面的紧张情况，亦可从宣统三年十月二十一日陕甘总督长庚致内阁请代奏电文中看出一个梗概。在这个电文中说：“宁夏失守，已派总兵马安良率队驰剿……现在甘境各匪蜂起；秦州、两当等处，相继告急，合水、正宁失守，庆阳被围，甘凉肃一带亦纷纷请兵，其余具报毁局打卡者不一而足，率是革党嗾动会匪，勾结地方无赖，乘机肆扰，以图分我兵力。处处皆须派兵弹压防剿。而甘凉等处地方，北连草地，距宁夏较近，虑有败匪西窜，扰害完区，尤应拨派得力兵队前往分途防堵。……”

三　辛亥三月到十二月河西各地的起义

“金张掖，银武威”，这是清季贪官污吏争相追逐的所谓“肥缺”。张掖、武威，在甘肃说来，比较其他地区人烟稠密，商业繁盛，农产丰饶。同治、光绪以后，普遍种植罂粟，更成为贪官污吏肆意剥削的地区。1911 年三月，甘州知府李建飏和张掖豪绅王振鹏，假借禁烟铲苗名义，达到他们勒索榨取的目的。农民们种烟是为了奉行官府的命令，承担着苛刻的税捐，如果在连年粮食不足自给的情况下，再使烟苗全行毁弃，这就陷于死亡的绝境。农民们呼吁无效，就聚集数千人，捣毁劣绅王振鹏的住宅，赶走提督马进祥弹压的部队，并要把事变扩大到“攻破城池，杀尽贪官”。陕甘总督长庚对此非常吃惊，马上派马福祥、张毅到河西查办，他们的查办自然是“官厅有理，百姓无法”，把群众中为首的丁积庆、徐成明、刘竹林 3 个人处死，把周月林、王九卿两个人充发黑龙江，就把这个风暴镇压下去了。可是这个镇压，却激起了王良卿的起义。

王良卿是张掖县人，他与在张掖活动的革命党人王莲清和许多帮会中人有来往，因而对革命的情势和各地反抗官府的消息，都有相当的了解。在甘州铲烟案结束后，他心怀不平，认为非推翻黑暗的统治不能平息民愤，于是他借着食粮积弊很大、人民负担加重的题目，与王莲清及帮会中人结成联盟，到各乡村发动农民，计划在中秋节日，以 3000 人取张掖、2000 人取山丹、1000 人取东乐、1500 人取抚彝，以 4 县作为根据地，再谋向东发展，与陕西会党首领张云山等会合一起。不料事机不密，为提督马进祥侦知，在东乐捕获了王莲清，并按照从他身上搜出的盟约和进兵计划，逮捕王良卿及重要首领 30 多人，一同杀害。

在前二年（1908 年），武威双树沟农民数千人，为要求豁免鸦片税和契据税，曾有攻入县衙、捣毁岗警和官绅房屋并打伤其家人的暴动。辛亥年还有齐振鹭在监狱散发传单、会合各乡群众、杀官劫库、响应武昌西安起义、因泄露机密而失败的事件。在后一年（1912 年），还有酒泉阎家圈祁德隆宣传革命，纠合群众 500 人起义，组成革命军，与官军苦战，伤亡 180 余人，祁亦殉难，因以失败的壮举。因不在本文时限以内，概不备述。

四 辛亥十一月陇东和宁夏的起义

辛亥革命前后，各地方所掀起的农民暴动，内在的原因，是由于清政府连年借口推行新政，增税加捐，进行残酷剥削，扩充反动军队，镇压人民起义，陷人民于水深火热之中，无法生活下去。外在的原因，则是受了弥漫全国革命运动的影响。甘肃陇东宁夏各地，在 1908 年以后，广大农村群众与会党中人结合起来，示威请愿，抗官围城，以致捣毁厘局税局，殴逐收税人员的事变，所在多有，不能尽述。同时这些地区接近陕西，陕西酝酿革命的情况和奔走革命的人士，都不断地散布到这些地区，促使城市和乡村的人民联成一气，向腐败的官府，乘机进攻，夺取政权，响应革命。兹仅就其中声势较大、范围较广的几起事件简单说明如下：

（一）辛亥年十一月，灵台县佃农蔡普明，乘西安“光复”的机会，发动会党 60 余人，并会合五渠沟的农民 20 多人，在胡家店起事，进攻陕西麟游县属的天堂镇北寺的盐局，捣毁了仓库屋舍，打死了局长，并击散了缉私队的员警。

（二）辛亥年十一月初，陕西革命军石得胜部占领长武，宁州帮会首领彭四海，汪兆黎等聚众数百人在早胜镇起义。宁州知州周凤勋派人送制钱 300 串助饷，并请他们入城主持州政和城防部署事宜。彭四海等既取得了据点，就率众攻破合水，进围庆阳，不幸被驻军击溃。在退往长武途中，又被马国仁、陈正魁等部围击，部众溃散，彭四海也因力竭被擒，遭到杀害。

（三）辛亥年十一月，灵州知州余重基，听到陕西起义，要向城内招兵 30 人，卫护城池，这就给在灵州活动的革命分子以可乘的机会。会党首领高登云会合了党徒 12 名前往应募，得到余重基取录，并给每人发了枪支，命他们守城。城内有个名叫孙铎的绅士，平常对高登云等的行动有点怀疑，这时他向余重基告密，并献出深夜诱杀的毒计。没料到他们的毒计被泄露出来，高登云马上集合同党 100 余人，即于夜间攻入州署，余重基越城逃走，高登云占据城池，捣毁了剥削人民的当铺三座，杀了贪污压榨的渠工委员常幼臣。为了建立地方秩序，聘请住在吴忠堡的董军旧将领余简担任司令，并向他征求善后的办法。余简不愿担任司令，建议高登云严禁杀戮，分守城楼，编制营头，照常办事，不遵约束者枭首示众。高登云听从办理，几天以内就恢复了地方秩序。余简并帮他修府库、保闾阎，劝他不要争夺权利，因此得到了群众的拥护。

（四）辛亥年九月，宁夏会党首领刘华堂、刘照藜等听到西安起义，张云山做了军政府的主脑人物。他一面派人到西安联系，一面发动宁夏帮会中人密谋响应。刘华堂在开会谈话中表示宁夏满城有旗兵有枪械，首先把他们争取过来，就有了可靠的武备。有人提出异议，说满城武装较好，旗兵不会投降，又离兰州不远，若官军顺流而下，合旗兵两路夹攻，就没法应付。刘照藜不以为然，他说："总督长庚，人都叫他'长半年'，遇事游移，行动迟缓，他们正策划向陕西用兵，兰州必然空虚，就是抽调部队来宁夏，最快也在一个月以后，那时他前临大敌，后有牵制，一定没好的结果。"这些话得到大家的同意。于是就与同党高士秀、马耀川、刘先智、邹愚极、夏梓、王俊、张兴、马四虎及参加会党的镇标教练官刘复泰、千总袁宗纲、旗官张连升、管带牟宪章等约定日期，准备起义。

正在这个吃紧的关头，一面得到了高登云在灵州起义的喜讯，这对他们是一个很大的鼓舞，一面却听到宁夏知县陈元骧逮捕会党李麻花、吴说书、罗大辫子等10余人送进监狱的消息。接着满营副都统常连甲率骑兵800余人，全副武装，入宁夏城游行示威，这就逼使刘华堂等迫不及待地于十一月十九日晚，率同夏梓、王俊等会党30余人，趁总兵张绍先赴兰州未回的机会，沿街燃放纸炮，杀声震天，首先发难。警官刘照藜、镇署教练官刘复泰率全部警兵和标兵100余人，持枪加入，左旗部队官黄连升，也率本旗士兵鸣枪响应，一时声势浩大，城内贫民数百人亦纷纷参加。烧毁当铺10余家；攻杀代行总兵职务的游击贺明堂，打开县府监狱、释放囚犯；追杀逃走的知县陈元骧兄弟于李刚堡，真是大快人心的壮举。

第二天晚上，会党马耀川、吴大炳、王之滨等又在平罗县起义，吓得参将谭华亭、守备刘某、知县李九波等抱头鼠窜，藏到老百姓家里去。只有黄渠桥的营官顽强抵抗，也被起义群众所击杀。

21日，在宁夏道尹公署，成立了宁夏军政府，公推宁夏道孙庭寿为革命大元帅，刘华堂为副督指挥，执掌军事；另以刘复泰为宁夏镇总兵，黄连升、牟宪章为标统，刘照藜为参谋，张绍堂为行军总稽查，胡宝森办理文案，王俊为宁夏县知事，王之滨为平罗县知事，出示安民，宣布武昌、西安起义，推翻清朝专制政府的意义。

军政府成立后，为了巩固革命的政权，必须解决两个重大问题：一个是离城10里的满城武装旗兵千余人之说降与攻占，一个是肃清城内外所有的反动分子。二十八日晚即捕杀给满城通讯的城守营都司多伦岱和理事厅同知文升，杀了泄露军事机密的典史曾善全和汉延渠局长王文郁。十二日派胡宝森到满城晓以大义，劝他们投降，但被顽固的常连甲拒绝了。乃派刘先智率民兵1000余人围攻满城。满城都统常连甲率旗兵1000余人出城迎击，由于民兵缺乏武器，又未经训练，致伤亡三四十人，即行溃退。刘先智增兵3000人重整旗鼓，在刘复泰、陕秀全等亲临指挥下，再次进行反攻，仍不能获胜。乃准备云梯，用昼伏夜战之法，围攻10日，士兵伤亡甚重，满城终不能下。

不久，兰州总督长庚，于“东征”军中抽出西军分统马麒率马步兵6营，星夜开宁夏应援。刘华堂听到这个消息，知道实力不支，一面调攻满城之兵回宁夏保护城池，一面即准备放弃军政府，免使人民遭受涂炭。于是约同刘照藜、马耀川、王之滨、高登云、高士秀等也应放弃所占领的平罗、灵州，退往东山安定边一带地区，图谋再举。马麒西军一到，标统牟宪章首先背叛，将刘复泰、黄连升、李麻花、袁宗纲、夏梓等设计诱捕，绑送给敌人，请功赎罪。其余未及逃去的张绍堂、马四虎，均被西军捕去，壮烈牺牲。

五　辛亥十一月陇南各地的起义

陇南起义都是广大人民为了抗税抗捐而发动起来的，这里只简单提出文县、碧口、阶州3起事件。

（一）辛亥年十一月，文县西北各乡人民集合数千人，在马莲乡贡生王洪巽领导下，围城3日，捣毁厘金局和税局，经理人叶树声事先脱逃，未被搜获。

（二）同月，碧口、宕昌等处的厘税局，均被民团胁迫停闭。

（三）阶州城农民何成海，以运输为业，常往来于川西北，备闻四川保路斗争情况。当时阶州成立自治局，编查户口，筹办经费，他认为这将加重人民无穷痛苦，遂与附近村民姚永福、周天柱、何大旗等乘邻近各县人民纷纷攻打厘局的机会，集合乡团数千人，围攻州城，要求撤销厘税、自治等局。州官谭与游击何宗普指挥城中兵勇，乘夜出城袭击，杀民团数百人，姚永福、周天柱被当场击杀，何成海逃往四川中坝，次年六月也被捕杀害。

（选自全国政协文史资料研究委员会编《辛亥革命回忆录》第5集，中国文史出版社2012年6月第2版）